Mathieu Klos und Oliver Welte

ErlebnisWandern mit Kindern

KÖLN · BONN

35 Wanderungen und zahlreiche Ausflüge

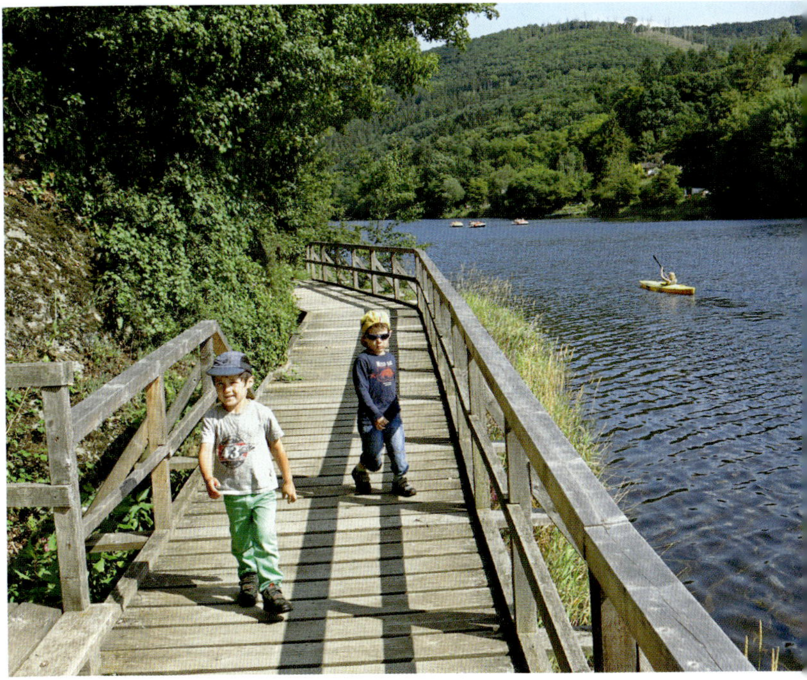

ROTHER
BERGVERLAG

Vorwort

Wer hat das Wandern mit den eigenen Eltern nicht irgendwann einmal verflucht? Das scheinbar sinnlose Herumlaufen durch Wälder und über Wiesen, schlimmstenfalls in Kälte und Regen. Wie oft haben wir uns als Kinder nörgelnd über scheinbar endlos lange Wege geschleppt. Das Wandern an sich mochten wir nicht, und auch heute rufen unsere Kinder nicht hurra, wenn es heißt: »Wir gehen Wandern«. Es sei denn, die Verpackung stimmt. Denn wir erinnern uns auch an sehr schöne Augenblicke in unseren Kindertagen: an Staudämme in Bachläufen, die wir mit Papa gebaut haben, an selbst geflochtene Blumenkränze von Mama im Haar oder an den ersten Hirsch, den Opa uns im Dickicht des Waldes gezeigt hat. Alle Mühe ist vergessen, wenn man den Gipfel erreicht, eine Tropfsteinhöhle erkundet oder sich durch die Baumwipfel eines Waldklettergartens hangelt.
Was also brauchen Kinder? Die Lösung: Ein Erlebnis, ein Abenteuer oder etwas Neues sind Antrieb und Motivation für unsere Sprösslinge. Wo für die Erwachsenen der Weg das Ziel ist, ist es für Kinder der Hinweg zum Abenteuer. Unterwegs wird eine Wanderung in der Natur schnell zum Erlebnis: Stöcke, Tiere, Felsen und erloschene Vulkane werden entdeckt. Gut geplante Wanderungen haben an sich schon viele Attraktionen am Wegesrand. Badeseen, Klettergärten, Spielplätze und Wildparks runden das Erlebnis für Kinder perfekt ab.
Das alles miteinander in Einklang zu bringen, ist Ziel der Buchreihe »Erlebniswandern mit Kindern« und war Aufgabe und Herausforderung für uns. Konsequent haben wir das Rheinland vom Bergischen Land bis zum Siebengebirge, vom Naturpark Rheinland bis tief in die Eifel nach Highlights für unsere Jüngsten durchforstet und sind dabei vielfach fündig geworden.
35 Erlebniswanderungen haben wir so gewählt, dass sie nicht nur für Kinder attraktiv sind, sondern auch für erwachsene Wandermuffel gut zu bewältigen sind. Gleichzeitig finden sich zu jeder Wanderung mehrere Highlights für die Kinder. Probieren Sie es einfach aus. Verlassen Sie wieder einmal Ihr Viertel und erleben Sie mit der Familie, wie abwechslungsreich unsere Region ist. Die vielen Familien, die uns bei unseren Recherchewanderungen begleitet haben, und denen unser Dank gilt, dass sie als Wandermodels zur Verfügung standen, waren begeistert von den vielfältigen Möglichkeiten des Rheinlandes für Wochenendausflüge. Viel Spaß dabei wünschen

Mathieu Klos und Oliver Welte

Liebe Leserinnen und Leser,

infolge der Corona-Krise können sich Änderungen ergeben haben, die bei Redaktionsschluss noch nicht absehbar waren. Soweit möglich, werden wir aktuelle Hinweise unter www.rother.de (beim Buch) zur Verfügung stellen. Bitte informieren Sie sich vor der Wanderung zusätzlich über die derzeitigen Gegebenheiten.
Sollten Sie geänderte Gegebenheiten vor Ort feststellen, freuen wir uns über Korrekturhinweise per E-Mail an leserzuschrift@rother.de.

Inhalt

Vorwort 2
GPS-Daten und Koordinaten der Ausgangspunkte 5
Allgemeine Hinweise 6
Wandern mit Kindern in der Region 16

1 **Obst-Wanderweg Knechtsteden**
Ehrwürdige Klostermauern und historische Obstsorten 26

2 **Glessener Höhe**
Die Natur erobert den ehemaligen Tagebau zurück 30

3 **Um den Heider Bergsee**
Wandern, Baden, Picknicken an Kölns schönstem Badesee 34

4 **Entlang der Feuerroute**
Spannende Tour für kleine und große Vulkanologen 38

5 **Zum Feltenturm**
Weite Blicke, leckeres Quellwasser und Badespaß 43

6 **Bergwanderung zum Krausberg**
Weinberge und schroffe Felsen 48

7 **Steinerberghaus**
Kraxeln wie in den Alpen 53

8 **Im Vulkanpark Brohltal**
Historische Eisenbahn, Vulkane und eine Ritterburg 58

9 **Tuffsteinweg Engeln**
Mit dem Vulkan-Express zu den erloschenen Vulkanen 63

10 **Rheinbacher Stadtwald**
Buchenwälder und Erlebnisbad 68

11 **Rund um die Kakushöhle**
Wo schon die Kelten und Römer lebten 72

12 **Kloster Steinfeld**
Klosterleben und Weidewirtschaft 76

13 **Auf dem Römerkanalwanderweg**
Zur Quelle der römischen Wasserleitung 80

14 **Erlebnispfad Nettersheim**
Spurensuche in Urzeitmeeren und bei den alten Römern 84

15 **Zum Wasserkraftwerk Heimbach**
Wandern und Tretbootfahren am Rand des Nationalparks Eifel 88

▶ **16 Klosterrunde Mariawald**
Steile Anstiege, weite Blicke und eine heiße Erbsensuppe 92

▶ **17 Erlebnispfad Wilder Kermeter**
Heute noch ein normaler Wald, morgen schon ein Urwald 96

▶ **18 Schöpfungspfad Erkensruhr**
Entlegenes Tal und windige Höhen 100

▶ **19 Auf dem Wildnis-Trail**
Mit Boot und Wildkatze unterwegs im Nationalpark 104

▶ **20 Im Steffelner Vulkangarten**
Tanz auf dem Vulkan 108

▶ **21 Im Murbachtal**
Wanderspaß im Herzen des Bergischen Landes 113

▶ **22 Altenberger Dom**
Mächtige Kirchenmauern und märchenhafter Wald 116

▶ **23 Eikamp**
Wandern und Klettern im Bergischen Land 120

▶ **24 Im Königsforst**
Zahme Wildtiere und Kölns höchster Berg 124

▶ **25 Im Süden von Lindlar**
Bergische Höhen, bergische Waffeln und bergische Tradition 128

▶ **26 Zum Telegraphenberg**
Bilderbuchlandschaft und Kinderbuchmuseum 132

▶ **27 Zur Gammersbacher Mühle**
Ponyreiten, Bogenschießen, Trampolinspringen und Brotbacken 137

▶ **28 Kindererlebnisweg Stadt Blankenberg**
Auf den Spuren von alten Rittern und bösen Alchemisten 142

▶ **29 Dollendorfer Hardt**
Schnell mal raus und die Sonne küssen 146

▶ **30 Zum Drachenfels**
Rheinromantik und idyllische Täler 150

▶ **31 Von der Margarethenhöhe zur Löwenburg**
Durch idyllische Wälder zur romantischen Burgruine 155

▶ **32 Über den Breiberg zur Löwenburg**
Sportliche Tour mit wildem Anstieg 160

▶ **33 Durch das Kasbachtal**
Mit dem roten Brummer nach Kalenborn und zu Fuß retour 164

34 **Zu den Fledermäusen im Laubachtal**
Wandern, spielen und erkunden auf dem Zwergenweg 168

35 **Die Bonner Waldau**
Wandern in der Großstadt 174

Freizeit- und Schlechtwettertipps 179
Baden 179
Spiel, Spaß, Toben 182
Lernen, Entdecken, Staunen 184
Tierisches 189

Stichwortverzeichnis 196
Impressum 200

GPS-Daten und Koordinaten der Ausgangspunkte

Zu diesem Wanderbuch stehen auf www.rother.de GPS-Tracks und Koordinaten der Ausgangspunkte zum kostenlosen Download bereit.
2. Auflage, Passwort: **317902ekb**
Sämtliche GPS-Daten wurden von den Autoren im Gelände aufgezeichnet und anhand einer digitalen Karte überarbeitet. Verlag und Autoren haben die Tracks und Wegpunkte nach bestem Wissen und Gewissen überprüft. Dennoch können wir Fehler oder Abweichungen nicht ausschließen, außerdem können sich die Gegebenheiten vor Ort zwischenzeitlich verändert haben. GPS-Daten sind zwar eine hervorragende Planungs- und Navigationshilfe, erfordern aber nach wie vor sorgfältige Vorbereitung, eigene Orientierungsfähigkeit sowie Sachverstand in der Beurteilung der jeweiligen (Gelände-)Situation. Man sollte sich für die Orientierung auch niemals ausschließlich auf GPS-Gerät und -Daten verlassen.

Allgemeine Hinweise

Anforderungen

Die hier beschriebenen Touren folgen bis auf wenige Abschnitte meist durchgängig markierten Wegen. Sie stellen also keine besonderen Anforderungen an die Orientierung. Sie sind überwiegend auch für kleinere Kinder ab einem Alter von 5 Jahren gut zu bewältigen. Um die Auswahl der Touren zu erleichtern, sind die Tourennummern farblich entsprechend der Schwierigkeit hinterlegt. Weitere Informationen zu den Anforderungen finden sich in den »Kurz-Infos« zu jeder Tour. Die Farbliche Dreiteilung und die Altersangaben ermöglichen einen Vergleich. Sie sind letztendlich aber nicht mehr als Orientierungshilfen.

Zur Einstufung wurden neben der Steilheit der Wanderung auch die Wegbeschaffenheit und Länge herangezogen. Neben der Eignung für die Kinder wurde auf die Eignung für Eltern geachtet. Grundsätzlich ist dieser Führer ein Wanderführer und kein Führer für Spaziergänge. Die leichten bis mittelschweren Wanderungen überwiegen. Für Familien, die ein anspruchsvolles Mittelgebirgswandern gewohnt sind bieten etwa das Ahrtal oder der Nationalpark Eifel einige schwierige Wanderungen.

Die drei Kategorien auf einen Blick:

▸ **Leicht**

Wanderungen auf ebenen Wegen oder mit sehr geringen Steigungen in Teilstücken. Diese Wanderungen sind unter Umständen auch für Kinder unter 5 Jahren geeignet.

▸ **Mittel**

Längere Wanderungen mit geringen und mäßig steilen Steigungen und mit holprigen Wurzelpfaden. Festes Schuhwerk ist hier empfehlenswert. Diese Wanderungen eignen sich mit Kindern ab 5 Jahren.

▸ **Schwierig**

Anspruchsvolle Wanderungen mit sehr steilen Passagen oder langen Steigungen, auf denen Trittsicherheit erforderlich ist. Hier sollten Kinder und Erwachsene gute Wanderschuhe tragen.

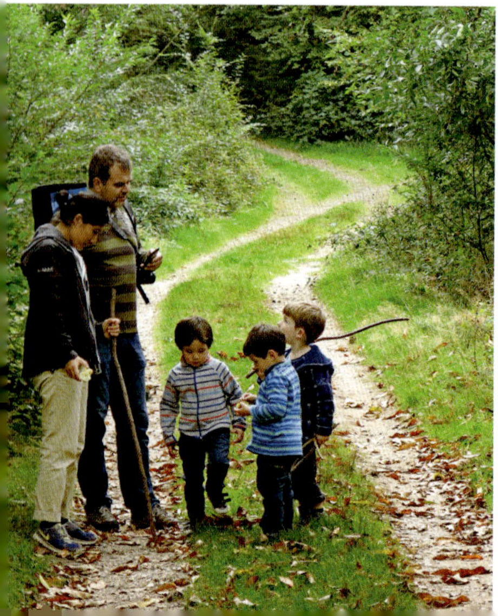

Tourenplanung

Die in diesem Führer beschriebenen Wanderungen sind grundsätzlich mit Kindern ab dem fünften Lebensjahr geeignet. Nach oben hin gibt es praktisch keine Altersbegrenzung. Für Kinder unter fünf Jahren muss man unter Umständen in Betracht ziehen, dass sie die hier beschriebenen Wegstrecken noch nicht komplett laufen und kurze Teilstrecken auf den Schultern getragen werden müssen. Ein Kinderwagen muss jedoch nicht eigens mitgeführt werden.

Habt ihr euren Stecken? Dann weiter durch die schöne Wahner Heide (Tour 26).

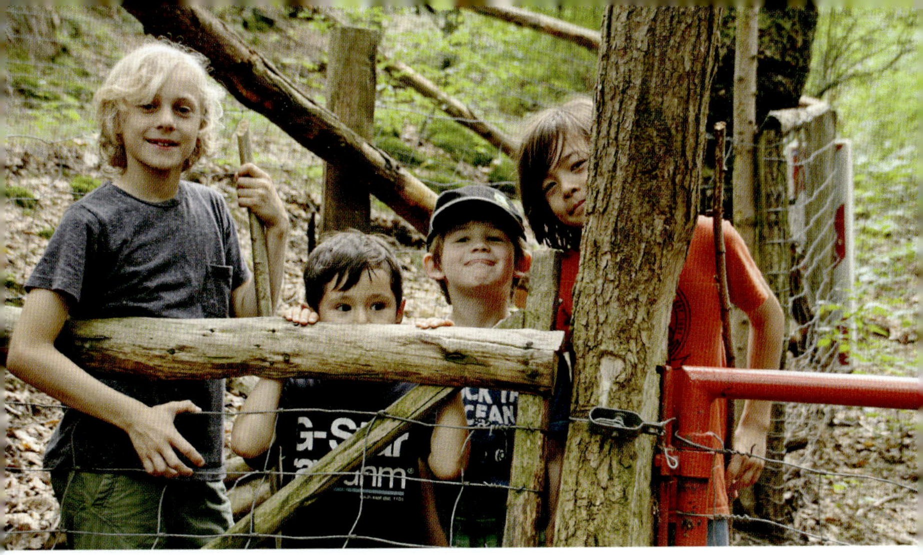

Wenn ältere und jüngere Kinder zusammen wandern, ist die Stimmung meist blendend. Auf dem Weg zum Kloster Mariawald (Tour 16).

Eltern sollten vorbereitet sein, unterwegs zwischen den Attraktionen am Wegesrand Kinder aller Altersgruppen spielerisch zu motivieren, damit die Wanderung zum schönen Erlebnis für alle wird. Anfahrt, Länge und Anforderung der Wanderung müssen immer wieder aufs Neue, abhängig von der Tagesform der Kinder und Witterung, abgewogen werden. Dabei sollten Eltern auch ihre eigene Tagesform nicht außer Acht lassen. Denn jede Wanderung mit Kindern fordert ihnen viel Flexibilität ab.

Flexibilität bei der Zeitplanung: Unterwegs zu sein mit Kindern bedeutet, regelmäßig Abschied von den gesteckten Zielen zu nehmen. Seien Sie stets vorbereitet, eine Wanderung nur teilweise oder deutlich langsamer als geplant zu gehen, weil sich Ihr Kind etwas anderes vornimmt oder eine riesen Unlust verspürt. Egal, Sie sind hier, um die Natur zu genießen, frische Luft zu schnappen und zu entspannen. Reiben Sie sich deshalb nicht in Kämpfen mit Ihrem Kind auf. Der Unlust von etwas älteren Kindern kann man im Übrigen bestens durch Gruppenwanderungen vorbeugen. Hier motivieren sich die Kinder meist gegenseitig.

Eine Wanderung mit Kindern sollten Sie stets als Tagesausflug betrachten, um sich Zeit auf dem Weg zu lassen und Attraktionen am Wegesrand zu genießen (siehe »Highlights« bei jeder Tour sowie in der Rubrik »Freizeittipps«).

Tourenauswahl

Die Auswahl der richtigen Wandertour richtet sich natürlich in erster Linie nach den Vorlieben und Möglichkeiten der beteiligten Kinder. Die Kondition der Eltern steht dahinter zurück. Aber was sind die Möglichkeiten der Kinder?

Grundsätzlich empfiehlt es sich, mit noch jungen beziehungsweise wanderunerfahrenen Kindern kürzere oder leichte Touren zu wählen, denn

Kinder legen durch spielerisches Hin- und Herlaufen oft die doppelte Wegstrecke wie Erwachsene zurück. Großzügige Pausen sollte man stets einplanen, sei es für ein ausgiebiges Picknick oder für das lange Verweilen an einem der vielen Erlebnisorte am Wegesrand. Mit zunehmendem Alter, Erfahrung und Freude der Kinder am Wandern nehmen die Touren erheblich an Länge – bis auf Erwachsenenniveau – zu. Als Faustformel für die kindliche Leistungsfähigkeit gilt:

Kindergartenalter: Vier- bis Fünfjährige sind in der Lage, in einfachem, ungefährlichem Gelände bis zu zwei Stunden zu wandern und dabei bis zu 400 Höhenmeter im Auf- und Abstieg zu bewältigen. Diese Höhenmeter werden in der Eifel und im Bergischem Land aber nur selten erreicht. Kinder in diesem Alter erleben Wanderungen noch sehr spielerisch: Jeder Stein und jeder Käfer ist eine Attraktion. Rinden werden zu Schatzkarten und abgeschnittene Äste zu Angeln oder Schwertern. Geben Sie Ihren Kindern die Zeit, die Natur zu erleben, und teilen Sie dieses Erlebnis aktiv. Glückliche Kinder sind sehr gefällige Wandergefährten.

Grundschüler: In diesem Alter zwischen sechs und neun Jahren gehen Kinder bis zu vier Stunden und schaffen dabei mehr als 400 Höhenmeter. Alle hier beschriebenen Wanderungen stellen also kein Problem für diese Altersgruppe dar.

Kinder ab der 5. Klasse: Sie meistern die hier beschriebenen Touren mit Leichtigkeit. Dabei tragen sie schon eigenes, leichtes Gepäck. Aber auch in dieser Altersgruppe gilt es, die Kinder durch Abwechslung auf den Wanderungen zu motivieren. In altersgemischten Gruppen sind sie häufig für jüngere Kinder ein zusätzlicher Antrieb. Die jüngeren folgen den älteren Kindern mit heller Freude, die älteren sind auf ihre Führungsrolle stolz. Solche Kindergruppen gehen meist mit großer Motivation auch längere Wege, als ihnen eigentlich zuzutrauen ist.

Unterwegs mit Babys und Kinderwagen: Nicht selten sind bei Familien Babys oder Kleinkinder mit von der Partie. Dann reduziert sich die Gehleistung deutlich. Bei der Tourenauswahl muss wieder auf kürzere Distanzen, leichtere, flache Wege, kurze Anfahrten und längere Pausen geachtet werden. Gleichzeitig dürfen die Bedürfnisse der älteren Kinder nicht hinten anstehen. Im Grunde sollten daher Wanderungen mit gemischten Altersgruppen erst dann gemacht werden, wenn die jüngsten Kinder längere Distanzen in geländegängigen Kinderwagen oder Kindertragen (Kraxen) mitmachen – also wenn sie ungefähr ein Jahr alt sind. Mehr Informationen zur Planung von Wanderungen mit Kleinkindern finden sich unter dem Punkt »Für Großfamilien: die richtige Kinderwagenwahl« bzw. »Laufradeignung«.

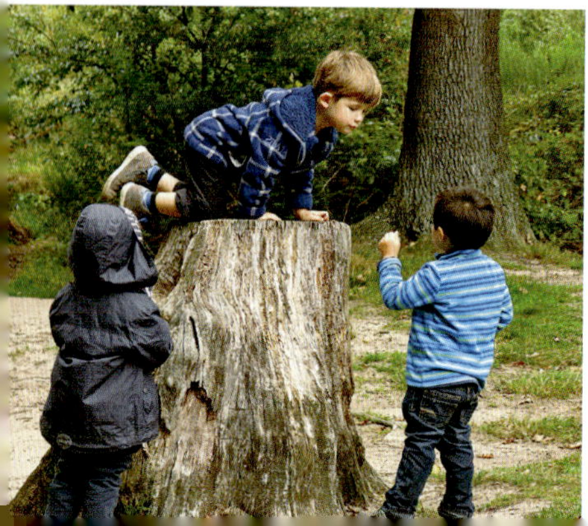

Für die Jüngsten ist schon ein alter Baumstumpf spannend. Viele davon gibt es in der Wahner Heide (Tour 26).

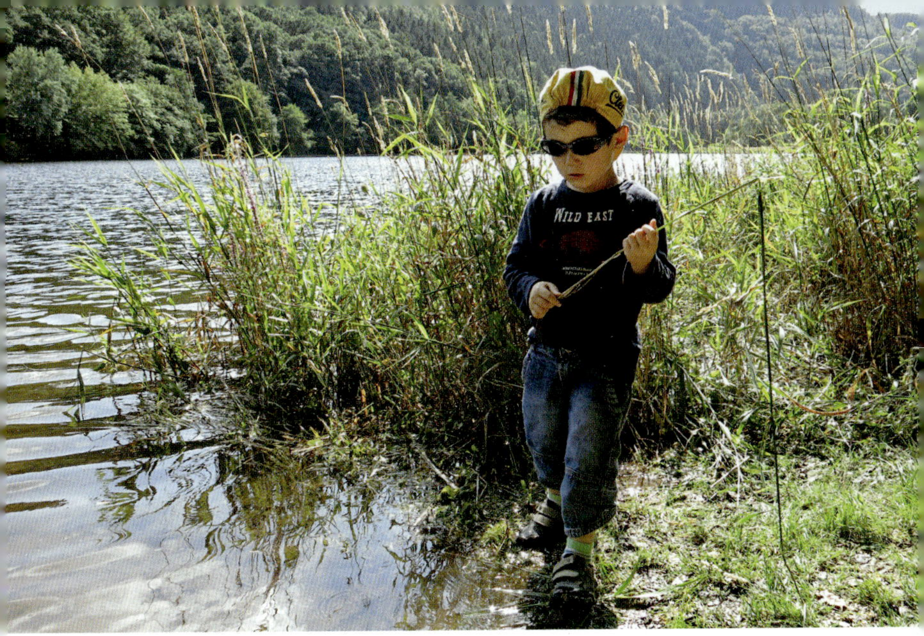

Coole Stock-Angler und reichlich Tretbootfahrer gibt es am Staubecken Heimbach (Tour 15).

An die eigenen Bedürfnisse denken

Eltern dürfen sich bei all der gut gemeinten Planerei nicht selbst vergessen. Motivieren, orientieren, schleppen, huckepack tragen und selbst laufen – bei so viel Multitasking sind Eltern schnell erschöpft, und eine erholsame An- und Abfahrt ist auch eher eine Seltenheit. Daher sollten Eltern sich für die Tourenauswahl auch pragmatisch an ihrem Wanderverhalten orientieren, als sie noch ohne Kinder waren: Wer schon damals eher Spaziergänge bevorzugt hat, wählt besser die hier beschriebenen leichten (blauen) Touren. Wer früher längere Wanderungen durch Mittelgebirgsregionen unternommen hat, kann sich über die ersten leichten Wanderungen allmählich wieder an mittelschwere (rote) Touren heranwagen. Und wen es schon immer ins Hochgebirge gezogen hat, kann sich schneller auch auf einer schwierigen (schwarzen) Wanderung vergnügen.

Gehzeit

Die angegebenen Zeiten verstehen sich als reine Gehzeiten für die Gesamtstrecke ohne Pausen. Sie sind als Richtwerte zu verstehen, da das Tempo individuell sehr unterschiedlich ist. Pausen für Essen, Erkundungen oder Spiele beispielsweise verzögern Wanderungen erheblich. Mit Kleinkindern müssen Eltern deutlich mehr Zeit als mit Schulkindern einplanen. Dem Forscher- und Spieldrang der Kinder sollten Eltern unterwegs nur selten Grenzen setzen. Denn beides sind Hauptmotivationen für Kinder, ihre Eltern auf Wanderungen zu begleiten. Als Faustregel sollte man in etwa die doppelte Gehzeit als Gesamtdauer der Tour einplanen.

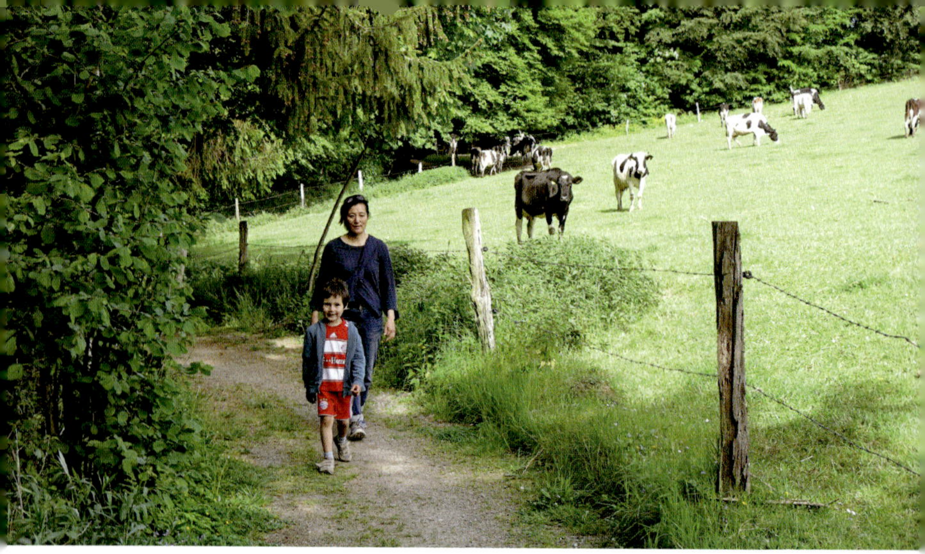

Im Bergischen Land ist die Schwarzbunte ein ständiger Begleiter. Auf dem Weg nach Scheuren (Tour 22).

Höhenunterschied und Steigungen

Hier wird die Summe der Steigungen angegeben, die auf der Wanderung bewältigt werden muss. Gegenanstiege sind also eingerechnet. Höher hinaus geht es regelmäßig in der Eifel und im Bergischen Land. Hier führen die Wanderungen regelmäßig auch über steilere Passagen. Die Länge dieser Anstiege liegt in der Regel zwischen 500 und 1000 Metern. Sie können aber auch, wie etwa hinauf zur Löwenburg im Siebengebirge (Touren 31 und 32), zum Eifelblick Luna bei Heimbach (Tour 16) oder hinauf zum Steinerberghaus oberhalb des Ahrtals (Tour 7) über mehrere Kilometer und durch alpines Gelände führen. Hier sind Trittsicherheit und gute Wanderschuhe mit Schaft über den Fußknöchel für Groß und Klein angebracht. Für alle übrigen Wanderungen mit moderaten Steigungen reichen feste und gut profilierte Schuhe aus, z. B. leichte Trekking- oder Wanderschuhe.

Kinder-Highlights

Was die jeweilige Tour für Kinder alles bereithält, ist im Kasten »Highlights« in Kurzform zusammengefasst. Und das ist in der Regel eine ganze Menge, denn bei der Auswahl der Wanderungen haben wir viel Wert daraufgelegt, dass für alle Kinder etwas dabei ist. Das Angebot reicht von Waldklettergärten über steile Kraxeltouren auf Wurzelpfaden

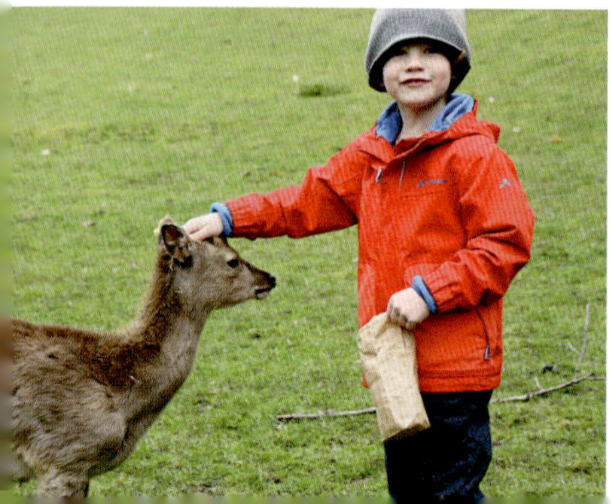

Streicheln erlaubt! Im Wildpark Rolandseck (Freizeittipp D1).

bis hin zu Walderlebnispfaden. Unterwegs warten römische Ruinen, vorsteinzeitliche Höhlen, erloschene Vulkane, verfallene Burgruinen, Sommerrodelbahnen oder historische Dampfeisenbahnen auf die Kinder. Und dann ist da noch der schlaue Uhu, der bei jeder Tour Naturphänomene und Besonderheiten der Wanderung kindergerecht erklärt.

Freizeit- und Schlechtwettertipps

Im Anschluss an den umfangreichen Tourenteil werden, gegliedert nach verschiedenen Kategorien, zusätzliche Freizeit- und Schlechtwettertipps für die Köln-Bonner-Bucht, das Bergische Land, das Siebengebirge sowie die nördliche und westliche Eifel vorgestellt. Diese können entweder als eigenständige Ausflüge oder Ergänzung für die hier beschriebenen Wanderungen geplant werden. Zur leichteren Orientierung wurden diese Attraktionen mit Buchstaben versehen und zusätzlich zu den Wanderungen in die Übersichtskarte eingetragen.

Das richtige Timing

»Komm, Schatz, lass uns im Siebengebirge wandern« oder »Morgen um 11 Uhr starten wir zum Milchhäuschen, um 16 Uhr sind wir wieder daheim« – so einfach lassen sich Wanderungen mit Kindern nicht planen. Aber sie sind auch kein Hexenwerk. Entscheidend für das Gelingen ist die Tagesform der Kinder, ja vielmehr sogar ihre jeweilige Verfassung zur bestimmten Tageszeit. Für Eltern mit Kindern ist es bereichernd, wenn der Nachwuchs viel Neues in der Natur entdeckt. Entsprechend müssen Sie für Abwechslung sorgen und Highlights gut verteilt in den Streckenverlauf integrieren.

Damit das Wanderprogramm für die ganze Familie ein Genuss und Erholung wird, ist die Tourenauswahl in diesem Buch sehr vielfältig, ebenso die Hinweise zu Attraktionen am Wegesrand. Wertvolle Hinweise zur richtigen Wanderausstattung und Tipps, wie man eine Wanderung für Kleinkinder attraktiv gestalten kann, finden Sie in der Rubrik »Bewegung in der Natur«.

Anfahrt

Der überwiegende Teil der Wanderungen ist gut mit dem Auto zu erreichen und wurde so ausgewählt, dass die Anfahrt in der Regel nicht länger als eine Stunde dauert. Einige wenige Touren in der Eifel liegen etwas weiter entfernt. Hier dauert die Anfahrt rund eineinhalb Stunden. Ein Großteil der Wanderungen ist zudem gut mit öffentlichen Verkehrsmitteln zu erreichen. Detaillierte Informationen zur Anfahrt werden in der Kurzinfo zu jeder Wanderung beschrieben.

Die Gretchenfrage: Anreise mit dem Auto oder ÖPNV

Die Anreise mit dem Auto hat natürlich den unschätzbaren Vorteil der individuellen Unabhängigkeit. Das öffentliche Verkehrsnetz in der be-

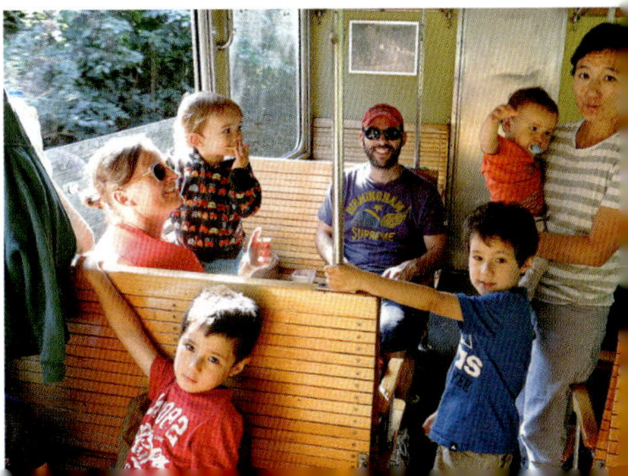

Im Vulkan-Express: So macht die Anreise allen Spaß (Touren 8 und 9).

schriebenen Region ist jedoch sehr gut ausgebaut. Die Anreise mit Bus oder Bahn ist also nicht nur unter Umweltgesichtspunkten vorzuziehen. Sie ist auch entspannter für die ganze Familie, denn die Kinder können sich bewegen und erleben bereits auf dem Hinweg spannende Dinge. Gerade bei Gruppenwanderungen ist die An- und Abfahrt mit Bus und Bahn wegen des Gruppenerlebnisses vorzuziehen.

Fahrplanauskunft:

▶ DB, Tel. 0180 6 996633 (gebührenpflichtig), www.bahn.de

▶ Verkehrsverbund Rhein-Sieg, Tel. 0180 6 504030 (gebührenpflichtig), Tel. 0800 3 504030, (kostenlos, Sprachdialogsystem), www.vrsinfo.de

▶ Verkehrsverbund Aachen, Tel. 0180 6 504030 (gebührenpflichtig), www.avv.de

▶ Verkehrsverbund Rhein-Mosel, Tel. 0800 5 986986 (gebührenpflichtig), www.vrminfo.de

Anreise per Schiff

Eine zusätzliche Alternative ist in der Region die Reise per Schiff – zum Beispiel von Köln und Bonn nach Königswinter, um anschließend das Siebengebirge zu erkunden, oder bei Wanderungen im Nationalpark Eifel mit den Passagierschiffen der Rurseeschifffahrt.

▶ Köln Düsseldorfer, Tel. +49 221 2088-318 (Servicecenter), www.k-d.com

▶ Rurseeschifffahrt, Tel. +49 2446 479, www.rurseeschifffahrt.de

Die richtige Ausrüstung

Schuhwerk: Für die blau und rot gekennzeichneten Touren benötigen Kindern keine speziellen Wanderschuhe. Hier reichen bei warmen Temperaturen gut sitzende und profilierte Wandersandalen aus, die zudem schnell beim Durchwaten eines Baches an- und ausgezogen sind. Die Gefahr beim Wandern umzuknicken, ist aber immer gegeben. Falls vorhanden, sollten daher leichte Wanderschuhe Sport- oder Stadtschuhen vorgezogen werden. Für die schwarz gekennzeichneten Touren, die mitunter durch steiles und schwieriges Gelände führen, sind knöchelhohe Wanderschuhe unbedingt empfehlenswert.

Gute Wanderschuhe müssen passen, bei Kinder umso mehr, weil sie ein Drücken und Zwicken nicht verzeihen und so die Wanderung schnell ein Ende finden kann. Für den Kauf der Schuhe sollte man daher eines der gut ein Duzend sehr guter Outdoor-Fachgeschäfte in der Region Köln-Bonn aufsuchen. Wan-

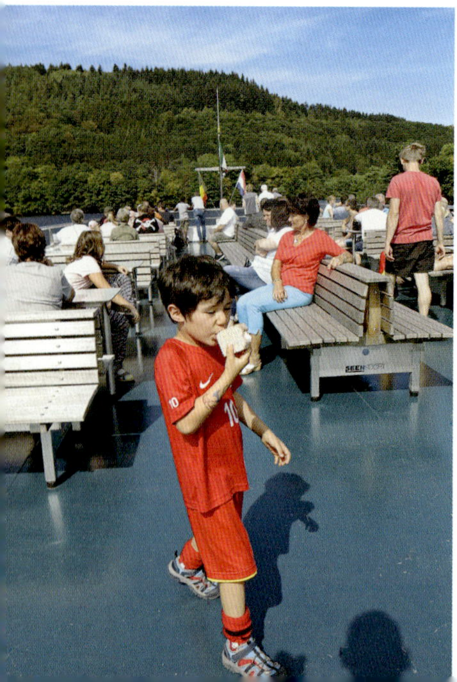

Letzte Stärkung an Deck. Auf dem Amazons der Eifel geht es per Schiff zum Start der Wildnis-Trail-Wanderung (Tour 19).

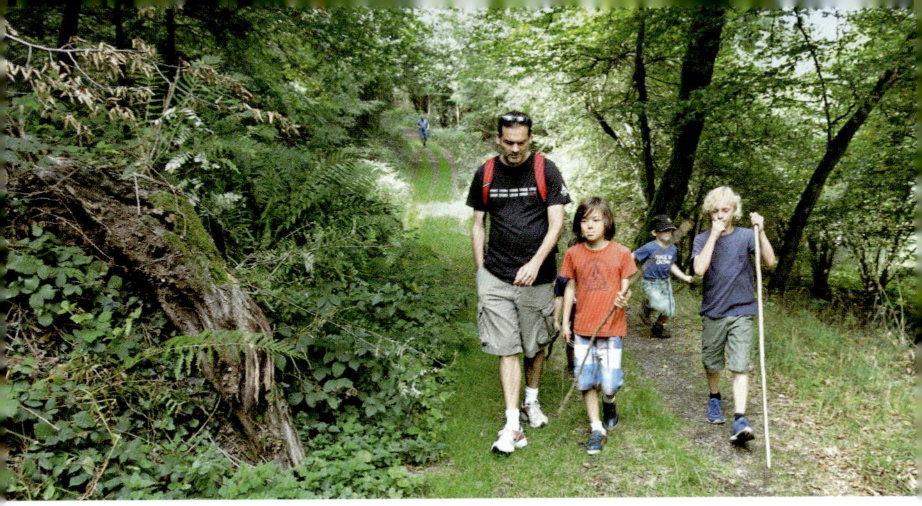

Der Stecken gehört nicht zur Standardausrüstung, bietet sich für die Wanderung über den Bildchesberg aber an (Tour 16).

derschuhe sollten keinesfalls auf Größenzuwachs gekauft werden! Leider kann Wandern so zu einem doch recht teuren Spaß werden, es muss aber auch nicht immer der teuerste Marken-Wanderschuh sein.

Rucksack: Kinderrucksäcke bieten sich bereits ab fünf Jahren an und erfüllen die Kinder – je kleiner sie sind, umso mehr – mit Stolz. Je jünger der Nachwuchs, desto häufiger werden die Eltern den Kinderrucksack jedoch ein Stück des Weges tragen müssen. Den eigenen Rucksack sollten Kinder daher erst dann mitnehmen dürfen, wenn sie auch in der Lage und willens sind, ihn die überwiegende Strecke selbst zu tragen. Ein guter Kinderrucksack unterscheidet sich nicht grundsätzlich von dem eines Erwachsenen. Er hat gute Schulter- und Rückenpolster, einen Beckengurt zur Entlastung sowie eine gute Belüftung am Rücken. Was gehört rein: Eltern sollten darauf achten, dass die Kinder nur so viel einpacken, wie sie leicht tragen können. Die Hauptverpflegung, Regenzeug oder Erste-Hilfe-Paket gehören in den Elternrucksack, eine eigene Kamera, ein Entdeckungs-Set, ein kleiner Snack und eine Wasserflasche dagegen können in den Kinderrucksack. Es sollte zudem Platz sein, für Dinge, die die Kinder am Wegesrand aufsammeln – Stein, Blätter oder Stecken. Ein Kinderrucksack sollte im Höchstfall mit zehn bis zwölf Prozent des Eigengewichts beladen werden.

Andere Ausrüstungsgegenstände: Eltern neigen dazu, sich zu schweres Wandergepäck aufzuladen. Sie sollten sich daher auf das wirklich Notwendige beschränken – je nach Alter des Kindes, Beschaffenheit und Länge der Tour sowie der Anzahl der Einkehrmöglichkeiten. Hier sind einige persönliche Anregungen:

- **Landkarte:** Tipps zu geeigneten Landkarten finden Sie in der »Kurzinfo« zu jeder Wanderung. Die meisten verweisen auf die entsprechenden Karten des Eifelvereins bzw. regionale Spezialkarten, wie die zur Wahner Heide.
- **Proviant:** Wandern macht hungrig, das gilt für uns Erwachsene und

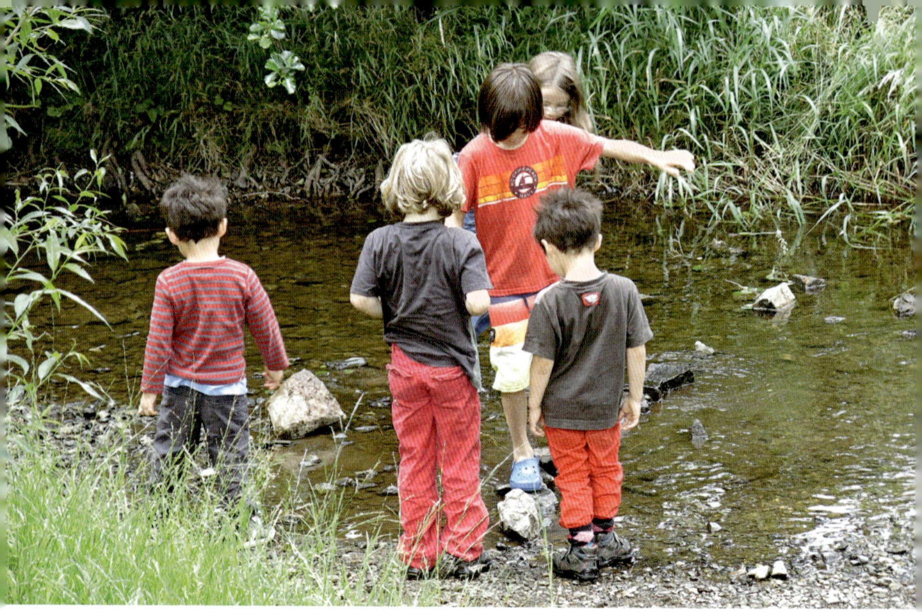

»Ein Bach!« Jetzt ist Wandern Nebensache und die Kids gehen, wie hier an der Urft, auf Entdeckungstour (Touren 13 und 14).

umso mehr für kleine Kinder. Vor allem an sehr warmen bzw. sehr kalten Tagen sollten Eltern ausreichend Flüssigkeit und Nahrung mitführen. Liegt eine Einkehrmöglichkeit am Wegesrand – und das ist beim Großteil der hier beschriebenen Touren der Fall –, ist es überflüssig, den halben Kühlschrankinhalt einzupacken. Kinder benötigen dann unterwegs nur viel Flüssigkeit und den einen oder anderen Snack. Picknicks sind auf den meisten Touren möglich.

▶ **Wechselkleidung:** Sind die Kinder nach dem Toben im Matsch bis auf die Haut durchnässt, kann die schönste Wanderung schnell zu Ende gehen. Auch an heißen Sommertagen, an denen man schnell durchgeschwitzt ist, gehören wenigstens Wechselsocken und ein zweites T-Shirt ins Gepäck.

▶ **Sonnenschutz:** Die Haut von Kindern reagiert empfindlicher auf extreme Sonneneinstrahlung als die von Erwachsenen, deswegen sollte man unbedingt Sonnencreme, Sonnenhut und eventuell auch Sonnenbrille dabei haben.

▶ **Regenschutz:** Bei unsicherer Wetterlage gehört auch die Regenjacke ins Gepäck.

▶ **Kälteschutz:** Kinder kühlen wegen der im Verhältnis zur Körpermaße größeren Hautoberfläche schneller aus als Erwachsene. Am besten schützt man sie vor Kälte, indem man sie nach dem sogenannten Zwiebelschalen-Prinzip ankleidet. An kühlen Frühlings- und Herbsttagen sollte eine wärmende Fleecejacke mitgeführt werden. Als zusätzliche Wärmequelle für Pausen ist eine reine Wolldecke besonders gut geeignet und sehr leicht.

▶ **Notfallapotheke:** Ein Erste-Hilfe-Paket mit Pflaster (ggf. auch ein Blasenpflaster), steriler Auflage und Desinfektionsmittel muss mit – auch Mückenschutz und Zeckenpinzette.

- ▶ **Handy**
- ▶ **Picknickdecke:** Sollte man immer dabei haben. Sie sollte von unten wasserdicht sein.
- ▶ **Spielzeug:** Kein Muss, aber eventuell in geringen Maßen sinnvoll, um den Kindern bei aufkommender Langeweile eine Alternative zu bieten.
- ▶ **Plastiktüte:** für Abfälle und schmutzige Windeln, aber auch für Gesammeltes unterwegs.

Für Großfamilien: die richtige Kinderwagenwahl

Gerade bei Familien mit mehreren Kindern oder bei Gruppenwanderungen ist die Wahrscheinlichkeit groß, dass Babys oder Kleinkinder mit von der Partie sind. Das bedeutet, dass ein geländegängiger Kinderwagen oder eine Kraxe mitgeführt werden muss. In der »Kurzinfo« findet sich gegebenenfalls ein Hinweis, ob die jeweilige Wanderung kinderwagengeeignet ist. Bei der Wahl des richtigen Kinderwagens ist auf der sicheren Seite, wer sich für ein geländegängiges Modell mit drei großen Laufrädern und einer Handbremse mit Feststellfunktion entscheidet. Diese haben die meisten Jogger bzw. die sehr verbreiteten Multifunktionsanhänger (Fahrradanhänger und Kinderwagen in einem). Für normale Kinderwägen sind die hier beschriebenen Wanderungen nicht geeignet. Bei der Wahl einer Kraxe sollten Sie sich im Fachhandel beraten lassen und sich für ein hochwertiges, für das Kind und den Träger sehr bequemes Modell entscheiden.

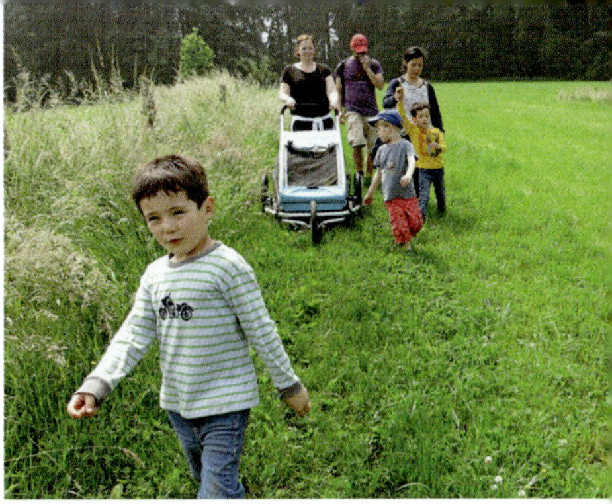

Im Bergischen Land: Mit geländegängigen Kinderwagen kommen auch Großfamilien gut voran.

Laufradeignung

Einige der Wanderungen sind in den Kurzinfos mit dem Hinweis »laufradgeeignet« gekennzeichnet. Allerdings raten die Autoren vom Mitführen von Laufrädern eher ab. Sie werden meist nur für kurze Strecken benutzt, sodass die Eltern sie die meiste Zeit tragen müssen. Zudem werden sie schnell zum Zankapfel unter älteren Geschwisterkindern und sorgen so unnötig für schlechte Laune. Sorgen Sie besser anderweitig für Abwechslung auf der Wanderung.

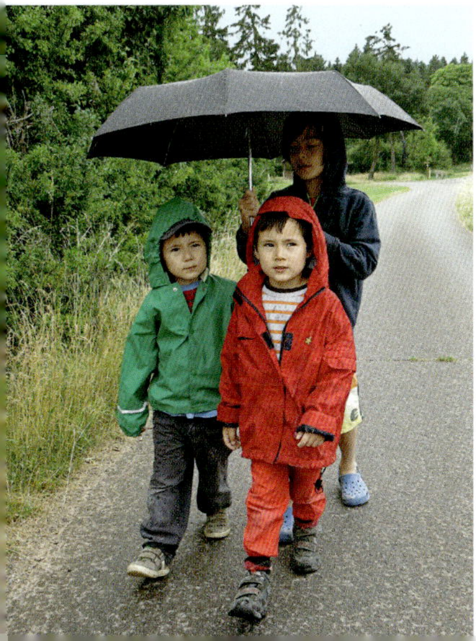

Ein leichter Regen vermiest uns Kindern selten die gute Laune.

Wandern mit Kindern in der Region

Die Region Köln – Bonn

Die hier beschriebenen Wanderungen liegen in einem weiten Umkreis um die beiden rheinischen Großstädte Köln und Bonn. Das Gebiet ist keine in sich geschlossene Region. Am einfachsten könnte man es als Rheinische Bucht plus den Westteil des Bergischen Lands und die Nord-Ost-Ausläufer der Eifel beschreiben. Sie liegt im Viereck der Städte Dormagen und Andernach, Aachen und Gummersbach. Der Großteil der Wanderungen ist von Köln oder Bonn aus innerhalb einer Stunde Autofahrt gut erreichbar. Einige wenige Wanderungen führen etwas tiefer in die Eifel hinein, genauer gesagt in die wunderschöne Vulkaneifel in die Nähe von Daun und Gerolstein beziehungsweise ins einmalige Brohltal. Der Vulkanismus hat die Eifel über die Region hinaus bekannt gemacht und die Landschaft geprägt. Hier ist das Erlebnisangebot rund um das Thema Vulkane für Kinder besonders umfangreich. Die etwas weitere Anfahrt lohnt sich. Eventuell lässt sich die Wanderung mit einem verlängerten Wochenende in der Region kombinieren.

Nicht ganz zufällig haben wir etwas mehr Wanderungen in der linksrheinischen Eifel als dem rechtsrheinischen Bergischen Land gewählt. Im Bergischen entwickeln sich Angebote für Familien und speziell für Kinder erst langsam. In der Eifel hat man sehr viel früher auf Erlebnisse für Kindern bzw. Familien gesetzt. Die Rahmenbedingungen sind hier mit der Vulkaneifel, den schroffen Hängen des Ahrtals, der ungemeinen Dichte an Burgen, den Relikten aus der Römerzeit und nicht zuletzt mit dem einzigen Nationalpark der Region besonders günstig.

Auch landschaftlich ist die Eifel vielleicht etwas abwechslungsreicher als das Bergische Land. Den Nord-Westen der Eifel rund um den Nationalpark prägen weitläufige Buchenwälder und eine weitverzweigte Seenlandschaft. Ihr Nord-Osten mit der Ahreifel im Zentrum ist durchzogen von schroffen Tälern mit zahlreichen Felsformationen. Hieran schließt sich Richtung Süden die Vulkaneifel. Einige Täler der Eifel sind deutlich milder als beispielsweise das Bergische Land, wo ein eher nasskaltes Klima vorherrscht. Die Eifel liegt etwas regenärmer im Lee der Ardennen. In manchen Tälern machen sich sogar noch Ausläufer des Mittelmeerklimas bemerkbar.

An sonnigen Tagen bietet aber auch das Bergische Land herrlich grüne Landschaften und weite Blicke. Sei-

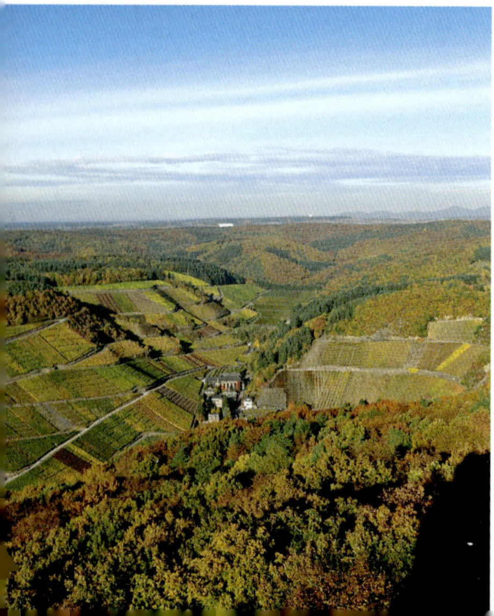

Diesen steilen Berg müssen wir wieder hinab. Blick vom Krausbergturm über das schöne Ahrtal (Tour 6).

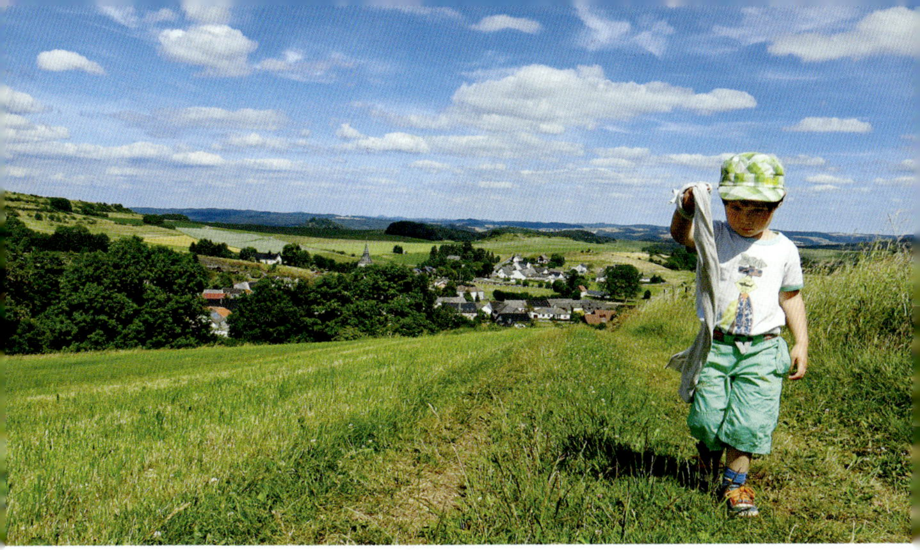

Fähnlein im Winde hoch über Steffeln: Einen Schal kann man vielfältig einsetzen (Tour 20).

ne Täler sind meist tief eingeschnitten, weswegen die Wanderungen wegen der kurzen steilen Anstiege durchaus anspruchsvoll sind. Die vielen Dörfer mit Fachwerk- und Schieferbauten geben dem Bergischen seinen besonderen Charme. Architektonisch kann da die Eifel nicht mithalten.

Etwas aus der Reihe tanzt das Siebengebirge. Mit seinen hoch über dem Rheintal thronenden Gipfeln und seit 1922 als Naturschutzgebiet geschützt, ist es ein in sich geschlossenes, sehr kompaktes und stadtnahes Wander-Disneyland. Mit Drachenfels, Ölberg, Löwenburg und Milchhäuschen reihen sich hier praktisch im Zwei-Kilometer-Takt die Attraktionen aneinander. Alte Steinbrüche, Felsenwege oder Pfade entlang von mäandernden Bachläufen, gesäumt von knochigen Buchen, sind besonders naturnahe Erlebnisse für Kinder. Und von fast jedem Gipfel wird man mit Traumblicken über das Rheintal belohnt.

Die Landschaften, durch die wir wandern, sind insgesamt sehr abwechslungsreich: Das Spektrum wird abgerundet durch einige wenige Touren durch den landwirtschaftlich geprägten Kölner Norden und Westen. Wir streifen aber auch durch die weitläufigen Wälder des Königsforst bei Köln und des Kottenforstes bei Bonn sowie durch die Heidelandschaft der Wahner Heide. Eine besondere Landschaft bietet zudem die Ville mit den inzwischen wieder renaturierten Hinterlassenschaften des Braunkohletagebaus. Für reichlich Abwechslung und ganz unterschiedliche Naturerlebnisse ist also gesorgt.

Zur besseren Orientierung wurden die 35 Wanderungen links- bzw. rechtsrheinisch angeordnet und dann in die Gebiete Kölner Norden, Naturpark Rheinland, Eifel (einschließlich Ahrtal, Vulkaneifel und Nationalpark Eifel), Bergisches Land, Wahner Heide, Naturpark Siebengebirge und Westerwald.

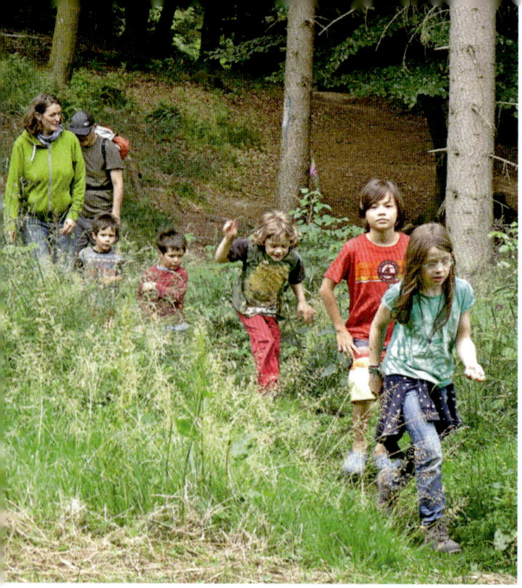

Im Gänsemarsch über den naturnahen Teil des Erlebnispfads bei Nettersheim (Tour 14).

Bewegung in der Natur

Die Natur unvoreingenommen zu erleben, ist für viele Kinder, vor allem aus den Städten, heute nicht mehr selbstverständlich, obschon der Trend doch gerade in den Städten hin zu einem biologischen und naturbewussten Lebensstil geht. In unserer Region ist die Verstädterung sehr hoch. Wir stellen immer wieder in unserem persönlichen Umfeld fest, wie selten Eltern mit ihren Kindern hinaus in die Natur fahren, obwohl die Naturlandschaften rund um Köln und Bonn doch recht gut erreichbar und vielfältig sind.

Wer oft mit seinen Kindern in der Natur ist, ermöglicht ihnen, vielfältige Zusammenhänge des Lebens zu erfahren: biologische, landschaftliche, historische und soziokulturelle. Wie erkennt man, wo in der Nacht die Wildschweine Futter gesucht haben? Wie hängen die Buchen in einem jahrhundertealten Wald miteinander über ihr Wurzelwerk zusammen? Wie haben die alten Römer das natürliche Gefälle der Eifel genutzt, um Köln mit Wasser zu versorgen? Wie hat der Vulkanismus die Eifel ein ums andere Mal umgestaltet? Und warum hat die Frühindustrialisierung ausgerechnet im wasser- und mühlenreichen Bergischen Land ihren Ursprung genommen, um dann in den Chemiewerken rund um Köln zu enden?

Wer viel mit seinen Kindern zu Fuß in der Natur unterwegs ist, vermittelt ihnen ganz natürlich und beiläufig viel wertvolles Wissen. Dabei helfen zahlreiche Themenwege – etwa Römer-, Milchwirtschafts- oder Obstwege. Und im Nationalpark Eifel ist das pädagogische Angebot hervorragend und kindgerecht.

Wer wandert, trainiert zudem seine Bewegungsabläufe und die Koordination – ein ungemein wichtiger Aspekt. Dass ein langer Tag draußen in der Natur, mit viel Bewegung, Toben und Entdecken, Gesundheit und Geist anregt, wie unsere Großeltern es vermutlich ausgedrückt hätten, dürfte unbestritten sein. Wandern fördert den natürlichen Bewegungsdrang der Kinder und ihr natürliches Verlangen, die Umwelt mit allen Sinnen zu genießen. Darüber sollte die obligatorische Nörgelei nicht hinwegtäuschen, wenn Mama und Papa wieder einmal eine Wanderung ankündigen. Am Ende eines langen Wandertages hat man meist recht zufriedene Kinder, die noch lange vom gerade Erlebten erzählen, bevor sie ermattet einschlafen.

Motivation

Es gibt viel in der Natur zu entdecken. Leider aber ist in unseren Breitengraden der als Wanderweg markierte, breite Forstweg weit verbreitet. Diese Wege sind aus Sicht von Kindern extrem langweilig. Wurzel-

wege mit Stiegen über Bäche, die dann auch noch an einem Kletterfelsen vorbeiführen, sind dagegen eine wahre Wucht. Hier braucht man keine Motivationskünste, um die Kinder fürs Wandern zu begeistern.
Für Wanderungen mit Kindern gilt daher: Suchen Sie abwechslungsreiche Wege aus, die in regelmäßigen Abständen – wenigstens zur Hälfte und am Schluss – einen besonderen Höhepunkt haben. Setzen Sie solche Höhepunkte auch bewusst zur Motivation ein: »Am Schluss der Wanderung gehen wir noch in das Freibad mit der Riesenrutsche.« Machen Sie aber auch ausreichend Pausen, damit die Kinder sich ausruhen oder toben können. In der Regel jede Stunde eine Pause!
Aber auch auf den Wegstücken zwischen solchen Höhepunkten und Pausen kann man Kinder motivieren: Lieder singen, Suchspiele spielen, die Natur erkunden, mit der Karte navigieren, ein kleines Wettrennen veranstalten, auf Baumstämmen balancieren oder einen Wanderstock schnitzen. Grenzen sind hier nur durch die eigene Fantasie gesetzt.
Die beste Motivation aber, sind Freunde, vor allem ältere Kinder. Sie laufen gerne vorweg, um den Klei-

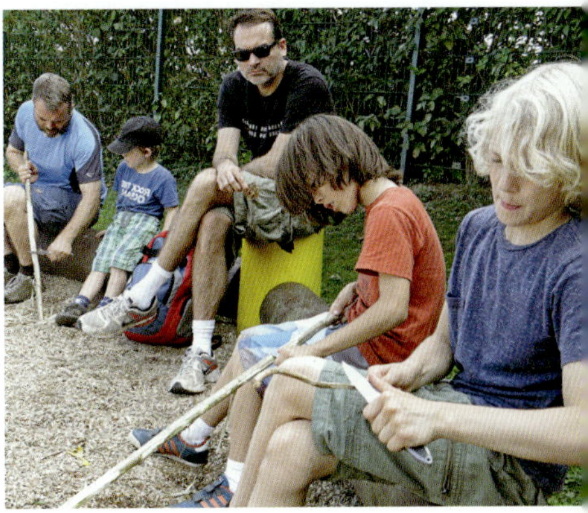

Gemein! Schnitzen mit Messern dürfen nur die älteren Kids.

Kühe füttern ist auf fast allen Wanderungen in der Eifel und im Bergischen Land möglich.

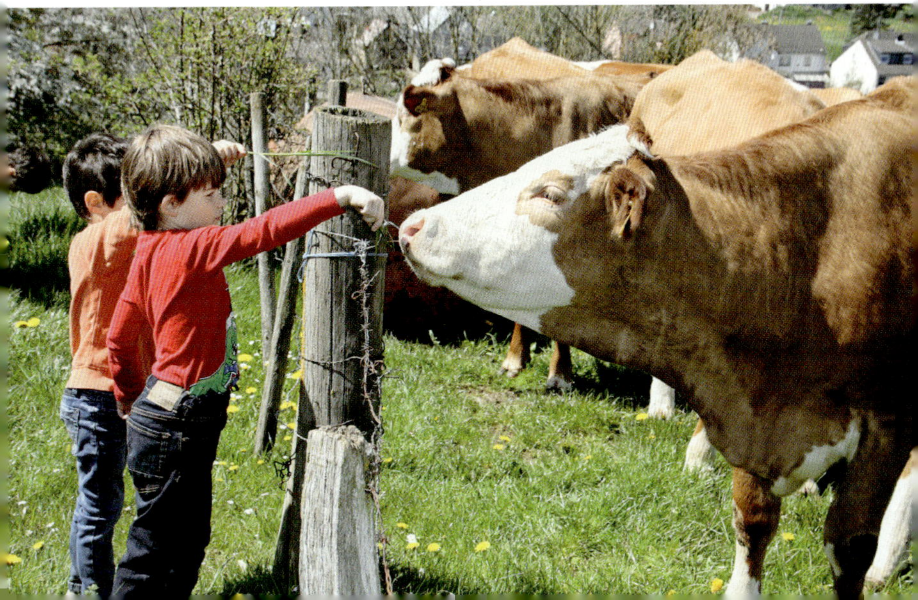

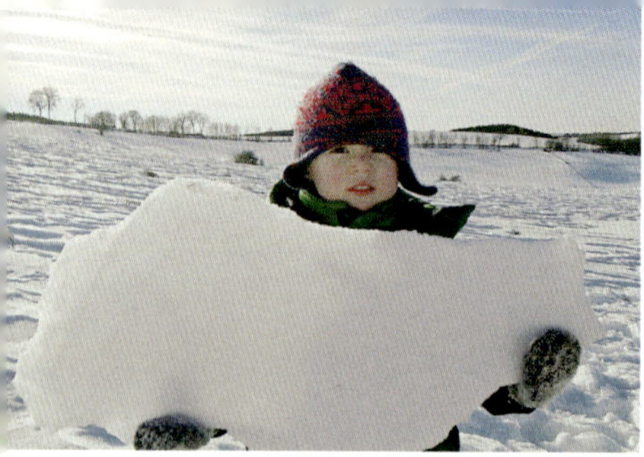

Eisschollen gibt es nicht nur am Nordpol, sondern manchmal auch in der Eifel.

nen »chefig« den Weg zu zeigen. Die Kleinen folgen meist mit einer gehörigen Portion Bewunderung. Wenn die älteren Kinder nicht zu sehr durch die Langsamkeit der Kleinen gebremst werden, laufen solche Kindergruppen meist wie von alleine fröhlich durch Wald und Flur.

Nur wenn man ein befreundetes Kind sehr gut kennt und sich auf dessen Verhalten verlassen kann, kann man es auf eine Wanderung auch mitnehmen, wenn dessen Eltern zu Hause bleiben. In diesem Fall sind Wanderungen mit den Freunden Ihrer Kinder aber meist eine tolle Entlastung für alle Beteiligten.

Winterwanderungen

Selbstverständlich sind Wanderungen mit Kindern in der kalten Jahreszeit möglich und insbesondere Schneewanderungen sind ein tolles Erlebnis. Im Bergischen Land und in der Eifel liegt regelmäßig an mehreren Tagen Schnee, aber die Winterbedingungen hier sind natürlich nicht mit denen in Bergregionen vergleichbar.

Keine der Touren in diesem Wanderführer wurde speziell als Winterwanderung gekennzeichnet, da wir nur sehr wenige Touren im Winter recherchiert haben. Grundsätzlich sind wir aber der Auffassung, dass die als leicht gekennzeichneten (blauen) Wanderungen auch wintertauglich sind. Eltern sollten aber auch in unserer Wanderregion nicht unterschätzen, dass Winterwanderungen besondere Anforderungen

Was gibt's da zu entdecken? Ein Fuchsbau in der Wahner Heide (Tour 26).

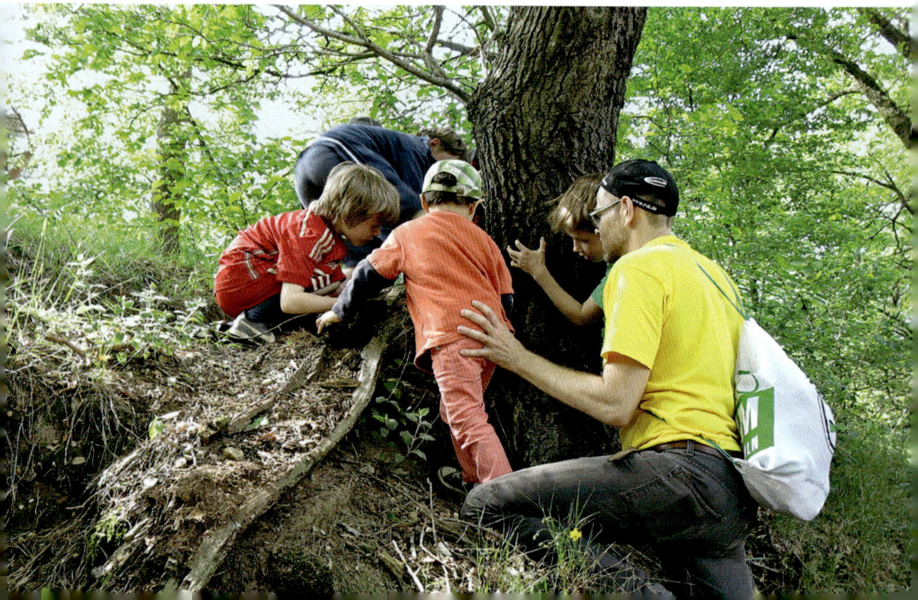

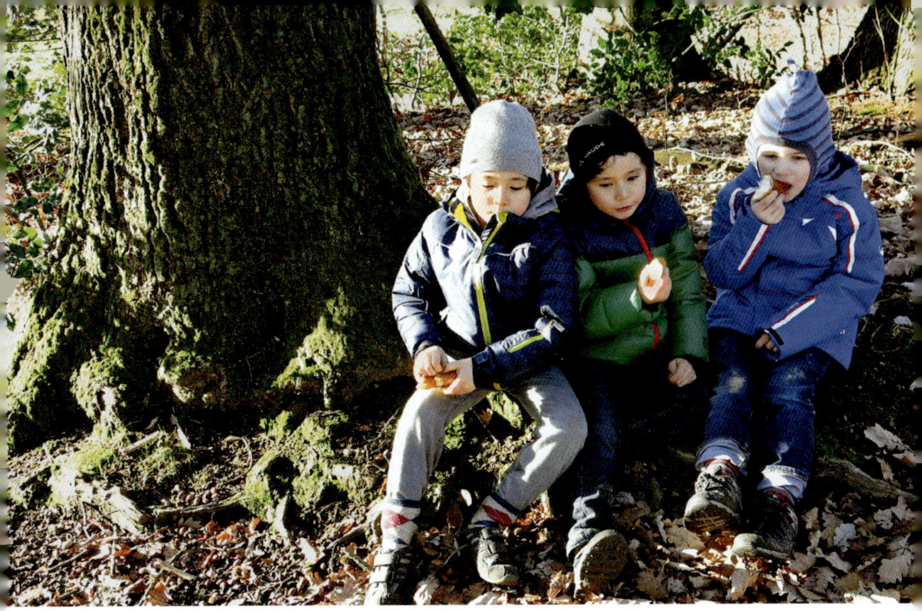

Wenn es mal kälter wird, hilft warm anziehen und zusammenkuscheln bei den Pausen (Tour 25).

stellen. Schon bei Temperaturen leicht über 0 °C und nasskaltem Wetter kann über die Höhen der Eifel und im Bergischen Land ein frostiger Wind pfeifen. Packen Sie Ihre Kinder immer sehr warm nach dem Schalenprinzip ein und führen Sie warme Getränke und ausreichend Essen mit. Beachten Sie, dass die Anfahrt eventuell langwieriger und mit zusätzlichem Stress verbunden ist. Deshalb gilt: Nur kurze und weniger anspruchsvolle Wanderungen mit kurzer Anfahrt auswählen!

Essen und Trinken

Kinder haben beim Wandern – besonders wenn sie viel entlang des Weges hin- und herlaufen – einen höheren Energie- und Flüssigkeitsbedarf als Erwachsene. Deshalb gehören natürliche Snacks wie Obst oder Gemüse, belegte Brote, wohldosiert aber auch Kekse oder andere Süßigkeiten mit in den Wanderrucksack. Halten Sie die Snacks gut griffbereit. Süßes kann vor allem als Belohnung motivierend wirken. Aber Zucker hat als Energielieferant nur eine begrenzte Wirkung. Er baut sich recht schnell wieder aber und wirkt dann ermüdend. Besser ist daher viel natürliches Essen und Getränke: etwa Wasser, Tee oder Schorlen mit leichtem Fruchtgehalt.

Einkehrmöglichkeiten gibt es in der Region viele – sie finden sich auf fast allen Touren. Deshalb braucht man eigentlich nicht zu üppig Proviant mitzuführen. Es sei denn, man plant ein Picknick. Kinder lieben eine ausgiebige Rast auf einer sommerlichen Wiese mit ausführlichem Erzählen von Erlebnissen, Toben, Spielen und vielleicht sogar Baden in einem kühlen Bach. Picknicks sollten daher als ein Höhepunkt im Streckenverlauf eingeplant werden – also eher in die zweite Streckenhälfte integriert werden.

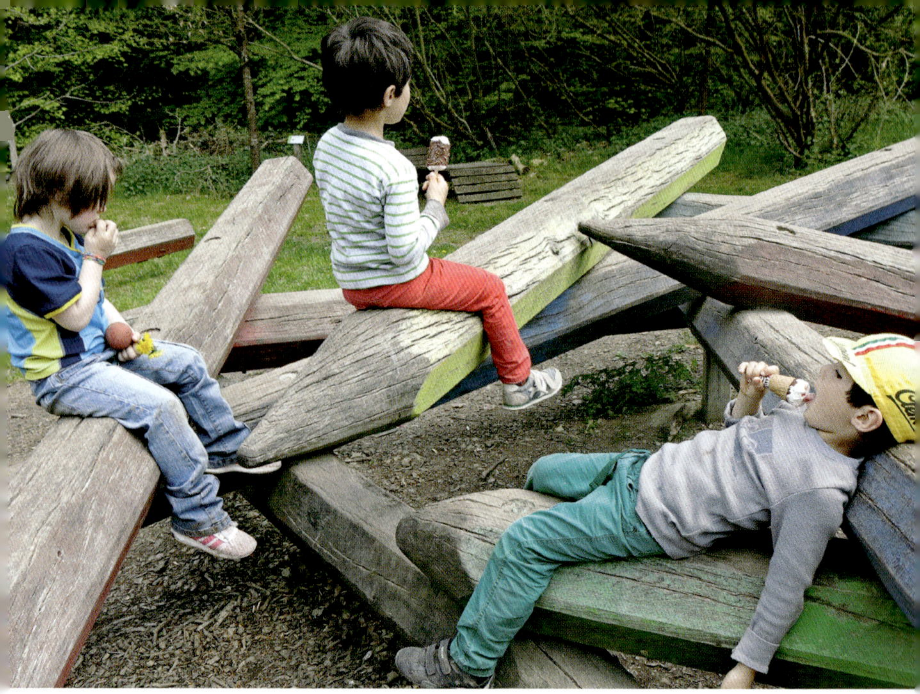

Wer gut wandert, darf verdient sein Eis genießen und entspannen.

Einkehr

In der »Kurzinfo« werden sämtliche an der Wanderroute gelegenen Gasthäuser und sonstige Einkehrmöglichkeiten mit Öffnungszeichen, Ruhetagen, Telefonnummern und Homepage aufgelistet. In der Regel wurden die Touren so gewählt, dass mindestens eine Einkehrgelegenheit pro Tour vorhanden ist. Mitunter ersetzen Bauernhöfe mit Hofladen oder in den Weinbaugebieten von Rhein und Ahr eine Strauße den Gasthof.

Gefahren beim Wandern

Bergauf und bergab: Kinder laufen gerne weit voraus und geraten dann aus dem Blickfeld der Eltern. Trainieren Sie mit Ihren Kindern, sich ab und an umzudrehen und Kontakt zu halten. Einige Passagen im Ahrtal und im Nationalpark Eifel sind recht steil. Hier ist Trittsicherheit gefragt. Kinder schätzen solche Steilpassagen häufig falsch ein. Daher gilt hier die Regel: Kinder gehen hinter den Erwachsenen.

Wespen, Zecken und andere Plagegeister: Gefährliche Tiere gibt es in der Region praktisch keine. Natürlich kann man einem tollwütigen Fuchs begegnen, aber die Wahrscheinlichkeit ist äußerst gering, dass er dann zubeißt. Etwas mehr Acht sollte man in den Wäldern auf Wildschweine geben. Wenn man einer größeren Rotte oder einer Bache mit Frischlingen begegnet, heißt es, Abstand halten! Schlangenbisse sind in unserer Region sehr selten.

Man sollte eher auf unangenehme Plagegeister aus dem Reich der Insekten vorbereitet sein. Mückenstiche sind auch in unseren Breitengraden bei Wanderungen fast an der

Im Vulkangarten Steffeln ist der Artenreichtum groß (Tour 20).

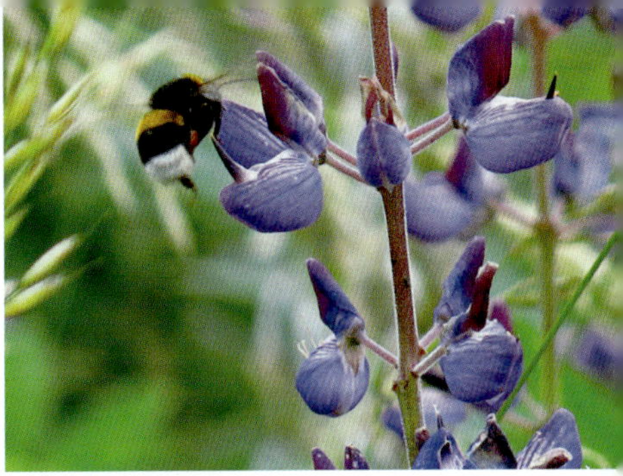

Tagesordnung. Ein handelsübliches Schutzmittel tut meist gute Dienste. Wer etwas heftiger auf solche Stiche reagiert, schützt sich mit heller, langärmeliger Kleidung oder sollte bei seinem Hausarzt entsprechenden Rat einholen.

Auch beim Essen und Trinken ist erhöhte Achtsamkeit gefragt. Ob beim Picknick oder auf einer Sonnenterrasse sind vor allem Wespen schnell herbei. Trainieren Sie mit Ihren Kindern deshalb, beim Trinken und Essen immer in das Glas oder die Flasche bzw. auf den Bissen zu schauen. Denn ein Wespenstich im Hals kann durch das Anschwellen schnell zu Atemnot führen. Allergiker müssen unbedingt ein wirksames Gegenmittel mitführen.

Zeckenbisse sind nicht nur unangenehm, weil die Plagegeister gar nicht so leicht zu entfernen sind, Zecken übertragen bekanntermaßen auch Krankheiten wie die Frühsommer-Meningoenzephalitis (FSME) oder Borreliose. Eine Schutzimpfung gibt es aber nur gegen FSME. Der Köln-Bonner-Raum ist allerdings kein Risikogebiet. Lediglich der Landkreis Aachen und der Rhein-Sieg-Kreis weisen vereinzelte FSME-Fälle auf. Eifel und Bergisches Land haben ein leicht erhöhtes Risiko für eine Borreliose-Erkrankung. Wer sich dennoch Sorgen macht, sollte seinen Hausarzt konsultieren. Der beste Schutz gegen Zecken ist die Vorsorge. Zecken sitzen meist auf Sträuchern oder im halbhohen Gras. Wer also durch Gebüsch oder Wiesen tobt, sollte lange Hosen anhaben. Ein guter Tipp ist zudem, die Hose in die Socken zu stecken, damit die Zecke keinen direkten Zugang zur Haut hat. Nach einer solchen Wanderung ist es ratsam, den Körper der Kinder einmal komplett abzusuchen. Im Fall eines Zeckenbisses sollten Sie sicherheitshalber einen Arzt aufsuchen, sofern Sie keine Erfahrung mit dem Entfernen haben und vor allem wenn sich um die Einstichstelle herum ein roter Ring bildet.

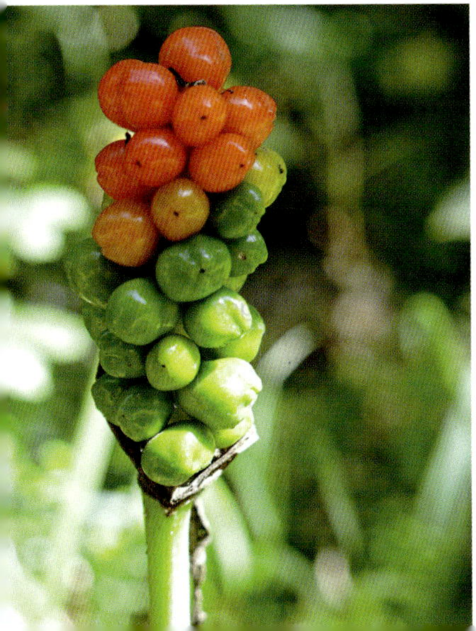

Giftige Pilze und Beeren: Neben einer Vielzahl von essbaren Pilzen und Beeren gehören auch einige giftige Arten zu unserem natürlichen Umfeld. Diese sind aber nur eine Gefahr, wenn man sie berührt oder gar

Schön anzusehen, aber giftig ist der Aronstab.

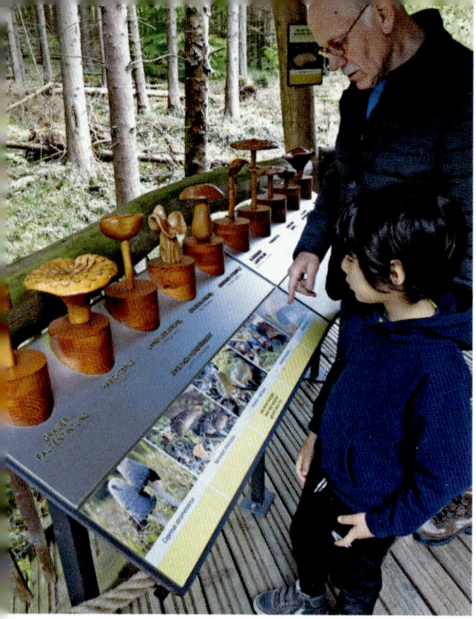

Welcher ist giftig und welchen kann man essen? Pilzstation im Wilden Kermeter (Tour 17).

isst. Bei Pilzen gilt ohnehin: Nur wer sich auskennt, sollte im Rahmen der vorgeschriebenen Mengen ernten und verspeisen. Trainieren Sie mit den Kindern, Pilze nur zu betrachten und besser nicht anzufassen. Wenn es doch einmal passiert, reinigt man die Hände mit Wasser und einem Taschentuch. Auch Beeren lässt man besser hängen. Wie bei den Pilzen gibt es giftige Arten, die wenigstens Bauchweh und Erbrechen hervorrufen. Bekannte, genießbare Beeren sollte man nicht essen, wenn sie in unmittelbarer Bodennähe wachsen, denn hier ist die Übertragung des Fuchsbandwurms möglich.

All diese kleinen Gefahren sollten aber niemanden abschrecken, mit dem Nachwuchs raus in die Natur zu gehen und sie in vollen Zügen zu genießen.

Wohin im Notfall

Notruf: 112 (Festnetz und Mobilfunk)

- Bergisches Land: Kliniken in Bergisch Gladbach, Köln (Holweide, Merheim, Porz) und Leverkusen-Opladen
- Bonn: Universitätsklinikum auf dem Venusberg
- Eifel: Kliniken in Bad Neuenahr-Ahrweiler, Euskirchen, Mechernich, Rheinbach und Schleiden
- Köln: Universitätsklinikum in Lindenthal
- Naturpark Rheinland: Kliniken in Bergheim, Bonn, Brühl, Hürth, Köln, Meckenheim
- Siegtal und Siebengebirge: Kliniken in Bonn-Beuel, Eitorf, St. Augustin und Siegburg

Informationen zur Region

- Naturarena Bergisches Land in Lindlar: Tel. +49 2204 843000, www.dasbergische.de.
- Infozentrum Wahner Heide in Troisdorf-Altenrath: Tel. +49 2205 9477803, www.wahnerheide.net.
- Naturregion Sieg: Tel. +49 2292 9562023, www.siegtal.com, u. a. mit Downloads zu Wanderwegen
- Naturpark Siebengebirge: Naturparkhaus Forsthaus Lohrberg, Tel. +49 2223 909494, www.naturpark7gebirge.de, u. a. mit speziellen Tipps für Kinder
- Zweckverband Naturpark Rheinland in Hürth: Tel. +49 2233 7100 777, www.naturpark-rheinland.de
- Nationalpark Eifel: Tel. +49 2444 9510-0, www.nationalpark-eifel.de; Nationalparktore wie Heimbach oder Rurberg: www.nationalparktor.de
- Ahrtal Tourismus in Bad Neuenahr Ahrweiler: Tel. +49 2641 91710, www.ahrtal.de
- Eifel Tourismus in Prüm: Tel. +49 6551 96560, www.eifel.info

Bergab, wie hier am Krausberg, steigt die Laune sofort (Tour 6).

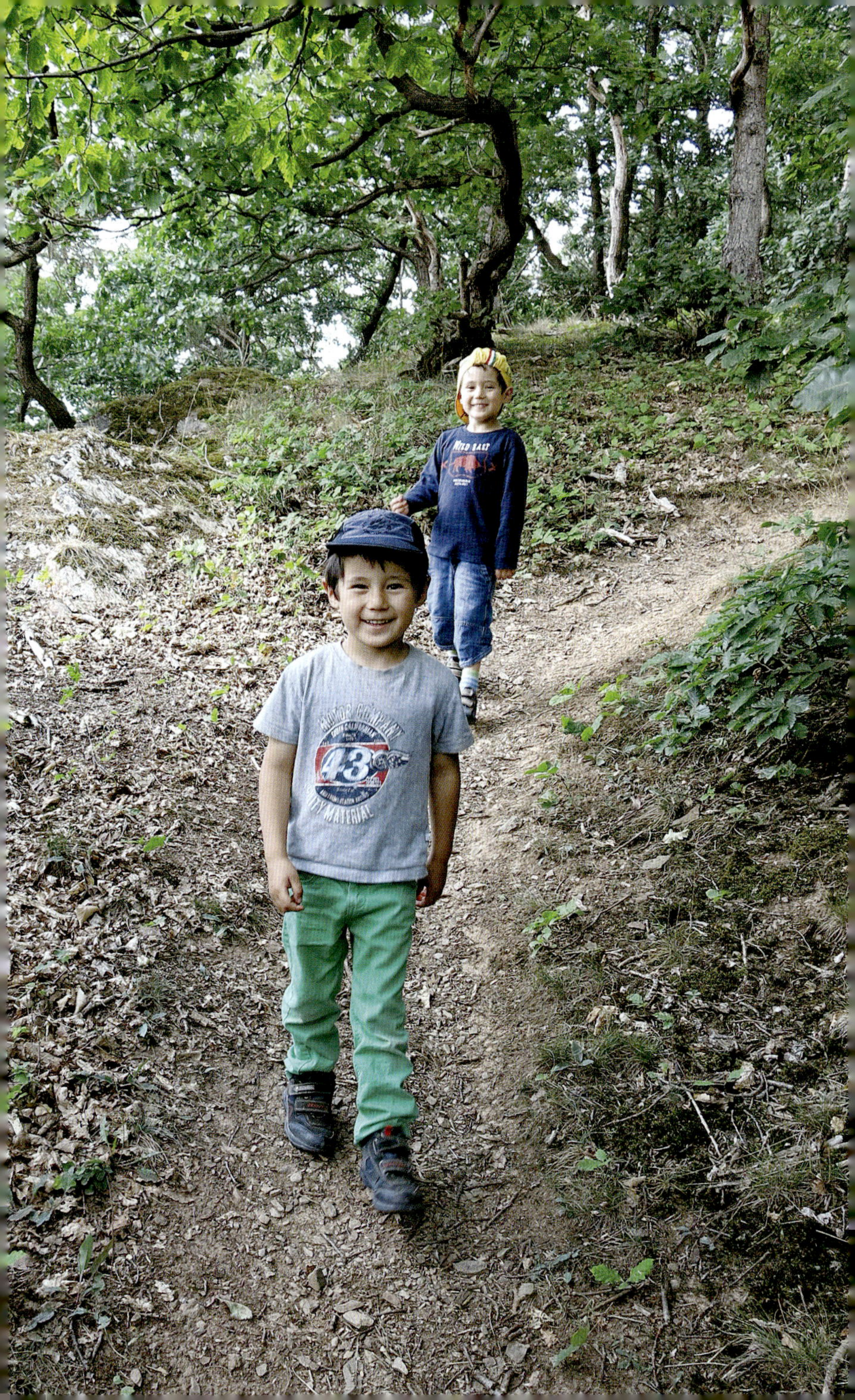

1 Obst-Wanderweg Knechtsteden

Durch den Knechtstedener Busch

ab 4 J.

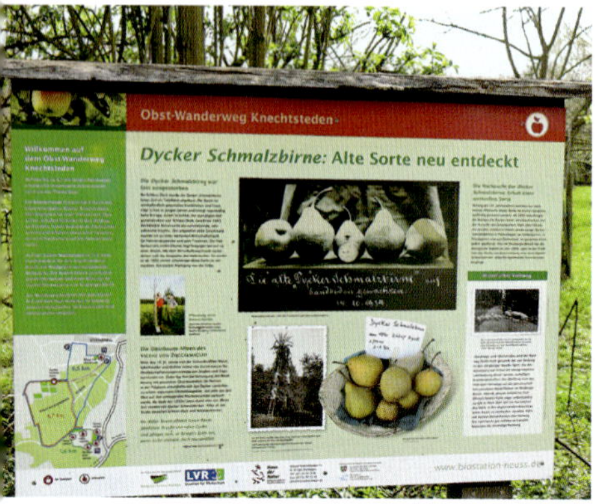

Auf der Wanderung erfährt man viel Wissenswertes über regionale Obstsorten.

Ehrwürdige Klostermauern und historische Obstsorten

Wer schon immer mal wissen wollte, welche Obstsorten sich hinter dem Blauen Kölner oder der Dycker Schmalzbirne verbergen, der ist auf dem Obstwanderweg am Kloster Knechtsteden genau richtig. Hier gibt es längst vergessene Apfel- und Birnensorten zu bestaunen und gelegentlich auch im Klosterladen zu kaufen. Im Vergleich zu Supermarktäpfeln und -birnen schmecken sie charaktervoll und ursprünglich. Informative Tafeln entlang des Wanderweges bringen uns den Obstbau vergangener Tage und die rund 120 verschiedenen Sorten nahe, die hier heute noch an den rund 300 Bäumen wachsen. Nach der Wanderung durch den weitläufigen und von alten Buchen bewachsenen Knechtstedener Busch gibt es in der historischen Klosteranlage noch viel zu bestaunen und die Kinder können sich auf dem angeschlossenen Spielplatz austoben. Wer noch mehr Lust auf Natur und Tierwelt hat, unternimmt einen Abstecher zum nahe gelegenen Wild- und Geopark Tannenbusch. Alles zusammengenommen, lässt sich hier ein ausgefüllter Tag mit der ganzen Familie verbringen.

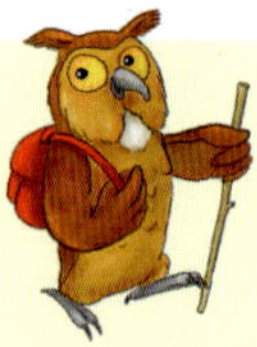

Hallo Kinder,

Apfel ist nicht gleich Apfel und Birne nicht gleich Birne. Im Supermarkt schmecken viele Obstsorten gleich, weil sie dem Massengeschmack entsprechen müssen, tatsächlich aber ist ihrer Vielfalt keine Grenze gesetzt. Allein rund um das Kloster könnt ihr über 300 Obstbäume und 120 Obstsorten bestaunen, vor allem für das Rheinland typische Apfel-, Birnen-, Pflaumen- und Kirschsorten. Darunter sind Seltenheiten wie die Dycker Schmalzbirne, die Puspasbirne und die Lotemer Sure, eine Kirschsorte, die vielleicht noch eure Großeltern, nicht aber eure Eltern kennen. Wetten! Manche Obstsorten wurden erst in den letzten Jahren wiederentdeckt. Auf der Klosterrunde lernt ihr verschiedene Obstsorten kennen und erfahrt vieles über berühmte Obstzüchter oder die Obstwiesen als Lebensraum.

KURZINFO

Ausgangspunkt: Besucherparkplatz des Klosters Knechtsteden an der L 36, 42 m (GPS: N51.076604, E6.757480).
Anfahrt: Auf der A 57 bis Ausfahrt Dormagen und weiter über die L 280. An der Klosteranlage rechts in die L 36. 100 m weiter liegt der Parkplatz linker Hand.
Mit S-Bahn und Bus: Mit der S11 bis Dormagen und weiter mit Buslinie 883.
Gehzeit: 2.20 Std.
Distanz: 7,4 km.
Höhenunterschied: Unwesentlich.
Ausrüstung: Gut profilierte Sport- oder Wanderschuhe.
Anforderungen: Ab 4 Jahren. Leichte Tour auf ebenen, meist breiten Forstwegen ohne nennenswerte Anstiege. Sie folgt dem leider nicht gut markierten Obst-Wanderweg Knechtsteden (»Große Waldrunde«). Die Markierung ist meist A7. Wir folgen ihr in entgegengesetzter Laufrichtung.
Einkehr: Klosterhof Knechtsteden mit Biergarten (Klosterhof Knechtsteden, 41540 Dormagen, Tel. +49 2133 80745, www.klosterhof-knechtsteden.de; täglich geöffnet, vom 2. Januar bis 31. März Mo. und Di. Ruhetag). Haus Hubertus (Waldstraße 22, 4154, 2 Dormagen-Straberg Tel. +49 2133 80082, www.haus-hubertus-straberg.com; täglich geöffnet, Mo. Ruhetag).

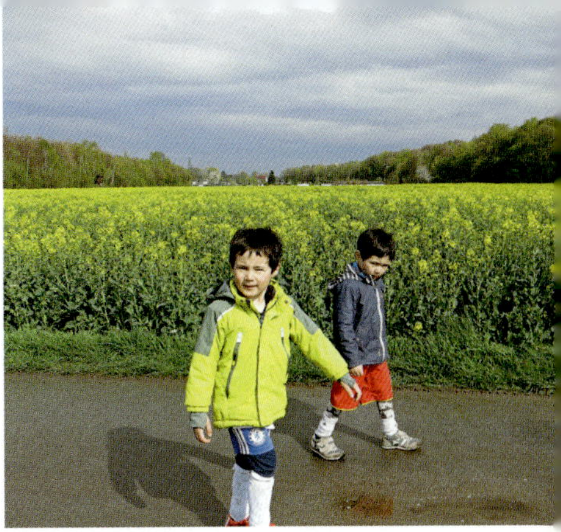

Wenn der Raps im Frühjahr blüht, leuchtet die ganze Gegend.

Variante: Wer die »Große Waldrunde« nicht gehen will, folgt der 4,7 km langen »Kleinen Waldrunde« und lässt den Schlenker über Straberg und zum Haus Hubertus aus. Dazu folgen wir ab dem Kreuz hinter dem Klostergelände dem breiten Waldweg mit der Markierung X genau nach Norden und biegen an einer großen Waldkreuzung nach links in den Sandweg ein, um nun wieder der »Großen Waldrunde« vorbei an der Streuobstwiese (6) und dem Fledermausquartier (7) zurück zum Kloster zu wandern.
Karte: Die Route ist auf einem Infoblatt eingezeichnet, das am Kloster und an den Infotafeln des Weges ausliegt.

Der schwierigste Teil der Wanderung führt durch das Klostergelände, weil dieses recht verwinkelt ist. Gleichzeitig wartet hier aber eine Reihe von Attraktionen auf uns. Vom **Besucherparkplatz (1)** am Klosterhof Knechtsteden folgen wir der Zufahrt zur Klosteranlage mit der Markierung A7, durch das barocke Eingangstor hindurch bis zur Basilika. An dieser vorbei biegen wir rechts in den Innenhof der Wirtschaftsgebäude. Wir passieren den **Klosterladen (2)** und gelangen in einen weiteren Innenhof. Am gegenüberliegenden Ende treten wir durch ein Tor aus dem Hof hinaus und stehen nun gegenüber dem Kulturhof Knechtsteden. Rechter Hand an ihm vorbei verlassen wir das Klostergelände auf der Zufahrt in nördlicher Richtung. Hinter dem Tor halten wir uns mit der Markierung A7 links in einen querlaufenden Forstweg und wandern am Klostergelände entlang in den 1200 Hektar großen Knechtstedener Busch hinein. Das Waldgebiet reicht weit nach Norden bis an die Stadtgrenze von Neuss. In diesem Teil stehen viele herrliche

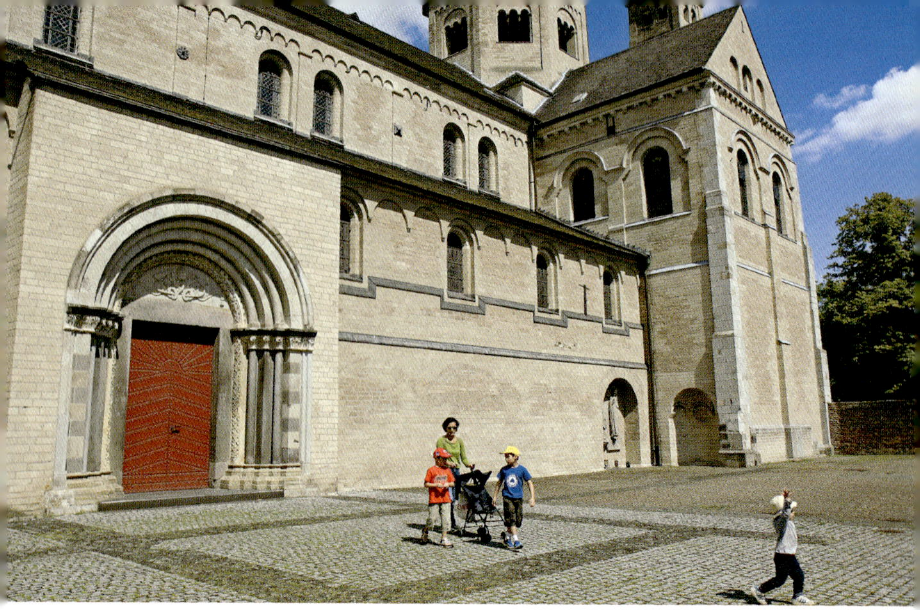

Imposant von innen und außen ist die romanische Basilika des Klosters.

alte Buchen. An der nächsten Gabelung mit einem **Steinkreuz (3)** biegen wir nach rechts. An der nächsten Gabelung 100 m weiter ist eine Entscheidung zu treffen: Wer nur die »Kleine Waldrunde« gehen will, wandert hier geradeaus nach Norden (siehe Variante). Wir aber folgen der »Großen Waldrunde« nach rechts in nordöstlicher Richtung auf Straberg zu. Wir spazieren ein längeres Stück geradeaus über den weichen Boden des Buchenwaldes, biegen in einen von links in spitzem Winkel hinzukommenden Weg nach rechts ein und gehen schon auf die ersten Häuser von Straberg zu. Schließlich treten wir aus dem Wald auf eine Straße und einen Wanderparkplatz hinaus. Gegenüber liegt das **Haus Hubertus (4)**. Der traditionelle Name täuscht, denn auf der Speisekarte stehen hier Suflaki und Gyros, aber auch Eiscreme.

Links am Haus Hubertus vorbei folgen wir der Waldstraße auf die Felder hinaus. An der nächsten Gabelung halten wir uns links und wandern mit dem inzwischen nicht mehr asphaltierten Feldweg an Pferdeställen vorbei bis zu einem querlaufenden Weg, der uns nach rechts in einen anderen Teil von Straberg führt. Hier biegen wir in die erste Querstraße (Mühlenbuschweg) links ein und etwas weiter, am **Sportplatz (5)**, erneut nach links in den Ückerather Weg. Nun wandern wir

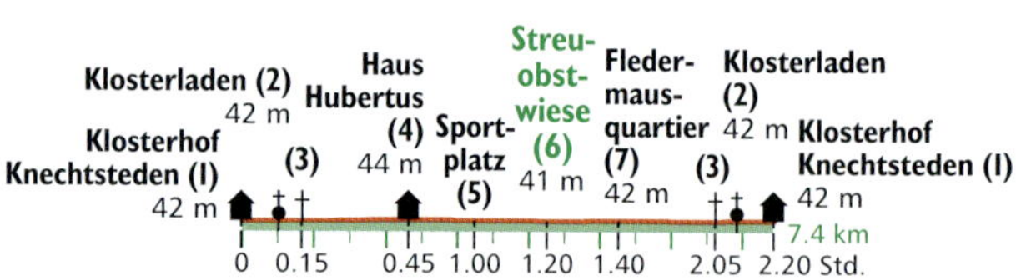

wieder auf die Felder südlich von Straberg hinaus und schließlich in den Knechtstedener Busch hinein. An der großen Waldkreuzung mit dem Knotenpunkt 53 biegen wir nach rechts in den Sandweg – hier gesellen sich auch alle diejenigen, die der kürzeren Variante folgen, nach links abbiegend, zu uns. Im folgenden Teil der Wanderung sind die Markierungen schlecht, der Weg ist dennoch gut zu finden. Am Waldrand entlang passieren wir eine der vielen **Streuobstwiesen (6)**, die der Wanderung ihren Namen geben. Auf diesen Wiesen, so lernen wir von einer Infotafel, wächst die Dycker Schmalzbirne. Wir wandern weiter auf dem Sandweg nach Westen und schließlich in einem weiten Bogen nach Süden immer am Rand des Knechtstedener Buschs entlang, an dem Unmengen von Holundersträuchern wachsen.

HIGHLIGHTS

- ★ Obstwanderweg mit sieben Infotafeln zum regionalen Obstanbau und historischen Obstsorten.
- ★ Besuch der romanischen Basilika aus dem 12. Jahrhundert (www.spiritaner.de/knechtsteden).
- ★ Werkstatt des Kunstvereins Bayer Dormagen im Klosterareal.
- ★ Fundgrube mit viel Trödel zum Stöbern auf dem Klostergelände.
- ★ Im Klosterladen gibt es allerhand Interessantes zu sehen und zu kaufen. Eine Wucht sind beispielsweise Salatgurken und Obst aus eigenem Anbau oder Honig aus der eigenen Imkerei.
- ★ Auf dem Rückweg zur Autobahn lohnt sich ein Abstecher in den Dormagener Tannenbusch mit Wildgehege, eigener Greifvogelstation und Geopark (www.sdw-dormagen.de).

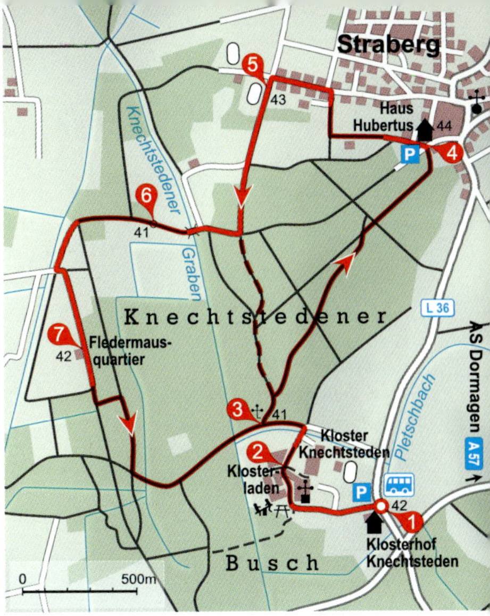

Schließlich treten wir auf eine Freifläche hinaus, biegen an der nächsten T-Kreuzung links und sofort wieder rechts ab. Die folgenden 600 m spazieren wir auf einem asphaltierten Weg nach Süden. Wir passieren alsbald ein hellgrünes Häuschen, ein **Fledermausquartier (7)**, wie uns eine Informationstafel verrät. Weiter in südlicher Richtung geht es in den Wald hinein, wir biegen bald links und an der nächsten T-Kreuzung gleich wieder rechts ab. Nun gehen wir rund einen halben Kilometer durch den dichten Laubwald nach Süden und gelangen an einen querlaufenden Forstweg. Ihm folgen wir nach links. Nach gut 1000 m gesellt sich rechter Hand das Klostergelände zu uns und wir gelangen wieder an die Gabelung mit dem **Steinkreuz (3)**. Zurück zum Kloster und zum Ausgangspunkt folgen wir unserem Hinweg nach rechts.

Nun ist es aber Zeit für die Kinder, den großzügig angelegten Spielplatz zu erobern. Die Wiesen bieten hier auch eine gute Gelegenheit zum Picknick.

2 Glessener Höhe

Auf dem Wassererlebnispfad Pulheimer Bach ab 5 J.

Die Natur erobert den ehemaligen Tagebau zurück

Zwischen Rübenäckern und Braunkohlehalden sind schöne Wanderungen in der Gegend um Brauweiler und Bergheim absolute Mangelware. Der Pulheimer Erlebnispfad ist eine rühmliche Ausnahme. Denn seine Mütter und Väter haben nur wenige Fahrminuten westlich von Köln ein Kleinod geschaffen. Entlang des renaturierten Bachs führt ein interaktiver Naturpfad mit zahlreichen Spielplätzen und Gasthöfen am Wegesrand. Aber zunächst geht es hinauf auf die alte Abraumhalde Glessener Höhe. Dort oben warten nicht nur weite Blicke über die Kölner Bucht auf uns, sondern auch das einzige Gipfelkreuz und Gipfelbuch westlich von Köln.

KURZINFO

Ausgangspunkt: Parkplatz »An der Broicheiche« am Spritzenhaus Glessen, 91 m (GPS: N50.963401, E6.745076).
Anfahrt: Von Köln-Weiden auf der Aachener Straße (L 361) bis Königsdorf, weiter auf der L 91 bis Glessen, am Ortsausgang in Richtung Oberaußem, links ab zur Feuerwehr in der Straße »An der Broicheiche«.
Mit S-Bahn und Bus: Ideale Wanderung um mit der S12 bis Bhf. Lövenich und weiter mit dem Bus 961 bis zur Haltestelle »Im Selch« in Glessen anzureisen.
Gehzeit: 2.40 Std.
Distanz: 7,9 km.
Höhenunterschied: 130 m.
Ausrüstung: Gut profilierte Sport- oder Wanderschuhe.
Anforderungen: Ab 5 Jahren. Eine leichte Wanderung, die im ersten Teil über breite Forstwege (zum Teil asphaltiert) und Steiltreppen hinauf auf die Glessener Höhe führt. Auf dem Rückweg durch das Quellgebiet des Pulheimer Bachs führt ein ruppiger Pfad. Auf dem

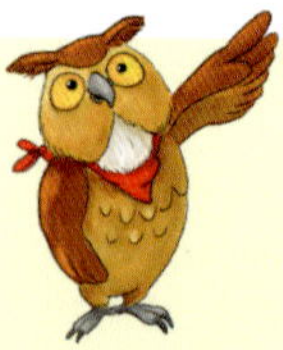

Hallo Kinder,

Natur pur! Dieses Motto gilt leider nur selten im Kölner Westen. Tagebau und Braunkohlekraftwerke dominieren hier die Landschaft. Von der Glessener Höhe schaut ihr leider auf sehr viel Industrie, etwa die beiden Braunkohlemeiler Ober- und Unteraußem im Nordwesten oder die Chemiewerke von Dormagen und Leverkusen im Nordosten. Umso schöner ist es, dass rund um die Glessener Höhe immer mehr grünt und wächst. Mit dem Königsdorfer Wald und dem Pulheimer Erlebnispfad bildet die Glessener Höhe ein schönes Naherholungsgebiet. Und wenn ihr ganz genau hinschaut, erspäht ihr sogar oben auf dem Gipfelplateau Rehwild. Hier oben steht ihr übrigens auf 205 Meter über Meereshöhe und damit auf der höchsten Erhebung der Ville und des Rhein-Erft-Kreises. Natürlich ist die Glessener Höhe nur 130 Meter hoch, der Rest ist Abraumschutt aus den umliegenden Braunkohletagebauen.

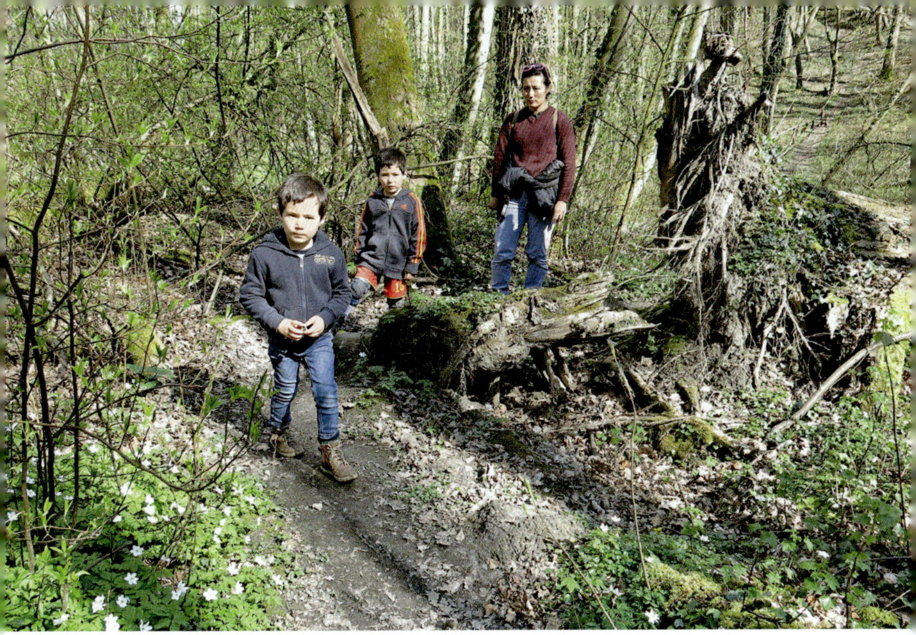

Über Stock und Stein geht es auf einem schmalen Pfad durch das Quellgebiet des Pulheimer Bachs.

Hinweg zum Gipfelkreuz durchgängig als »Erlebnispfad Pulheimer Bach« markiert, danach wechselnde bzw. keine Markierung.

Einkehr: Mehrere Einkehrmöglichkeiten in Glessen: u. a. nur 500 m abseits der Tour Eiscafé Rizzardini (Sommerhaus 2, 50129 Bergheim-Glessen, www.facebook.com/CarlosEiscafeRizzardini; Sa. und So. ab 12 Uhr geöffnet).

Variante: Wer nach der Rückkehr nach Glessen noch Kraft und Energie hat, kann den zweiten Teil des Pulheimer Erlebnispfads angehen. Empfehlenswerter ist aber eine zweite Tageswanderung. Recht eben geht es auf diesem Abschnitt 4,5 km entlang des Pulheimer Bachs mit einigen Informationstafeln bis zur Junkerburg in Geyen.

Karte: Infos und Karte zum Download s. www.erlebnispfad-pulheimer-bach.de.

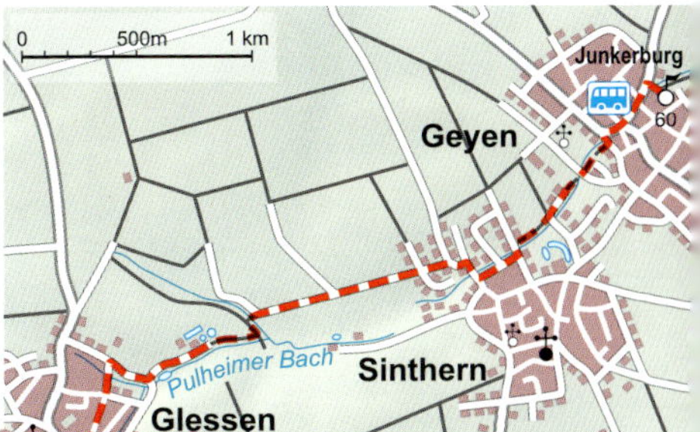
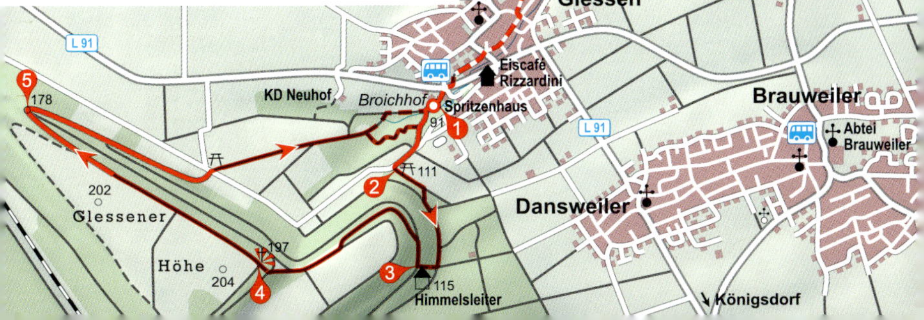

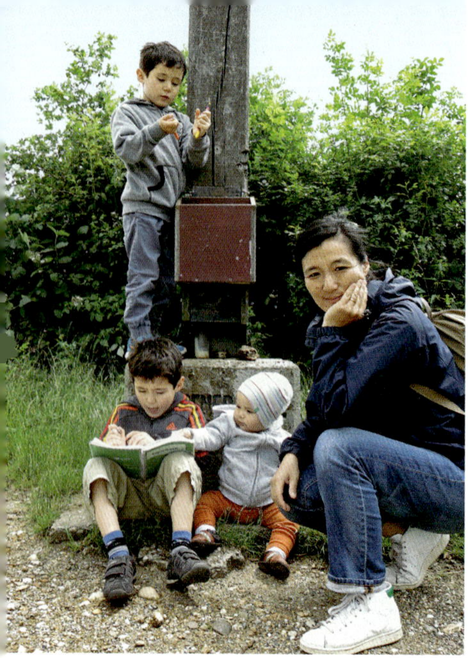

Lustiger Spruch gesucht – beim Eintrag in das Gipfelbuch auf der Glessener Höhe ist Kreativität gefragt.

Vom **Glessener Spritzenhaus (1)** aus wandern wir auf der Straße »An der Broicheiche« mit der Markierung des Pulheimer Erlebnispfads nach rechts in Richtung Westen in ein kleines Waldstück. Über den Bach hinweg folgen wir dem Asphaltweg ein Stück bergan und gelangen auf einen querlaufenden Asphaltweg zu den Sportplätzen. Mit ihm biegen wir nach rechts und wandern auf ein Feld hinaus. Geradeaus sehen wir bereits die Glessener Höhe. An der nächsten Kreuzung, linker Hand liegt der örtliche **Grillplatz (2)** mit einer weitläufigen Picknickwiese, biegen wir nach links und wandern nun am Waldrand entlang. Nach links über die Felder hinweg erblicken wir in der Ferne den mächtigen Kirchturm der Abtei Brauweiler. An der nächsten Kreuzung folgen wir dem Hinweis zur »Himmelsleiter« nach rechts. Wir wandern nun durch den renaturierten Wald am Fuß der Glessener Höhe entlang und gelangen alsbald an die Himmelsleiter. Nach rechts abbiegend erklimmen wir die Steiltreppe. Am Ende der Holzstufen sind wir außer Puste, gut dass hier die **Schutzhütte Himmelsleiter (3)** steht und wir rasten können. Anschließend biegen wir in den Sandweg nach rechts in Richtung »Gipfelkreuz«. Der Weg gabelt sich wenig später, wir folgen dem Weg nach links weiter bergan, gelangen auf ein Zwischenplateau und wandern an seinem Rand entlang, bis wir zum Einstieg einer zweiten Treppe in Richtung »Gipfelkreuz« gelangen. Nach rechts geht es über eine Holzbrücke und dann die letzten steilen Meter bergan, bis wir auf dem höchsten Punkt der Glessener Höhe stehen. Hier gibt es neben einem Rastplatz mit toller Aussicht auf die Kölner Bucht das **Gipfelkreuz (4)**. Wir können uns mit einem lustigen oder besinnlichen Spruch und unseren Namen in das Gipfelbuch eintragen – eine Gelegenheit, die man normalerweise nur auf den Gipfeln im Gebirge bekommt. Hier oben endet auch der Pulheimer Erlebnispfad.

Nach ausgiebiger Rast geht es – ohne Markierung – am nordöstlichen Rand des Gipfelplateaus weiter in Richtung Nordwesten. Der breite Feldweg verläuft eben dahin, linker Hand liegen einige Äcker, auf denen man fast immer Rehwild grasen sieht. Wir gelangen schließlich an eine asphaltierte Kreuzung und biegen mit der Markierung A4 nach rechts in den Wald. Der asphaltierte Weg führt uns nun bergab, zunächst etwas steiler, dann ab der nächsten Kehre moderater. In der scharfen Kurve liegt ein langer Baumstamm, der zu einer gigantischen **Rastbank (5)** umfunktioniert ist. Hier hätten wohl an die zwanzig Wanderer nebeneinander Platz. Wir folgen der Kehre nach rechts und wandern auf dem breiten und asphaltierten Hauptweg bergab, alle weiteren abzweigenden Wege ignorierend. Am Fuß der Abraumhalde gelangen wir an eine weitere Rastbank und einige gestapelte Baumstämme. Die Rastbank bietet noch einmal Gelegenheit zum Verschnaufen und die Baumstämme Gelegenheit zum Klettern. Hier verlassen wir die Markierung A4. Den dahinterliegenden und querlaufenden Asphaltweg überqueren wir und folgen einem Feldweg über die Äcker auf ein Waldstück zu. An der folgenden Wegkreuzung, an einer Waldspitze, wandern wir geradeaus, die Felder zur Linken, den Wald zur Rechten, bis es schließlich in den Wald hineingeht. Wir passieren eine Waldlichtung und befinden uns nun schon im Quellgebiet des Pulheimer Bachs, einem Naturschutzgebiet. Vorsichtnahme auf Tiere und Pflanzen ist also angebracht, besonders wenn wir nicht dem Hauptweg, sondern dem verschlungenen Waldpfad am Bach entlang folgen. Der Pfad ist nicht leicht zu finden. Er biegt kurz hinter der Lichtung nach rechts ab. Wer ihn nicht findet, folgt einfach dem Hauptweg weiter geradeaus zurück zum Spritzenhaus. Auf dem Trampelpfad hingegen wandern wir

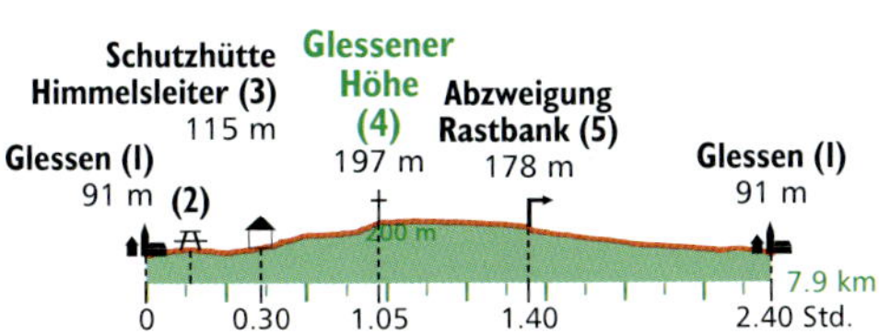

HIGHLIGHTS

- ★ Gipfelglück auf der Glessener Höhe mit Gipfelkreuz, -buch und Fernsicht auf Bonn, Düsseldorf und das Bergisches Land.
- ★ Die Renaturierung eines ehemaligen Industriebachs hautnah miterleben: Das Projekt Wassererlebnispfad Pulheimer Bach ist noch voll im Gange und wir können zum Teil live die Renaturierungsmaßnahmen bestaunen.
- ★ Ein Abstecher (z. B. mit dem Bus von Glessen oder Geyen) zur nahe gelegenen Abtei Brauweiler lohnt. Neben Ausstellungen und Konzerten locken hier zwei Eisdielen gegenüber der Abtei und ein netter Spielplatz im angeschlossenen Park (www.abtei-brauweiler.de).

vorbei an wurzeligen Buchenstämmen und über meist morastige Zuläufe des Pulheimer Bachs hinweg durch den Wald. Der Weg ist nicht markiert und schlängelt sich als schmaler Pfad durch den Laubwald. Wer hier nicht auf den Weg achtet, verliert ihn schnell und muss sich neu orientieren. Schließlich treten wir auf einen querlaufenden Asphaltweg hinaus, den wir vom Hinweg kennen. Hier steht ein Stein mit einem Hinweis auf das Quellgebiet des Pulheimer Bachs. Nach links geht es über den Bach hinweg und an einer Informationstafel zum »Quellsumpf« vorbei – sie informiert über den Wasserkreislauf – zurück zum **Spritzenhaus (1)** und damit zum Zielpunkt der Wanderung. Es sei denn, wir haben noch genügend Kraft und Ausdauer, den zweiten Teil des Erlebnispfads bis zur Junkerburg in Geyen in Angriff zu nehmen (siehe Variante).

3 Um den Heider Bergsee

Seerunde bei Brühl

ab 4 J.

Wandern, Baden, Picknicken an Kölns schönstem Badesee

Einen Steinwurf vom Kölner Stadtgebiet entfernt liegt der beliebte Heider Bergsee mit seinem recht naturbelassenen Strandbad und einer großen Sonnenwiese. Auf dem gegenüberliegenden Ufer lockt ein weitläufiger Spielplatz mit einer Parkanlage. Auch hier kann man herrlich picknicken. Beides verbindet eine leichte Wanderung auf dem lauschigen Uferweg. Egal ob man nur einen kurzen Nachmittagsabstecher an einem langen Sommertag oder ein ganzes Campingwochenende plant, am Heider Bergsee und Umgebung lässt sich viel erleben.

KURZINFO

Ausgangspunkt: Parkplatz am Campingplatz Heider Bergsee, 99 m (GPS: N50.829441, E6.878027).
Anfahrt: Mit dem Auto auf der Luxemburger Straße (B 265) und L 184 bis Heide, weiter über die Willy-Brandt-Straße bis zum Campingplatz.
Mit der Bahn: Ideale Wanderung für die Anfahrt mit der Eifelbahn von Köln bis zum Kaiserbahnhof Brühl-Kierberg, weiter zu Fuß bis zum Parkplatz Grubenstraße am schönen Spielplatz (2). In diesem Fall liegt der Einstieg in die Wanderung am nördlichen Seeufer (Variante 1; plus 3,4 km hin und zurück).
Gehzeit: 1.40 Std.
Distanz: 5,6 km.
Höhenunterschied: Unwesentlich.
Ausrüstung: Gut profilierte Sport- oder Wanderschuhe; unbedingt auch Badesachen einpacken.
Anforderungen: Ab 4 Jahren. Leichte Wanderung ohne wesentliche An- und Abstiege. Wechselnde Markierungen.
Einkehr: Eine einfache Gastronomie bietet das Strandhaus Brühl direkt neben dem Campingplatz Heider Bergsee

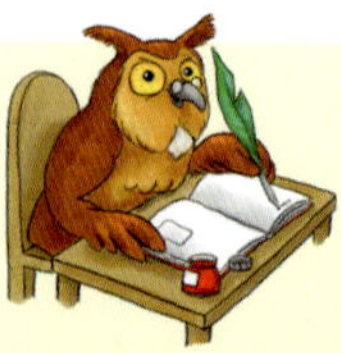

Hallo Kinder,

dort wo ihr heute badet, haben sich vor 150 Jahren die Menschen auf der Suche nach Braunkohle mit Spitzhacken in die Erde gegraben. Der Kohleabbau endete hier 1965, zwei Jahre später trafen schon die ersten Badegäste ein. Der Heider Bergsee ist ein Restsee einer alten Kohlegrube, die zum großen Rheinischen Braunkohlerevier gehört. Dieses erstreckt sich in etwa von eurem Standpunkt bei Brühl noch sehr weit nach Nordwesten bis zu den heute noch aktiven Tagebauen Gartzweiler und Hambach bei Erkelenz bzw. Kerpen. Seit dem 19. Jahrhundert wurde in der Ville kleinflächig Braunkohle abgebaut. Die Ville ist ein lang gestreckter Höhenzug im Westen von Köln. Heute hat ihn die Natur größtenteils wieder zurückerobert. Ein großes Waldgebiet und über 40 Seen bedecken ihn. Nicht alle sind wie der Heider Bergsee zum Baden und Wassersport freigegeben. Viele stehen unter Naturschutz und bieten Tieren und Pflanzen einen Rückzugsort.

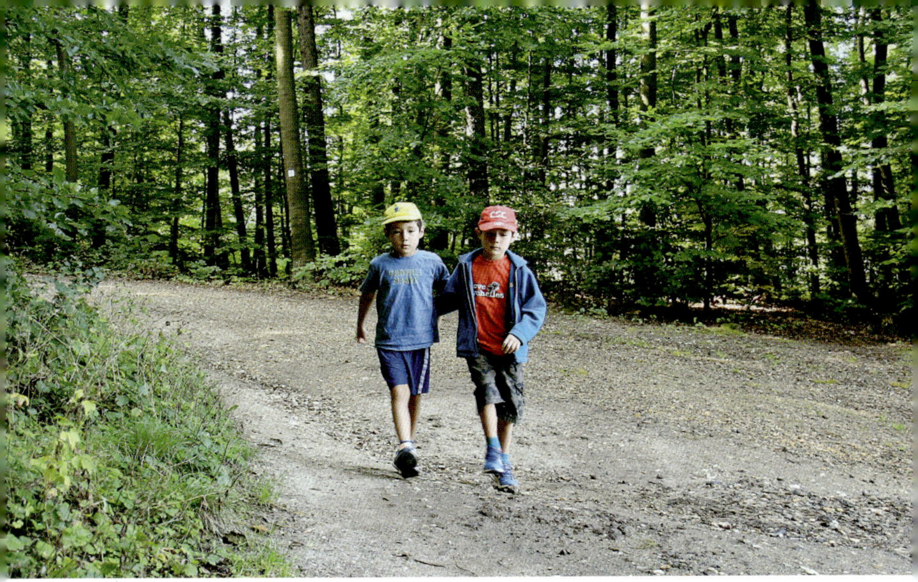

Wer auf dem Seerundweg nicht trödelt, ist schneller im Strandbad …

(50321 Brühl, Tel. +49 2232 1501985; tägl. 11–22 Uhr geöffnet). Über die Sonnenterrasse erreicht man das Strandbad mit einem kleinen Spielplatz.

Varianten: 1) Wer mit der Bahn anreist, beginnt die Wanderung am Bahnhof in Brühl-Kierberg und folgt der Schul- und dann der Talstraße in westlicher Richtung. Nach der Unterquerung der L 184 halten wir uns mit der »Kloster Beden«-Straße links, wandern leicht bergan um eine Streuobstwiese herum und folgen in Verlängerung der Grubenstraße bis zum Wendehammer. Hier befinden sich linker Hand der Spielplatz (2) und der Einstieg in die Wanderung.

2) Der rund 1,2 km lange Schlenker um die Landzunge am Westufer des Heider Bergsees bis zum Schluchtsee lässt sich über einen kurzen Anstieg abkürzen. An der Abzweigung folgen wir, statt nach links, dem Uferweg einfach geradeaus den Anstieg hinauf und treffen an seinem Fuß an der Rastbank am Schluchtsee (3) wieder auf die Hauptroute.

Tipp: Auch ohne Wanderung ist der Kaiserbahnhof Brühl in Kierberg mit seinem schönen Biergarten (im Herbst und Winter geschlossen) und seiner guten Gastronomie im Frühjahr und Sommer einen Ausflug wert. Auf dem Gelände befinden sich ein Restaurant und eine Brasserie mit unterschiedlichen Öffnungszeiten. Die Sonnenterrasse wir je nach Wetterlage und meist an den Wochenenden geöffnet (Kierberger Straße 158, 50321 Brühl, Tel. +49 2232 25581, www.kaiserbahnhofbruehl.de).

Karte: Freizeitkarte Brühl und die Villeseen (Naturpark Rheinland, 1:25.000).

… und hat viel Spaß am schönsten Badesee von Köln.

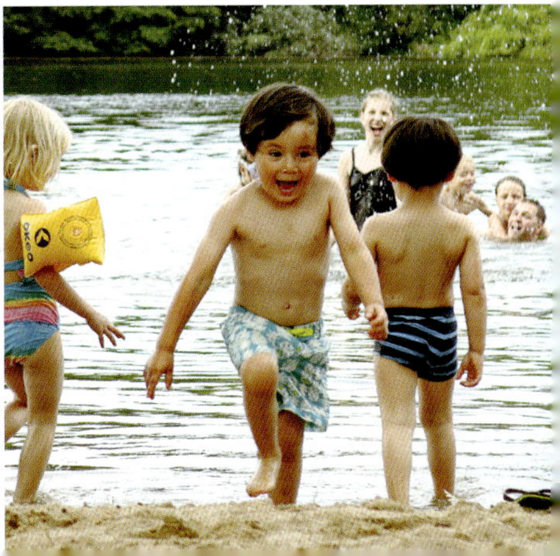

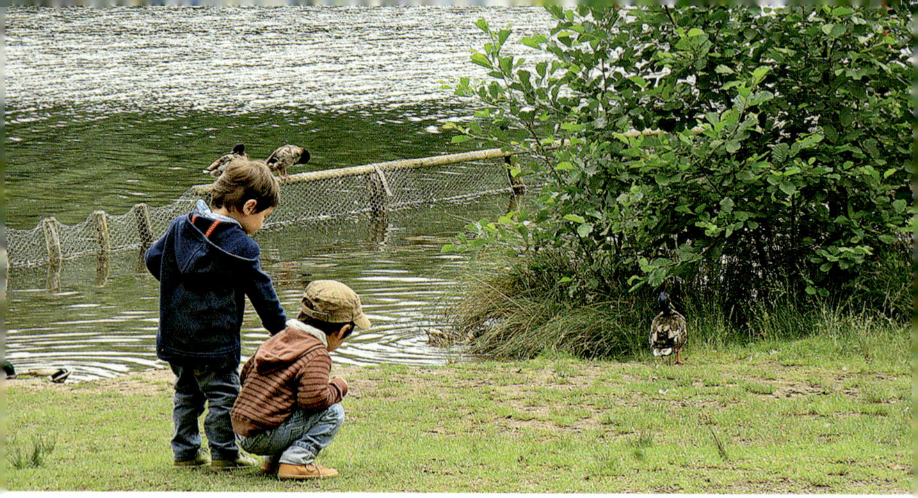

Enten beobachten am Nordufer des Heider Bergsees.

Vom großen **Besucherparkplatz (1)** nahe dem Campingplatz folgen wir der Seerunde. Dazu gehen wir an der Zufahrtsstraße zum Campingplatz rechts hinunter zum Ufer des Heider Bergsees. Zur Seerunde gesellt sich hier kurz der Römerkanalwanderweg. Wir gehen um den Ostzipfel des Sees herum. Gegenüber dem Campingplatz gelangen wir an einen freien Zugang zum Wasser. Hier stehen drei Rastbänke, und die Kinder können gut die Enten und Gänse beobachten.

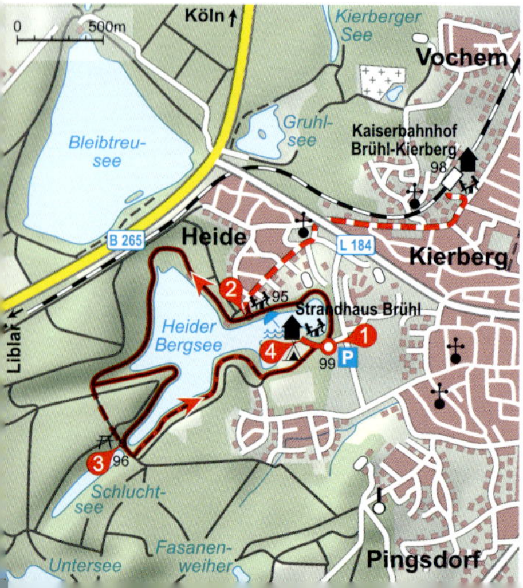

Gut 100 m weiter führt linker Hand eine Treppe hinauf zu einer weitläufigen Wiese am **Spielplatz Grubenstraße (2)**, wo wir eine Pause für ein Picknick und ausgiebiges Spielen einlegen können. Hier gesellen sich auch all diejenigen zu uns, die zu Fuß vom Bahnhof Brühl-Kierberg kommen (Variante 1).

Zurück auf dem Uferweg setzen wir die Seerunde fort und gelangen zum Vereinsheim der Wassersportfreunde Brühl-Heide. Dieses lassen wir links liegen und folgen weiter dem Uferweg. An der nächsten Kreuzung biegt die Markierung Seerunde rechts ab, wir aber wandern nach links, weiter auf dem Weg am Ufer entlang. Er trägt nun die Markierung des Radwegs Wasserburgenroute. Der Weg ist schattig, führt er doch stets durch einen lauschigen Mischwald. Nach der nächsten scharfen Biegung stehen wir vor

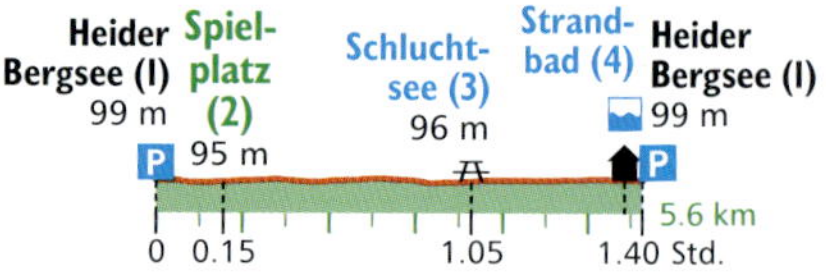

dem Anstieg zum Schluchtsee. Über ihn führt die Abkürzung (Variante 2). Wir aber wenden uns nach links und folgen weiter dem Uferweg, der durch einen schönen Kiefernwald rund um die Landzunge am westlichen Seeufer führt, bis wir nach 1,2 Kilometern an eine T-Kreuzung mit **Parkbank (3)** gelangen. Dahinter liegt etwas versteckt der kleine Schluchtsee. Von hier hat man aber auch einen schönen Blick nach Nordosten auf den Heider Bergsee.

An der Kreuzung hinter der Rastbank biegen wir mit der Markierung Seerunde nach links in Richtung Kierberg in einen breiten Forstweg und wandern vorwiegend durch Kiefernwald am Südufer des Heider Bergsees entlang bis zum Campingplatz. Zum Abschluss der Wanderung führt uns die Zufahrtsstraße nach links zum Strandhaus Brühl und zum **Strandbadgelände (4)**, wo wir uns mit einem Eis und einem Bad im See belohnen.

Spielspaß auf dem Gelände des Strandbads.

HIGHLIGHTS

- ★ Nach der Wanderung im Strandbad baden, in der Sonne entspannen und dazu ein kühles Eis schlecken. Der Heider Bergsee ist einer der schönsten Badeseen im Kölner Umland.
- ★ Camping und Wandern, das lässt sich am Heider Bergsee wunderbar verbinden: An einem warmen Wochenende im Zelt übernachten, im See baden und nach Lust und Laune durch die Wälder der Ville wandern – ein tolles Erlebnis für die ganze Familie!
- ★ Wer noch Zeit und Lust auf Aktion und Unterhaltung hat, kann den Vergnügungspark Phantasialand besuchen, der gleich um die Ecke liegt (www.phantasialand.de).
- ★ Auch die herrschaftlichen Schlösser Augustusburg und Falkenlust in Brühl liegen nur einen Steinwurf vom Heider Bergsee entfernt. Sie gehören beide zum UNESCO-Welterbe (www.schlossbruehl.de). Gleich nebenan bietet das Max-Ernst-Museum jeden Sonntag eine offene Kinderwerkstatt an (www.maxernstmuseum.lvr.de).

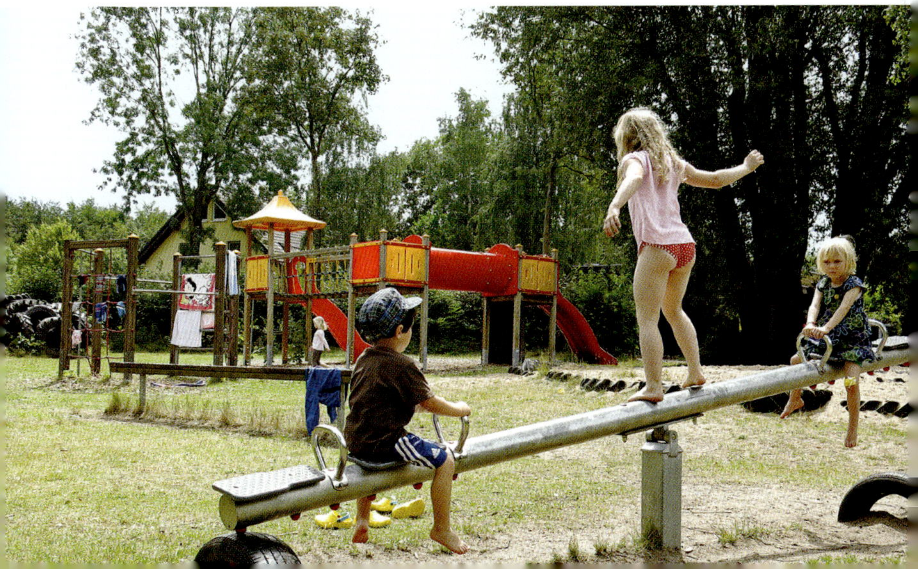

4 Entlang der Feuerroute

Vom Rodderberg zum Dächelsberg

ab 6 J.

Spannende Tour für kleine und große Vulkanologen
Rund 300.000 Jahre soll der Vulkan alt sein, dessen Reste heute den Rodderberg bilden. Er ist Ausgangspunkt der Feuerroute, die über 33 Kilometer bis Rheinbach führt. Einen kleinen Teil davon haben wir uns hier vorgenommen. Der Weg ist informativ, abwechslungsreich und mit tollen Aussichtspunkten auf die Umgebung gespickt. Die Pferdefans unter den Kindern kommen auf Gut Broichhof auf ihre Kosten. In dem überregional bekannten Reitzentrum kann man gut einkehren und einen Blick auf die Reit- und Springpferde riskieren.

KURZINFO

Ausgangspunkt: Wanderparkplatz Broichhofkapelle, 157 m (GPS: N50.644494, E7.188213).

Anfahrt: Mit dem Auto auf der B 9 und weiter auf der L 123 bis Niederbachem, dort der Konrad-Adenauer-Straße, zunächst als Hauptstraße, dann nach links ins Wohngebiet folgen und später links in die Vulkanstraße. Auf dieser bis zur Einfahrt zum Gut Broichhof fahren.

Mit Bahn und Bus: Mit der Regionalbahn bis Bonn-Bad Godesberg, weiter mit Bus 857 bis Haltestelle »Niederbachem Vulkanstraße« und ca. 750 m zu Fuß bergauf bis zum Startpunkt (dies ist schon der letzte Abschnitt unserer Tour).

Gehzeit: 4.00 Std.

Distanz: 11,0 km.

Höhenunterschied: 250 m.

Ausrüstung: Gut profilierte Sport- oder Wanderschuhe.

Anforderungen: Ab 6 Jahren. Eine leichte Wanderung mit drei nennenswerten Steigungen. Drei Markierungen begleiten uns: Bis Oberbachem leitet uns die Feuerroute mit »weißer Flamme auf rotem Grund«, ab Oberbachem Kirche der Dächelsberg-Rundweg mit »schwarzem D auf weißem Grund mit kleinem Feuerrouten-Symbol« und abschließend der Ortswanderweg Nr. 2 »Römerweg«.

Einkehr: Lutter & Wegner am Rolandsbogen, schöne Terrasse mit Blick auf den Rhein, Montag Ruhetag (Rolandsbogen 0, 53424 Rolandswerth, Tel. +49 2228 372, www.rolandsbogen.de). Im Zentrum von Niederbachem: Restaurant »Zur Grünen Gans« (Konrad-Adenauer-Str. 71, 53343 Niederbachem, Tel. +49 228 9437439, www.zurgruenengans-wachtberg.de; täglich geöffnet).

Variante: Die Wanderung kann auch am Fuß des Rolandsbogen starten. An der Mainzer Straße, der B 9 auf der Höhe der Insel Nonnenwert, kann man zwischen Straße und Bahndamm parken. Etwas unterhalb findet sich dann der Einstieg (Mainzer Straße 8, 53424 Remagen) zum sehr steilen Aufstieg zum Rolandsbogen (4) und von dort aus zu unserer Tour.

Mit Bus und Bahn erreicht man den Rolandsbogen von Norden her ab Bahnhof Mehlem mit dem Bus 846 bis Haltestelle »Rolandswerth Fähre Nonnenwerth«. Etwas seltener, dafür aus beiden Richtungen von Bonn und Koblenz, wird der Bahnhof Rolandseck angefahren. Nach einem kurzen, aber lohnenswerten Rundgang über das Gelände des Museums geht es von dort 1 km zu Fuß Richtung Bonn bis zum Einstieg Rolandsbogen.

Kurzvariante: Vom Wanderparkplatz (5) rechts auf der Römerstraße immer Richtung Norden zurück zum Ausgangspunkt (ca. 500 m).

Karte: Drachenfelser Ländchen und Siebengebirge (Eifelvereinskarte 38, 1:25.000).

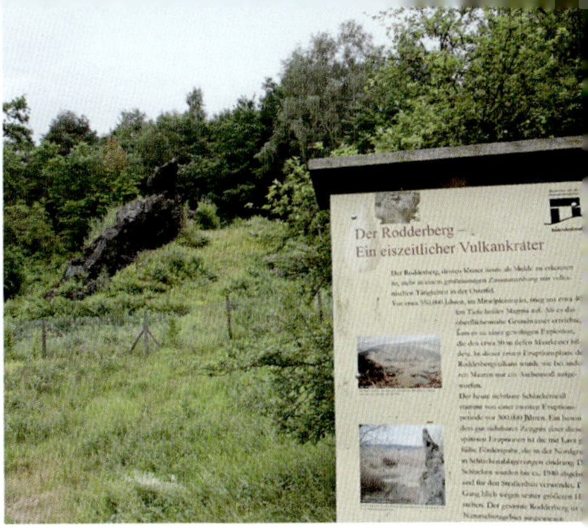

Überreste eines Vulkans – Basaltsäulen in der Nordgrube.

Wir starten am Wanderparkplatz **Broichhofkapelle (1)** und informieren uns an der steinernen Säule über die Feuerroute und den Vulkanismus dieser Region. Wir halten uns links nach Norden auf die Erhebung zu und folgen mit dem geschotterten Wanderweg der Feuerroute. Nun geht's zunächst der Nase nach. 400 m später – den Hügel haben wir erst mal passiert – biegen wir links über einen sehr schmalen Trampelpfad in einen kleinen Wald und erreichen uns rechts haltend den als **Nordgrube (2)** bezeichneten, ehemaligen Tuff-Steinbruch. Bizarre Basaltformationen zeugen von den Resten vulkanischer Aktivitäten. Weiter geradeaus sehen wir die asphaltierte »Vulkanstraße« und gehen auf ihr nach rechts. An der darauffolgenden Kreuzung biegen wir rechts wieder auf den Wanderweg ab, den wir gekommen sind, und gehen ein Stück unserem Ausgangpunkt entgegen. An der Infotafel steigen wir links auf die **Windkuppe (3)** hinauf. Die Zuwege sind zum Schutze der Magerrasen-Wiesen mit Holzbalken abgetrennt. Auf den Wiesen wachsen heimische Kräuter und sie bieten Vögeln, Schmetterlingen und anderen Insekten einen Lebensraum. Auf der Kuppe angekommen, haben wir einen herrlichen Blick auf das Siebengebirge im Osten und Bonn im Norden.

Wir gehen den linken Pfad bergab und gelangen, an einer weiteren Infotafel vorbei, nach rechts wieder

An schönen Tagen ist es auf der Windkuppe überhaupt nicht windig. Dafür hat man einen tollen Überblick über das Bonner Rheintal.

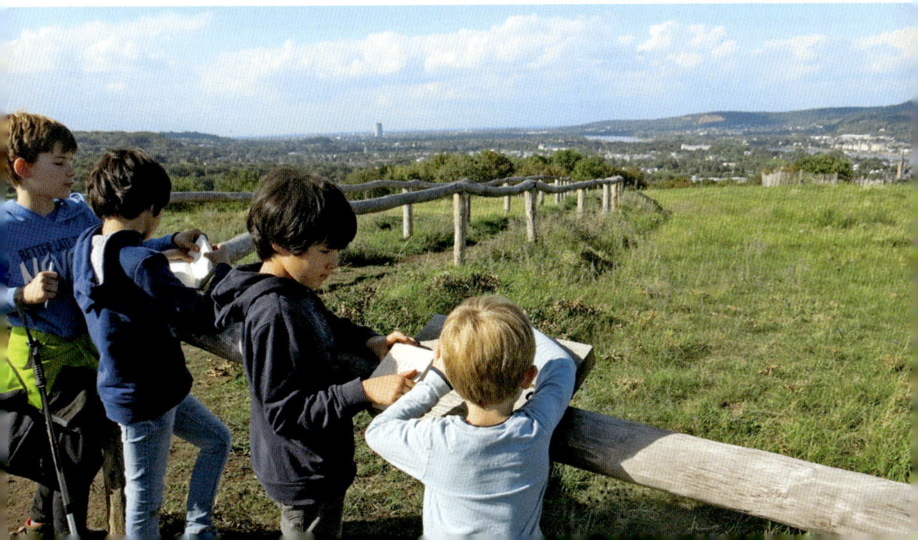

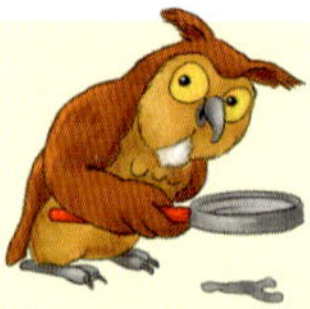

Hallo Kinder,

heute besuchen wir einen erloschenen Vulkan, den Rodderberg. Auf der Windkuppe, der ersten Anhöhe unserer Wanderung, stehen wir in etwa am Kraterrand des alten Vulkans. Vielleicht seht ihr, dass der Broichhof in einer Senke liegt. An dieser Stelle trat vor 300.000 Jahren die Lava aus. In den vielen Jahrtausenden danach wurde der Vulkan durch Wind und Wetter abgetragen und der ursprünglich über 100 Meter tiefe Krater wurde zum großen Teil mit Steinen und Erde verfüllt. Die einstige Gestalt des Vulkans könnt ihr heute nur noch erahnen. Wenn ihr von der Windkuppe bis zur nächsten Kreuzung (Kraterrand folgt dem Weg »W« nach rechts) weiterwandert, lauft ihr etwa ein Drittel des Vulkantrichterkreises in einer lang gezogenen Rechtskurve ab. Der Trichter hat einen Durchmesser von 800 Metern. Könnt ihr euch vorstellen, wie groß der Vulkan einmal gewesen sein muss?

auf die Vulkanstraße. Wir erreichen den Aussichtspunkt Heinrichsblick, der in früheren Zeiten Richtstätte des Amtes Mehlem war, und können erneut einen tollen Blick auf das Siebengebirge und das Rheintal genießen. Die Feuerroute trifft nach kurzer Zeit auf den Zuweg zum **Rolandsbogen (4)**. Wer Zeit hat, sollte den einen Kilometer langen, recht steil bergab (50 Höhenmeter) führenden Abstecher wagen. Im Gasthaus Lutter und Wegner kann man den lohnenden Ausblick kulinarisch und visuell genießen.
Wieder zurück an der Feuerroute wandern wir links mit der Rechtskurve vorbei am Rodderberghof und mehreren Pferdekoppeln. An der nächsten starken Rechtskurve passieren wir ein kleines, aber ungewöhnliches Wäldchen, in dem nur Walnussbäume wachsen. Im späten Herbst können wir toll im Laub toben und vielleicht noch die eine oder andere Walnuss finden. Nach 200 m kommen wir an eine Kreuzung mit einem kleinen **Wanderparkplatz (5)**. Wir gehen auf der Römerstraße nach links, wandern über die Felder, biegen hinter der nächsten Siedlung nach rechts in die Bergstraße und nach links in den Preußenweg. Die Feuerroute führt uns anschließend nach rechts leicht bergab an einem Waldstück vorbei, an der nächsten Kreuzung mit Wegkreuz scharf links wieder bergan und an der folgenden T-Kreuzung mit **Schutzhütte (6)** rechts bergab, vorbei an Wiesen, Wäldern und Obstplantagen. Am Ende des kurvenreichen Abstiegs gehen wir links auf dem Landgrabenweg 200 m

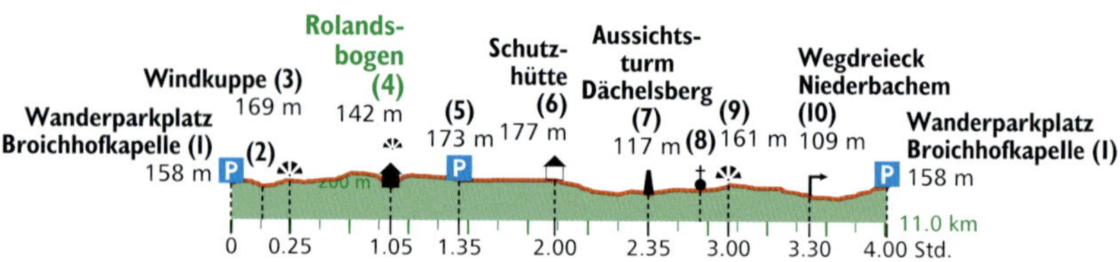

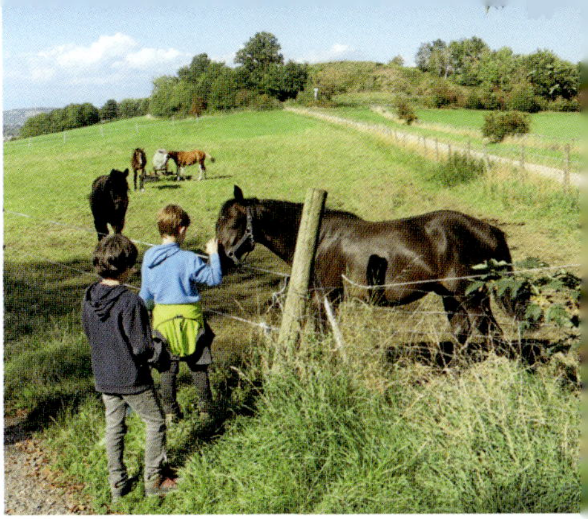

Im Sommer stehen viele Pferde auf den Weiden rund um den Broichhof.

durch Wohngebiet bergan und wenden uns am Wegkreuz nach rechts. An der folgenden Gabelung biegen wir rechts in einen geschotterten Wirtschaftsweg, den Eselsweg, über den man ab 1841 Trachytsteine z. B. aus dem Steinbruch Dächelsberg über die Rheinroute für den Dombau nach Köln transportiert hat. Nach etwa 150 m führt ein kleiner Pfad nach rechts. Durch die Bäume sehen wir einen stählernen **Aussichtsturm (7)** vor (und nicht auf) dem Dächelsberg, den wir uns näher ansehen wollen. Wir schlagen uns durch die Büsche und queren dann vorsichtig die viel befahrene Landstraße. Der Turm liefert uns einen schönen Blick auf den alten Steinbruch. Heute sind der Dächels- und der Ließemerberg nördlich ein Naturschutzgebiet und Heimat für viele selten gewordene Pflanzen und Insekten. Darüber informieren verschiedene Infotafeln ebenso wie über die vulkanischen Hinterlassenschaften.

Zurück auf dem Eselsweg geht es parallel zur Landstraße am Esel vorbei – wer sieht ihn zuerst?
Der Weg unterquert die L 123 und führt über eine kleine Brücke direkt zur Oberbachemer **Kirche Heilige Drei Könige (8)**. Wir spazieren den Fußweg zwischen Friedhof und Wohnhäusern entlang, biegen nach rechts auf die Dreikönigenstraße und gehen mit dem Ließemer Kirchweg am großen Mühlstein bergan nach links. Hier verlassen wir die Feuerroute und folgen dem Dächelsberg-Rundweg, der als Ergänzungs-Rundweg ebenfalls zur Feuerroute gehört. An der nächsten

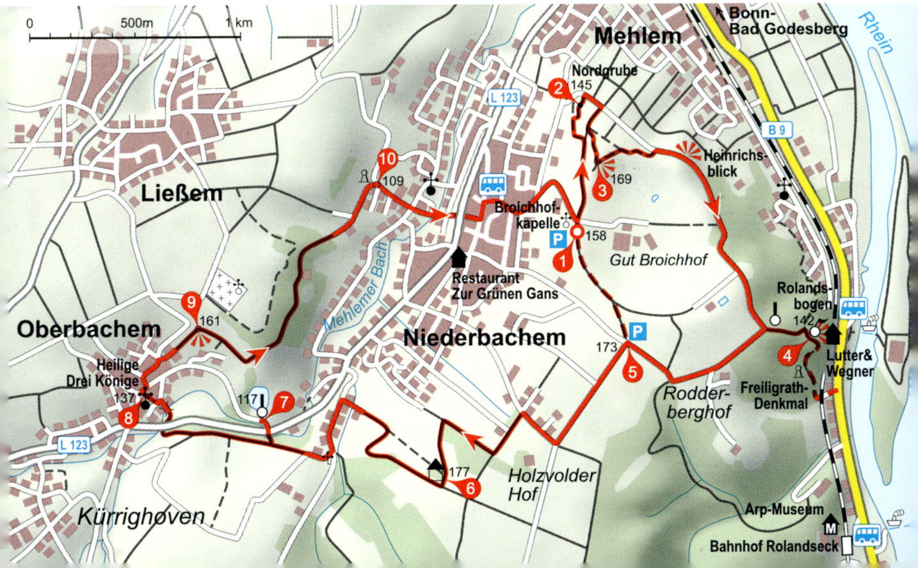

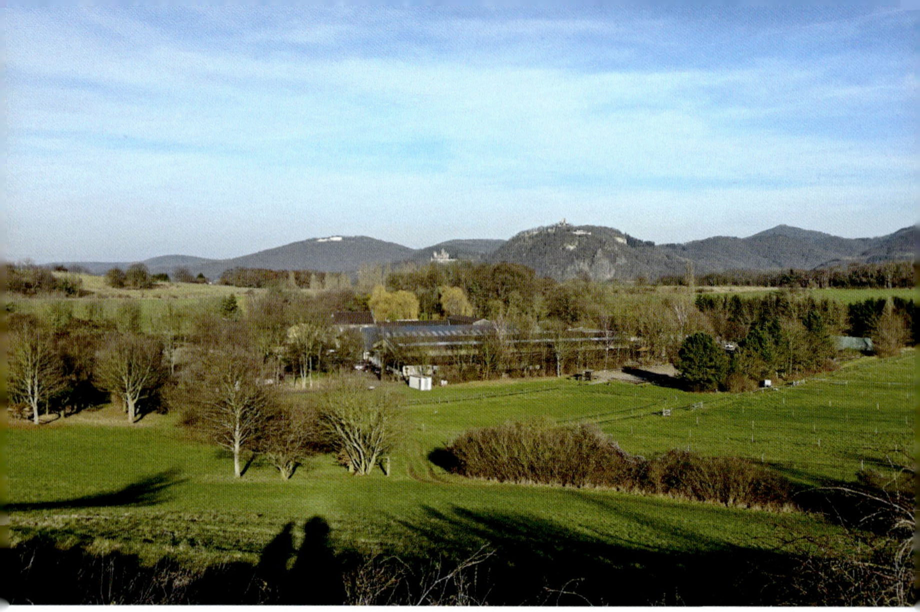

Blick auf Gut Broichhof in der Senke des Rodderbergs. Im Hintergrund das Siebengebirge auf der anderen Rheinseite.

Gabelung halten wir uns rechts und gelangen nach wenigen Metern auf einen Wirtschaftsweg. Auf der **Anhöhe oberhalb Oberbachem (9)** angekommen, gehen wir rechts, genießen den wunderbaren Ausblick auf das Dorf und seine Umgebung und gelangen nach einer langen Linkskurve in einen Buchenwald.

HIGHLIGHTS

- ★ Am Rodderberg kann man die Ausmaße des alten Vulkans erkennen und lernen, wie der Vulkanismus die Landschaft geprägt hat.
- ★ Toller Blick vom Rolandsbogen über das Rheintal.
- ★ Pferde im Gut Broichhof.
- ★ Bei gutem Wetter: Planschen im Freizeitbad Grafenwerth auf der gleichnamigen Rheininsel unterhalb des Rolandbogens. Dazu mit der Fähre von Rolandseck nach Bad Honnef übersetzen (siehe Freizeittipp A1).

Dort passieren wir die Überreste der Grube Jette, in der einst Quarzit abgebaut wurde. Danach nimmt der Rundweg einen anderen Verlauf. Wir bleiben auf unserem malerischen Waldweg und folgen dem Ortswanderweg Nr. 2 »Römerweg«. Leicht bergab gehen wir geradeaus, passieren den Schützenplatz und sehen vor uns den Petersberg auf der anderen Rheinseite. Wir gelangen an ein **Wegdreieck (10)**, einem kleinen Plätzchen mit Bank, Birken, Denkmal und einer Infotafel. Hier gehen wir rechts hinab nach Niederbachem. Der Langenbergweg wird zur Gereonstraße. Wir passieren die Kirche St. Gereon, unterqueren die Niederbachemer Hauptstraße und gelangen nach einer Links-rechts-Kombination auf die Vulkanstraße. Sie führt uns mit einem letzten steilen Anstieg wieder hinauf auf den Rodderberg und zum Parkplatz an der **Broichhofkapelle (1)**.

Zum Feltenturm

Höhenwanderung im unteren Ahrtal

ab 6 J.

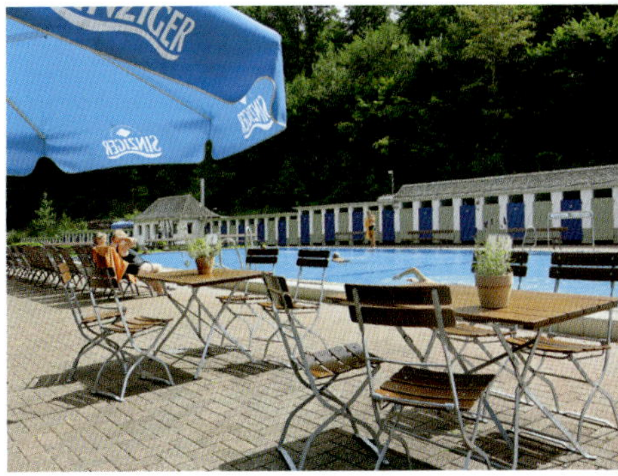

Schwimmen wie zu Omas Zeiten im Thermalbad in Bad Bodendorf.

Weite Blicke, leckeres Quellwasser und Badespaß

Der Glanz vergangener Tage weht durch Bad Bodendorf. Der Ort war in den 1950er-Jahren ein angesagtes Kurstädtchen. Damals, als sich Bonn gerade zum Regierungssitz der jungen Bundesrepublik Deutschland entwickelte, suchten hier Politiker, Prominente und normale Bürger Ruhe, Entspannung und Genesung. Im schönen Thermalfreibad geht es nach wie vor beschaulich zu – deutlich ruhiger als im hinteren Teil des Ahrtals, wo sich die Wandermassen auf dem Rotweinwanderweg entlangschieben. Kein Wunder, denn am Zusammenfluss von Ahr und Rhein ist das Ahrtal weitläufig und schmiegt sich in eine sanfte Hügellandschaft. Bevor wir uns im Freibad vergnügen, wandern wir über einen dieser sanften Hügel durch ein riesiges Waldgebiet. Wir haben tolle Panoramablicke ins Rhein- und Ahrtal und kommen auf dem Mühlenberg an einem Spielplatz mit einer riesigen Wiese vorbei, die man wahlweise zum Fußballspielen oder Picknicken nutzen kann.

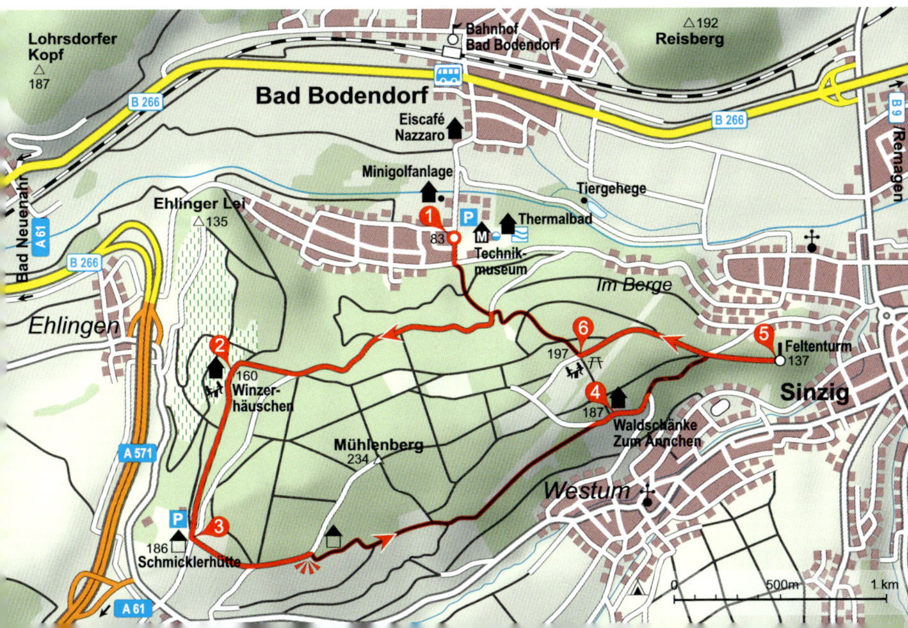

KURZINFO

Ausgangspunkt: Kostenpflichtiger Parkplatz im Kurgebiet von Bad Bodendorf, 83 m (GPS: N50.548457, E7.217355).
Anfahrt: Auf der A 61 und A 573 bis Bad Neuenahr-Ahrweiler und weiter auf der B 266 in Richtung Bad Bodendorf. Kurz hinter dem Ortseingang, an der Kreuzung am Bahnhof, links ab in die Bäderstraße in Richtung Kurviertel.
Mit der Bahn: Ab Köln und Bonn mit der Bahn bis Remagen, dort umsteigen in die Ahrtalbahn bis Bad Bodendorf, von hier zu Fuß entlang der Bäderstraße bis zum Kurpark (plus ca. 2 km hin und zurück).
Gehzeit: 2.40 Std.
Distanz: 7,8 km.
Höhenunterschied: 200 m.
Ausrüstung: Gut profilierte Sport- oder Wanderschuhe, Badesachen.
Anforderungen: Ab 6 Jahren. Eine wegen ihrer Länge und des steilen Anstiegs von Bad Bodendorf hinauf auf den Mühlenberg mittelschwere Wanderung. Einmal auf dem Plateau angelangt, folgt die Wanderung vorwiegend ebenen Waldwegen. Laut der Eifelvereinskarte folgt die Wanderung überwiegend der Markierung 4, die sich aber nur teilweise an der Wegstrecke wiederfindet, daher wechselnde Markierungen.
Einkehr: Dieser Wanderung mangelt es wahrlich nicht an Einkehrgelegenheiten: Rund um den Kurpark in Bad Bodendorf gibt es beispielsweise das Eiscafé Nazzaro und das nette Bistro Badepause im Thermalfreibad (Einkehr auch ohne Schwimmbadnutzung möglich). Auf der Wanderung gibt es mehrere Einkehrmöglichkeiten: Winzerhäuschen des Weinguts Berthold Linden mit einfacher Weinwirtschaft, Sonnenterrasse und kleinem Spielplatz (www.weingut-linden-heimersheim.de; Mo. und Di. Ruhetag, von November bis Karfreitag geschlossen), Waldschenke »Zum Ännchen« mit Sonnenterrasse (Westumer Str. 4a, 53489 Sinzig, Tel. +49 2642 42410, www.zum-aennchen.de; Mo., Di. und Fr. Ruhetag, Anfang November bis Mitte April geschlossen).
Übernachtung: Im Ahrtal zahlreiche Möglichkeiten (Buchung: www.ahrtal.de).
Hinweis: Wer mit Kleinkindern unterwegs ist, sollte die Wanderung mit einer Kraxe in Angriff nehmen, denn der steile Einstieg von Bad Bollendorf ist allenfalls mit einem geländegängigen Kinderwagen möglich. Wer mit Kinderwagen unterwegs ist, kann alternativ an einem der Parkplätze auf dem Mühlenberg parken und die auf dem Plateau für Kinderwagen ideale Wanderung in Angriff nehmen.
Karte: Das Ahrtal (Eifelvereinskarte Nr. 9, 1:25.000).

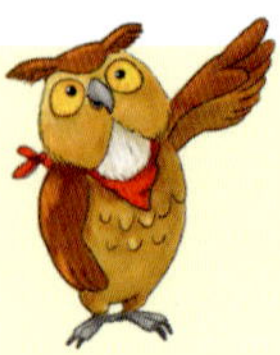

Hallo Kinder,

auf euren Streifzügen durch die Eifel braucht ihr euch wahrlich keine Sorgen zu machen, zu verdursten. Die Eifel – und vor allem die Region der Ahr- und Vulkaneifel – ist vulkanischen Ursprungs. Hier gibt es unzählige Quellen und Brunnen. Die Bewohner von Bad Bodendorf finden, dass das Wasser der Quelle St.-Josefs-Sprudel eines der bestschmeckenden ist. Sie ist jedenfalls eine staatliche anerkannte Heilquelle. Das Heilwasser tritt an drei Stellen zu Tage: in der Trinkhalle am Kurpark, am Eingang zum Thermalbad und für das Becken des Freibades. Geht doch einfach vor der Wanderung vorbei, um das Wasser zu probieren. Wenn ihr das mineralisch schmeckende Wasser mögt, füllt eure Trinkflaschen. Ein gesünderes Wasser werdet ihr auf euren Wanderungen nur schwerlich finden. Wohl bekomms!

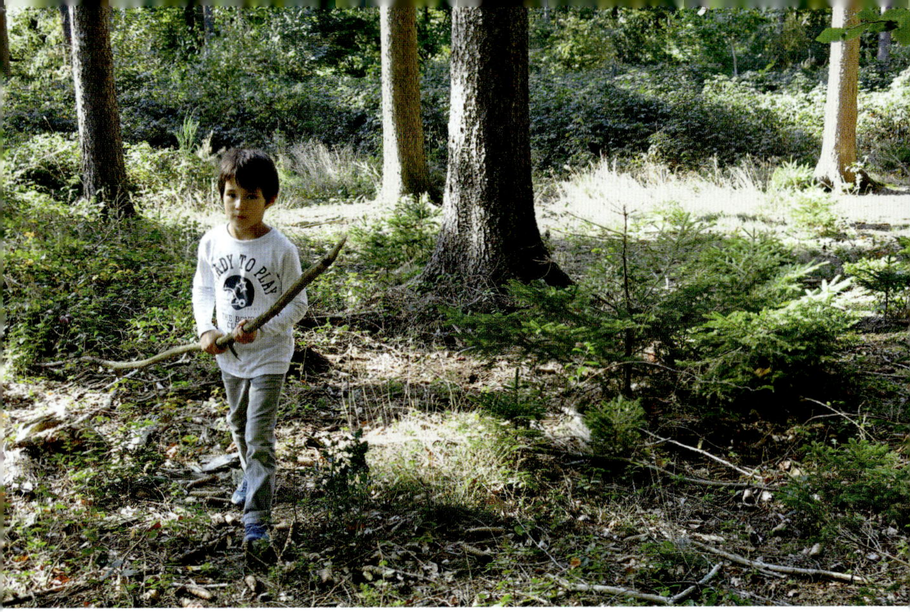

Die lichtdurchfluteten Wälder am Mühlenberg laden Sammler und Jäger ein.

Die vielen Attraktionen rund um die **Kuranlage (1)** heben wir uns für die Rückkehr auf. Wir wandern daher erst einmal, den Kurpark links liegen lassend, die Bäderstraße mit der Markierung »Zuweg zum Ahrsteig« nach Süden bis zur T-Kreuzung mit der Burggrafenstraße. Hier liegt der eigentliche Einstieg in die Tour. Wir finden mehrere für unsere Tour wichtige Hinweise (Winzerhäuschen, Haus Ännchen und Feltenturm) und folgen auf der gegenüberliegenden Straßenseite dem Pfad mit der Markierung »Ahrsteig« bergan. Entlang unserer Wanderung finden sich verschiedene Markierungen, was ein wenig verwirrend ist. Die wichtigsten sind für uns aber der Ahrsteig und die Wanderung Nr. 4. Die beste Orientierungshilfe sind aber die Hinweise auf die nächste Einkehr. Wir steigen zunächst den steilen Pfad bergan, vorbei an einer Schutzhütte, und gelangen an eine zweite große Waldkreuzung. Hier haben wir schon einige Meter des Anstiegs zum Mühlenberg geschafft und halten uns mit dem Hinweisschild zum »Winzerhäuschen« nach rechts. Nun wandern wir auf einem breiten und ohne nennenswerte Steigungen verlaufenden Forstweg durch das weitläufige Waldgebiet am Mühlenberg dahin. Wir ignorieren alle folgenden Abzweigungen, bis wir an eine große Waldkreuzung gelangen, wo wir nach rechts in einen weiteren Forstweg abbiegen. Wir überqueren eine

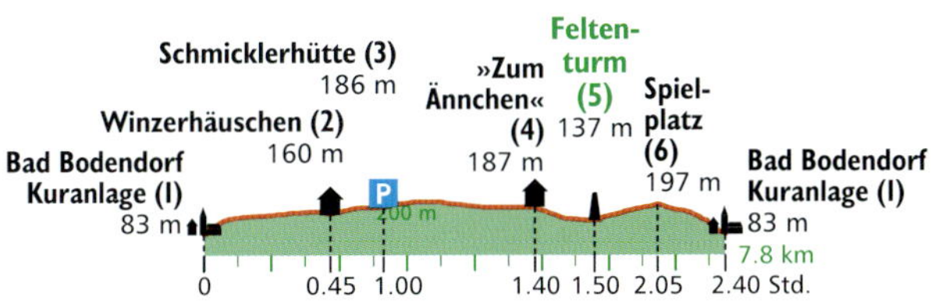

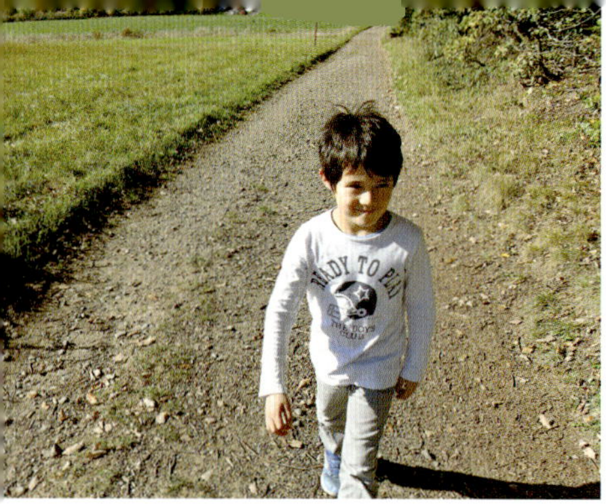

Sonnendurchflutete Wiesen am Südhang des Mühlenbergs.

weitere Kreuzung im Wald, immer der Beschilderung in Richtung »Winzerhäuschen« folgend. Der Kiefern-Buchenwald lichtet sich allmählich, und wir gelangen in einem weiten Linksbogen zum **Winzerhäuschen (2)**, einer schönen Sommerfrische mit deftiger Kost und gutem Wein für die Erwachsenen. Hier lohnt sich eine Rast.

Danach wandern wir weiter auf dem Ahrsteig nach Süden am Hang entlang. Ein breiter und leicht ansteigender Forstweg führt uns durch einen Buchenwald zur **Schmicklerhütte (3)**. Wer mit Kinderwagen unterwegs ist, sollte hier die Wanderung starten. Wir wandern weiter wenige Meter die Zufahrtsstraße nach Süden und biegen am Waldrand mit der Markierung des Ahrsteigs nach links. In Richtung »Haus Ännchen« spazieren wir nun einen schönen Waldweg am Waldrand entlang. Dabei blicken wir nach Süden über Westum und Löhndorf auf ein weitläufiges Tal und seine sanften Hügel. Wir ignorieren die folgenden Abzweigungen und wandern mit dem Ahrsteig weiter in östlicher Richtung. Auf dem Weg kommen wir gefühlt alle 300 m an einer Rastbank vorbei. Auch eine Schutzhütte mit einem Bücherregal steht auf halbem Weg zum Haus

Bad Bodendorf bietet viele Attraktionen. Nach der Wanderung kann man Minigolf spielen …

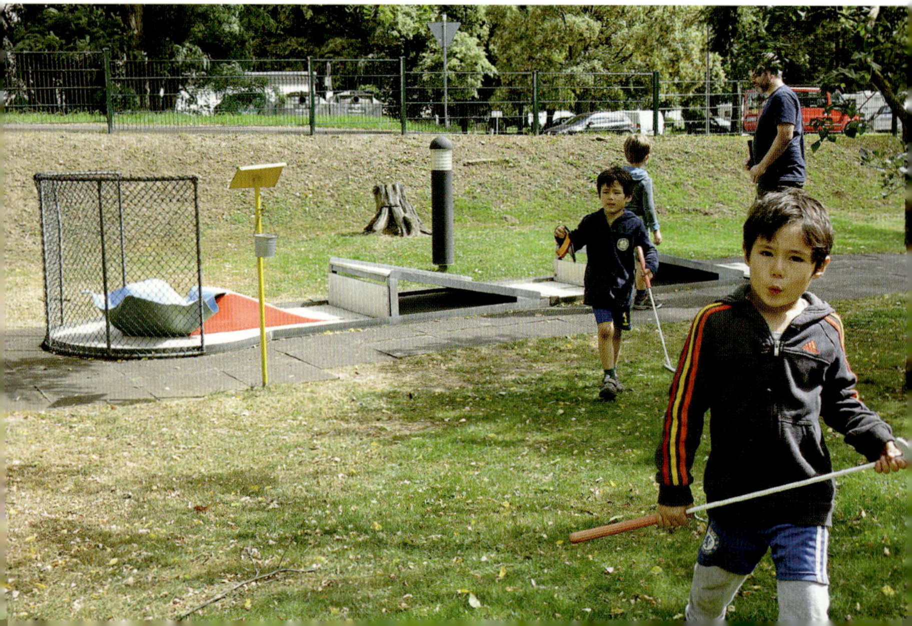

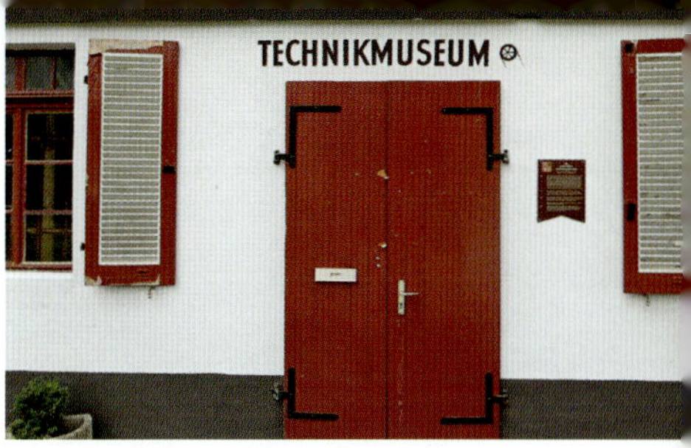

... oder direkt gegenüber das liebevoll restaurierte Technikmuseum besuchen.

Ännchen am Wegesrand. Schließlich wandern wir unter einer Hochspannungsleitung hindurch und treten an der **Waldschenke »Zum Ännchen« (4)** auf eine Straße hinaus. Wir biegen mit ihr nach rechts ins Tal. In der nächsten Kehre verlassen wir den Ahrsteig und folgen geradeaus dem breiteren Wiesenweg am Hang entlang. Er verengt sich nach einigen Metern zu einem Pfad und führt einen kurzen Anstieg hinauf. So gelangen wir auf die Zufahrtsstraße zum Feltenturm, biegen nach rechts in sie ein und wandern noch 500 m bis zum **Feltenturm (5)** mit seiner schönen Aussicht auf Sinzig und den Zusammenfluss von Ahr und Rhein. Wir gehen anschließend ein Stück auf der Zufahrtsstraße zurück. Diese biegt nach Osten talwärts nach Sinzig, wir aber wandern in der Kehre geradeaus weiter bergan. Nun wieder dem Ahrsteig folgend gelangen wir nach einem moderaten Anstieg an den höchsten Punkt in diesem Teil des Waldes. Linker Hand liegen eine Grillhütte sowie ein **Spielplatz (6)** mit einer langen Seilbahn und weitläufigen Wiesen, die zum Picknick einladen.
Nach einer Rast biegen wir mit dem Zuweg des Ahrsteigs nach rechts in Richtung »Bad Bodendorf«. Auch das Thermalfreibad ist ausgeschildert. Es geht nun wieder leicht bergab, wir ignorieren einige Abzweigungen, bis wir an die Waldkreuzung gelangen, die wir schon vom Hinweg kennen. Hier folgen wir dem bekannten steilen Pfad nach rechts hinunter zum Thermalfreibad und zu unserem Startpunkt an der **Kuranlage (1)**.

HIGHLIGHTS

- ★ Baden wie Großmutter und Großvater im Thermalfreibad Bad Bodendorf. Ein mit viel Liebe zum Detail betriebenes, nostalgisches Freibad im Stil der 1950er-Jahre mit Wasserfall erwartet uns. Aber es ist kein Freibad zum Rumtollen, sondern zum Entspannen, denn hier badet man in dem 26 °C warmen Thermalwasser der St.-Josefs-Quelle. Ein Sonnenbad auf einer Liegewiese unter alten Bäumen oder ein Eis, Kaffee und Kuchen im Bistro Badepause runden den Ausflug ab (geöffnet von Gründonnerstag bis Anfang Oktober; www.thermalbad-Badbodendorf.de).
- ★ Das gesunde Heilwasser der Quelle St.-Josefs-Sprudel probieren.
- ★ Wer lieber Minigolf spielt, findet auch dazu Gelegenheit im Kurpark Bad Bodendorf (www.minigolf-club-bb.de; zwischen Ende Oktober und Mitte März Winterpause).
- ★ Die dritte Attraktion im Kurpark ist das Technikmuseum, in dem eine restaurierte Kohlensäuregas-Verflüssigungsanlage steht, mit der früher die Blasen (CO_2) in die Sprudel gebracht wurden. Kindgerechte Führung (Informationen telefonisch unter Tel. +49 2642 6565) oder per E-Mail technikmuseum.ahrco2@bad-bodendorf.de).
- ★ Ein kleines Tiergehege befindet sich am Schwanenteich am Nordufer der Ahr (ca. 500 m Fußweg von der Kuranlage; www.schwanenteich.com).

6 Bergwanderung zum Krausberg

Zum schönsten Aussichtsturm im Ahrtal — ab 7 J.

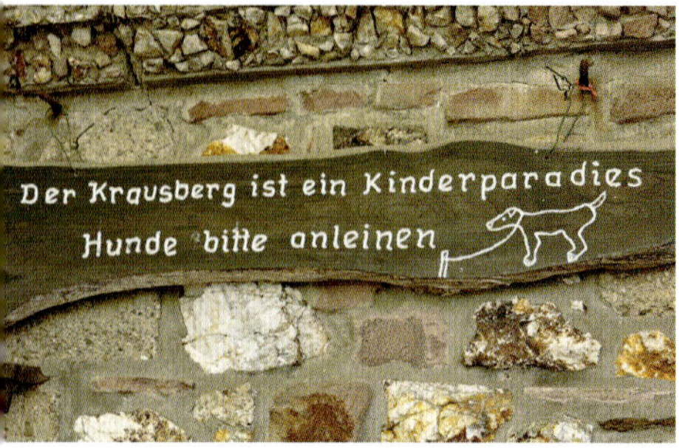

Weinberge und schroffe Felsen

Vom Aussichtsturm auf dem Krausberg hat man einen fantastischen Blick über die Weinberge des Ahrtals und weit darüber hinaus bis zur Kölner Bucht. An der angeschlossenen Straußenwirtschaft macht ein Schild klar, dass »der Krausberg ein Kinderparadies ist«. Also nichts wie hinauf aufs Gipfelplateau des Krausbergs, zu einer kleinen Erlebniswelt aus Aussichtsturm, Gastwirtschaft und Spielplatz. Der Weg hinauf führt über einen steilen Bergpfad und unzählige Serpentinen durch einen verwunschenen Eichen- und Buchenwald. Wer gerne alpines Gelände mag, ist hier goldrichtig.

KURZINFO

Ausgangspunkt: Wanderparkplatz Heckenbachtal, 149 m (GPS: N50.528865, E7.069025).

Anfahrt: Auf der A 61 und A 573 bis Bad Neuenahr-Ahrweiler und weiter auf der B 267 in Richtung Dernau. Kurz hinter dem Ortsausgang von Walporzheim an der Gaststätte Winzerschenke, links abbiegen in eine namenlosen Asphaltweg, unter der Bahnlinie hindurch und direkt danach rechts in einen schlecht asphaltierten Feldweg. Über eine schmale Brücke zum Wanderparkplatz am Südufer der Ahr.

Mit der Bahn: Bei Anreise mit öffentlichen Verkehrsmitteln verlängert sich die Wanderung deutlich (plus 2,6 km hin und zurück). Mit der Bahn bis Remagen und weiter mit der Ahrtalbahn bis Walporzheim. Zu Fuß in den Ortskern von Walporzheim, an der Kirche vorbei zur Ahr und am Ahrufer rechts auf dem Ahrtalweg bis zur Brücke hinüber zum Wanderparkplatz im Heckenbachtal.

Gehzeit: 3.10 Std.

Distanz: 8,4 km.

Höhenunterschied: 340 m.

Ausrüstung: Feste Wanderschuhe sind aufgrund des steilen An- und Abstieges über den Bergpfad hinauf zum Krausberg empfehlenswert.

Anforderungen: Ab 7 Jahren. Der Krausbergrundweg für sich ist eine einfache bis mittelschwere Wanderung. Er folgt der Markierung Krausbergrundweg, alle anderen Markierungen ignorieren wir. Mit dem An- und Abstieg vom Wanderparkplatz Heckenbachtal zum Aussichtsturm wird die Tour wegen ihrer relativ langen Distanz und den vielen Höhenmetern als schwierig bewertet – nur die Tour 32 in diesem Buch weist mehr Höhenmeter auf. Unter 7 Jahren sollte die Wanderung zum Krausberg nur mit sehr wandererfahrenen Kindern in Angriff genommen werden.

Einkehr: Einzige Einkehrmöglichkeit ist die nur an Sonn- und Feiertagen bewirtschaftete Krausberghütte des Eifelvereins Dernau mit großer Außenwirtschaft, Weinspezialitäten aus Dernau und Spielplatz (www.krausberg-dernau.de). Zahlreiche Weinwirtschaften und Restaurants zudem in Dernau und Walporzheim.

Übernachtung: Siehe Tour 5.

Karte: Das Ahrtal (Eifelvereinskarte Nr. 9, 1:25.000).

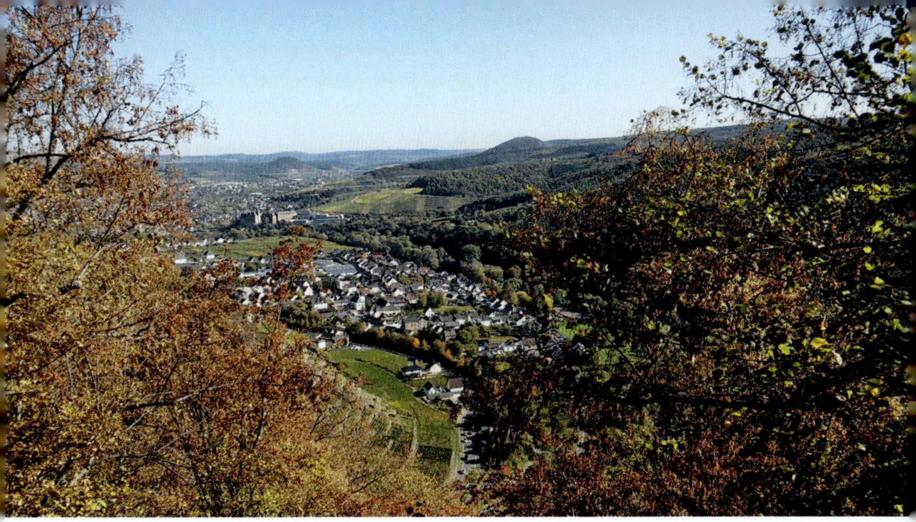

Nach dem steilen Aufstieg blickt man wie ein Habicht über das Ahrtal in Richtung Walporzheim.

Vom **Wanderparkplatz Heckenbachtal (1)** wenden wir uns nach Westen und wandern mit dem Ahrsteig (Markierung »roter Ahrsteig«) am Südufer der Ahr entlang. Wir passieren alsbald eine kleine namenlose **Trinkwasserquelle (2)**, die links vom Weg in einem Steingemäuer aus dem Hang tröpfelt. Hier kann man schnell noch die Trinkflaschen auffüllen, denn schon wenige Meter weiter beginnt der Bergpfad zum Krausberg und damit auch der steile Anstieg. Vor einer Durchgangssperre biegen wir nach links mit dem Ahrsteig in den schmalen Wurzelpfad. Ein Hinweisschild mahnt uns zur Vorsicht auf dem Bergpfad: »Benutzung auf eigene Gefahr.« Aber so dramatisch ist der Weg nun auch wieder nicht. Es geht nun steil und über unzählige Serpentinen einen schmalen Pfad bergan. Unterwegs – wir sind schon fast oben angekommen – gelangen wir an eine Wegkreuzung, wo es nach links zum **Habichtsblick (3)** geht. Diesen Abstecher zu einer Parkbank mit schönem Blick über das untere Ahrtal sollten wir uns nicht entgehen lassen. Anschließend wandern wir zurück zur Wegkreuzung und setzen den Aufstieg zum Krausberg nach links mit dem Ahrsteig fort. Der Weg windet sich nun durch einige Felsen und verflacht schließlich. An der nächsten Wegkreuzung folgen wir dem Hinweis eines etwas un-

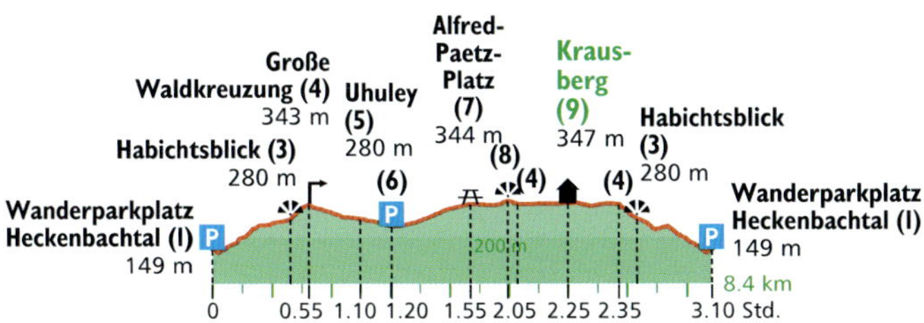

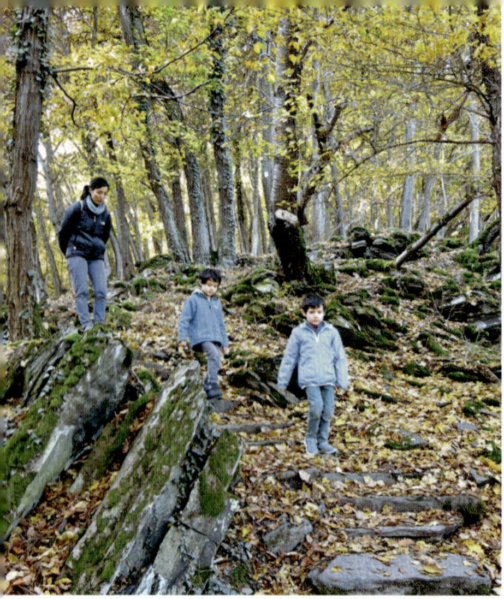

Konzentration ist auf dem steilen Abstieg ins Ahrtal über Stock und Stein gefragt.

scheinbaren Blechschilds nach rechts zum Krausberg. Nun geht es flach durch einen Buchenwald und an der nächsten, großen **Waldkreuzung (4)** gilt es eine Entscheidung zu treffen: Wer sich den Krausbergrundweg sparen will, geht einfach geradeaus weiter. Wer aber den hier beschriebenen, längeren Normalweg in Angriff nehmen will, biegt nach rechts in den Krausbergrundweg. Der Weg fällt nun allmählich ins Tal, wir kommen an eine Gabelung. Die Markierung fehlt hier. Wir folgen dem rechten der beiden Wege. Weiter am Nordhang des Krausbergs entlang kommen wir zum Aussichtspunkt **Uhuley (5)**. Von hier haben wir einen Blick auf Dernau unter uns im Tal. Nach gut 400 m durch einen lichten Kiefernwald gelangen wir schließlich an die Zufahrtsstraße zum Krausberg. Linker Hand liegt ein **Wanderparkplatz (6)**. Von hier geht es weiter moderat bergan. Dennoch bewältigen wir rund 140 Höhenmeter auf der ersten Streckenhälfte bis zum Alfred-Paetz-Platz. In der Kehre der Zufahrtsstraße gegenüber dem Parkplatz folgen wir dem Krausbergrundweg auf einem Schotterweg, der uns zunächst noch flach nach Südosten führt. Zur Linken liegt der Weinberg, zur Rechten ein steiler Hang mit Krüppeleichen. Im Sommer riecht die Gegend schon fast mediterran. Nach den letzten Weinreben nimmt die Steigung zu. Wir gelangen an eine Abzweigung, an

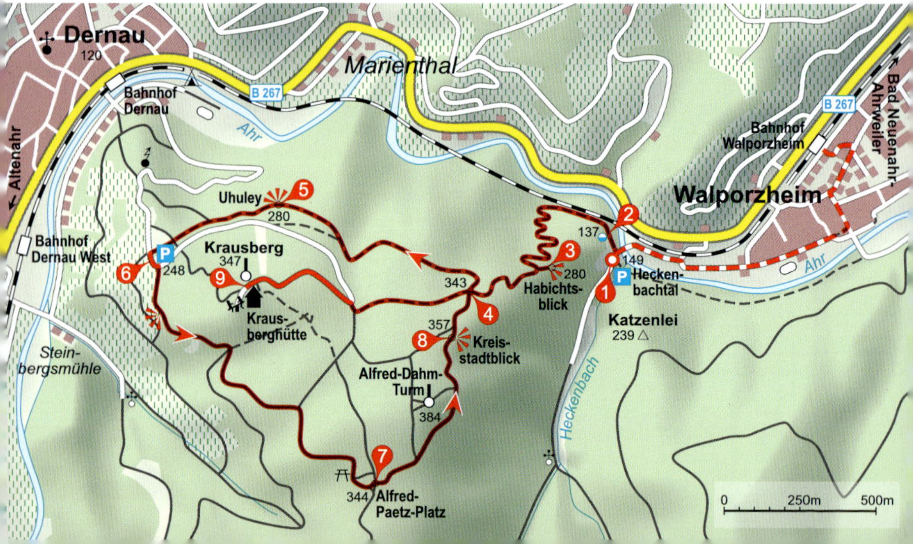

Vom Krausbergturm blickt man an schönen Tagen weit über die Ahr bis ins Rheintal.

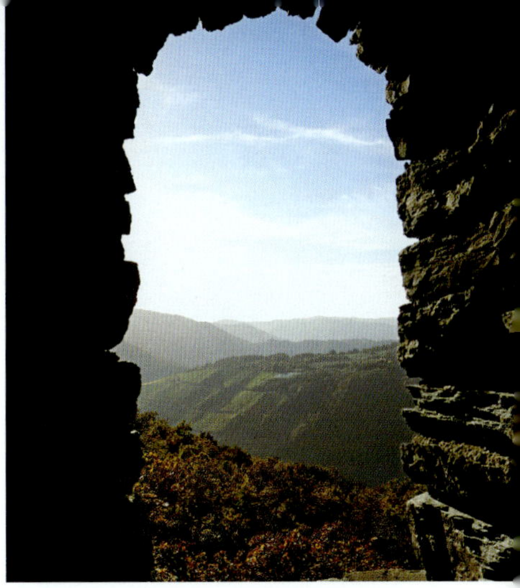

der nach links ein Weg hinauf zum Krausberg führt. Er ist die erste von mehreren Möglichkeiten, um zum Eifelvereinshaus und Aussichtsturm zu gelangen. Wir folgen jedoch weiter dem Rundweg. Der Weg gabelt sich an einer Rastbank. Wir folgen dem oberen der beiden Abzweigungen nach rechts und erreichen wenig später die zweite beschilderte Abzweigung zum Krausberg. Doch wir wollen erst noch zum Alfred-Paetz-Platz und wandern weiter am Hang entlang in Richtung Südosten. Hinter dem nächsten Vorsprung – hier steht eine Rastbank mit Tisch und guter Fernsicht, gelangen wir zum **Alfred-Paetz-Platz (7)**. Hier biegen wir mit dem Krausbergrundweg nach links. Nur wenige Meter weiter zweigt ein Waldpfad scharf links in Richtung Krausberg ab, die dritte Möglichkeit, um zum Aussichtsturm zu gelangen. Wir aber folgen abermals dem Krausbergrundweg, passieren den Aussichtspunkt **Kreisstadtblick (8)**, der rechter Hand vom Weg im Wald liegt und den Blick auf Bad Neuenahr-Ahrweiler freigibt. Nun fällt der Weg allmählich ins Tal. Wir passieren eine vierte Abzweigung nach links zum Krausberg, die wir erneut ignorieren, und treffen nur wenige Meter weiter auf die große **Waldkreuzung (4)**, an der wir den Krausbergrundweg begonnen haben. Hier biegen wir endlich nach links zum Krausberg und zum Aussichtsturm ab. Der Pfad durch den Buchenwald ist vor allem im Herbstlaub nicht immer gleich zu erkennen und nicht gut markiert. Er trifft aber schon nach rund 400 m auf einen querlau-

HIGHLIGHTS

- ★ Wandern wie in den Alpen: Auf den ersten rund zwei Kilometern überwinden wir 350 Höhenmeter auf einem Bergpfad, der sich in vielen Serpentinen bergan windet. Hier ist man schnell außer Puste, und weil es auf einer Seite immer steil bergab geht, ist auch Vorsicht geboten.
- ★ Mit losem Schiefergestein kann man Steinmännchen am Wegesrand bauen.
- ★ Das Wasser der Ahr ist »joot« … Gleich zu Beginn der Wanderung kommen wir an einer Trinkwasserquelle vorbei. Hier können wir unsere Trinkflaschen auffüllen. Das Wasser ist köstlich!
- ★ Auf dem Krausberg gibt es einen etwas altmodischen Spielplatz – allerdings mit einer Riesenrutsche, an der meist großer Kinder-Andrang herrscht.
- ★ Das Ahrtal geizt nicht mit Badegelegenheiten. Die Ahr-Thermen in Bad Neuenahr sind zwar schön, aber weniger auf Kinder ausgerichtet (www.ahr-thermen.de). Ein Geheimtipp ist das Thermalfreibad in Bad Bodendorf (siehe Tour 5).

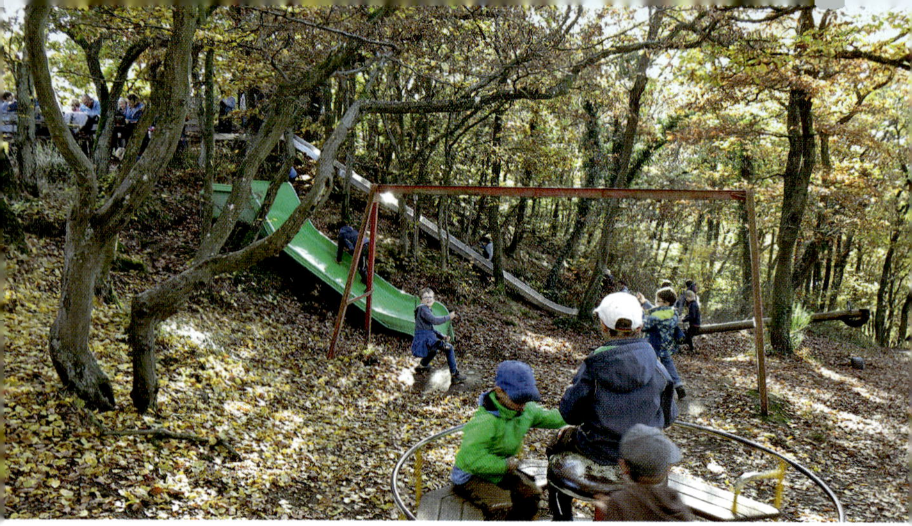

Unverhofft öffnet sich am Krausberg ein Kinderparadies. An den beiden Rutschen bilden sich an schönen Tagen lange Schlangen.

fenden Forstweg, auf dem wir uns rechts halten, um gleich wieder nach links in die Zufahrtsstraße zum Krausberg abzubiegen. Den **Gipfel (9)** mit seinem kleinen Vergnügungsparadies erreichen wir nach wenigen Metern. Nach ausgiebigem Rasten und Spielen kehren wir zur großen **Waldkreuzung (4)** zurück und setzen den Rückweg ins Tal auf dem Bergpfad in umgekehrter Richtung wie auf dem Hinweg fort. Der Rückweg über die vielen Serpentinen geht uns nun leichter von der Hand als der Aufstieg und gut 20 Minuten später stehen wir wieder auf dem **Wanderparkplatz im Heckenbachtal (1)**.

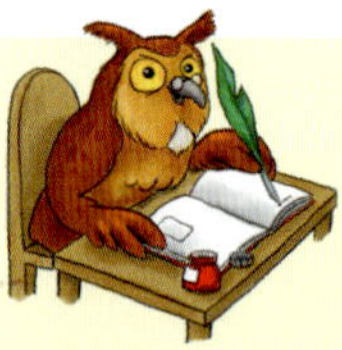

Hallo Kinder,

dass die Römer das Ahrtal besiedelten, ist sicher. Ob sie auch den Weinbau hierher brachten, ist wahrscheinlich, aber nicht belegt. Auf der Anfahrt zur Wanderung ist euch vielleicht an der Hauptstraße in Bad Neuenahr-Ahrweiler ein größeres Holzgebäude mit silbernem Dach aufgefallen. Das ist die Römervilla. Das neue Gebäude umgibt die alten Überreste einer Villa, die die Römer bis ins 3. Jahrhundert hinein bewohnt haben, bevor sie wieder vertrieben wurden. Die Gebäude wurden als Gutshof von wohlhabenden Familien genutzt. Das machen die sehr gut erhaltenen Mauern mit ihren farbigen Wandmalereien schnell deutlich. Sie wurden beim Bau der Landstraße zufällig entdeckt und sind ein besonderer Fund, der nördlich der Alpen seinesgleichen sucht. Ein tolles Erlebnis ist eine Führung für Kinder in römischen Kostümen. Dafür müsst ihr euch aber vorher anmelden unter http://stadt.bad-neuenahr-ahrweiler.de oder Tel. +49 2641 5311.

Steinerberghaus

Bergtour am südlichen Ahrufer

ab 7 J.

Kraxeln wie in den Alpen

Hoch oben über den Tälern von Ahrtal und Kesselinger Bach thront das Steinerberghaus wie ein Adlerhorst. Wegen seiner exponierten Lage und dem zünftigen Ambiente hat es wirklich den Zusatz »Berghaus« verdient. Von hier überblickt man die gesamte Westeifel. In Richtung Süden liegt die vulkanähnliche Kuppel der Hohen Acht vor uns. Sie ist mit 746 Metern die höchste Erhebung der Eifel. Auf dem Steinerberg stehen wir immerhin auch auf 530 Meter Höhe. Hier herauf führt uns eine kleine Kraxeltour über steile Wurzelpfade und durch schroffe Felsen hindurch. Sie ist sicherlich die schwerste Wanderung in diesem Buch.

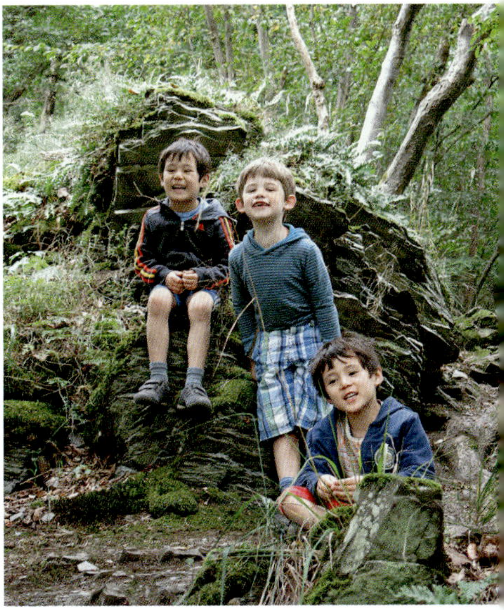

Kraxeln wie die Bergsteiger. Immer steiler geht es durch die Felsen hinauf zum Aussichtspunkt am Schrock.

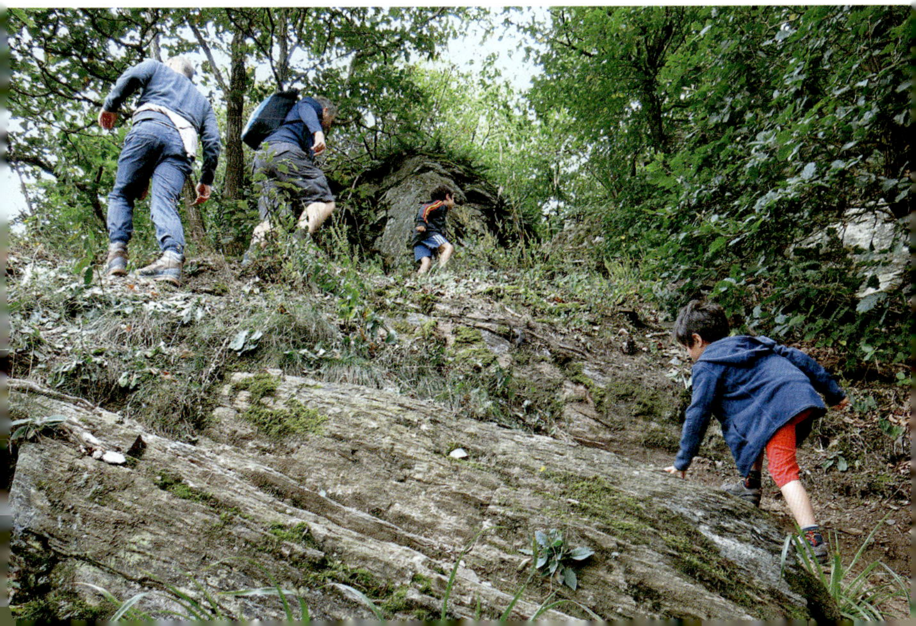

KURZINFO

Ausgangspunkt: Großer, kostenpflichtiger Besucherparkplatz am östlichen Ortseingang von Altenahr, 180 m (GPS: N50.516595, E6.993959).
Anfahrt: Mit dem Auto auf der A 61 und A 573 bis Bad Neuenahr-Ahrweiler und weiter auf der B 267 in Richtung Dernau, Mayschoß und Altenahr. Hinter dem Tunnel am Ortseingang Altenahr rechter Hand auf dem großen Besucherparkplatz das Auto abstellen.
Mit der Bahn: Die Wanderung ist ideal, um mit der Bahn anzureisen. Ab Köln und Bonn bis Remagen, umsteigen in die Ahrtalbahn bis Altenahr. Von hier nach links über die Ahr entlang der Hauptstraße durch den Ortskern bis zum großen Besucherparkplatz (ca. 800 m zusätzlich).
Endpunkt: Bahnhof Mayschoß, 143 m. Nach der Tour eine Station mit der Ahrtalbahn nach Altenahr zurückfahren.
Gehzeit: 3.10 Std.
Distanz: 8,6 km.
Höhenunterschied: 330 m im Aufstieg, 400 im Abstieg.
Ausrüstung: Feste, knöchelhohe Wanderschuhe sind aufgrund der vielen steilen Wurzelpfade sinnvoll.
Anforderungen: Ab 7 Jahren. Mit einer Länge von 10 km und wegen der vielen steilen Passagen über Wurzelpfade und durch Felsen hindurch ähnelt die Wanderung schon fast einer kurzen Hochgebirgstour. Sie ist daher sicherlich die schwerste Wanderung in diesem Buch. Aber sie ist auch mit Sechs- und Siebenjährigen gut zu gehen, die regelmäßige Wanderungen gewohnt sind. Wechselnde Markierungen.
Einkehr: Auf dem höchsten Punkt der Wanderung wartet das Steinerberghaus, wo man große herzhafte Portionen und am Wochenende frischen Kuchen bekommt (www.steinerberghaus.de; Mo. und Di. Ruhetag). In den Weinorten im Ahrtal zahlreiche Gasthäuser.
Übernachtung: Siehe Tour 5.
Karte: Das Ahrtal (Eifelvereinskarte Nr. 9, 1:25.000).

Wir starten die Wanderung am großen **Besucherparkplatz (1)** am östlichen Ortseingang von Ahrbrück und wandern auf dem Gehsteig die B 267 ein Stück entlang nach Osten (in Richtung Mayschoß) durch den Tunnel hindurch. An dem etwas skurrilen Hotel für Motorradfahrer linker Hand der Straße und der örtlichen Feuerwehr (rechter Hand) vorbei, folgen wir der scharfen Linkskurve und biegen nach rechts in den Wanderweg mit der Markierung »3« und »6«, der über eine schmale grüne Brücke auf das andere Ahrufer führt. Hier gabelt sich der Weg, und wir wandern über den Uferweg hinweg den Hang hinauf Richtung Winterhardt. Der Bergpfad ist mit »6« bzw. »Ahrsteigverbindungsweg AV1« markiert und führt am Felsen vorbei nun steil bergan. Zunächst begleiten uns durch brachliegende Weinberge hindurch noch die Bahntrasse und die Ahr zur Linken im Tal – hoch darüber thront die Burgruine Are auf einem imposanten Felsen. Wir gewinnen schnell an Höhe und lassen das bunte Treiben im Tal hinter uns. Nachdem nun der Einstieg in die Tour geglückt ist, steigen wir

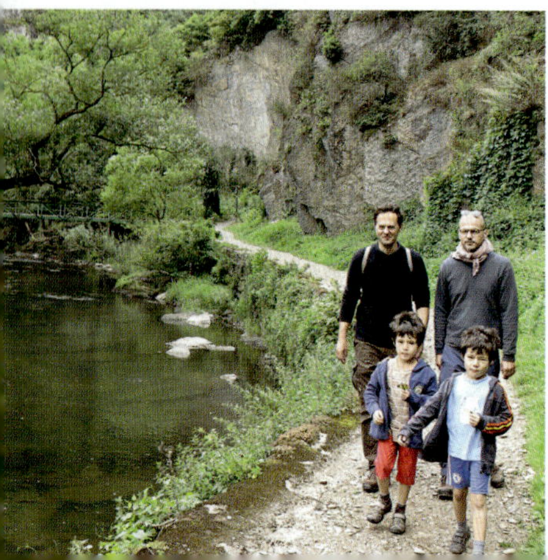

Zu Beginn geht es noch beschaulich an der Ahr entlang.

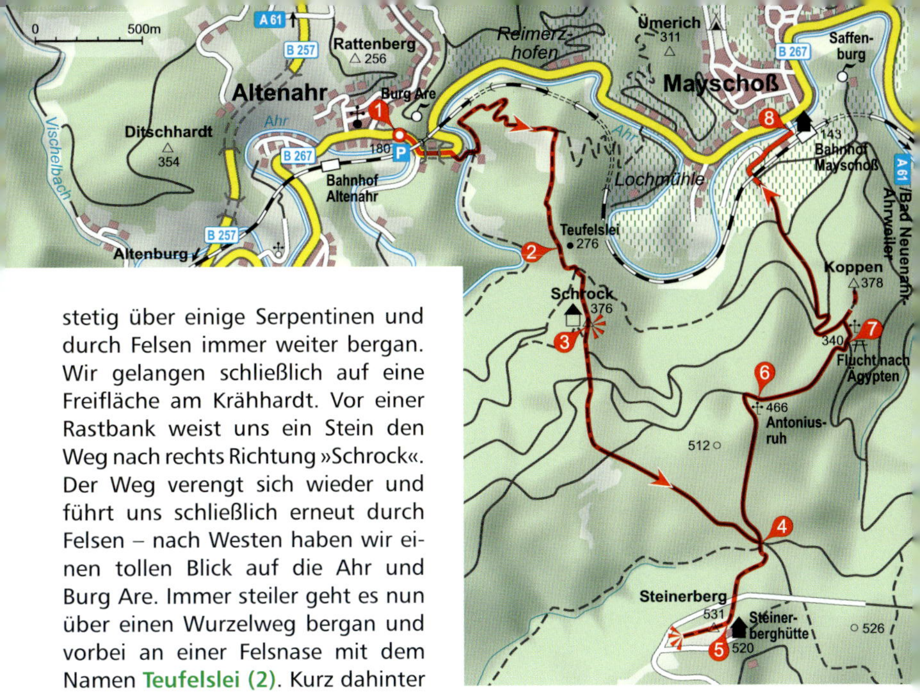

stetig über einige Serpentinen und durch Felsen immer weiter bergan. Wir gelangen schließlich auf eine Freifläche am Krähhardt. Vor einer Rastbank weist uns ein Stein den Weg nach rechts Richtung »Schrock«. Der Weg verengt sich wieder und führt uns schließlich erneut durch Felsen – nach Westen haben wir einen tollen Blick auf die Ahr und Burg Are. Immer steiler geht es nun über einen Wurzelweg bergan und vorbei an einer Felsnase mit dem Namen **Teufelslei (2)**. Kurz dahinter gelangen wir an eine Waldkreuzung an einer Felsnase und müssen nun zwischen zwei Varianten hinauf zum Schrock auswählen: Die markierte und längere Variante folgt der vierten Abzweigung im Urzeigersinn. Die »Direttissima«, wie Alpinisten sagen würden, folgt der dritten Abzweigung gerade die steile Felsnase hinauf. Nun wird es endgültig alpin: Steil und in vielen Kehren windet sich unser Weg an kleinen Felsen und bizarren Eichen vorbei. Trittsicherheit ist jetzt gefragt. Noch ein letzter Felsvorsprung und wir stehen an der **Schutzhütte am Schrock (3)**. Hier ist definitiv eine Rast angebracht, und sei es nur, um die herrliche Aussicht zu genießen. Von der Schutzhütte folgen wir nach Süden dem Zuweg, bis wir wieder auf den Hauptwanderweg gelangen. Die Felsen hier bieten sich gut für Kinder zum Kraxeln an. Auf dem Hauptweg wenden wir uns nach links mit den Markierungen »8« und »Ahr-Venn-Weg (<)«. Der breite Waldweg führt nun geradeaus bergan. An der nächsten Kreuzung biegen wir links und sofort wieder rechts ab. Hier ist der Steinerberg bereits ausgeschildert. Die steilen Passagen des Anstiegs liegen

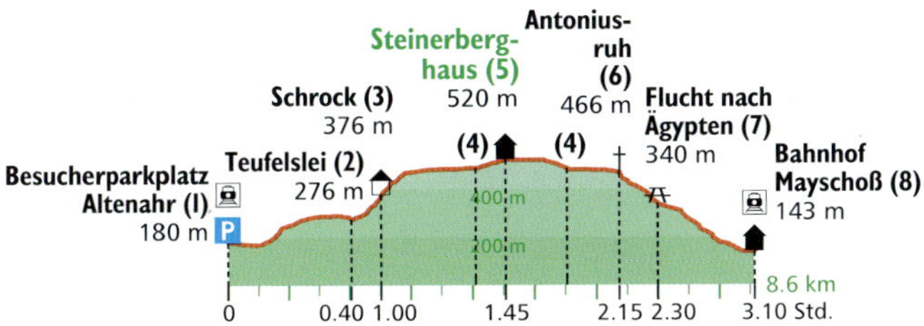

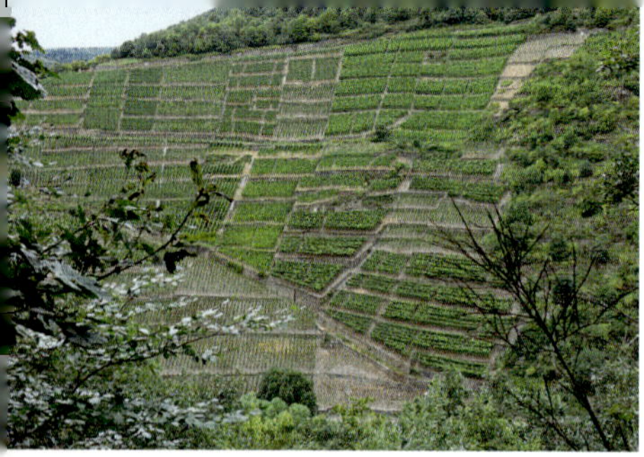

Auch die Ahr-Winzer müssen gut kraxeln können, wenn sie in ihren Weinbergen arbeiten.

nun hinter uns, nur noch leicht bergan geht es mit der Markierung »8« durch einen Buchenwald, bis wir an eine Waldkreuzung kommen, an der rechter Hand eine Freifläche liegt. Hier biegen wir nach links in den querlaufenden Forstweg. An der Kreuzung selbst fehlt die Markierung »8«. Nun wandern wir recht eben auf dem Forstweg dahin, bis wir wieder an eine weitere **Kreuzung (4)** im Wald kommen, an der wir mit dem Ahr-Venn-Weg dem dritten Weg im Uhrzeigersinn bis zum Steinerberg folgen. Hier treten wir aus dem Wald hinaus auf eine Freifläche rund um den Gipfel. Der Gipfelstein lädt die Kids zum Klettern ein. Das **Steinerberghaus (5)** liegt nur wenige Meter dahinter.

Auf dem Rückweg folgen wir dem Hinweg bis zur großen **Waldkreuzung (4)** mit dem Ahr-Venn-Weg (Markierung <11). Hier verlassen wir den Hinweg und wandern mit dem Ahr-Venn-Weg bzw. dem Ahrsteig-Verbindungsweg 2 einfach geradeaus in Richtung Mayschoß. Recht gemütlich geht es nun auf einem breiten Forstweg dahin. Schließlich fällt der Weg mit einer lang gezogenen Linkskurve etwas steiler bergab und wir biegen nach rechts mit dem Rundweg 1 in Richtung Rech und Mayschoß. Wir passieren sogleich ein altes Steinkreuz rechts vom Weg, die sogenannte **Antoniusruh (6)**, und hinter der nächsten Biegung an einer großen Waldkreuzung die **»Flucht nach Ägypten« (7)**. Den Bildstock und eine Rastbank links liegen lassend

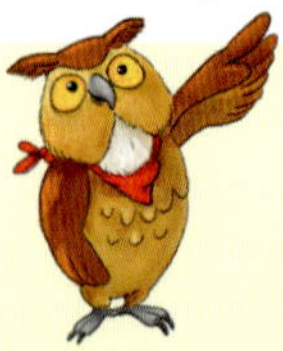

Hallo Kinder,

der Weinbau ist im Ahrtal nicht zu übersehen und ein uraltes Kulturgut, denn schon die Römer bauten im Rheinland Wein an. Später haben ihn die Mönche der umliegenden Klöster kultiviert. Ist euch aufgefallen, wie steil die Hänge im Tal sind? Hier ist der Weinanbau besonders mühsam. Die Weinbauern müssen das ganze Jahr über an den Hängen arbeiten. Dort wo es besonders steil ist, werden ihre Fahrzeuge mit speziellen Seilzügen gesichert bzw. hochgezogen. Die meisten Trauben werden zu Wein vergoren, weswegen sich hier auch so viele Erwachsene herumtreiben. Für euch Kinder ist der Wein noch nichts, aber schaut euch doch zum Ende der Wanderung in Mayschoß die Rebstöcke an. Die meist sehr knorrigen Weinpflanzen brauchen viel Pflege und Wärme. Im Ahrtal fällt wenig Regen, die Sonne scheint viel und die steilen Hänge speichern Wärme besonders gut. Probiert es doch mal aus und legt euch an sonnigen Tagen auf den Boden und spürt die Wärme.

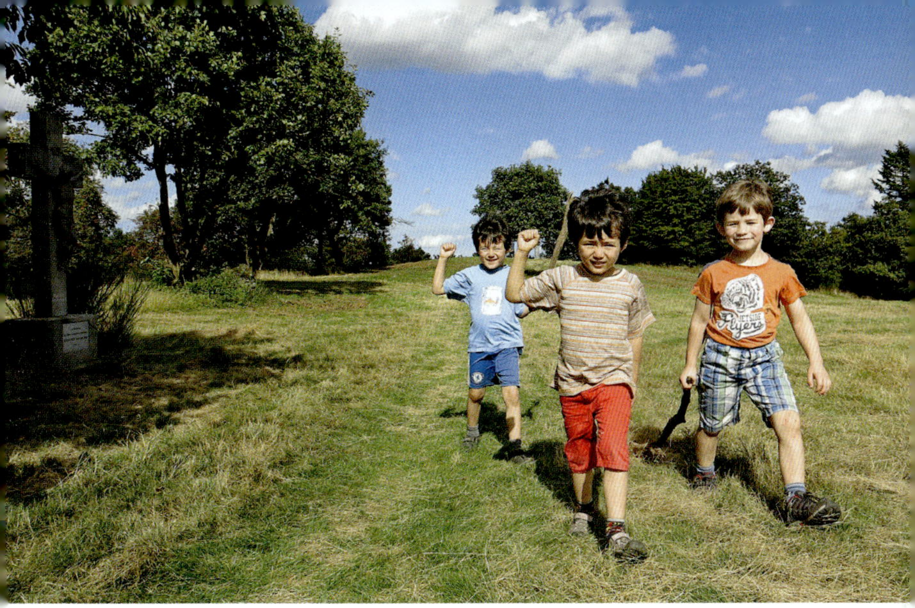

Auf dem Gipfelplateau des Steinerbergs gibt es viel Platz zum Toben.

wandern wir weiter bergab mit dem Rundweg 1 und 2 in Richtung Mayschoß. Den etwas längeren Weg nach Mayschoß, der an der Kreuzung nach rechts führt, ignorieren wir. In der nächsten scharfen Linkskurve biegt nach rechts ein Pfad in Richtung Koppen ab. Der Abstecher zu dem Bergvorsprung lohnt. Von dem Felsen, umgeben von Krüppeleichen, hat man eine letzte Gelegenheit von oben auf das Ahrtal zu blicken. Die Hauptroute folgt dem breiten Forstweg weiter nach links. Auch an der nächsten Gabelung folgen wir ihm talwärts durch eine scharfe Rechtskurve. In der folgenden Serpentine mit dem Rundweg 2 in Richtung Mayschoß links ab und sofort wieder rechts. Durch ein schmales Tal geht es nun recht zügig bergab, ein letzter querlaufender Weg, dem wir weiter talwärts folgen, und wir treten in die Weinberge von Mayschoß hinaus. Vor uns liegen bereits das Örtchen und die Ahrtalbahn. Wir überqueren die Bahntrasse über eine Brücke, halten uns automatisch rechts und gehen auf den schönen **Bahnhof Mayschoß (8)** zu – dem Ziel unserer Tour. Diese Wanderung war wirklich anstrengend, und bevor wir den nächsten Zug nehmen, haben sich alle Kids sicherlich ein Eis verdient und die Eltern ein erfrischendes Getränk auf der Sonnenterrasse des Gasthofs im Bahnhof.

HIGHLIGHTS

- ★ Wer schon erste alpine Wandererfahrungen hat und es kaum erwarten kann bis zur nächsten Reise in die Berge, kann auf dem Weg zum Steinerberghaus weitere alpine Erfahrung sammeln.
- ★ Kraxeln und gefahrlos klettern am Schrock bzw. am Koppen.
- ★ Leckeren Kuchen und Tee am Steinerberghaus genießen und dabei an schönen Sonnentagen weit über die Eifel blicken.

8 Im Vulkanpark Brohltal

Höhenwanderung zur Ruine Olbrück

ab 6 J.

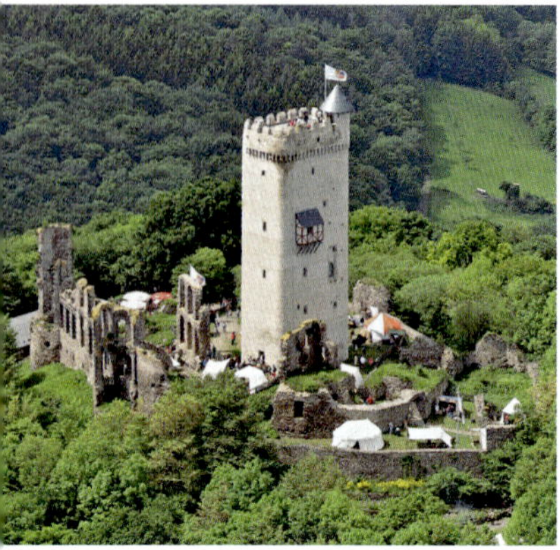

Imposant thront die Ruine Olbrück über dem Brohltal.

Historische Eisenbahn, Vulkane und eine Ritterburg

Ein Tagesausflug voller eindrucksvoller Erlebnisse führt uns in das herrliche Brohltal, über dem majestätisch auf einem erloschenen Vulkankegel die Ruine Olbrück thront. Die Wanderung lohnt vor allem, wenn man die Auffahrt in das Hochtal mit dem historischen Vulkan-Express in Angriff nimmt, der einen anschließend auch wieder ins Rheintal zurückbringt. Mit Kindern und mehreren Familien wird der Ausflug garantiert zu einer Riesengaudi. Da die Anfahrt ins Brohltal sowohl von Bonn, als auch von Köln sehr weit ist, bietet sich ein verlängerter Wochenendaufenthalt an (siehe Übernachtung Tour 9).

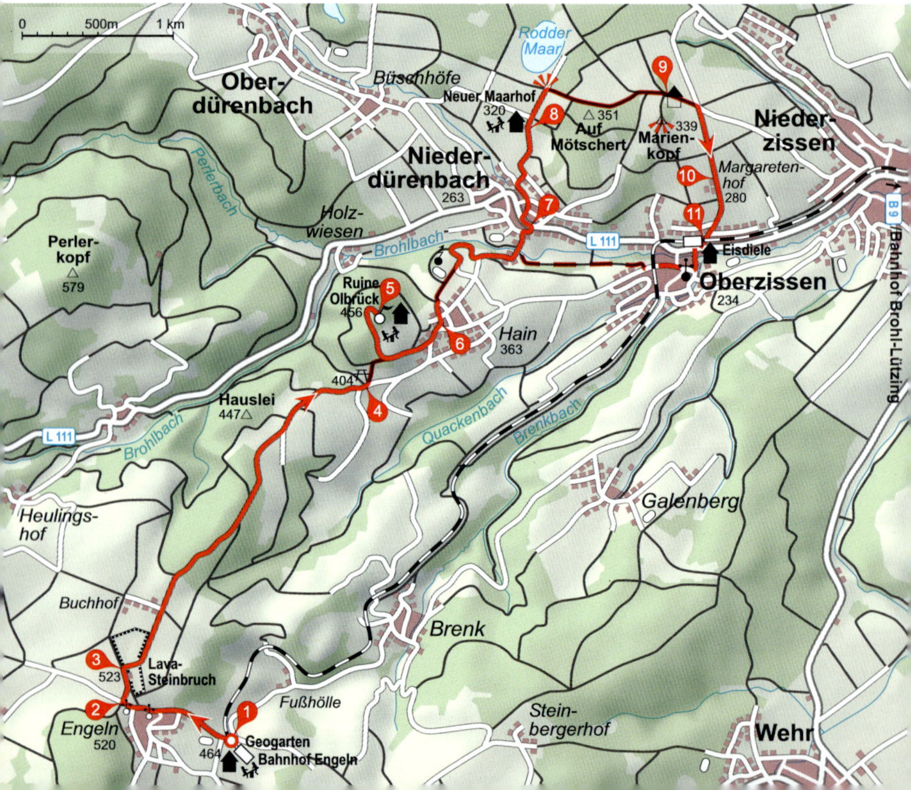

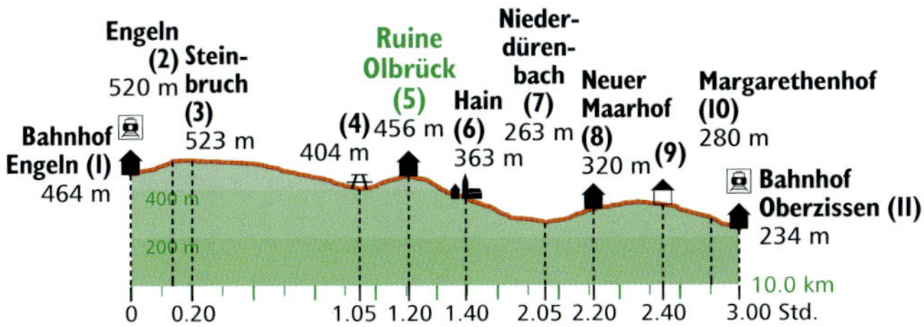

KURZINFO

Ausgangspunkt: Die Fahrt mit dem Vulkan-Express startet am Bahnhof Brohl-Lützing, die Wanderung an der Endstation im Bahnhof Engeln, 464 m (GPS: N50.425270, E7.1564359).
Anfahrt: Auf der B 9 bis Brohl-Lützing. Der Beschilderung »Vulkan-Express« folgen; kostenlose Parkplätze am Bahnhof. Weiter mit dem Vulkan-Express bis Engeln. Mit der Bahn: Mit der Mittelrheinbahn bis Bahnhof Brohl.
Endpunkt: Bahnhof Oberzissen, 234 m. Rückfahrt mit dem Vulkan-Express bis Brohl-Lützing.
Fahrt mit dem Vulkan-Express: Wer die Fahrt mit dem historischen Zug (die Dampflok wird nur an bestimmten Tagen, die im Fahrplan ersichtlich sind, eingesetzt) und die Wanderung genießen will, muss früh starten. Von Anfang Juni bis Ende September fährt der Vulkan-Express täglich außer Mo., die übrigen Monate meist nur an Sonn- und Feiertagen. In den Sommermonaten fahren meist zwei Züge pro Tag hin und zurück. Erster Start ist um 9.30 Uhr, letzte Talfahrt um 16.30 Uhr. Zwischendurch bleibt viel Zeit für die Wanderung. Hin- und Rückfahrt kosten 13 €, die Familienkarte 28 €. Alle Informationen zum Vulkan-Express unter www.vulkan-express.de. Die Voranmeldung ist zu empfehlen (Tel. +49 2636 80303).
Gehzeit: 3.00 Std.
Distanz: 10,0 km.
Höhenunterschied: 220 m.
Ausrüstung: Gut profilierte Sport- oder Wanderschuhe, ein Fernglas, denn die Fernsicht ist im Brohltal besonders eindrucksvoll, außerdem ein Beutel für eventuelle Fossilienfunde in der Vulkangegend.
Anforderungen: Ab 6 Jahren. Die Wanderung ist auch schon für jüngere Kinder mit Wandererfahrung gut zu Fuß zu schaffen, denn sie führt ausschließlich über gut befestigte Landwirtschafts- oder Asphaltwege und ganz überwiegend leicht bergab. Der erste Anstieg nach Engeln ist kurz und knackig, der zweite hinauf zur Burg Olbrück deutlich steiler – eventuell müssen Mama oder Papa etwas unterstützen. Der dritte Anstieg zum Marienkopf dagegen ist moderat.
Einkehr: Auf der Hinfahrt im Vulkan-Express wird man vom Zugpersonal bereits mit Snacks und Getränken versorgt. Am Endbahnhof in Engeln gibt es frische Bratwürste und Getränke. Burgschenke Kastellaney auf Burg Olbrück mit Sonnenterrasse und schönem Spielplatz (Burgstraße, 56651 Niederdürenbach-Hain, Tel. +49 2636 968940, www.kastellaney.de; zwischen März und November tägl. außer Mo. 10–18 Uhr geöffnet, Wandergruppen unbedingt reservieren). Neuer Maarhof mit Sonnenterrasse, tollem Blick auf die Ruine Olbrück, Spielplatz und Streichelzoo, allerdings auch einer Golfanlage (Maarheiderweg, 56651 Niederdürenbach, Tel. +49 2636 941033, www.neuer-maarhof.de). Am Bahnhof Oberzissen versüßt die Eisdiele »Express« das Warten auf den Zug.
Übernachtung: Siehe Tour 9.
Kurzvariante: Wem die gesamte Wanderung zu lang ist, kann in Niederdürenbach an der Brücke über den Brohlbach dem Uferweg mit der Markierung »BU« nach Oberzissen folgen (1,4 km) und so den Anstieg zum Rodder Maar einsparen.
Karte: Das Brohltal (Eifelvereinskarte Nr. 10, 1:25.000).

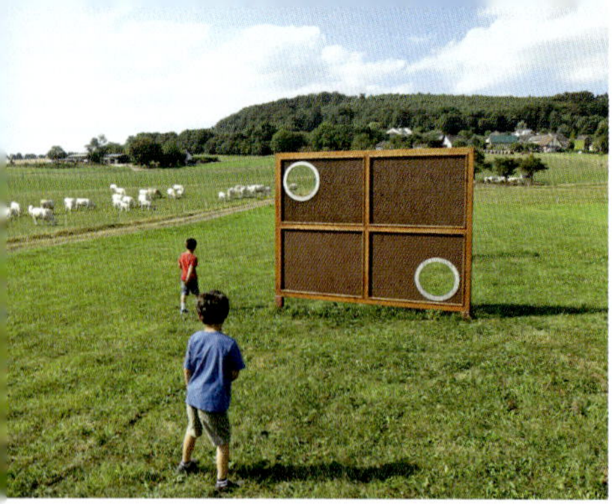

Tooor!!! Nach der Bahnfahrt ist erst einmal Toben angesagt.

HIGHLIGHTS

- ★ Auf Burg Olbrück in die Welt des Mittelalters einzutauchen, fällt nicht schwer. Hier gibt es die historische Burgschenke Kastellaney, einen Ritterspielplatz, einen Hör-Erlebnispfad und jeden zweiten Sonntag im Monat eine Falknereivorführung. An jeder Station erzählt Ritter Kunibert von seinen Abenteuern. Und vom 134 Meter hohen Burgfried hat man einen tollen Blick über die Vulkanlandschaft (Eintritt für Kinder unter 6 Jahren frei, Familienkarte 9 €; von April bis Oktober 11–18 Uhr geöffnet, Mo. Ruhetag; www.burg-olbrueck.de).
- ★ Am Rodder Maar tauchen wir ein in die längst untergegangene Welt des Erdzeitalters Tertiär. Viele Tafeln informieren hier über die Entstehung der Vulkanlandschaft.
- ★ Spielplatz und Streichelzoo am Neuen Maarhof.
- ★ Der frei zugängliche Geogarten beim Bahnhof Engeln ist bei Kindern beliebt und informiert über die Geologie der Region.
- ★ Auf der Rückfahrt mit dem Vulkan-Express reist man an Sommertagen auf alten Transportwaggons und kann sich den kühlen Fahrtwind um die Ohren wehen lassen.

Gleich zu Beginn der Wanderung steht der erste Anstieg auf dem Programm. Aber gut ausgeruht von der Bahnfahrt mit dem Vulkan-Express ist er keine Herausforderung für uns. Vom **Bahnhof Engeln (1)** halten wir uns in Richtung Westen. An der Bahnschranke treffen wir auf einen Sportplatz und eine Rastbank sowie auf das erste Hinweisschild zur »Ruine Olbrück«. Ihm folgen wir bergan bis nach **Engeln (2)** und auf der Dorfstraße bis zum höchsten Punkt. Am Ortsausgangsschild biegen wir nach rechts ab und wandern an einem **Lava-Steinbruch (3)** vorbei. Hinter dem Gelände biegen wir erneut rechts ab und wandern hinaus auf eine Freifläche. Geradeaus haben wir die Ruine Olbrück fest im Blick. Wir wandern durch ein Waldstück hindurch und treten wieder auf eine Freifläche hinaus. An der ersten Kreuzung halten wir uns rechts. Nun wandern wir durch Weizenfelder auf den sich immer deutlicher vor uns abzeichnenden Vulkankegel zu. Perfekt geformt liegt er vor uns. An seinem Fuß gelangen wir an eine **Rastbank (4)**. Hier biegt nach links ein steiler Anstieg hinauf zur Ruine ab. Die kurze Passage durch herrliche Streuobstwiesen lässt sich mit ein wenig Unterstützung durch die Erwachsenen auch für die Kleinsten gut bewältigen (die Alternative ist ein längerer Schlenker durch die Ortschaft Hain). Wir biegen in einen quer laufenden Feldweg nach rechts und gelangen auf die Burgzufahrt, in die wir nach links einbiegen, und bewältigen die letzten steilen Meter bis zum Burgtor. Nicht nur um Luft zu schnappen, sondern auch um das vielfältige Angebot in der **Burg Olbrück (5)** auszukosten, sollte man hier eine längere Rast einplanen.

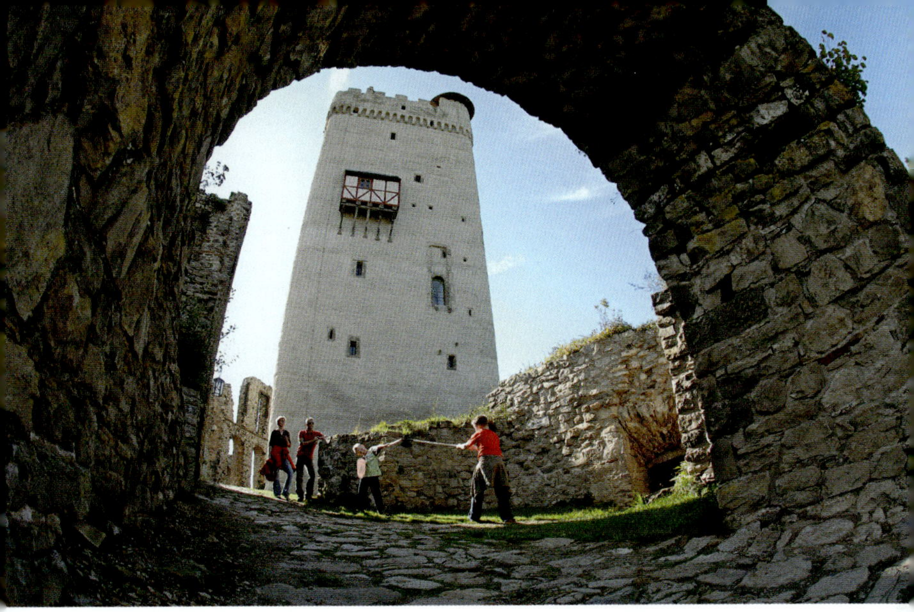

Höhepunkt der Tour: Burg Olbrück mit dem beeindruckenden Burgfried.

Anschließend spazieren wir auf der Burgstraße den steilen Vulkankegel hinab nach **Hain (6)**, biegen mit der Markierung »Geo-Pfad Mittleres Brohltal« im Ort links in die Dorfstraße und gleich wieder links in die Dürenbacher Straße. Ihr folgen wir nun immer geradeaus durch den Ort bis in eine Sackgasse und gelangen auf einem Feldweg hinaus auf die Felder und Pferdekoppeln im Norden von Hain. Der Geo-Pfad biegt nach rechts ins Tal. Linker Hand steht ein Sendemast. Wir

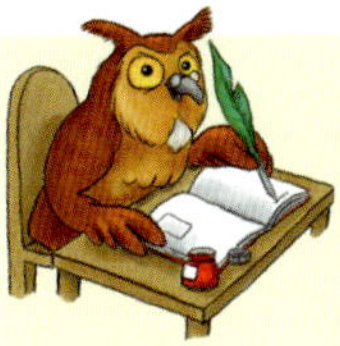

Hallo Kinder,

wusstet ihr, dass die Eisenbahn im 19. Jahrhundert als Symbol des Fortschritts gefeiert wurde – vergleichbar mit dem Smartphone heute? Die Brohltalbahn ist ein Zeugnis der Eisenbahn-Pionierzeit. Ihr Baubeginn war 1898. Von Brohl-Lützing hinauf zum Endbahnhof in Engeln überwindet sie auf 17,5 Kilometern fast 400 Höhenmeter. Hinter Oberzissen wird es besonders steil. Bis Engeln gilt es 240 Höhenmeter auf 5,5 Kilometern zu bewältigen. Das entspricht einer Steigung von 1:20. Damit ist sie bis heute die steilste Schmalspurbahn Deutschlands. Für die Erbauer war das Steilstück eine enorme technische Herausforderung. Die Brohltalbahn fuhr damals mit einem speziellen Zahnradantrieb, heute reicht eine extrastarke Diesellok. Ihr merkt die Steigung vor allem an der sehr langsamen Geschwindigkeit von 20 km/h, habt so aber genug Zeit, den imposanten Blick auf die Ruine Olbrück zu genießen.

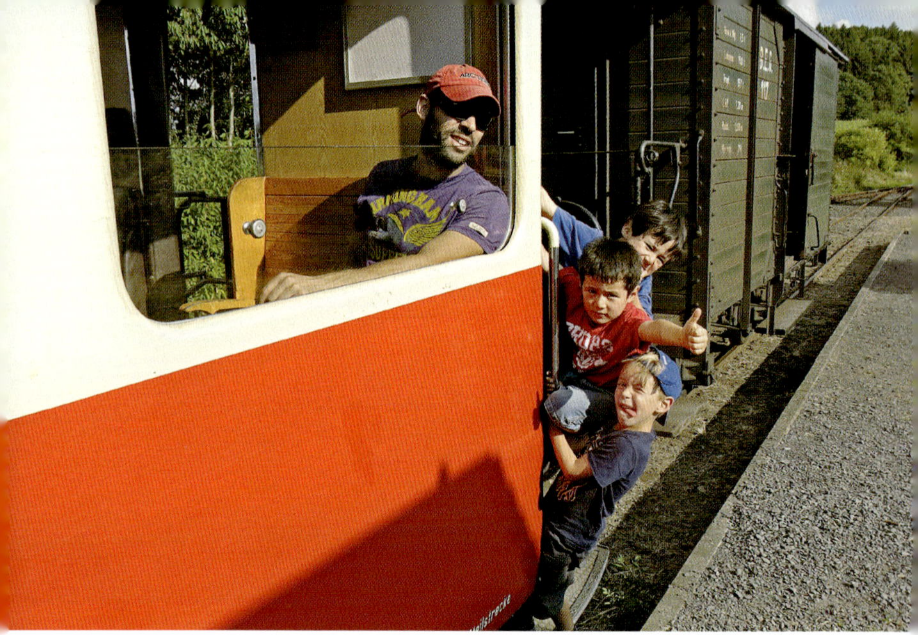

Gut gelaunt geht es nach der Wanderung zurück ins Rheintal.

wandern in einem Linksbogen immer steiler bergab bis zum Brohlbach. Wer direkt nach Oberzissen wandern will, folgt vor der Brücke nach rechts dem Uferweg mit der Markierung »BU«. Auf der Hauptroute wandern wir über die Brücke nach **Niederdürenbach**, biegen mit dem Geo-Pfad rechts in die Hauptstraße und sofort wieder links in die Brohltalstraße (L 111) **(7)**. Nach wenigen Metern entlang der Landstraße biegen wir rechts in den Rodder Weg. Hier ist unser nächstes Ziel, der »Maarhof«, bereits ausgeschildert. Wir verlassen den Geo-Pfad und folgen der Markierung »Nd2« bergan. Mit dem **Neuen Maarhof (8)** passieren wir die nächste Einkehrgelegenheit. Die neumoderne Golf-Restaurantanlage ist eine kleine Wunde in der schönen Landschaft. Weiter bergauf gelangen wir auf dem höchsten Punkt an eine Kreuzung mit einer Informationstafel. Geradeaus liegt der Vulkansee **Rodder Maar** (ca. 300 m). Zum Bahnhof Oberzissen biegen wir allerdings nach rechts und wandern, nun wieder mit der Markierung des Geo-Pfads, auf dem Kamm in östliche Richtung. An einer Gabelung an einem Waldrand biegen wir nach rechts und gelangen zur Schutzhütte am **Marienkopf (9)**. Sie liegt rechter Hand in einem zweiten Waldstück. Von hier hat man einen weiteren fantastischen Blick auf das Brohltal.

Zum Ziel halten wir uns weiter geradeaus und zweigen an der nächsten großen Kreuzung rechts in einen querlaufenden Asphaltweg ein, der uns bergab am **Margaretenhof (10)** vorbei bis zu den Bahngleisen der Brohltalbahn in **Oberzissen (11)** bringt. Linker Hand liegen der Bahnhof und eine Eisdiele, die uns das Warten auf den Vulkan-Express versüßt.

Tuffsteinweg Engeln

Im oberen Brohltal

ab 6 J.

Mit dem Vulkan-Express zu den erloschenen Vulkanen

Das Brohltal bietet neben der imposanten Burg Olbrück (siehe Tour 8) noch einiges mehr. Es ist vor allem eine Region, die von Vulkanismus geprägt ist. Im hinteren Brohltal bei Weibern wurde durch Vulkanausbrüche ein besonderer Tuffstein abgelagert. Durch eine herrliche Landschaft wandern wir zu den Tuffsteinbrüchen. Zu einem besonderen Erlebnis für die ganze Familie wird der Ausflug, wenn wir mit dem historischen Vulkan-Express in das Hochtal hinauf- und anschließend wieder ins Rheintal zurückfahren.

KURZINFO

Ausgangspunkt: Die Fahrt mit dem Vulkan-Express startet am Bahnhof Brohl-Lützing (siehe Tour 8), die Wanderung an der Endstation am Bahnhof Engeln, 464 m (GPS: N50.425270, E7.1564359).

Anfahrt mit dem Vulkan-Express: Siehe Tour 8.

Gehzeit: 2.40 Std.

Distanz: 8,7 km.

Höhenunterschied: 160 m.

Ausrüstung: Gut profilierte Sport- oder Wanderschuhe. Idealerweise ein Buch über Vulkanismus sowie und ein Beutel für eventuelle Fossilienfunde in der Vulkangegend.

Anforderungen: Ab 6 Jahren. Die Tour ist aber auch für jüngere Kinder, die gut zu Fuß sind, zu schaffen, denn sie führt in weiten Passagen über gut befestigte Landwirtschafts- oder Asphaltwege. Auf dem Rückweg von Weibern sind allerdings zwei kurze Anstiege zu meistern, von denen der zum Humersberg sehr steil ist. Auch mit geländegängigen Kinderwagen ist die Wanderung gut zu gehen. Wechselnde Markierungen.

Einkehr: Auf der Hinfahrt im Vulkan-Express wird man vom Zugpersonal mit Snacks und Getränken versorgt. Am Endbahnhof in Engeln gibt es frische Bratwürste und Getränke zu kaufen. Unterwegs keine Einkehr, in Weibern findet man jedoch eine Bäckerei, einen Supermarkt und einen Dönerladen.

Übernachtung: Die Anfahrt ins Brohltal ist sowohl von Bonn, als auch von Köln sehr weit. Weil es hier aber viel zu erkunden gibt (siehe auch Tour 9), bietet sich eventuell ein verlängerter Wochenendaufenthalt an. Zahlreiche Unterkünfte im Brohltal (Buchung online über www.ferienregion-laacher-see.de).

Variante: Wer nach der Tour noch weiterwandern möchte, kann von der Landstraße (6) geradeaus zum Lavasteinbruch oberhalb von Engeln gehen, ab hier der Tour 8 folgen und die Burgruine Olbrück erkunden. In diesem Fall steigt man für die Rückfahrt am besten in Oberzissen in den Vulkan-Express ein.

Karte: Das Brohltal (Eifelvereinskarte Nr. 10, 1:25.000).

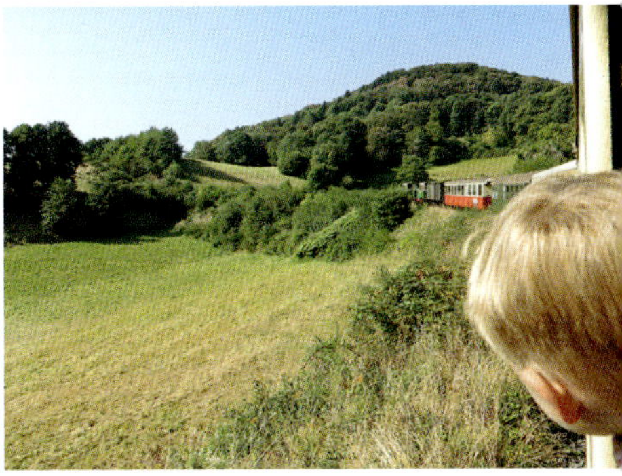

Die Strecke der Brohltalbahn ist kurvenreich. Wer ganz hinten einsteigt, hat den besten Blick auf den Zug.

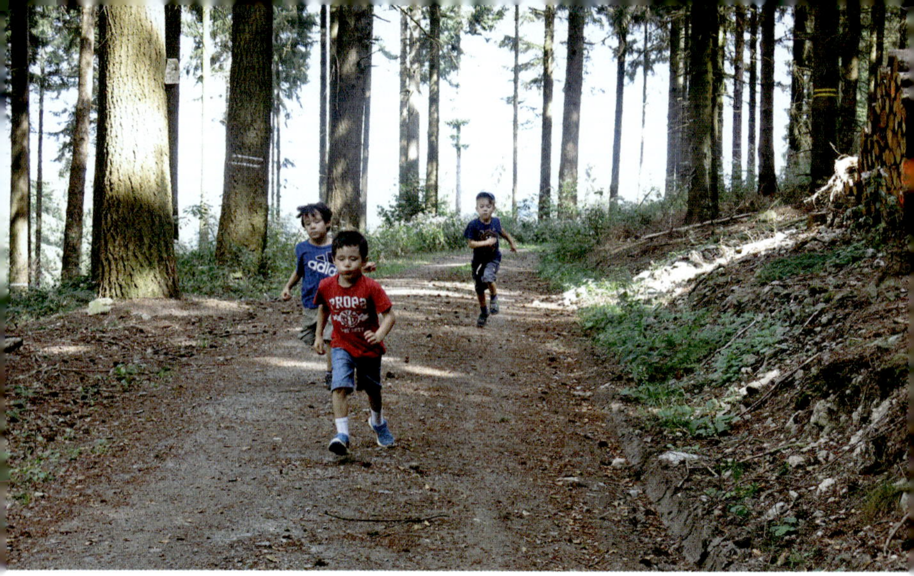

Platz da! Wettrennen auf breiten Forstwegen am Engelner Kopf.

Wir starten recht gemütlich in die Wanderung und gehen gut ausgeruht von der Bahnfahrt vom **Bahnhof Engeln (1)** auf einer Landstraße in westlicher Richtung auf Engeln zu. Schon nach wenigen Metern – hinter der Bahnschranke – treffen wir auf einen Sportplatz und eine Rastbank. Wir biegen mit der »Geo-Route Oberes Brohltal« nach links in einen asphaltierten Landwirtschaftsweg ein, der uns in Richtung Weibern führt. Auf der wenig befahrenen Straße spazieren wir nun in südlicher Richtung leicht bergab. Wir ignorieren alle Verzweigungen, unterqueren die Bundesstraße 412 und biegen direkt dahinter rechts in einen Nebenweg. Er führt uns parallel zur Bundesstraße, oberhalb eines alten Steinbruchs entlang. Wir wandern nun im Prinzip entgegen dem Uhrzeigersinn um den Steinbruch herum, biegen an der nächsten Kreuzung nach links ab und erreichen ein kleines Gewerbegebiet im Ostteil von Weibern. Nach rechts gelangen wir mit der Landstraße 114 zum **Tuffsteinzentrum (2)** in Weibern. Das Areal des Tuffsteinzentrums befindet sich östlich der Landstraße. Am Parkplatz finden wir einen alten Kran, mit dem man früher den Tuffstein verladen hat, und das scheinbar halbfertige Gebäude des »Weiberner Schaufensters«, das aber nicht unvollendet ist, sondern die verschiedenen kunsthandwerklichen Methoden zeigt, mit denen Steinmetze den Tuffstein bearbeiten. Kran und Schaufenster sind Teil des Tuffsteinzentrums. Am Parkplatz verlassen wir die Geo-Route für eine

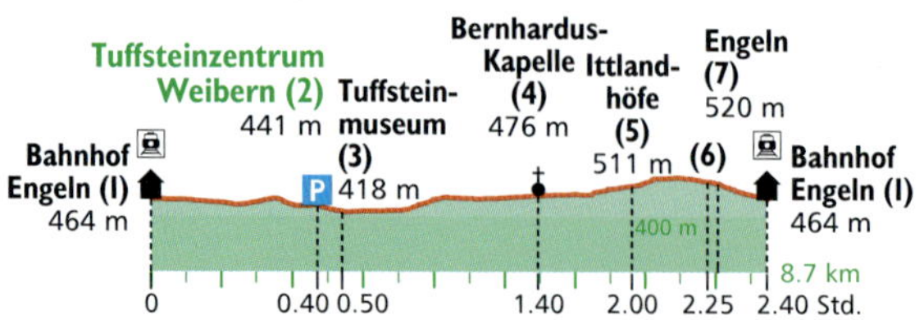

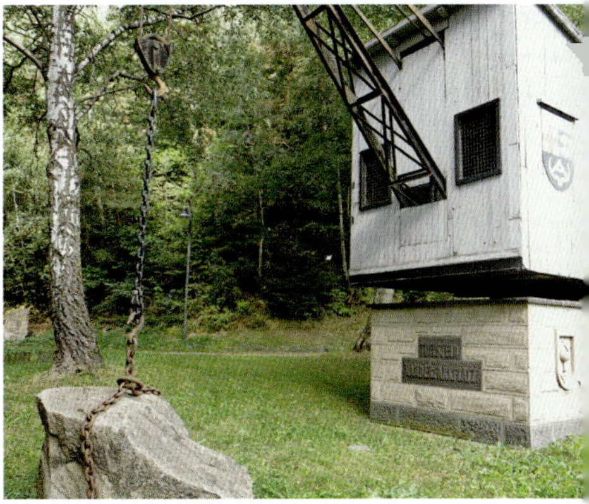

Markante Wegmarke: Der Lastenkran am Tuffsteinzentrum.

Weile und folgen gegenüber der Tuffsteinstraße in ein Neubaugebiet, sofort nach links und dann immer geradeaus. Wir folgen nun der Markierung des Fahrradwegs Brohltal. Auf Höhe des **Tuffsteinmuseums (3)** gesellt sich von links die »Geo-Route Oberes Brohltal« wieder zu uns. Wir wandern weiter geradeaus auf der Tuffsteinstraße durch Weibern nach Westen. Die Straße geht in einen gepflasterten Radweg mit üppigen Grünstreifen rechts und links über. Wir wandern nun oberhalb von Weibern um den Humersberg herum. Mit der Geo-Route geht es schließlich rechts ab und über einen steilen Anstieg hinauf zum Humersberg. Der angenehme Bergpfad windet sich über mehrere Kehren bergan und führt durch einen schattigen Laubwald. Auf dem Humersberg treten wir aus dem Wald heraus und wandern geradeaus – in nördlicher Richtung – auf die Felder hinaus. Im Norden erblicken wir die Bundesstraße. Wir biegen schließlich nach links in einen querlaufenden Asphaltweg, gelangen an eine Parkbank und biegen rechts und gleich wieder links in einen Feldweg. Der Weg wird zusehends ruppiger. Im hohen Gras ist er fast nicht mehr als Weg auszuma-

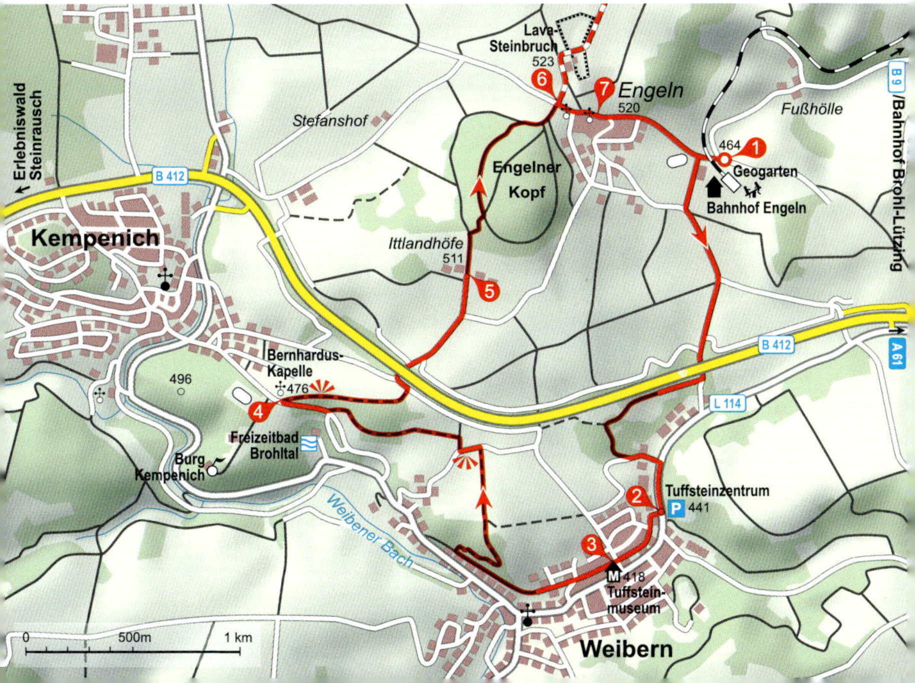

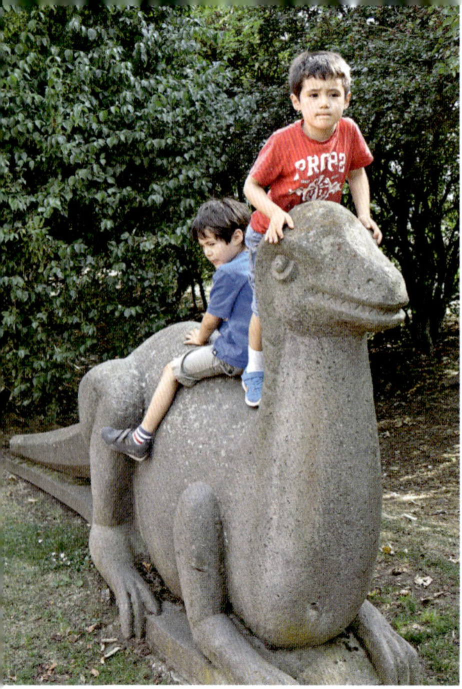

Reitet den Dino! Im Geogarten am Bahnhof Engeln.

chen, zumal hier die Beschilderung der Geo-Route etwas dürftig ist. Mit Kinderwagen ist diese Passage anstrengend, weil sie aber kurz ist, trotzdem machbar. Wir wandern einfach zwischen zwei Äckern geradeaus in westlicher Richtung auf einen Kiefernwald zu und gelangen bald an eine Straße. Gegenüber befindet sich die Zufahrt zum Freibad Brohltal. Wir halten uns rechts und wandern ein Stück auf der Straße bergan bis zur **Bernhardus-Kapelle (4)**. Hier oben auf dem Grat bietet sich eine ausgiebige Rast mit Picknick an.

An der Kapelle biegen wir, immer noch mit der Geo-Route, nach rechts ab und gehen nun am Waldrand entlang nach Osten. Nach Norden blicken wir über die Felder und die Bundesstraße hinweg auf den Engelner Kopf, wo ungefähr unser Ziel liegt. Wir wandern auf die Bundesstraße zu, halten uns an der Waldspitze links und passieren einen recht hübsch angelegten Obstgarten mit Rastbank. Leider liegt er unmittelbar neben der Bundesstraße. Hier zweigen wir erneut nach links ab und gelangen an eine Unterführung, mit der wir die Bundes-

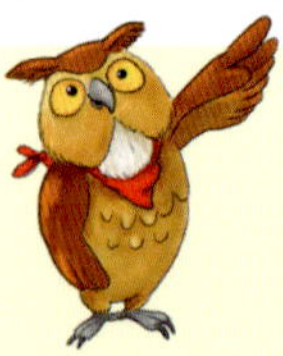

Hallo Kinder,

die Brohltalbahn diente nicht immer dem Transport von Touristen. Früher wurde vornehmlich Tuffstein mit ihr ins Rheintal abtransportiert. Die Bahntrasse führte über Engeln bis nach Weibern, wo traditionell der Tuff abgebaut wird. Und der Weiberner Tuffstein ist ganz besonders, denn er ist in seiner Struktur sehr fein und damit besonders gut für den Bau fein verzierter Gebäudefassaden geeignet. Der Weiberner Tuff wurde etwa zum Bau der Godesburg in Bonn verwandt, aber auch für das Kölner Rathaus. Tuff besteht aus verfestigter Vulkanasche. Die Vorkommen rund um den Laacher See gehören zu den bedeutendsten in Mitteleuropa. Sie sind durch die Ausbrüche des Laacher-Sees-Vulkans vor 13.000 Jahren und des Riedener Vulkans vor ca. 400.000 Jahren entstanden. Die Abbauwände in Weibern sind zum Teil 30 bis 40 Meter hoch. Ihr könnt sie im ersten Teil der Wanderung auf der gegenüberliegenden Talseite aus dem Wald ragen sehen.

straße unterqueren. Hier gesellt sich zur Geo-Route auch der Brohltalweg hinzu (Markierung »B«). Wir wandern nun auf dem asphaltierten Landwirtschaftsweg bergan bis zu den **Ittlandhöfen (5)** und weiter bis zum Fuß des Engelner Kopfes. Links vom Weg liegen Pferdekoppeln, rechts davon der Wald. Wir gelangen an eine Kreuzung mit Parkbank und einer vierstämmigen Buche. Hier gehen wir rechts in den Wald hinein, folgen einem Trampelpfad ein kurzes Stück steil bergan und biegen schließlich nach links in einen querlaufenden Forstweg ein. Er führt uns nun westlich um den Engelner Kopf herum. Wir ignorieren alle Verzweigungen und gelangen an einen Wanderparkplatz. Hier halten wir uns links und gelangen über die Zufahrt auf eine **Landstraße (6)**. Geradeaus würde es zum Lavasteinbruch von Engeln und für alle, die noch die Tour 8 anschließen wollen, zur Ruine Olbrück gehen. Wir aber wandern rechts auf der Landstraße durch das sehr beschauliche **Engeln (7)** hindurch zurück zu unserem Zielpunkt am **Bahnhof (1)**.

HIGHLIGHTS

- ★ Im Areal des Bahnhofs Engeln lässt sich einige Zeit verbringen, z. B. auf dem kleinen Spielplatz oder im frei zugänglichen, liebevoll angelegten Geogarten.
- ★ Tuffsteinzentrum Weibern. Im ersten Teil der Wanderung passiert man den imposanten Lastenkran und das frei zugängliche Weiberner Schaufenster, das über die Bearbeitung des Tuffsteins informiert. Die Steinbrüche und das Museum lohnen für Kinder eher nicht.
- ★ Freizeitbad Brohltal westlich von Weibern, ca. 500 m abseits der Wanderung (siehe Freizeittipp A2).
- ★ Die Bernhardus-Kapelle oberhalb von Weibern ist ein schöner Platz für ein ausgiebiges Picknick.
- ★ Der Erlebniswald Steinrausch (siehe Freizeittipp C2) liegt ca. 5 km abseits der Wanderung und ist damit nur für Wanderer, die mit dem Auto anreisen geeignet.
- ★ Auf der Rückfahrt mit dem Vulkan-Express reist man an Sommertagen auf alten Transportwaggons und kann sich den kühlen Fahrtwind um die Ohren wehen lassen.

Spektakulär für Kids: Unter lautem Getöse rangiert die Lok am Bahnhof Engeln.

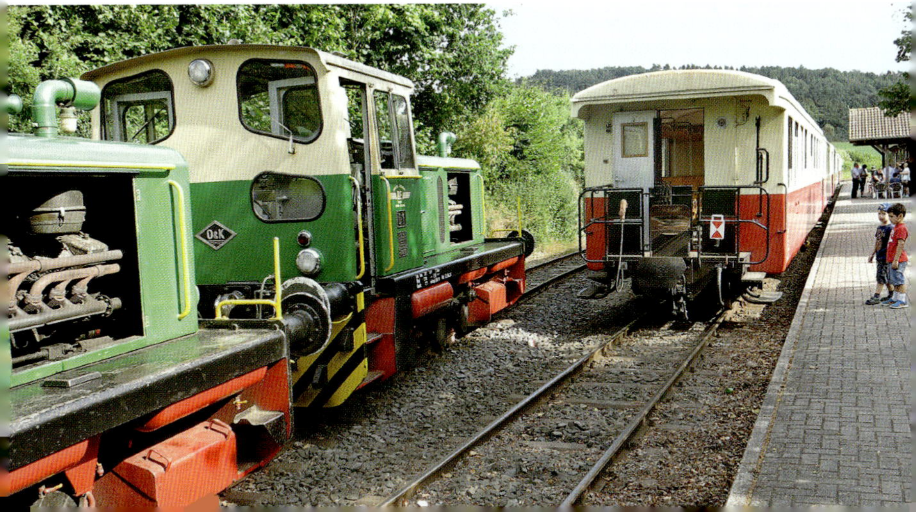

10 Rheinbacher Stadtwald

Vom Monte Mare zum Beuelskopf

ab 5 J.

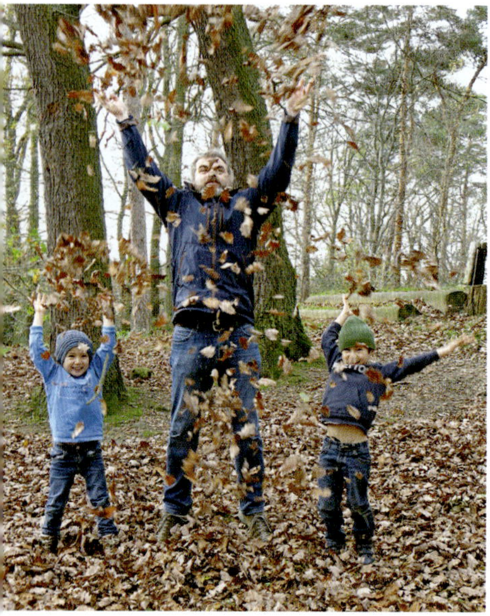

Buchenwälder und Erlebnisbad
Rheinbach ist eines der vielen Tore zur Eifel und sowohl von Köln als auch von Bonn aus schnell zu erreichen. Die Kleinstadt am Fuß der Westeifel bietet nicht nur zahlreiche schöne Wanderungen sondern auch viel Erlebnisspaß für Kinder. Nach einer ausgiebigen Wanderung durch den von vielen Buchen bewachsenen Stadtwald kann man den Tag im Erlebnisbad oder in einem der Museen der Stadt gut ausklingen lassen. Auch an Eisdielen und Restaurants mangelt es hier nicht. Und wem das noch nicht ausreicht, der kann sich im Hexenturm in der Innenstadt von Rheinbach noch eine Runde gruseln.

Herbstlaub-Gestöber am Beuelskopf.

KURZINFO

Ausgangspunkt: Parkplatz am Freizeitbad Monte Mare, 192 m (GPS: N50.620540, E6.933008).
Anfahrt: Auf der A 61 bis Ausfahrt Rheinbach, weiter auf der Ortsumgehung (B 266, L 493) bis zum Kreisel im Westen von Rheinbach. Ab hier der Beschilderung »Monte Mare« folgen.
Mit Bahn und Bus: Ab Bonn oder Euskirchen mit der Voreifelbahn bis Rheinbach Bahnhof und weiter zu Fuß (ca. 15 Min.) oder mit Sammeltaxi (Tel. 01804 151515 Rheinsiegkreis #3) zum Freizeitbad.
Gehzeit: 2.10 Std.
Distanz: 7,1 km.
Höhenunterschied: 135 m.
Ausrüstung: Gut profilierte Sport- oder Wanderschuhe.
Anforderungen: Ab 5 Jahren. Leichte Waldwanderung über gut gepflegte Wege mit wechselnden Markierungen. Ideal auch für geländegängige Kinderwagen.
Einkehr: Etwas abseits des Weges: Waldhotel Rheinbach mit Biergarten und großer Parkanlage mit Spielplatz (Ölmühlenweg 98, 53359 Rheinbach, Tel. +49 2226 169220, www.waldhotel-rheinbach.de).
Karte: Rheinbach, südliche Ville (Eifelvereinskarte Nr. 6, 1:25.000).

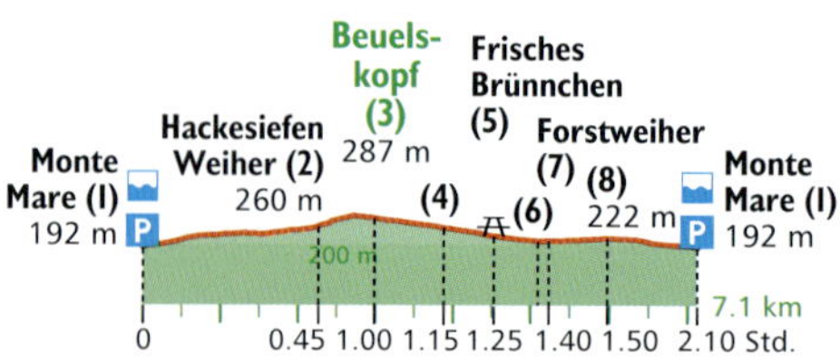

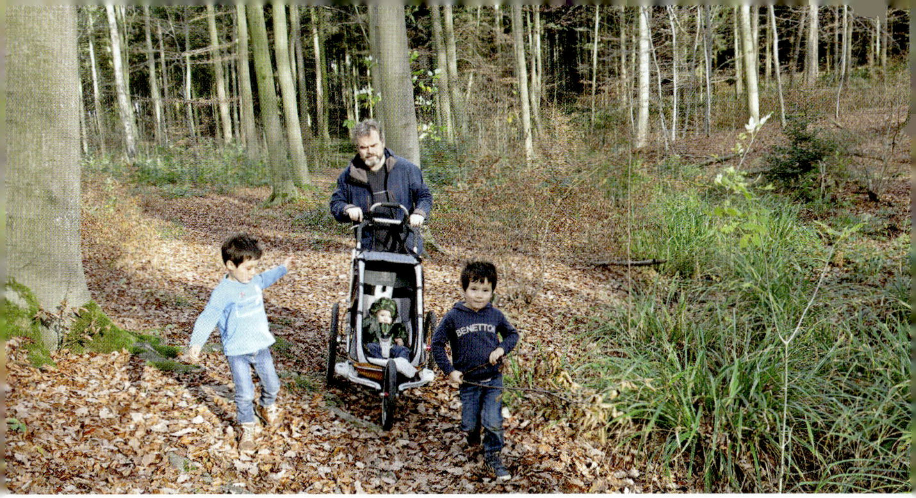

Besonders schön ist der von Buchen dominierte Rheinbacher Stadtwald an lauen Herbsttagen.

Wir starten, damit der eventuelle Besuch der Badeanstalt nach der Wanderung einfacher ist, direkt am Parkplatz des **Monte Mare (1)** in der Münstereifeler Straße, der wir nach Süden auf den Rheinbacher Stadtwald zu folgen. An der ersten Kreuzung im Wald halten wir uns mit dem Wanderweg des Eifelvereins »1« (Rheinbach) sowie »5« rechts in Richtung Merzbach. Auf einem breiten Schotterweg geht es nun durch den Buchen- und Eichenwald nach Westen. An der übernächsten Kreuzung (hier steht eine alte Fliegerbombe als Mahnmal) biegen wir nach rechts ab. Zunächst geht es weiter auf einem Schotterweg, wir überqueren einen breiten Hauptweg und setzen unseren Weg in Richtung Merzbach, Hackesiefen und Beuelskopf, wie uns ein Holzschild verrät, auf einem Trampelpfad fort, bis wir auf den Hackesiefen-Bach stoßen. Hier wenden wir uns nach Süden und wandern auf einem schmalen Pfad an dem stark mäandernden Bach entlang bis zum **Hackesiefen-Weiher (2)** weiter. Der Weg ist ausgesprochen schön, denn er führt durch einen alten Buchenwald. An dem Weiher biegen wir nach links in den quer verlaufenden Weg, der uns über den Staudamm des kleinen Weihers führt. Erneut gelangen wir an einen Querweg, biegen mit dem Wanderweg »1« bzw. »A10« nach

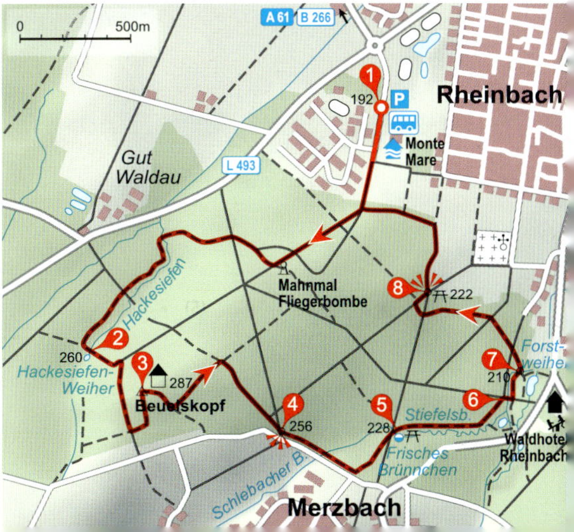

links und sofort wieder rechts ab. Nun beginnt der recht steile Anstieg zum Wischeler Turm auf dem Beuelskopf. Wir steigen bergan bis zur Höhe, biegen zwei Mal nach links und stehen vor einer geräumigen Schutzhütte auf dem **Beuelskopf (3)**. Von dem Wischeler Turm ist allerdings weit und breit nichts zu sehen; ihn gibt es nicht mehr, sein Name aber ist weiterhin überall verewigt.

Nach einer Rast setzen wir den Weg fort und wandern den leicht abfallenden Osthang hinab. Wir folgen den Markierungen »1« und »A10« nach links in einen querlaufenden Weg. Wandern nun wieder durch einen schönen Buchenwald und biegen schließlich mit der Markierung »1« nach rechts ab. Nun gehen wir weiter unter herrlichen Buchen in südlicher Richtung auf Merzbach zu, bis wir am Waldrand auf eine **Parkbank (4)** an einer großen Wegkreuzung stoßen. Hier lohnt es sich, erneut kurz zu rasten und den schönen Blick auf die Felder und Erhebungen rund um Merzbach zu genießen. Weit im Süden hinter dem Dorf gewinnen die Eifel-Gipfel allmählich an Höhe. Wir wenden uns hier nach Osten, aber statt der Straße folgen wir dem schmalen Pfad mit der Markierung »1« parallel am Waldrand entlang, halten uns an der nächsten Kreuzung nach links in Richtung **Frisches Brünnchen (5)**. An der Waldkreuzung mit Rastplatz und einem Steinhaufen, aus dem eine klägliche Quelle tropft, überqueren wir den querlaufenden, breiten Forstweg und wandern in Richtung Rheinbach und »Forstweiher«. Hier finden sich zusätzlich die Markierung »E8« sowie der Krönungsweg (> 10). Wir gehen nun ein ganzes Stück nach Osten am mäan-

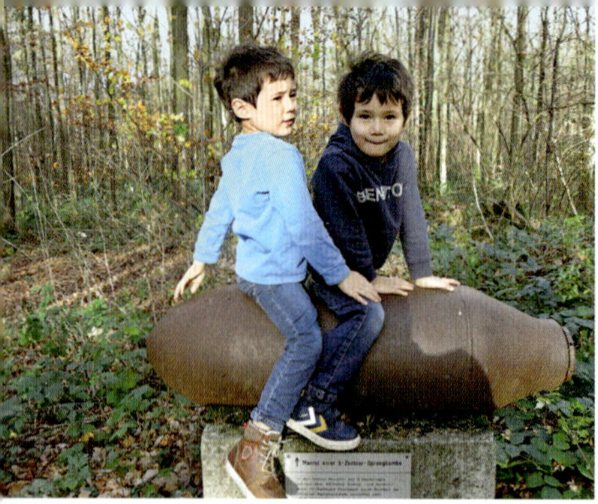

Für die einen Mahnmal, für die anderen Spielgerät – die Fliegerbombe.

HIGHLIGHTS

- ★ Wer nach der Wanderung noch Zeit und ausreichend Energie hat, kann im Freizeitbad Monte Mare schwimmen und auf der großen Wasserrutsche rutschen (www.monte-mare.de/de/rheinbach.html).
- ★ Aktiv geht es ebenfalls im Freizeitpark der Stadt Rheinbach weiter. Er bietet Sport, Spaß und Erholung für jede Altersgruppe. Hier können Kinder ungestört toben (u. a. Skateranlage, Basketball- und Volleyballplätze, Minigolfanlage) und spielen oder in Ruhe in einem Buch auf der Lesewiese schmökern (www.rheinbach.de/cms121/tfk/freizeitpark).
- ★ Oder soll es etwas gruseliger werden? In Rheinbach wütete zwischen 1631 und 1636 eine Hexenverfolgung mit vermutlich 130 Opfern – eine der letzten in Deutschland. Daran erinnert heute der Hexenturm in der Rheinbacher Innenstadt. Er kann nur von außen bestaunt werden oder aber für Kindergeburtstage gemietet werden.
- ★ Edle Gläser gibt es im Glasmuseum zu bestaunen – ebenfalls in der Innenstadt von Rheinbach. Das Museum bietet Kindern sogar spezielle Workshops (www.rheinbach.de).

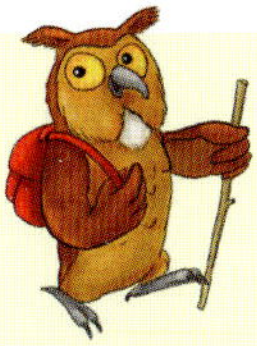

Hallo Kinder,

die Gegend um Rheinbach und Meckenheim ist als Obstgegend bekannt. Achtet einmal auf der Fahrt zur Wanderung auf die vielen Apfel- und Birnenbaumplantagen in der Gegend. Viele der Bauern bieten ihr Obst in Hofläden oder direkt am Straßenrand an. In Alt-Meckenheim wird eine Straße wegen der vielen Verkaufsstände im Volksmund sogar »Obstmeile« genannt. Viele Hofläden sind auch sonntags geöffnet und verkaufen neben Obst auch Gemüse und Kartoffeln.

dernden Schlebacher Bach entlang und folgen dem Weg in einen Linksbogen. Dabei ignorieren wir, dass der Wanderweg »1« nach rechts über einen Holzsteg zum Schwanenweiher führt. Wir wandern weiter parallel zum Stiefelsbach in nördlicher Richtung, biegen nach rechts in den querlaufenden **Pionierweg (6)**, überqueren den Bach auf einer Steinbrücke und zweigen dahinter sofort wieder links ab. (Zum Waldcafé Rheinbach geht man auf dem Pionierweg 100 m weiter bis zur Landstraße, wo es einen Seiteneingang gibt.)

Auf dem Hauptweg wandern wir nun rechts vom Stiefelsbach mit dem Krönungsweg Richtung **Forstweiher**. 50 m davor gelangen wir an eine T-Kreuzung **(7)**. Wir biegen mit dem Wanderweg 5 nach links und über den Stiefelsbach, der hier recht pittoresk über einen kleinen Wasserfall gen Rheinbach rauscht. An der nächsten Gabelung halten wir uns an den linken, unmarkierten Weg und überqueren zwei aufeinanderfolgende breite Forstwege. Wir wandern so in nordwestlicher Richtung durch den Buchenwald. Nach dem zweiten querlaufenden Weg ist unser Waldpfad mit »A8« markiert und führt uns nach Westen. An der folgenden Kreuzung biegen wir ohne Markierung nach rechts. Am Waldrand stoßen wir auf eine **Parkbank (8)**, biegen mit der Markierung »3« nach links und wandern am Waldrand mit weitem Blick über Rheinbach hinweg auf das Drachenfelser Ländchen und das Siebengebirge im Hintergrund auf unseren Ausgangspunkt am Monte Mare zu. Wir biegen noch einmal nach rechts in die Münstereifeler Straße und erreichen schließlich das **Schwimmbad (1)** mit seiner Riesenrutsche.

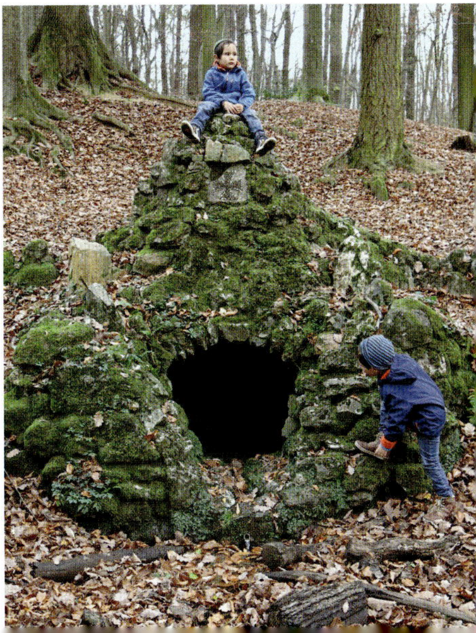

Das Frische Brünnchen hat schon bessere Tage gesehen, zum Klettern eignet es sich aber bestens.

11 Rund um die Kakushöhle

Zu einer der größten Höhlen der Eifel — ab 5 J.

Wo schon die Kelten und Römer lebten

Die Eifel ist eher als raue Gegend bekannt, rund um Weyer aber schmiegen sich die Hügel sanft in die Landschaft. Kleine Kiefernwälder thronen auf ihren Kuppen, und weil regelmäßig die Ausläufer von warmen Südwinden die Gegend küssen, ist es hier etwas wärmer als in anderen Teilen der Nordeifel. Im Sommer duftet es nach Kiefernwäldern. Diese schöne Eifelregion, die schon zu Zeiten der Römer intensiv besiedelt wurde, ist für Kinder besonders spannend und wegen der frei zugänglichen Kakushöhle immer einen Ausflug wert.

KURZINFO

Ausgangspunkt: Wanderparkplatz Kakushöhle, 401 m (GPS: N50.544241, E6.659365).
Anfahrt: Mit dem Auto auf der A 1 bis Ausfahrt Nettersheim, weiter auf der B 477 in Richtung Weyer. 500 m hinter dem Ortsausgang liegt der Wanderparkplatz auf der linken Seite.
Mit Bahn und Bus: Mit dem Regionalexpress bis Mechernich und weiter mit Bus 830 bis Haltestelle Dreimühlen, ca. 200 m nördlich des Ausgangspunkts an der Wegstrecke.
Gehzeit: 2.10 Std.
Distanz: 5,3 km.
Höhenunterschied: 175 m.
Ausrüstung: Gut profilierte Sport- oder Wanderschuhe.
Anforderungen: **Ab 5 Jahren.** Eine eher leichte Wanderung über sanfte Hügel, die aber mit drei etwas anspruchsvolleren Anstiegen garniert ist. Diese sind aber mit normaler Kondition gut zu bewältigen. Sie ist dennoch auch für eine Wanderung mit Kinderwagen geeignet. Wechselnde Markierungen.
Einkehr: Einfache Gerichte, Getränke und Eis gibt es im **Café zur Kakushöhle** (Kakusstraße 1, 53894 Mechernich-Dreimühlen, Tel. +49 2484 9198282, www.cafe-kakushöhle.de, Mo. Ruhetag, im Winter auch Di. Ruhetag). **Haus Krohnenberg** in Vollem (Eulenbergweg 11, 53894 Mechernich, Tel. +49 2484 1480). Weitere Restaurants in Eisenfey, ca. 1 km abseits der Wanderung.
Übernachtung: Siehe Tour 12.
Hinweis: Leser berichten, dass mitunter die Bauern wegen Arbeiten auf den Weiden den Wanderweg »A1« oberhalb von Vollem vorübergehend sperren. Dies ist aber die absolute Ausnahme. In diesem Fall bietet es sich an, zurück zur St.-Cyriakus-Kirche (5) zu gehen und der Kurzvariante bis zur Kakushöhle zu folgen.
Kurzvariante: Die Tour lässt sich an der St.-Cyriakus-Kirche (5) oberhalb von Weyer um 2,5 km abkürzen, indem man an der Kirche nach Osten den Ortswanderwegen »A1« und »A3« über die Felder direkt zurück zur Kakushöhle folgt.
Karte: Kall, Kommern, Mechernich, Nettersheim (Eifelvereinskarte Nr. 5, 1:25.000).

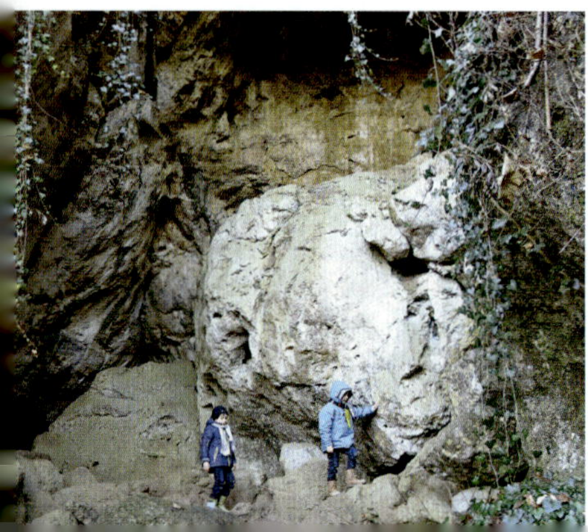

Kleine Forscher, große Höhle.

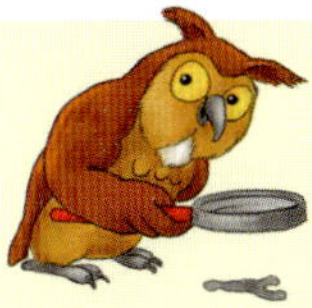

Hallo Kinder,

für Abenteurer ist die Kakushöhle ein wunderbar aufregender Ort. Hier soll in grauer Vorzeit der Feuer speiende Riese Kakus gewohnt und allen, die durch das Tal zogen, aufgelauert haben. Fünf Meter groß soll er gewesen sein und Bärenkräfte gehabt haben. Jedenfalls hat er der Höhle seinen Namen gegeben. Natürlich ist das alles eine Legende, aber von denen ranken sich viele um die Höhle inmitten des riesigen Kartsteinfelsens. Das Gelände um die Höhle, besser gesagt um die kleine und die große Höhle, ist seit über 70 Jahren Naturschutzgebiet und es zählt zu den bedeutenden prähistorischen Fundstätten in Europa. Zahlreiche Werkzeugfunde belegen, dass die Höhle vor 80.000 bis 30.000 Jahren von Neandertalern genutzt wurde. Am Ende der letzten Eiszeit wohnten hier Rentierjäger und später jungsteinzeitliche Bauern. Selbst die Römer ließen sich hier nieder. Heute bieten die umliegenden Hänge und Felsspalten verschiedenen Fledermausarten und zahlreichen anderen Tier- und Pflanzenarten einen Lebensraum. Von alledem erzählen Infotafeln auf dem Rundweg oder das kostenlose Infoblatt zum Download unter: http://mechernich.de/kakushoehle_de/index.php

Die Besichtigung der Kakushöle heben wir uns für den Abschluss der Wanderung auf. Daher wandern wir zunächst vom **Parkplatz (1)** beim Café zur Kakushöhle entlang der B 477 ca. 200 m bergab in Richtung **Dreimühlen (2)**, überqueren die Landstraße und folgen mit der Markierung »A2« dem Pescher Weg nach Süden. An den Bauernhöfen vorbei wandern wir auf einem Asphaltweg auf die Felder hinaus. Der Weg steigt leicht bergan. Wir gelangen auf einer Freifläche an einen querlaufenden Weg, dem wir nach rechts folgen, um wenige Meter weiter in einer Rechtskurve nach links abzuzweigen und auf einem Wiesenweg den Hang hinauf zum **Sportplatz (3)** von Weyer zu gehen. In Richtung Weyer steigen wir die Zufahrtsstraße auf der anderen Seite des Hangs hinab und zweigen in einer Linkskurve geradeaus in einen steilen Wiesenweg ab. Wenige Meter weiter bergab biegen wir an den ersten Häusern von Weyer nach rechts in einen querlaufenden Feldweg ein (»Am Pützberg«). Nun steht unserem Wanderglück nichts mehr im Wege, denn wenig weiter passieren wir einen alten Anhänger, beladen mit Hunderten rostender Hufeisen. Schließlich treten wir in einer Wohnsiedlung hinaus auf eine Kreu-

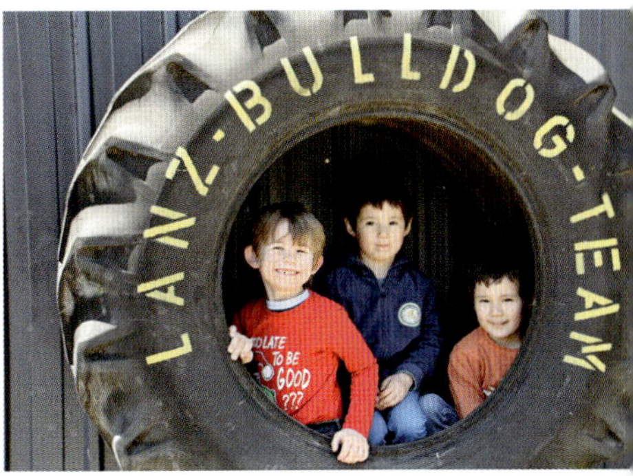

Große Reifen, kleine Freuden.

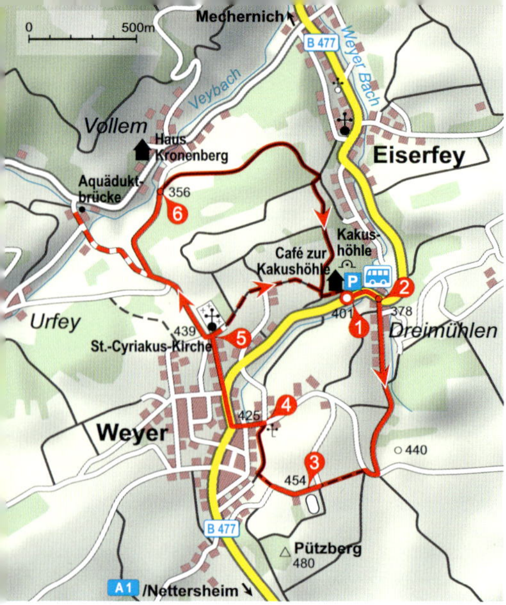

zung – rechter Hand bietet eine Rastbank an einem **Steinkreuz (4)** eine Gelegenheit zur Rast. Geradeaus nach Norden über die Straße »Am Silberberg« lässt sich die Wanderung direkt zur Kakushöhle abkürzen (Markierung »A3«). Wir biegen hier – nun ohne Markierung – aber nach links und gelangen mit der Straße »Jülicherend« an die Hauptstraße (B 477), der wir nach rechts folgen, um nach 200 m links dem »Kircherberg« hinauf zur **St.-Cyriakus-Kirche (5)** zu folgen. Nach dem moderaten Anstieg ruhen wir uns an der Kirche kurz aus und wandern wieder nach links mit einer Markierung des Ortswanderwegs »A1« im Uhrzeigersinn um das Areal der Kirche herum. Sie liegt auf einem Kamm, der die Täler von Weyer Bach und Veybach trennt. Wir biegen noch am Kirchengelände nach rechts ab und wandern auf einem Asphaltweg hinab in das Veybachtal. Der Blick ist weit und die Landschaft recht hübsch anzusehen. Unter uns liegt Vollem. Wer einen Abstecher hierhin machen will, kann, der Asphaltstraße bis zur Kreisstraße 32 folgend, an einem Gehöft einen Teil einer Aquäduktbrücke des Römerkanals bestaunen. Auf dem Hauptweg biegen wir aber unterwegs mit der Markierung »A1« nach rechts und wandern nun oberhalb des Veybachs und von Vollem am Hang entlang. Auf Höhe von Vollem

Wer guckt hier wen an? Sanfte Weiden umgeben den Sportplatz von Weyer.

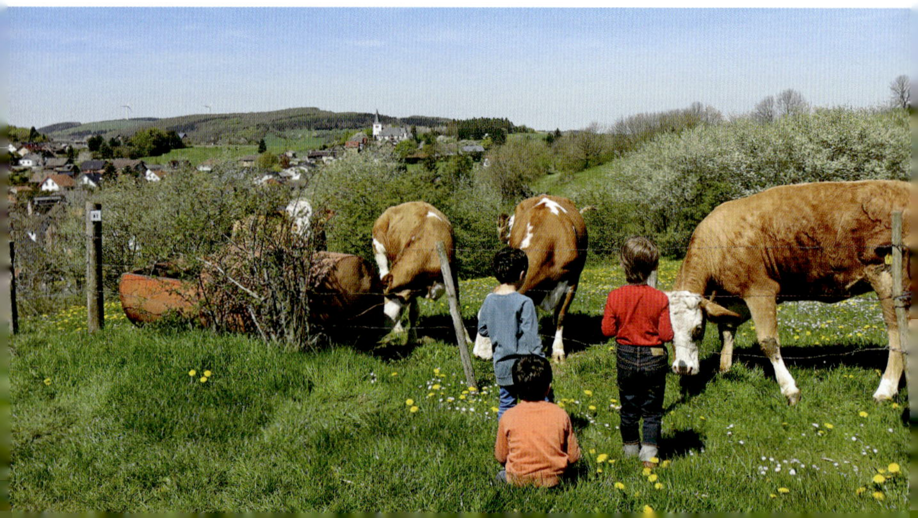

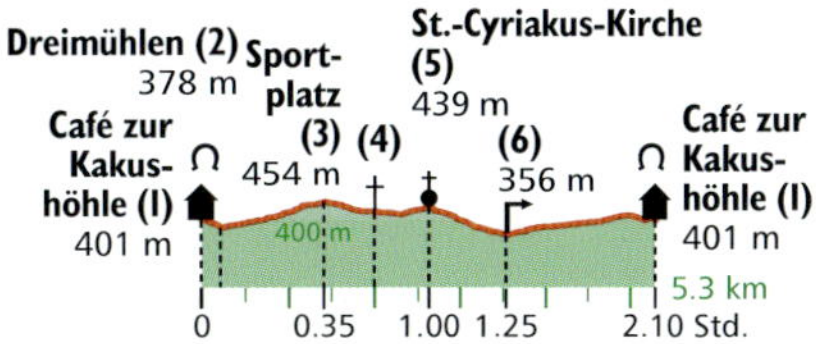

gelangen wir an eine **Gabelung (6)**. Wem nach einer Einkehr ist, geht hier nach links ins Tal und stärkt sich im Haus Krohnburg – ca. 500 m hin und zurück. Zurück zur Kakushöhle wandern wir nach rechts (»A1«). An einem Wohnhaus vorbei steigt der Weg noch etwas an, anschließend umrunden wir auf einem angenehm zu gehenden Feldweg den Bergrücken, in den sich die Höhle eingegraben hat. An seiner Ostflanke – oberhalb von Eiserfey – gelangen wir an eine weitere Kreuzung, halten uns rechts auf die Felder hinaus und sofort wieder links. Wir wandern nun steil bergan auf ein Waldstück zu, das bereits oberhalb der Höhle liegt. Wir folgen dem Weg nach rechts noch ein Stück am Waldrand entlang, bis wir auf der Kuppe stehen und rechter Hand die Kirche von Weyer erblicken. Aus Richtung Weyer kommend gesellt sich ein Feldweg zu uns. An der Einmündung führt ein schmaler Weg nach links in den Wald und bringt uns über eine Holztreppe zurück zum **Café zur Kakushöhle (1)**. Diese letzten Meter und Stufen sind mit Kinderwagen etwas mühselig, aber durchaus machbar. Wir laufen direkt auf das Café zu. Linker Hand, 100 m im Wald liegt die **Kakushöhle**. Die imposante Haupthöhle verlassen wir durch einen der schmalen Hinterausgänge und erkunden auf einem Rundweg durch das felsige Areal die etwas kleinere Nebenhöhle. Tafeln informieren dabei über die Höhle und ihre Besiedlung.

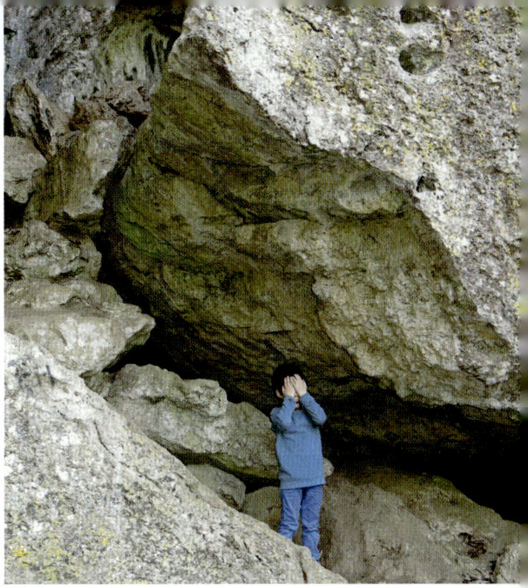

Eins, zwei, drei ... Versteckspiel in der Kakushöhle.

HIGHLIGHTS

- ★ An der Kakushöhle gibt es zwar keinen Spielplatz, aber die Höhle selbst ist Spielplatz genug. Nach der Wanderung kann man die weitläufige Höhle und das umliegende Naturschutzgebiet mit vielen informativen Schautafeln auf eigene Faust erkunden.
- ★ Oder man bucht eine Führung durch die Höhle, für Kinder mit Mitmachprogramm. Anmeldung unter www.naturpfade.com.
- ★ An der Höhle gibt es einen Grillplatz – vor allem für größere Wandergruppen. Informationen dazu im Café zur Kakushöhle.
- ★ Die ehemalige römische Wasserleitung nach Köln verlief ganz in der Nähe. Einige Reste sind etwa mit dem Klausbrunnen in Kallmuth (ca. 3 km mit dem Auto von der Kakushöhle entfernt) oder die Aquäduktbrücke in Vussem (ca. 5 km entfernt) zu bestaunen. Fußläufig und nur rund 400 m abseits der Wanderung liegt die kleine Aquäduktbrücke in Vollem.

12 Kloster Steinfeld

Auf dem Milchweg rund um alte Klostermauern ab 5 J.

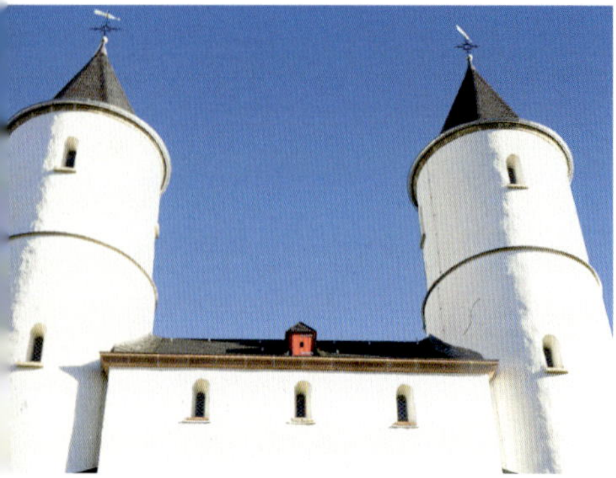

Klosterleben und Weidewirtschaft
Das Kloster Steinfeld besucht man meist nicht nur ein einziges Mal. Es ist weit über die Grenzen der Eifel hinaus bekannt, und viele kommen hierher, um zu beten, an Kunstkursen teilzunehmen oder Konzerten in der imposanten Basilika zu lauschen. Auch kommen immer mehr Wanderer auf dem bekannten Weitwanderweg Eifelsteig hier vorüber. Dass das Kloster mit dem Milchweg aber auch eine tolle Wanderung für Kinder bereithält, ist noch ein Geheimtipp. Zusammen mit einer Übernachtung in den alten Klostergemäuern wird sie zu einem unvergesslichen Erlebnis.

KURZINFO

Ausgangspunkt: Besucherparkplatz am Kloster Steinfeld, 509 m (GPS: N50.502389, E6.564247).
Anfahrt: Mit dem Auto auf der A 1 bis Ausfahrt Nettersheim, weiter auf der N 477, L 206 und L 22 über Urft bis zum Kloster Steinfeld (gut beschildert).
Mit Bahn und Bus: Ideale Tour für die Anreise mit öffentlichen Verkehrsmitteln. Mit dem Regionalexpress von Köln oder Bonn über Euskirchen bis Urft und weiter mit dem Taxi-Bus nach Steinfeld (Nutzung mit VRS-Bahnticket ohne weitere Kosten möglich, Anmeldung 1 Std. vor Abfahrt unter Tel. +49 2441 99454545).
Gehzeit: 2.40 Std.
Distanz: 6,5 km.
Höhenunterschied: 140 m.
Ausrüstung: Gut profilierte Sport- oder Wanderschuhe.
Anforderungen: Ab 5 Jahren. Eine leichte und durchgehend gut beschilderte Wanderung auf meist breiten Forst- und Wiesenwegen mit zwei sehr kurzen, steilen Anstiegen. Kinderwagengeeignet.
Einkehr: Unterwegs keine, dafür zahlreiche am Kloster: Café im Klosterladen Steinfeld (www.kloster-steinfeld.com; geöffnet Mo. bis Fr. 12–18 Uhr, Sa. und So. 11–18 Uhr. Gasthaus »Zur alten Abtei« gegenüber dem Kloster (Tel. +49 2441 7790301, www.zuraltenabtei.de; Mo. und Di. Ruhetag).
Übernachtung: Das Kloster Steinfeld verfügt über ein altes und ein sehr modernes Gästehaus und ist damit ideal für einen längeren Wanderaufenthalt in der Region. Von hieraus lassen sich die Touren 11 bis 14 unternehmen. Zudem ist der Aufenthalt im Kloster etwas Besonderes. Wer hier übernachtet, gelangt in das ansonsten verschlossene Innere des Klosters, kann die Gebetsräume, den Kreuzgang und das Refektorium besuchen. Hier isst man gemeinsam mit den Mönchen und Nonnen zu Mittag oder Abend. Kinder zahlen übrigens nicht für das Essen und nur einen geringen Aufpreis für die Übernachtung, wenn ein Extrabett zugestellt wird (Preise und Buchung unter www.kloster-steinfeld.com).
Karte: Kall, Kommern, Mechernich, Nettersheim (Eifelvereinskarte Nr. 5, 1:25.000).

Eine erste Informationstafel zum Milchweg finden wir auf dem **Besucherparkplatz (1)**. Auf dem Weg um das Kloster begleitet uns die Markierung der Kuh Lotte. Vom Klosterportal gegenüber dem Parkplatz gehen wir zunächst an den Klostermauern entlang in nordöstlicher Richtung, biegen dann mit unserer Markierung von der L 22 nach links in einen Wirtschaftsweg, der zum Friedhof führt. Wir biegen, immer der Mauer folgend, noch zweimal nach links ab und wandern schließlich auf einem Forstweg auf der Rückseite des Klosters durch ein Waldstück nach Südwesten. Der Forstweg führt uns ins Kuttenbachtal. Wir treffen auf einen querlaufenden Waldweg, dem wir nach links folgen und der uns schließlich parallel zum Bach durch einen Buchenwald zu der **zweiten Tafel des**

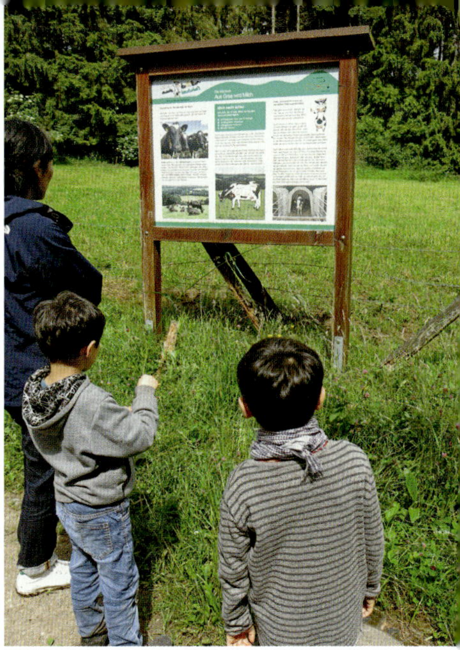

Acht Tafeln informieren am Wegesrand über das Thema Kuh und Milch.

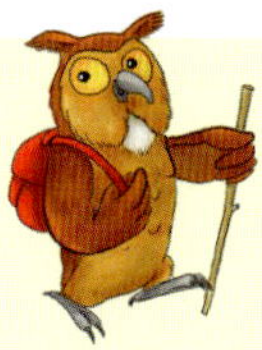

Hallo Kinder,

mit Kuh Lotte auf dem Milchweg viel Wissenswertes über die Weidewirtschaft und Milchproduktion erfahren, das ist das Motto dieser Wanderung. Und das macht Sinn, denn in der Eifel ist die Milchwirtschaft mit schwarzbunten oder den rotbunten Kühen allgegenwärtig. Diese Wanderung folgt komplett dem Milchweg, auf dem euch die Kuh Lotte begleitet. Auf insgesamt acht Tafeln gibt sie euch Informationen rund um die Milchwirtschaft und die speziellen Begebenheiten im Deutsch-Belgischen Naturpark Hohes Venn-Eifel. Die Landwirte produzieren nicht nur ein wertvolles Lebensmittel, sondern prägen eine typische Kulturlandschaft. Gemeinsam mit Experten zeigen sie, wie naturschutzorientiert gewirtschaftet werden kann. So erhalten seltene Pflanzen und Tiere Rückzugsreviere. All das lernt ihr von Lotta auch von dem im Internet kostenlos verfügbaren Flyer www.kuhlturlandschaft.de/milchweg-eifel.html

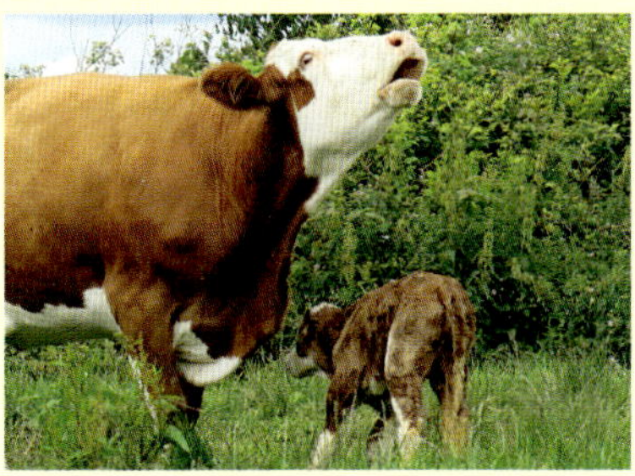

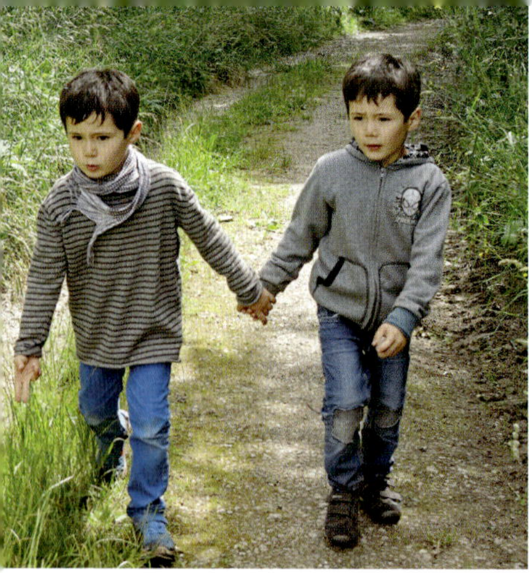

HIGHLIGHTS

- ★ Übernachten im Kloster mit Einblicken in das Leben der Mönche und Nonnen des Salvatorianer-Ordens.
- ★ Mit Kuh Lotte auf dem Milchweg viel Wissenswertes über die Weidewirtschaft und Milchproduktion erfahren.
- ★ Nach der Tour: Abstecher ins Walderlebniszentrum in Nettersheim (siehe Tour 14).

Wandern mit anderen Kindern macht am meisten Spaß.

Milchwegs (2) führt. 700 m danach überqueren wir den Kuttenbach nach rechts über eine Betonbrücke auf das Westufer. Hier finden wir eine weitere **Informationstafel des Milchwegs (3)**. Wir gehen nun einen kurzen Anstieg hinauf und anschließend über weitläufige Weiden in Richtung Steinfelderheistert. Am Ortseingang von Steinfelderheistert treffen wir auf einen weitläufigen **Spielplatz (4)**, an dem man schön picknicken kann. Hier biegen wir nach links in den Holderweg. An dem folgenden Bauernhof erfahren wir an einer weiteren **Tafel des Milchwegs (5)** einiges über die Viehwirtschaft in der Eifel. Wir wandern weiter durch den Ort nach Westen, überqueren die Florastraße und wandern auf der gegenüberliegenden Seite mit dem Sträßchen »Zum Wäldchen« auf die Felder hinaus. Der Weg biegt nach links und

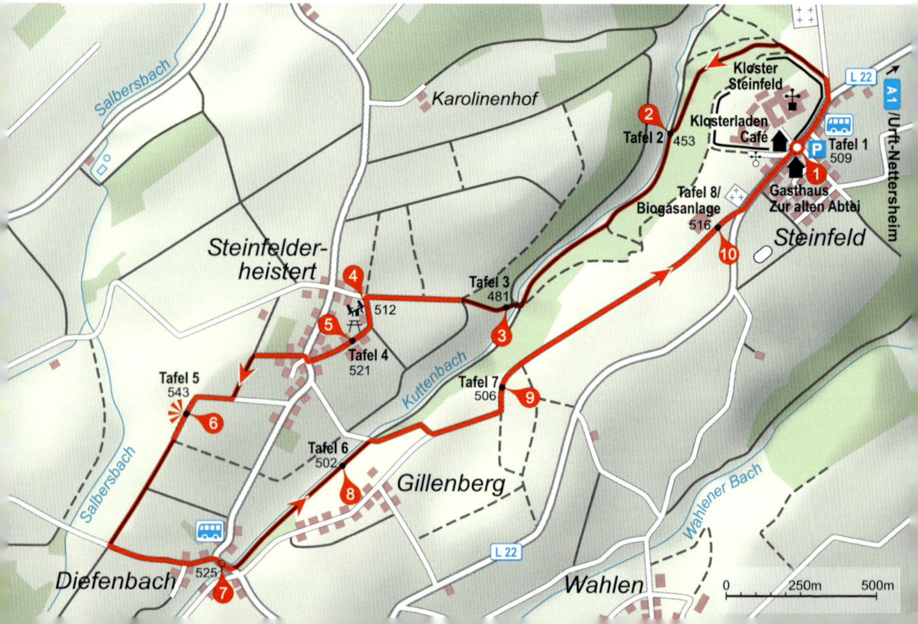

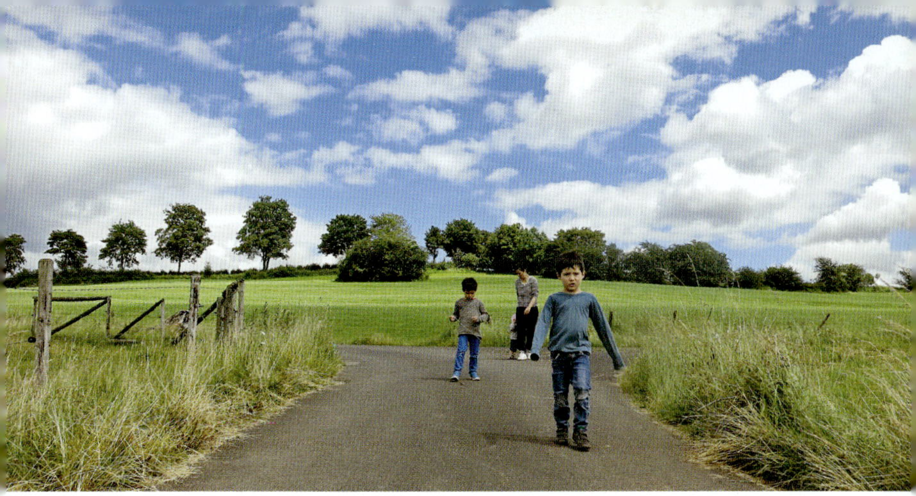

Weideland so weit das Auge reicht durchwandern wir zwischen Steinfelderheistert und Diefenbach.

wenig später nach rechts in einen querlaufenden Feldweg. Nun wandern wir in einem weiten Linksbogen über die Felder bis zum höchsten Punkt. Hier treffen wir auf eine weitere **Infotafel des Milchwegs (6)** mit einer Fotoattrappe der Kuh Lotte. Hier können wir uns und die weite Landschaft fotografieren.
Wir wandern nun weiter bis zur K 78 und folgen ihr nach links – nun ist etwas Vorsicht geboten, denn wir teilen uns die Straße mit den Autos. Wir folgen ihr aber nur rund 400 m bis **Diefenbach (7)**. Hier biegen wir nach rechts in die K 60 (Wahlener Straße) ein und wenig später, hinter einem Bushaltestellenhäuschen, nach links. Die Kuh Lotte und ein Schild in Richtung Kloster Steinfeld (2,3 Kilometer) weisen uns den Weg. Wir wandern nun wieder ungestört vom Verkehr auf einem Waldweg am Kuttenbach entlang in nordöstlicher Richtung und passieren eine weitere **Infotafel des Milchwegs (8)**. Wenig später steigen wir auf dem querlaufenden Weg nach rechts den Hang hinauf. Es folgt ein kurzer Anstieg, und schon stehen wir oberhalb des Tals auf einer weitläufigen Freifläche. Wir biegen nun nach links in den querlaufenden Asphaltweg und wandern in nordöstlicher Richtung zum Kloster Steinfeld. Der Blick ist weit und die Landschaft sanfthügelig. Der Feldweg folgt einer leichten Rechtskurve, wir passieren die nächste und vorletzte **Tafel des Milchwegs (9)** und wandern leicht bergan bis zur Biogasanlage von Steinfeld. Hier erklärt uns die achte und **letzte Tafel (10)** die Landwirtschaft der Zukunft. Wir gehen an einem Bauernhof vorbei bis zum Ortseingang von Steinfeld und biegen nach links in die L 22, der wir noch gut 300 m bis zum Kloster und zum **Besucherparkplatz (1)** folgen.

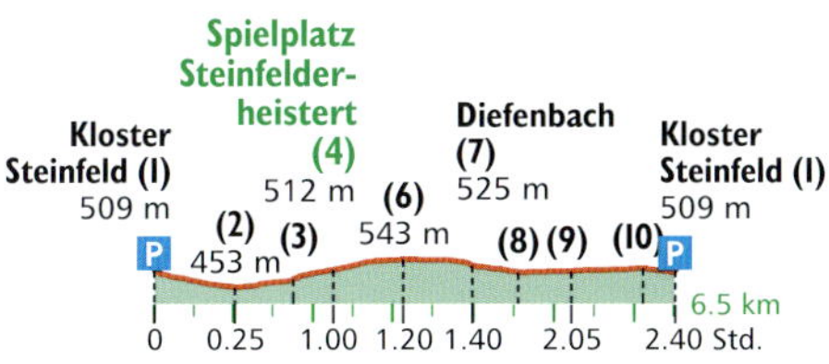

13 Auf dem Römerkanalwanderweg

Von Urft nach Nettersheim

ab 6 J.

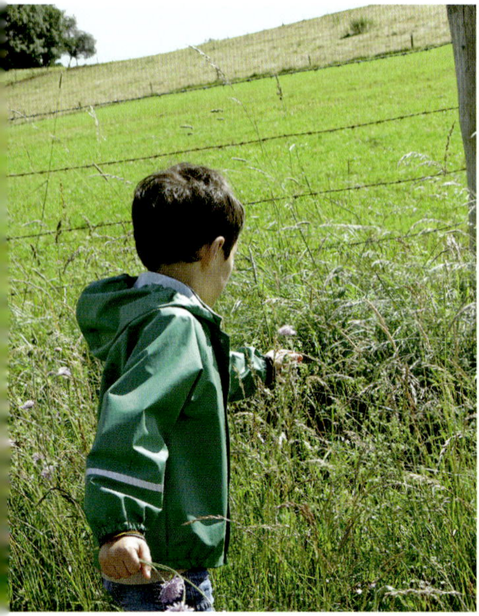

Wegen des besonders milden Klimas wachsen im Urfttal viele schöne Blumen.

Zur Quelle der römischen Wasserleitung

In gut einer Stunde bringt uns der Regionalexpress von Köln oder Bonn aus ins Herz der Eifel nach Nettersheim. Die letzten Meter in das selbsternannte Naturdorf werden wir allerdings zu Fuß zurücklegen, denn wir steigen in Urft aus. Von hier führt der erlebnisreiche Weg durch das idyllische Urfttal mit seinem besonders milden Klima. Das Wasser der Gegend hat schon den alten Römern geschmeckt. Der Römerkanal ist weithin im Rheinland bekannt, denn seine Relikte sind heute noch an vielen Orten zwischen dem Grünen Pütz und Köln zu sehen. Ein steiler Anstieg zum Brüngelschleiden bringt noch ein bisschen Würze in die ansonsten gemächliche Talwanderung, die wir in Nettersheim mit seinen vielen Attraktionen rund um die Themen Natur und Römer abschließen.

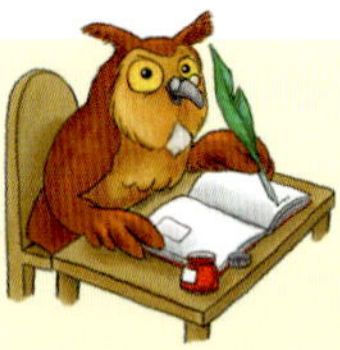

Hallo Kinder,

der Römerkanal ist eine der wichtigsten Hinterlassenschaften der Römer im Rheinland. Er startet am Grünen Pütz und führte über 95,4 Kilometer bis ins Herz des heutigen Kölns, das in der Antike Colonia Claudia Ara Agrippinensium hieß. Mit dieser Länge war der Kanal sogar eines der längsten Aquädukte des römischen Imperiums. Die Römer waren sehr geschickte Baumeister, die das natürliche Gefälle der Eifel nutzten, um das Wasser nach Köln zu schaffen. Bis zu 20.000 Kubikmeter Trinkwasser flossen so pro Tag. In Köln wurden damit öffentliche Laufbrunnen, Thermen und private Hausanschlüsse versorgt. Der Römerkanal war wahrscheinlich von 80 bis ungefähr 260 nach Christus in Betrieb. Heute erinnert der Römerkanalweg an das Bauwerk. Er ist mit vielen Sehenswürdigkeiten und Attraktionen gepflastert. Wir folgen ihm ein Stück des Weges bis zum Grünen Pütz.

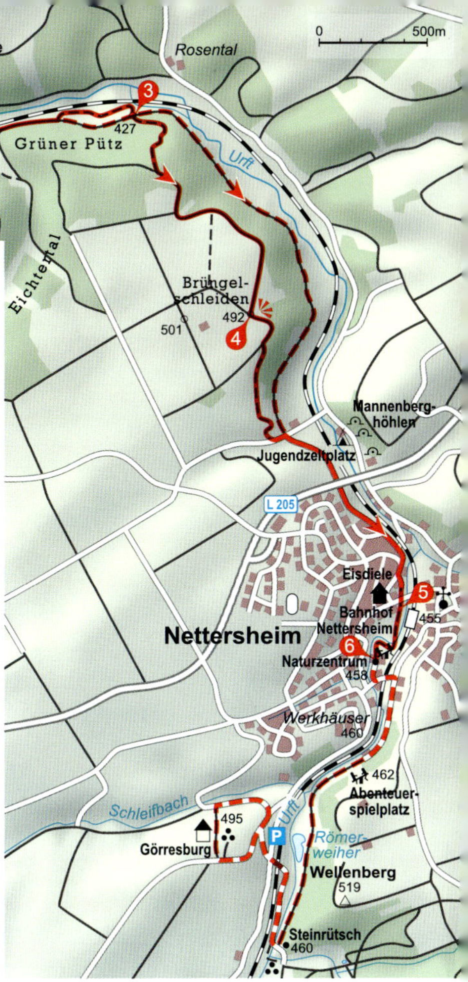

KURZINFO

Ausgangspunkt: Bahnhof Urft, 409 m (GPS: N50.512368, E6.580123).

Anfahrt: Auf der A 1 bis Ausfahrt Nettersheim, weiter auf der B 477 bis Zingsheim und auf der L206 bzw. L22 bis Urft. Hier das Auto stehen lassen und nach der Wanderung von Nettersheim mit der Bahn eine Station zurück nach Urft fahren.

Mit der Bahn: Ideale Tour für die Anreise mit dem Regionalexpress von Köln bzw. Euskirchen bis Urft.

Endpunkt: Bahnhof Nettersheim, 455 m. Rückfahrt nach Urft mit dem Regionalexpress.

Gehzeit: 2.20 Std.

Distanz: 7,3 km.

Höhenunterschied: 180 m im Aufstieg, 130 m im Abstieg.

Ausrüstung: Gut profilierte Sport- oder Wanderschuhe.

Anforderungen: Ab 6 Jahren. Leichte Wanderung, zunächst überwiegend auf breiten, in Teilen geteerten Wegen, ab dem Grünen Pütz auf einem Bergpfad. Die Wanderung folgt dem Römerkanalwanderweg (www.roemerkanalwanderweg.de).

Einkehr: Am Ende der Wanderung in Nettersheim-Zentrum finden sich eine Bäckerei und eine Eisdiele.

Übernachtung: Die Gegend eignet sich hervorragend für einen längeren Aufenthalt. Im Dreieck Nettersheim, Steinfeld und Weyer liegen alleine vier Wanderungen aus diesem Buch (Tour 11 bis 14). Besonders schön ist die Übernachtung im nahe gelegenen Kloster Steinfeld (siehe Tour 12), weitere Übernachtungsmöglichkeiten finden sich in Urft und Nettersheim (www.nettersheim.de).

Varianten: 1) Wer mit dem Kinderwagen unterwegs ist, folgt ab dem Grünen Pütz einfach dem breiten Wirtschaftsweg im Tal entlang von Urft und Bahnlinie bis Nettersheim.
2) Wer vor der Rückfahrt den Abenteuerspielplatz an den Werkhäusern oder das eindrucksvolle Matronenheiligtum der alten Römer an der Görresburg besuchen möchte, folgt dem Erlebnispfad nach Süden an der Urft und der Bahnlinie entlang (zusätzlich 5,6 km hin und zurück; siehe auch Tour 14).

Karte: Kall, Kommern, Mechernich, Nettersheim (Eifelvereinskarte Nr. 5, 1:25.000).

HIGHLIGHTS

★ Wanderung auf den Spuren der alten römischen Wasserleitung aus der Eifel.

★ Im Anschluss an die Wanderung kann man im Naturzentrum Eifel viel Wissenswertes über die Natur, vor allem über den Wald, erfahren (www.naturzentrum-eifel.de; geöffnet Mo. – Fr. 9–18 Uhr, Sa. und So. 10–16 Uhr).

★ Auf dem Abenteuerspielplatz an den Werkhäusern in Nettersheim können die Kinder ausgiebig toben (siehe Variante).

★ Wer noch mehr über die alten Römer erfahren möchte, macht einen Abstecher zum Matronenheiligtum Görresburg (siehe Variante).

Der schnellste und kürzeste Weg zwischen Urft und Nettersheim verläuft entlang der Bahntrasse. Warum dann nicht gleich mit der Eisenbahn fahren? Weil wir dann den Grünen Pütz verpassen würden. Also auf zur römischen Brunnenstube und weiter zu Fuß nach Nettersheim. Dazu gehen wir vom **Bahnhof Urft (1)** die L 204 nach rechts über die Bahnlinie und biegen gegenüber der Einmündung der Landstraße nach Kall rechts in die Straße »Neuwerk« ab und folgen nun dem Römerkanalwanderweg (Markierung Querschnitt Römerkanal). Linker Hand steht eine Rastbank. Wir nehmen den linken der beiden Wege.

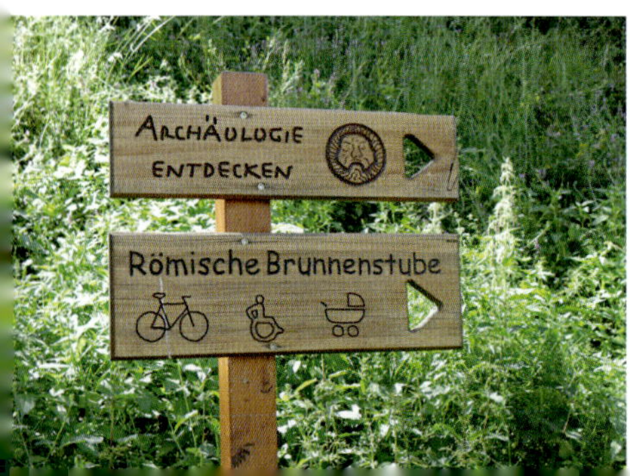

Der anfängliche Asphalt geht später in Schotter über. Wir wandern durch den Wald bergan. Rechter Hand fließt die Urft im Tal, an ihrem Steilhang stehen noch vereinzelte Häuser. Wir kommen an eine Gabelung, halten uns rechts, passieren ein großes Anwesen rechter Hand und eine Weide linker Hand. Weiter am Steilhang entlang wandern wir durch einen dichten Laubmischwald, dem Verlauf einer weit ausholenden Flussschleife folgend. Der Weg verengt sich nach zwei Felsbrocken als Hindernis für motorisierte Gefährte zu einem Pfad. Wir passieren eine Informationstafel, die darauf verweist, dass hier einst ein **Aquädukt (2)** der römischen Wasserleitung den Fluss querte. Etwas oberhalb am Hang liegt die Acherlochhöhle. Sie ist aber von unserem Standort nicht zu erreichen. Wir wandern weiter, der Urftschleife folgend. Schließlich treten wir aus dem Wald auf eine Kreuzung hinaus. Geradeaus führt der Römerkanalwanderweg über eine Betonbrücke auf das gegenüberliegende Urftufer und über die Bahnlinie. Dahinter halten wir uns links und wandern dem Talverlauf folgend in Richtung Nettersheim. Wenig später gesellt sich der Eifelsteig von rechts kommend zu uns. Wir folgen ihm und dem Römerkanalwanderweg nun bis Nettersheim. Auf dem folgenden Abschnitt verläuft der Eifelsteig allerdings auf einem schmalen Pfad parallel zu dem geschotterten Hauptweg. Auf beiden Wegen gelangen wir zum **Grünen Pütz (3)**. Wer mit Kinderwagen unterwegs ist, folgt dem Schotterweg in Rich-

Die römische Brunnenstube Grüner Pütz kann man auf der Wanderung nicht verfehlen.

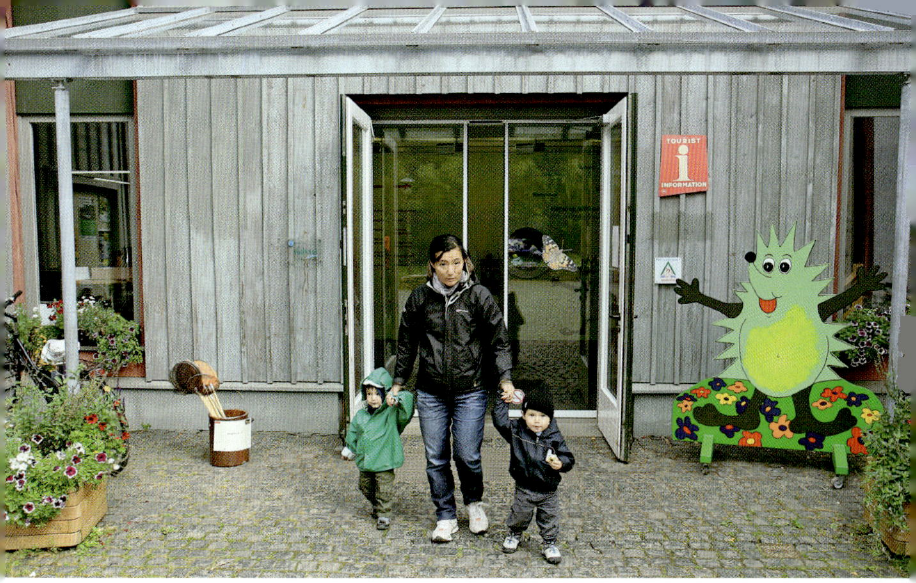

Im Naturzentrum in Nettersheim können Kinder sehr viel lernen.

tung Nettersheim, ohne Kinderwagen biegen wir mit beiden Wanderwegen kurz hinter dem Grünen Pütz nach rechts den Hang hinauf. Wir gewinnen auf einem Pfad schnell an Höhe und wandern nun oberhalb des Tals durch einen Mischwald. Schließlich treten wir auf die Weiden am **Brüngelschleiden** heraus, wo wir den höchsten Punkt **(4)** der Wanderung erreichen. Schließlich wandern wir am Waldrand entlang. Der Weg fällt alsbald wieder ins Tal ab. Über mehrere Kehren gelangen wir an einen querlaufenden Wirtschaftsweg, biegen nach links in ihn ein und gelangen an eine große Kreuzung mit einer Rastbank. Hier treffen wir wieder auf die Kinderwagen-Wanderer. Geradeaus geht es über eine Brücke auf das gegenüberliegende Ufer, wir aber biegen nach rechts in den Asphaltweg und wandern über Weiden nach Nettersheim. Wir unterqueren die L 205 und wandern auf die ersten Häuser des Naturdorfs zu. Über die Talstraße gelangen wir schließlich in die Ortsmitte. Wir überqueren noch die Bahnhofstraße – rechter Hand befinden sich Cafés und eine Eisdiele, linker Hand der Bahnhof von **Nettersheim (5)**. Bevor wir mit der Bahn die Rückfahrt antreten, gehen wir geradeaus auf einem Fußweg über eine Wiese zum Naturzentrum Eifel. Auf dem Areal gibt es allerhand Attraktionen für die Kinder – unter anderem einen weitläufigen Spielplatz. Im **Naturzentrum (6)** kann man ein riesiges Korallenriff-Aquarium bestaunen. Und wer noch Energie und Zeit hat, wandert weiter bis zum römischen Matronenheiligtum Görresburg (siehe Variante).

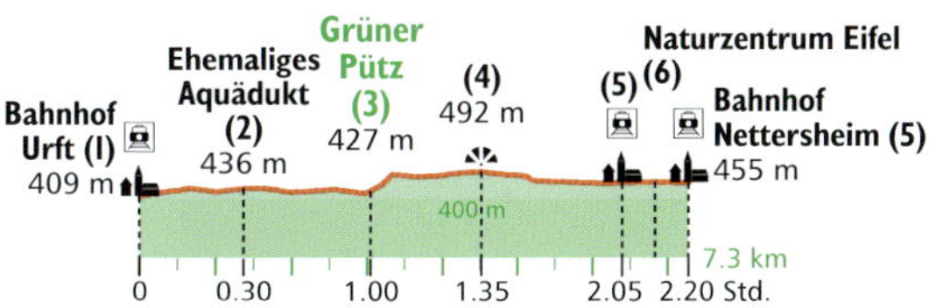

14 Erlebnispfad Nettersheim

Zur Görresburg

ab 5 J.

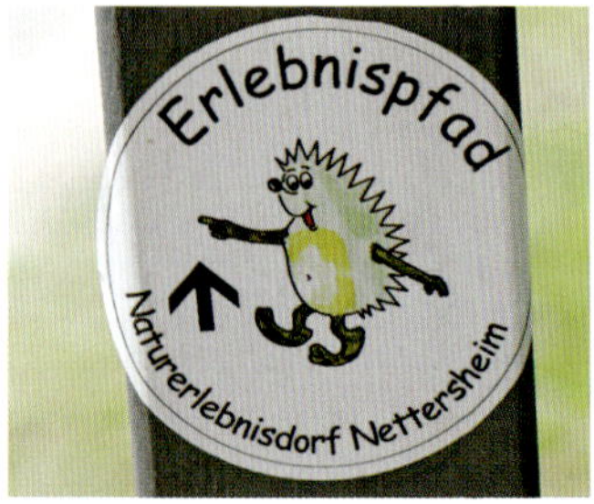

Spurensuche in Urzeitmeeren und bei den alten Römern

Das Naturdorf Nettersheim ist ein Ort mit vielen Attraktionen für Groß und Klein. Der Löwenzahn-Erlebnispfad, dem die Wanderung folgt, macht die Natur der Eifel für Kinder erlebbar. Auf dem Fossilienacker können sie sogar nach Korallen aus Riffen vergangener Jahrmillionen buddeln. Echte Korallen gibt es in einem großen Korallenriff-Aquarium im Naturzentrum Eifel zu bestaunen und auf der Görresburg kann man in den Matronenkult der Römer eintauchen. All das wird eingerahmt von einer der schönsten Landschaften der Eifel.

KURZINFO

Ausgangspunkt: Bahnhof Nettersheim, 455 m (GPS: N50.492753, E6.630545).

Anfahrt: Auf der A 1 bis Ausfahrt Nettersheim, weiter auf der B 477 bis Zingsheim und der L 205 bis Nettersheim; kostenloser Parkplatz am Naturzentrum.

Mit der Bahn: Ideale Tour für die Anreise mit dem Regionalexpress von Köln über Euskirchen bis Nettersheim.

Gehzeit: 2.20 Std.

Distanz: 7,7 km.

Höhenunterschied: 130 m.

Ausrüstung: Gut profilierte Sport- oder Wanderschuhe.

Anforderungen: Ab 5 Jahren. Mittelschwere Wanderung über meist breite und gut befestigte Wege mit einem kurzen, aber knackigen Anstieg hinauf zur Görresburg und einem zweiten, etwas längerem zum Fossilienacker. Die Wanderung ist ideal mit Kinderwagen zu gehen. Sie folgt durchgehend der Markierung des Löwenzahn-Erlebnispfads.

Einkehr: Nur in Nettersheim selbst (siehe Tour 13).

Übernachtung: Siehe Tour 12 und 13.

Hinweis: Entlang der Tour finden sich einige Rastbänke und Schutzhütten. Zudem gibt es mehrere Picknick-Gelegenheiten, z. B. an der Schutzhütte mit Waldorgel, an der Görresburg oder auf dem Rückweg am Abenteuerspielplatz.

Karte: Kall, Kommern, Mechernich, Nettersheim (Wanderkarte Nr. 5 Eifelverein, 1:25.000).

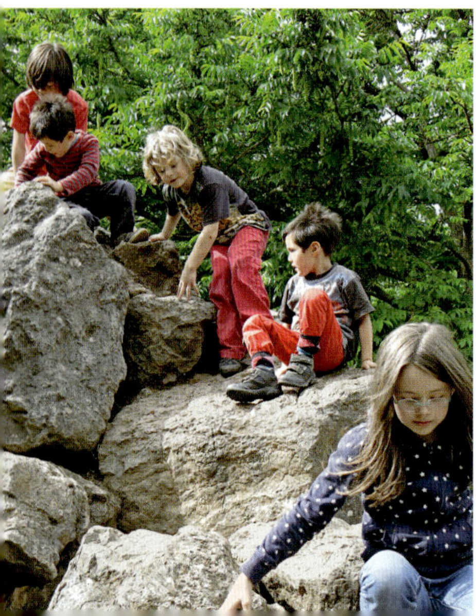

Im Naturzentrum in Nettersheim.

Am Bahnhof Nettersheim (1) überqueren wir die Gleise und biegen mit dem Eifelsteig nach links in einen Fußweg, der uns an der Urft entlang zum Naturzentrum Eifel (2) führt. Die weitläufigen Wiesen rund um das Zentrum sind ein großer Spielplatz. Vom Naturzentrum wandern wir mit Olly, dem Igel, als Markierung und dem Eifelsteig nach Süden, biegen links in den »Römerplatz« ein und folgen der Straße über die Bahnlinie. Auf der anderen Seite biegen wir nach rechts ab und wandern parallel zur Bahntrasse zu den Werkhäusern (3). Wir wandern weiter geradeaus auf dem breiten Schotterweg, parallel zur Urft und zur Bahnlinie, nach Süden, kommen am Abenteuerspielplatz (4) und dem Römerweiher vorbei und gelangen zum römischen Werkplatz Steinrütsch (5), einem alten Steinbruch, der linker Hand am Waldrand liegt. Hier verlässt uns der Eifelsteig und wir folgen unserer Igel-Markierung für den Abstecher zum Höhepunkt der Wanderung, dem Matronenheiligtum Görresburg, nach

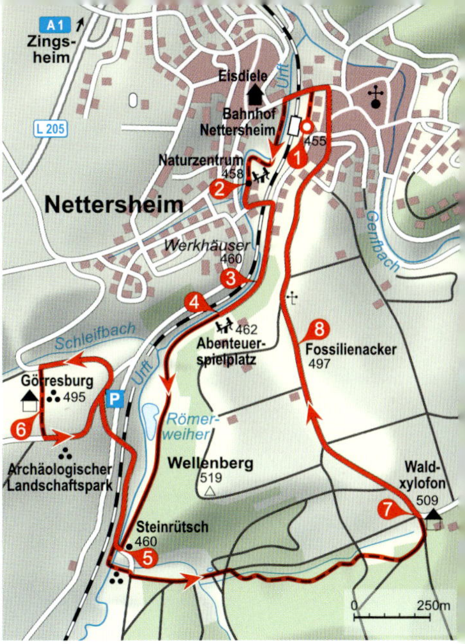

rechts auf einer Brücke über die Urft, dann etwas später auf einer zweiten Brücke über die Bahntrasse. Auf der gegenüberliegenden Seite gelangen wir an eine Rastbank. Hier biegen wir nach rechts, zusätzlich mit der Markierung »T11«, und wandern bergan bis zu einem Park-

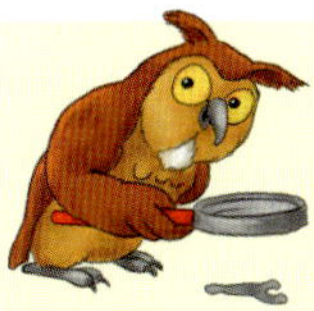

Hallo Kinder,

heute wandert ihr auf dem Grund eines Urzeitmeeres – das glaubt ihr nicht? Na dann nehmt die Füße in die Hand und lauft los zum Fossilienacker. Aber vergesst nicht, Eimer und Schaufel mitzunehmen! Auf dem Acker könnt ihr tatsächlich nach Fossilien graben. Und wo es Fossilien gibt, gab es früher auch ein Meer. Vor 400 Millionen Jahren – in der Devonzeit – lag der Raum Nettersheim südlich des Äquators in der sogenannten Eifeler Meeresstraße im Bereich eines flachen, warmen Meeres. Es wurde vor allem von Riffen und den darin lebenden Organismen geprägt, die heute versteinert auf Äckern oder in Steinbrüchen rund um Nettersheim zu finden sind. Viele erdgeschichtliche Zusammenhänge und Besonderheiten werden im Naturzentrum Eifel erklärt. Hier gibt es auch ein farbenprächtiges Korallenriff-Aquarium, das vermitteln soll, wie das Urzeitmeer im Devon ausgesehen haben könnte.

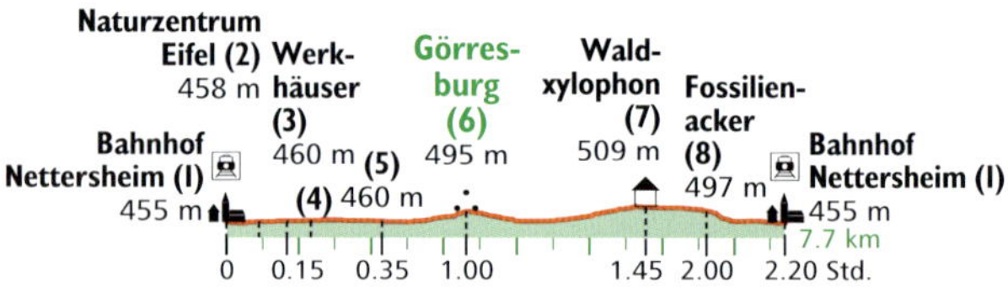

platz. Weiter hinauf zum Matronenheiligtum führen zwei Wege: Wir folgen dem rechten. Nach einem kurzen Stück über Asphalt, führt an der nächsten Kreuzung ein schmaler Pfad nach links durch die Büsche hinauf zum Areal der archäologischen Ausgrabung. Die römische Tempelanlage **Görresburg (6)** ist eine der wichtigsten römischen Ausgrabungen in der Eifel. Auf dem Gelände steht auch eine Schutzhütte. Nach einem ausgiebigen Rundgang folgen wir dem Asphaltweg im Süden der Anlage wieder hinab zum Park-

HIGHLIGHTS

★ Römische Relikte an der Görresburg und am Steinrütsch bestaunen.

★ Eimer und Schaufel einpacken und auf dem Fossilienacker nach versteinerten Urzeitrelikten suchen.

★ Naturzentrum Eifel mit imposantem Korallenriff-Aquarium und Einblicken in das Urzeitmeer, das einst die Landschaft hier formte (www.naturzentrum-eifel.de; Mo. bis Fr. 9–18 Uhr, Sa. und So. 10–16 Uhr geöffnet).

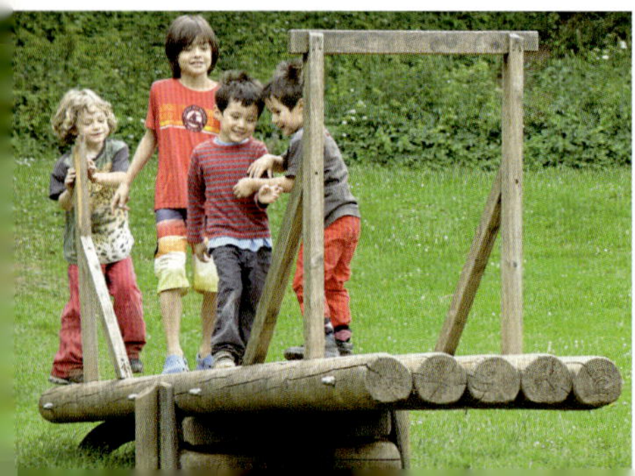

platz und von dort auf dem Hinweg über die Bahnlinie zurück zum **Steinrütsch (5)**. Wir gehen noch rund 30 m weiter entlang der Bahnlinie nach Süden und biegen über eine Holzbrücke auf eine weitläufige Wiese. Hier finden wir die angedeuteten Reste einer römischen Befestigungsanlage an der ehemaligen Fernstraße Köln – Trier, außerdem einen großen Naturwebrahmen und einen Meilenstein der Römer.

Wir wandern über die Wiesen nach Osten und treffen auf eine große Kreuzung. Wir folgen kurz nach rechts und dann wieder nach links einem breiten Forstweg mit Igel Olly und der Markierung »T11« nach Osten. Der Forstweg steigt leicht bergan. Wir kommen an eine Doppelkreuzung, ignorieren aber die beiden abzweigenden Wege und wandern weiter geradeaus. Der Erlebnispfad zweigt wenig später nach rechts in den Fichtenwald ab und führt nun parallel als Trampelpfad durch den Wald. Wir kommen an verschiedenen Stationen vorbei, unter anderem an einer Hörstation, an der sich die Geräusche des Waldes besonders gut einfangen und erfahren lassen. Schließlich treten wir aus dem Wald auf einen querlaufenden Forstweg hinaus, halten uns links und gelangen zu einem großen **Rastplatz mit Blockhütte und Waldxylofon (7)**. Wer ein Pick-

Am Erlebnispfad sind die Attraktionen für Kinder aufgereiht wie auf einer Perlenschnur.

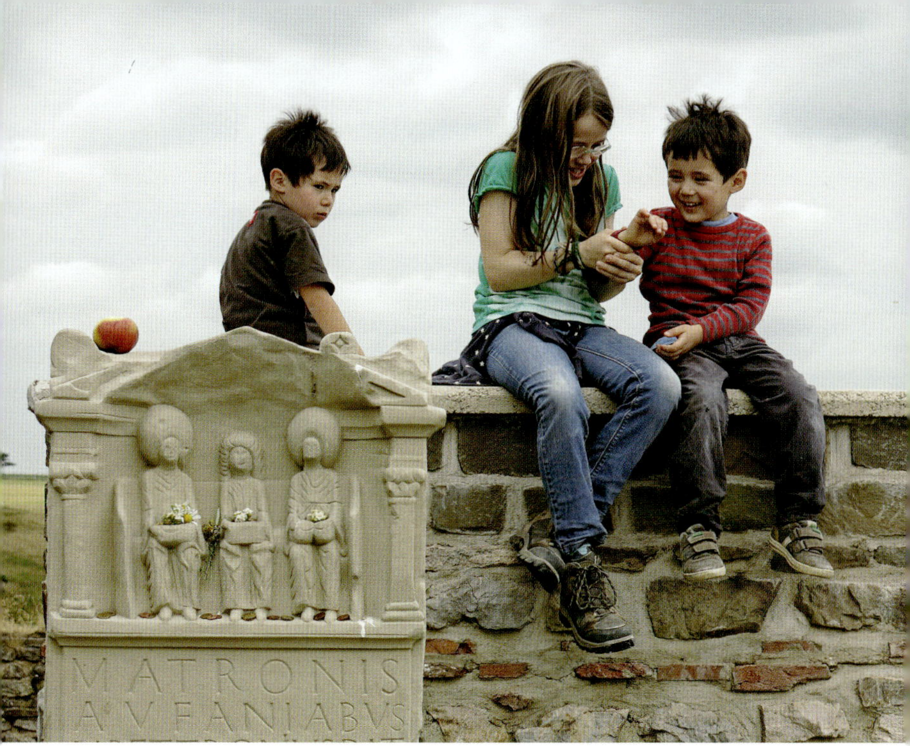

Ein Höhepunkt der Wanderung ist das Matronenheiligtum Görresburg.

nick plant, ist hier am richtigen Ort. An der großen Kreuzung an dem Areal halten wir uns mit dem Erlebnispfad nach Norden, gehen also geradeaus weiter und gelangen so über die Felder und Wiesen zum eigentlichen Höhepunkt der Wanderung, dem **Fossilienacker (8)**. Hier sollte man genügend Zeit einplanen, denn das Suchen nach den versteinerten Überresten aus vergangenen Zeiten braucht viel Geduld, ist aber eine riesige Gaudi für Groß und Klein. Anschließend wandern wir auf dem Wirtschaftsweg weiter nach Norden in Richtung Nettersheim. Unterwegs haben wir noch einmal einen schönen Blick auf das Naturdorf unter uns im Tal. Wir gelangen an die ersten Häuser von Nettersheim und wandern über die Blankenheimer Straße und die Bahnhofstraße zurück zum **Bahnhof Nettersheim (1)**.

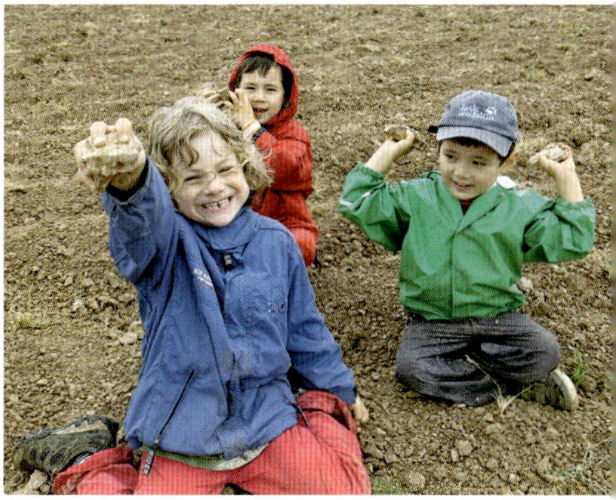

Finderglück: Pflügen und buddeln ist auf dem Fossilienacker ausdrücklich erlaubt.

15 Zum Wasserkraftwerk Heimbach

Auf den Meuchelberg **ab 5 J.**

Wandern und Tretbootfahren am Rand des Nationalparks Eifel

Heimbach ist eines der vielen Tore zum Nationalpark Eifel und bietet für Familien viele naturnahe Aktivitäten. Ein verlängertes Wanderwochenende kann man hier gut und gerne verbringen. Den Auftakt bietet zum Beispiel die Wanderung über den Meuchelberg zum ehemaligen Wasserkraftwerk Heimbach. Am Staubecken Heimbach (Fotos S. 1 und 9) hat man erstmals Berührung mit einem der vielen Seen, die die Region prägen. Vom Meuchelberg blickt man nach Westen und Süden weit über die Seen- und Buchenwaldlandschaft des Nationalparks. Nach der Wanderung warten als Belohnung für die Kinder eine Tretboottour auf dem Staubecken, ein Besuch im Freibad oder in einer der Eisdielen in Heimbach.

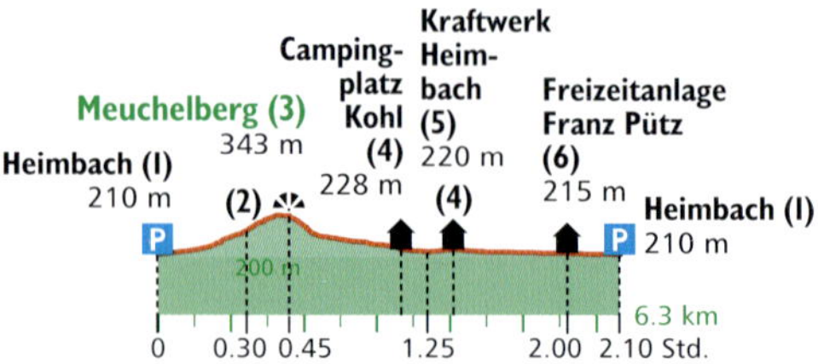

KURZINFO

Ausgangspunkt: Parkplatz im Zentrum von Heimbach auf dem Südufer der Rur, 210 m (GPS: N50.632692, E6.476565).
Anfahrt: Auf der A 61 bis Ausfahrt Erftstadt, weiter auf der B 265 und L 218 bis Heimbach. Dort von der Hengebachstraße nach links über die Steinbrücke (Straßenname »Über Rur«) zum Parkplatz.
Mit Bahn und Bus: Mit der Regionalbahn bis Düren und weiter mit der Rurtalbahn bis Heimbach. Zum Ausgangspunkt folgt man der Hengebachstraße 400 m, dann rechts über die Steinbrücke (»Über Rur«) zum Parkplatz.
Gehzeit: 2.10 Std.
Distanz: 6,3 km.
Höhenunterschied: 150 m.
Ausrüstung: Gut profilierte Sport- oder Wanderschuhe.
Anforderungen: Ab 5 Jahren. Mittelschwere Wanderung mit steilem Anstieg auf einem Asphalt- und später schmalem Waldweg hinauf zum Meuchelberg

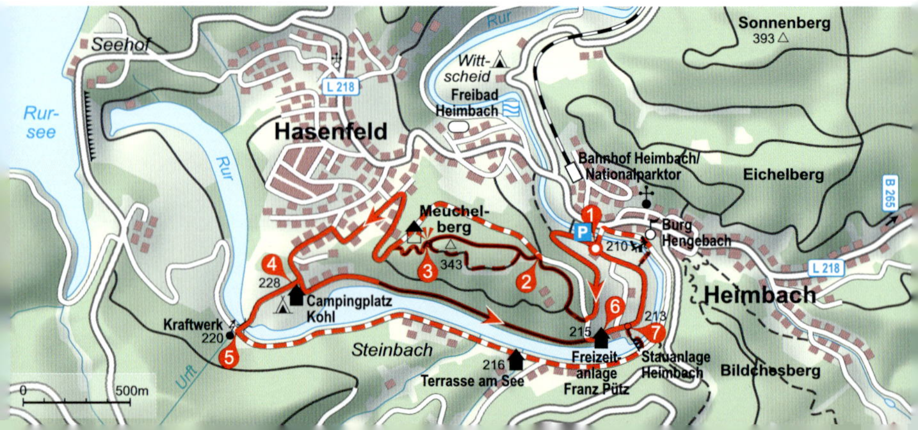

Ganz schön steil: Vom Meuchelberg blickt man hinüber in den Nationalpark und hinunter zum Wasserkraftwerk Heimbach.

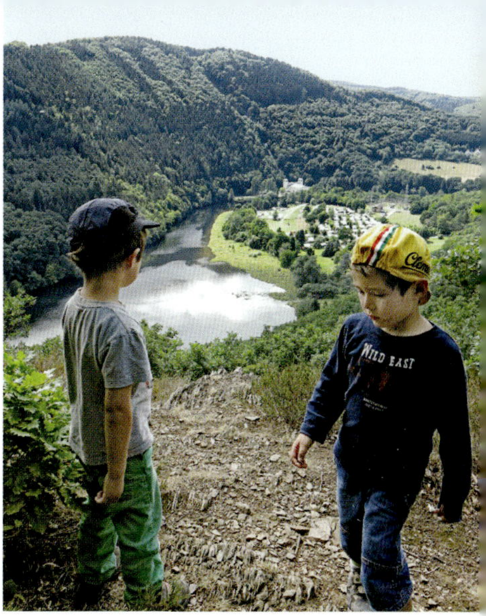

Hinab nach Hasenfeld über einen unmarkierten, undeutlichen Bergpfad. Der Rückweg entlang des Staubeckens Heimbach führt auf einem recht ebenen Wurzelpfad am See entlang. Er ist nicht für Kinderwagen geeignet (siehe Variante). Wechselnde Markierungen.

Einkehr: Mehrere Restaurants und Eisdielen im Ortskern von Heimbach. Auf dem Rückweg nach Heimbach kann man sich am **Campingplatz Kohl** mit Getränken oder Eis stärken bzw. am Staubecken kurz vor Heimbach in der Außengastronomie der **Freizeitanlage Franz Pütz** (Über Rur, 52396 Heimbach, Tel. +49 2446 3294) einkehren; hier auch Tretbootverleih. An der Variante 2: Restaurant »Terrasse am See« (Tel. +49 2446 3314, www.terrasse-am-see.de).

Übernachtung: Die Tour kann man gut mit einem Wochenendaufenthalt verbinden. Viele Unterkünfte und Campinglätze in der Region (Unterkunftsverzeichnis unter www.nationalpark-eifel.de). Siehe auch Touren 16 bis 19.

Varianten: 1) Um den steilen Abstieg vom Meuchelberg in Richtung Hasenfeld zu umgehen, folgen wir von der Schutzhütte einfach dem »Oberen Rundgang« weiter, der uns entgegen dem Uhrzeigersinn zurück zur großen Waldkreuzung (2) am Osthang des Berges bringt, biegen hier scharf links ab und wandern durch einen schattigen Wald auf halber Höhe den Nord- und danach den Westhang entlang. Schließlich treffen wir an der scharfen Rechtskurve oberhalb von Hasenfeld. wieder auf die Hauptroute. Wer mit Kinderwagen unterwegs ist, sollte diese Variante wählen.

2) Wer mit Kinderwagen unterwegs ist, kann vom Kraftwerk Heimbach mit der Markierung »T5« den nur unwesentlich längeren, asphaltierten Weg entlang des Südufers zurück zur Staumauer gehen und dort auf das Nordufer wechseln, um der Hauptroute zurück nach Heimbach zu folgen.

Karte: Nationalpark Eifel (Eifelvereinskarte Nr. 50, 1:25.000).

Wir starten in die Wanderung, in dem wir vom kleinen **Wanderparkplatz (1)** der Straße »Über die Rur« nach Westen bis zu einem Skater-Platz an einer Holzbrücke folgen und weiter geradeaus mit der Markierung 29 in Richtung Meuchelberg wandern. Der asphaltierte Weg führt uns links um eine Spitzkehre mit einem hölzernen Kunstwerk unter dem Motto »Kunst im Busch« herum und dann bergan. An der nun folgenden Gabelung steht eine weitere Skulptur aus einem Eichenpfahl. Hier folgen wir ein paar Schritte der Straße nach links in Richtung Staumauer, um sogleich nach rechts über einige Treppenstufen die Böschung hinaufzusteigen. Auf einem Bergpfad wandern wir nun weiter bergan durch einen schönen Kiefern- und Eichen-Mischwald, bis wir auf einen querlaufenden breiteren Waldweg stoßen. Wir

HIGHLIGHTS

- ★ Wie zu Uromas Zeiten Energie gewonnen wurde, kann man im Kraftwerk Heimbach erfahren. Die Besichtigung ist auch wegen der schönen Jugendstilarchitektur ein Erlebnis.
- ★ Weiter Blick vom Meuchelberg auf die Staumauer des Rursees, der bereits im Nationalpark liegt.
- ★ Auf dem Rückweg nach Heimbach eine Runde Tretboot auf dem Staubecken Heimbach fahren.
- ★ Spielplatz in Heimbach.
- ★ Besuch des Nationalparktors in Heimbach mit Dauerausstellung »Waldgeheimnisse«. Das begehbare Hörspiel führt durch ein Buchen-Labyrinth und lässt Wildkatze und Schwarzstorch zahlreiche Geheimnisse der Natur lüften (www.nationalparktor.de).
- ★ Nach der Wanderung: Ein Sprung ins kühle Nass im Freibad Heimbach (https://freibad-heimbach.jimdo.com).
- ★ In und um Heimbach gibt es viel zu erkunden (u. a. Nationalpark, Rursee, historischer Stadtkern Nideggen).

biegen rechts in ihn ein. Er mündet schließlich an einer größeren **Waldkreuzung (2)** in einen Asphaltweg. Hier folgen wir im Uhrzeigersinn dem ersten Weg in Richtung »Oberer Rundgang« (Markierung »29«). Nun geht es mit gemäßigter Steigung auf einem grasbewachsenen Weg bis zur Spitze des **Meuchelbergs (3)**. Rechts abseits des Rundweges liegt die Schutzhütte mit fantastischem Blick auf die Staumauer des Rursees, auf den Höhenzug des Kermeter im Herzen des Nationalparks und unterhalb unseres Standpunktes auf das Staubecken Heimbach mit dem historischen Kraftwerk.

Nun folgt ein kleines Abenteuer, denn der schmale Bergpfad, der uns linker Hand bergab nach Hasenfeld führt, ist nicht markiert, aber anfangs gut sichtbar. Dann verliert er sich im Laub des Buchenwaldes und zudem wird der Hang immer steiler. Aber mit etwas Trittsicherheit und guten Wanderschuhen stehen wir nach wenigen Minuten sicher auf einem querlaufenden Waldweg. (Wer den Abstieg lieber umgehen will, folgt bis hierhin der Variante 1.) Nach links (bzw. mit der Variante kommend einfach geradeaus) gelangen wir an eine scharfe Rechtskurve und wandern weiter bergab, vorbei an den ersten Häusern nach Hasenfeld. Durch den Ort folgen wir nun der Straße »Am Meuchelberg« und nach links dem Kornblumenweg. Ihm folgen wir an der nächsten Abzweigung nach rechts (nicht geradeaus in den Wendehammer) und sofort wieder links in die Kleestraße, bis wir schließlich, am **Campingplatz Kohl (4)** vorbei, über die Brücke zu unserem Zwischenziel, dem schönen **Kraftwerk Heimbach (5)** gelangen. Hier am Ufer der gestauten Rur kann man gut eine weitere Rast, eventuell sogar mit Picknick, einlegen oder aber das historische Kraftwerk besuchen.

Anschließend folgen wir dem Hinweg wieder zurück bis zum **Campingplatz Kohl (4)**, biegen dahinter scharf rechts in den asphaltierten Weg »Im Sangert« ein und folgen dem Krönungsweg des Eifelvereins (Markierung »schwarzer Pfeil«) am Nordufer des Staubeckens entlang in Richtung Heimbach. Der asphaltierte Weg geht alsbald in einen Wanderweg und schließlich in einen Wurzelpfad über. Unser Weg ist nun recht einfach zu finden, denn es gibt keine Verzweigungen. Der felsi-

Am Nordufer des Heimbacher Staubeckens gibt es kleine Kletterfelsen.

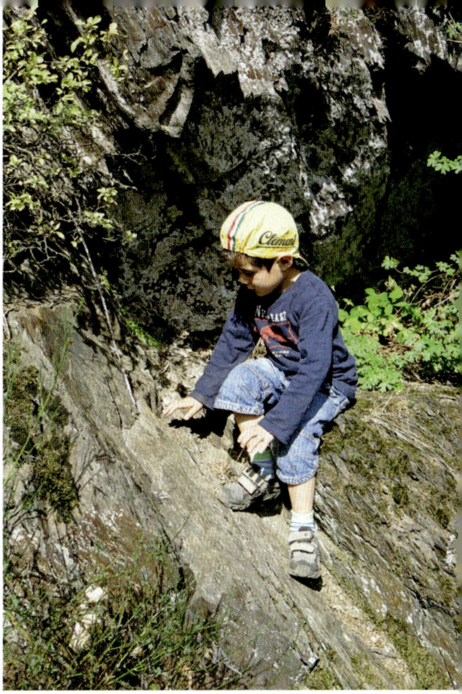

ge Pfad führt über einige Holzstege immer am Ufer entlang, linker Hand liegen die Steilhänge des Meuchelbergs, rechter Hand das Staubecken. Schließlich gelangen wir an die **Freizeitanlage Franz Pütz (6)**. Wer bislang noch nicht eingekehrt ist, findet hier am Ufer des Stausees ein lauschiges Plätzchen oder kann die Wanderung mit einer Tretboottour ausklingen lassen. Anschließend folgen wir dem Krönungsweg an der **Staumauer (7)** vorbei weiter ostwärts nach Heimbach, immer am Ufer der Rur entlang. Wenn man den Blick hier etwas hebt, sieht man den Bildchesberg am gegenüberliegenden Ufer. Oben auf dem Grat liegt der Eifelblick Luna (siehe Tour 16). Wir wandern an einigen Skulpturen und schön angelegten Schrebergärten vorbei in Richtung **Parkplatz (1)**.

Wer noch einen Abstecher zum schön gelegenen Spielplatz auf dem anderen Rurufer im Schatten der Burg Hengebach machen möchte, biegt vorher rechts ab und überquert den Fluss auf einer Fußgängerbrücke (siehe auch Tour 16). Der Weg zum Parkplatz führt entweder zurück über die Fußgängerbrücke und dann nach rechts. Oder man bleibt auf dem Ostufer, folgt dem Uferweg ins Dorfzentrum, hält sich an der Einmündung in die Hengebachstraße links und erreicht über die Steinbrücke den Parkplatz.

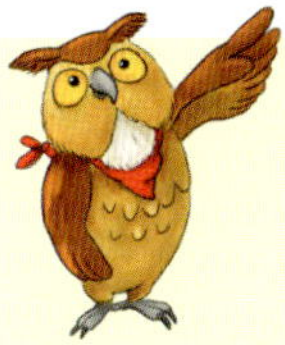

Hallo Kinder,

sehenswert auf unserer heutigen Tour ist das über 100 Jahre alte Kraftwerk Heimbach. Es war bei seiner Einweihung 1905 das ergiebigste Speicherwasserkraftwerk Europas und beeindruckt durch seine imposante Architektur. Es ist bis heute in Betrieb, vor allem während den Vormittagsstunden, um den dann sehr hohen Strombedarf abzudecken. Die Leistung beträgt 16 Megawatt – deutlich mehr als die leistungsstärksten Windenergieanlagen erzeugen können. Dazu werden bis zu 18 Kubikmeter Wasser pro Sekunde durch die beiden Fallrohre gepumpt. Bei maximaler Stauhöhe der Talsperre beträgt die Fallhöhe zum Kraftwerk 110 Meter. Das Wasser stammt aus dem höher liegenden Urftsee.

16 Klosterrunde Mariawald

Von Heimbach zum Trappistenkloster Mariawald **ab 5 J.**

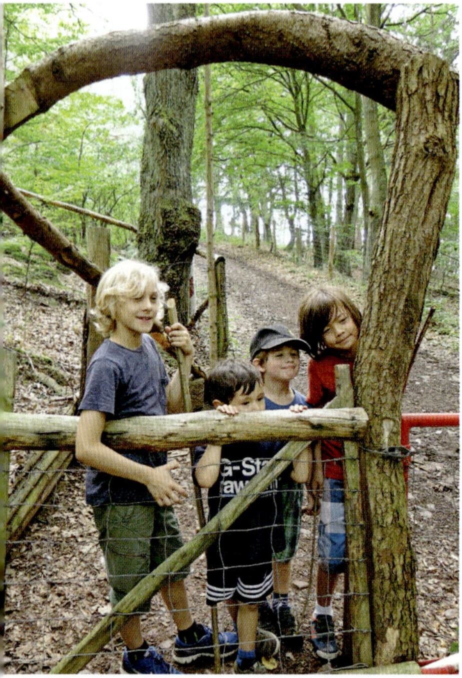

Steile Anstiege, weite Blicke und eine heiße Erbsensuppe

Angeblich gibt es im Kloster Mariawald die beste Erbensuppe weit und breit. Jedenfalls ist das Ambiente des Klosters mit seiner alten Gaststube, in der die Besucher Schlange stehen, um einen Pott der Suppe zu kaufen, relativ einmalig. Wir wandern auf einem steilen Bergpfad zunächst zum Eifelblick Luna, der uns eine tolle Aussicht auf den Nationalpark und den Rursee bietet, und schließlich weiter zu dem ehrwürdigen Kloster. Auf dem Rückweg nach Heimbach können wir die Seele bei einer Tretboottour auf dem Staubecken Heimbach noch ein wenig baumeln lassen, bevor ein schöner Tag am Rand des Nationalparks zu Ende geht.

Erwachsene müssen im Wald bleiben. Spaß an einem Gatter am Bildchesberg.

KURZINFO

Ausgangspunkt: Parkplatz im Zentrum von Heimbach auf dem Südufer der Rur, 210 m (GPS: N50.632692, E6.476565).
Anfahrt: Siehe Tour 15.
Gehzeit: 2.00 Std.
Distanz: 5,6 km.
Höhenunterschied: 210 m.
Ausrüstung: Feste, knöchelhohe Wanderschuhe.
Anforderungen: Ab 5 Jahren. Eine schwere Wanderung, denn der Anstieg zum Eifelblick Luna führt über einen steilen Wurzelpfad. Der Rest der Wanderung ist eher mittelschwer. Der Weg folgt wechselnden Markierungen.

Einkehr: Gaststube im Kloster Mariawald (52396 Heimbach, Tel. +49 2446 95060), am Rückweg Außengastronomie der Freizeitanlage Franz Pütz (Über Rur, 52396 Heimbach, Tel. +49 2446 3294; hier auch Tretbootverleih), mehrere Einkehrmöglichkeiten in Heimbach.
Übernachtung: Siehe Tour 15.
Karte: Nationalpark Eifel (Eifelvereinskarte Nr. 50, 1:25.000).

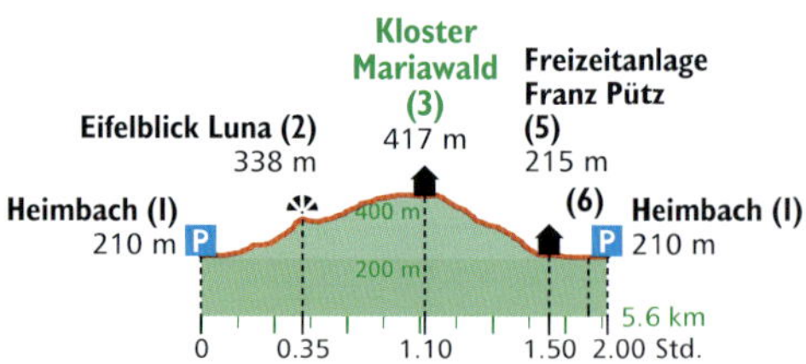

Vom **Parkplatz (1)** in Heimbach aus gehen wir über die Zufahrtsbrücke zurück zur Hengebachstraße, biegen nach rechts in sie ein und wandern durch den Ortskern, vorbei an zahlreichen Restaurants und einer Eisdiele, in östlicher Richtung. Wir ignorieren die Abzweigung der Mariawalder Straße, wandern geradeaus und biegen gegenüber einer Fahrschule mit dem Josef-Schramm-Weg nach rechts in die Straße »Am Altenberg« ein. Schon nach wenigen Metern zweigen wir an den Hausnummern 6 und 8 links in einen Pfad ab, der Richtung »Mariawald« führt. Nun beginnt der steile Anstieg hinauf zum Eifelblick Luna am Bildchesberg. Über zahlreiche Kehren steigen wir bergan, der Pfad geht alsbald in einen steilen Wurzelpfad über. Er führt durch einen schönen Wald mit zahlreichen Krüppeleichen. Schließlich gelangen wir zu einem Sendemast und wenig später zu einer Schutzhütte. Hier liegt auch die Aussichtsplattform mit dem **Eifelblick Luna (2)**. Von hier könnt ihr nach dem anstrengenden Aufstieg den tollen Blick auf Heimbach mit der Burg Hengebach, das Staubecken Heimbach und den Meuchelberg (siehe Tour 15) genießen. Am Ende des Staubeckens seht ihr das alte Wasserkraftwerk und weiter dahinter die Staumauer des

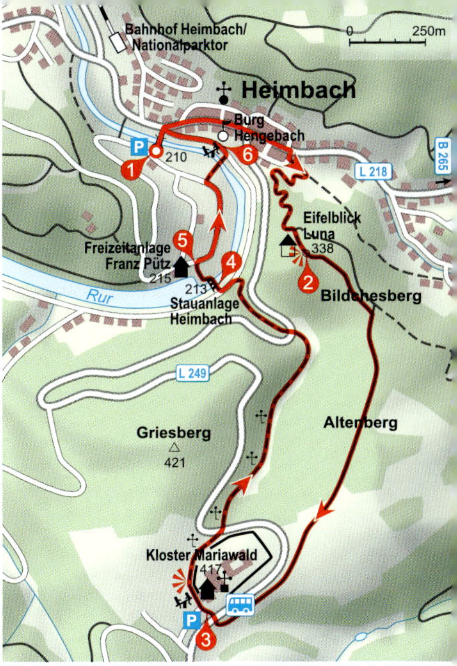

Nach einer Erbsensuppe im Kloster Mariawald fühlen sich alle stark genug für neue Taten.

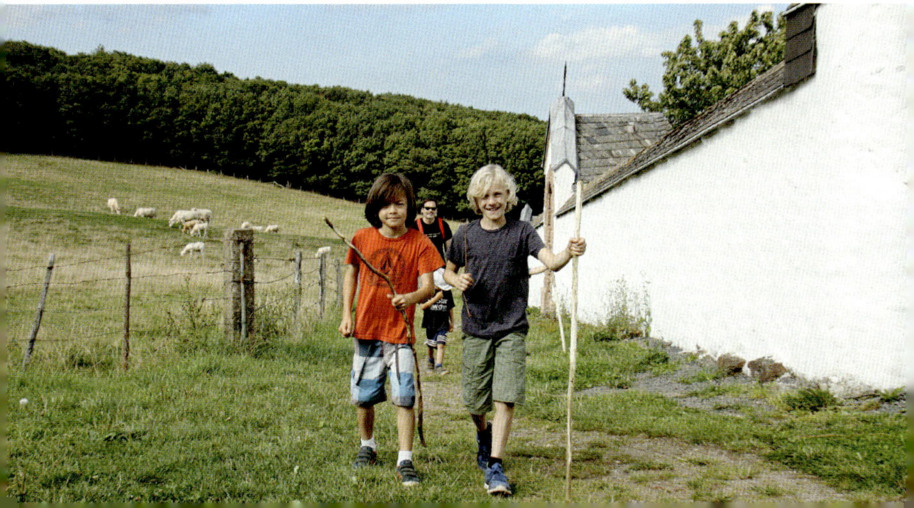

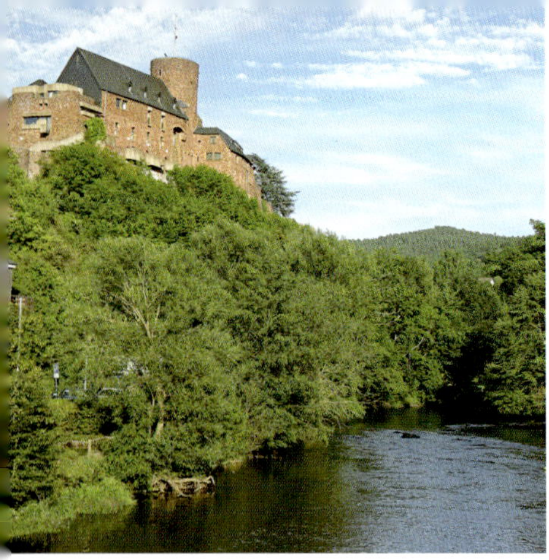

Die Burg Hengebach thront hoch über der Rur.

Rursees. Linker Hand liegt der gewaltige Bergrücken des Kermeter (siehe Tour 17), das Herz des Nationalparks. In seine Richtung wandern wir nun weiter auf dem Josef-Schramm-Weg. Links von der Hütte geht es entlang, wir wandern über die nächste Kreuzung geradeaus hinweg. Der Weg weist nun nur noch eine geringe Steigung auf. Wir gelangen an ein Wildgatter und wandern dahinter aus dem Wald auf eine Freifläche hinaus. Am Horizont erkennen wir nun bereits die Klosteranlage. Der breite Landwirtschaftsweg führt uns zur L 249. Hier stört an Wochenenden der Krach der vielen Motorräder, die den Berg hinaufjagen. Die Wanderung ist daher besonders schön, wenn man sie von Montag bis Samstagsmittag in Angriff nimmt. Wir gehen noch ein Stück parallel zur Landstraße am Klostergelände entlang. Gegenüber dem Parkplatz gelangen wir über eine kleine Treppe die Böschung hinauf und überqueren vorsichtig (!) die Landstraße zum kleinen Besucherzentrum des **Klosters Mariawald (3)** und zu seiner Gaststube, in der sich fast alle Besucher mit einer Erbsensuppe stärken. Neben der Sonnenterrasse liegt der kleine Kinderspielplatz Arche. Hier starten wir den Rückweg, nun mit der Markierung »49« der Klosterrunde. Es geht Richtung Norden auf dem Kreuzweg an der Klostermauer entlang. Am Ende der Mauer gelangen wir an die L 249, wir überqueren sie – Vorsicht hierbei, vor allem am Wochenende – und wandern nun durch ein schönes Bachtal stetig bergab. Die Laubbäume ringsherum schlucken alsbald die Motorengeräusche von der Straße. Wir passieren noch einige Bildstöcke mit Stationen aus dem Leben Christi, bevor wir erneut an

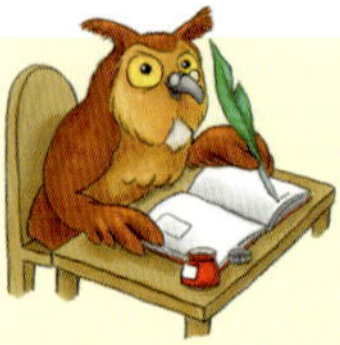

Hallo Kinder,

Mariawald ist das einzige Trappistenkloster in Deutschland, sein Mutterhaus liegt in den Niederlanden. Heute leben in Mariawald nur noch neun Mönche, die nach den Regeln des heiligen Benedikt von Nursia leben. Gebete, Lesungen und körperliche Arbeit bestimmen ihren Tagesrhythmus. Sie haben sich in die Einsamkeit zurückgezogen, um Gott zu suchen und durch ihr Leben auf seine Existenz hinzuweisen. Für die Mönche beginnt der Tag schon um 2.45 Uhr, also mitten in der Nacht, und endet um 19.15 Uhr mit dem letzten von vielen, über den Tag verteilten Gebeten. Könntet ihr euch einen solchen Tagesrhythmus vorstellen?

die Landstraße gelangen. Wir überqueren sie und wandern weiter bergab in Richtung Heimbach. Wir gelangen noch einmal an eine Kreuzung. Hier halten wir uns rechts und treffen schließlich an einer Schutzhütte auf den Uferweg östlich des Staubeckens. Nun verlassen wir die Klosterrunde und folgen dem Uferweg nach links, überqueren aber alsbald nach rechts die **Staumauer (4)** zum Nordufer des Staubeckens. Linker Hand liegt die **Freizeitanlage Franz Pütz (5)**, eine weitere Einkehrmöglichkeit mit Tretbootverleih. Nach Heimbach zurück folgen wir dem Uferweg ostwärts, nun wieder mit der Klosterrunde. Wenn man den Blick hier etwas hebt, sieht man den steilen Anstieg zum Bildchesberg am gegenüberliegenden Ufer. Oben auf dem Grat liegt der Eifelblick Luna. Wir wandern an einigen Skulpturen und Schrebergärten vorbei in Richtung Parkplatz. Vorher zweigen wir aber noch nach rechts auf einen Weg zu einer Fußgängerbrücke über die Rur ab. Auf dem anderen Flussufer liegt ein schöner **Spielplatz (6)** quasi im Schatten der Burg Hengebach. Hier können die Kinder noch einmal richtig toben, bevor es auf dem Uferweg zurück ins Dorfzentrum und links über die Steinbrücke zum **Parkplatz (1)** geht.

HIGHLIGHTS

- ★ Weite Blicke vom Eifelblick Luna auf dem Bildchesberg über die Seenlandschaft des Nationalparks.
- ★ Angeblich die beste Erbsensuppe der Region gibt es im Kloster Mariawald. In der alten Klostergaststube zu sich genommen, schmeckt sie umso besser.
- ★ Besuch des imposanten Trappistenklosters Mariawald.
- ★ Auf dem Rückweg nach Heimbach eine Runde Tretboot auf dem Staubecken Heimbach fahren
- ★ Spielplatz in Heimbach.
- ★ Besuch des Nationalparktors oder des Freibads in Heimbach (siehe Tour 15).

Gelungener Abschluss: Der weitläufige Spielplatz unterhalb der Burg Hengebach bietet viel Platz zum Toben.

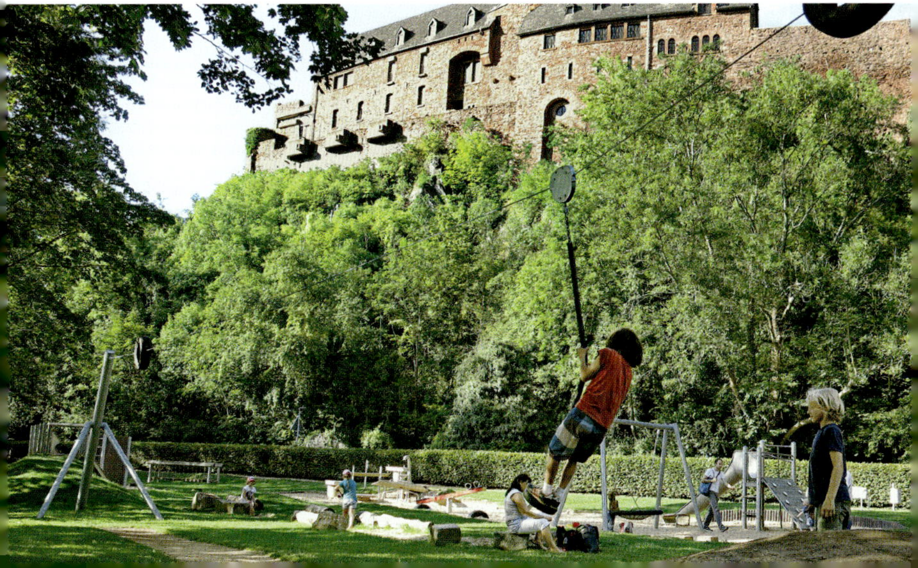

17 Erlebnispfad Wilder Kermeter

Im Herzen des Nationalparks Eifel — ab 4 J.

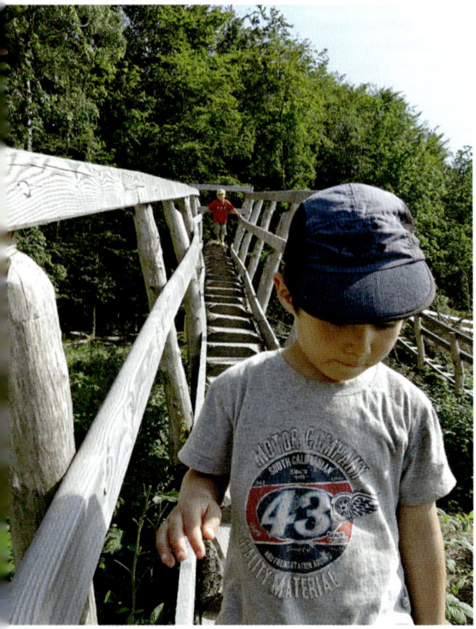

Heute noch ein normaler Wald, morgen schon ein Urwald

Kaum zu glauben, aber wahr: Hier im Herzen des Kermeters soll tatsächlich ein Urwald entstehen! Und wir können ihn schon in seinen Babytagen durchwandern. Der Kermeter ist eines der größten Buchenwaldgebiete im Rheinland und das Herzstück des Nationalparks Eifel. Die Parkverwaltung hat hoch oben auf diesem riesigen Bergrücken einen spannenden Erlebnispfad eingerichtet. An zehn, meist interaktiven Stationen erfährt man alles über das Projekt Nationalpark, seine Tier- und Pflanzenwelt und außerdem, wie aus diesem Wald ein richtiger Urwald werden soll, wie er noch vor 2000 Jahren hier stand.

Auf Holzstegen durch den Wald.

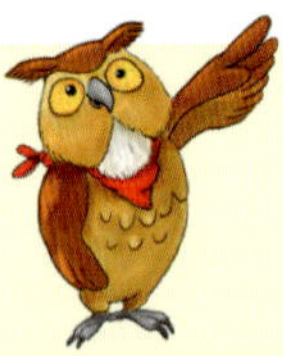

Hallo Kinder,

zurück zum Urwald, das ist im Kermeter das Motto. Der Kermeter ist ein lang gezogener Bergrücken. Er liegt 528 Meter hoch und ist etwa 36 Quadratkilometer groß. Alleine 33 Quadratkilometer werden von Wald bedeckt. Damit ist der Kermeter eines der größten geschlossenen Laubwälder im Rheinland. Seit 2004 ist er das Kerngebiet des Nationalparks Eifel. Schon vor der Nationalpark-Gründung haben die Menschen einige Bereiche sich selbst überlassen: Altholz wurde stehen gelassen, umgestürzte Bäume und abgebrochene Äste wurden nicht mehr abtransportiert. Dieses Totholz bietet Moosen, Flechten, Pilzen und unzähligen Insektenarten Lebensräume. Diese wiederum sind Nahrungsgrundlage für größere Tiere, wie Schwarzmilane oder Buntspechte. Auf diese Weise soll nun der gesamte Kermeter im Laufe der nächsten Generationen in einen urwaldähnlichen Zustand zurückgeführt werden. Auf dem Erlebnisweg bekommt ihr viele Informationen zum Urwald geboten, nur wandern müsst ihr selbst. Aber den rund zwei Kilometer langen Weg schafft ihr spielend.

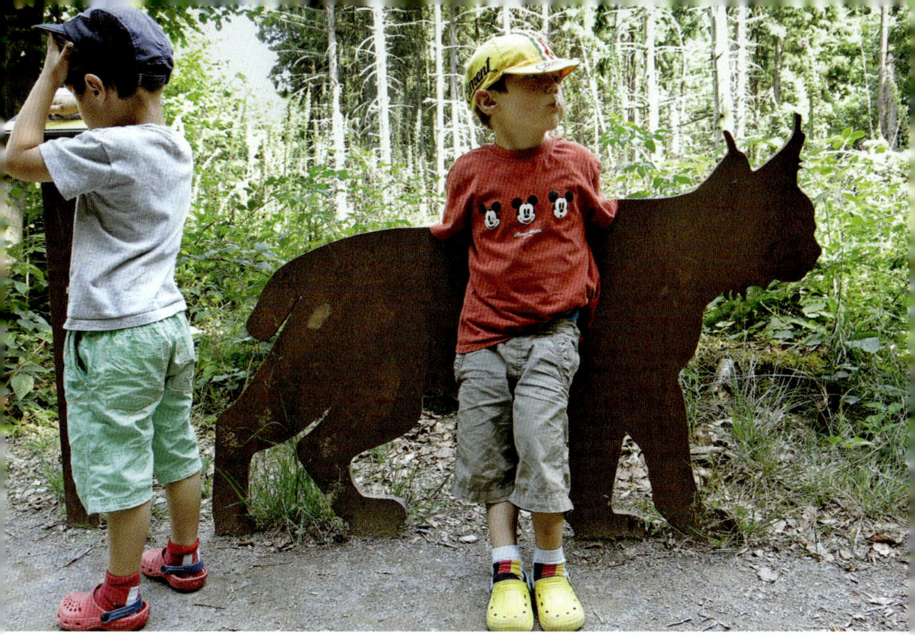

Coole Katze: Den Luchs gibt es hier noch nicht, und auch nicht den Wolf, aber die Wildkatze besiedelt bereits den Nationalpark Eifel.

KURZINFO

Ausgangspunkt: Parkplatz Wilder Kermeter, 496 m (GPS: N50.615473, E6.438758).

Anfahrt: Von der A 61 bis Ausfahrt Erftstadt, weiter auf der B 265, L 249 und L 15.

Mit Bahn und Bus: Mit der Regionalbahn bis Düren, weiter mit der Rurtalbahn bis Heimbach und weiter mit dem Bus 231 bzw. an Wochenenden mit dem Nationalparkbus »Mäxchen«.

Gehzeit: 1.00 Std.

Distanz: 2,2 km.

Höhenunterschied: Unwesentlich.

Ausrüstung: Gut profilierte Sport- oder Wanderschuhe.

Anforderungen: Ab 4 Jahren. Die Wanderung verdient eher das Prädikat »einfacher Waldspaziergang«. Er ist komplett barrierefrei und somit auch gut mit Kinderwagen zu begehen. Laufräder stören hier eventuell andere Besucher.

Einkehr: Unterwegs keine. In der Klosterschenke Mariawald gibt es deftiges Essen und kühle Getränke (ca. 7 Min. mit dem Auto über die L 15 und L 249; siehe Tour 16).

Übernachtung: Siehe Tour 15.

Varianten: Die Wanderung lässt sich durch einen Abstecher zur Hirschley auf einem ebenfalls barrierefreien und gut beschilderten Weg (z. B. Markierung »T2«, hin und zurück zusätzlich 3,1 km) sowie zum Aussichtspunkt Vogelsang-Blick (hin und zurück zusätzlich 2,5 km) erweitern.

Karte: Nationalpark Eifel (Eifelvereinskarte Nr. 50, 1:25.000).

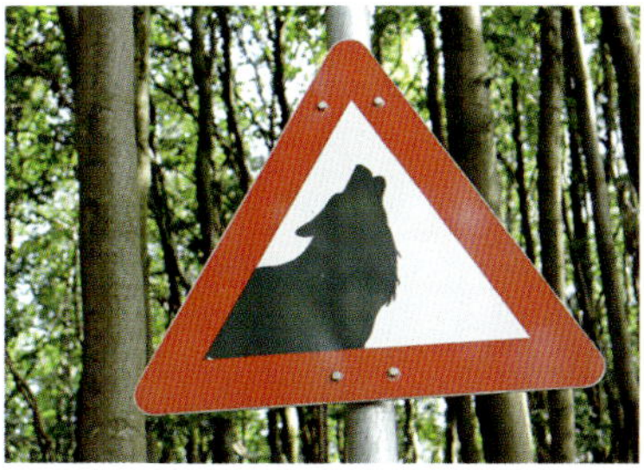

Vom **Parkplatz Wilder Kermeter (1)** aus geht es zunächst auf dem breiten Forstweg nach links bis zum **Rastplatz Kermeter (2)**, der zugleich der Startpunkt des Erlebnispfades ist. Hierhin führt ab der Bushaltestelle, parallel zum Forstweg, auch ein etwas schönerer Trampelpfad direkt durch den Wald. Am Rastplatz gelangen wir auf den Hauptweg, von dem der Erlebnispfad nach rechts in den Wald abbiegt. Wir wandern nun über Holzstege entgegen dem Uhrzeigersinn

Imposante Dimensionen und Einblicke bei der Durchschreitung eines echten Baumstamms.

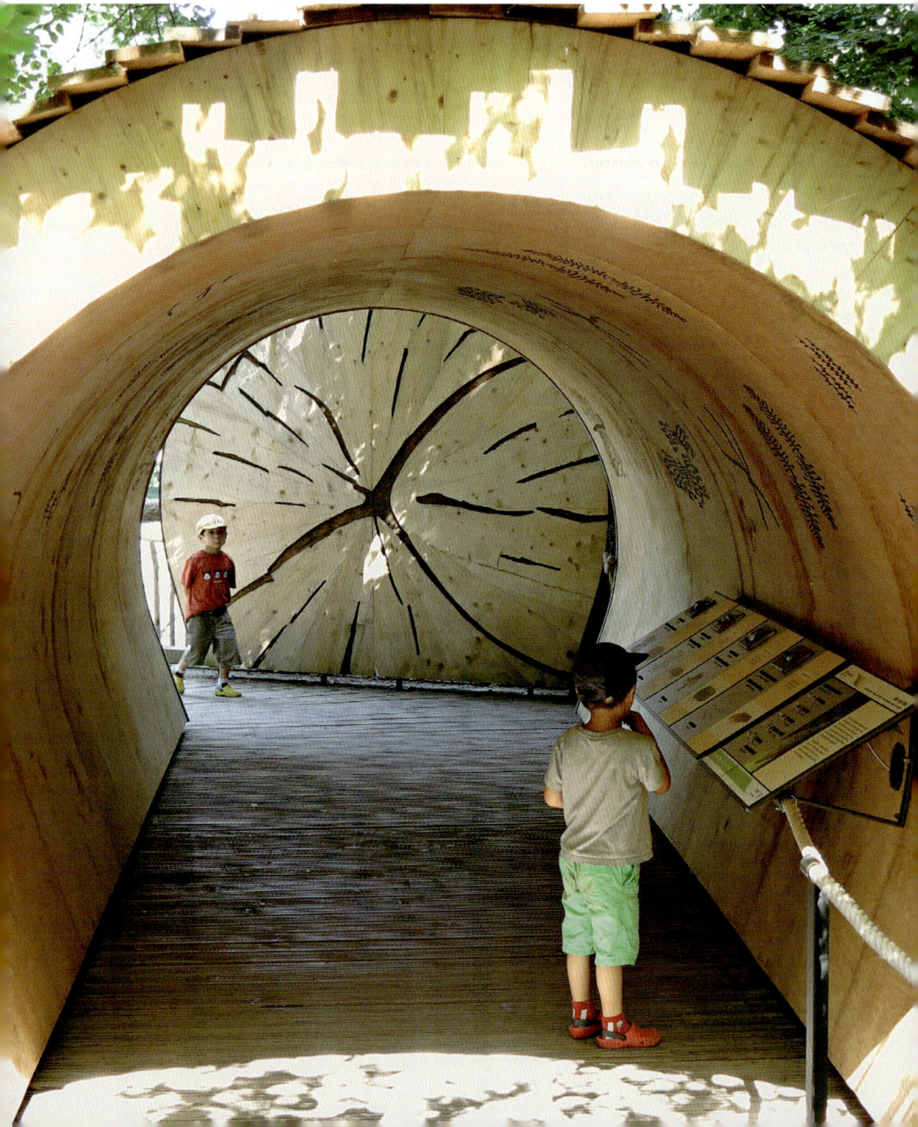

durch den Wald und kommen an den ersten interaktiven Stationen vorbei. Auf dem weiteren Weg durchwandern wir einen riesigen Baumstamm. Ein parallel zum Weg liegender Stamm verdeutlicht uns, wie hoch eine Buche wachsen kann. Eine schöne Erholung von den vielen Eindrücken und Informationen bieten uns die **Sinnesliegen (3)**. Hier kann man einfach Platz nehmen, die Augen schließen und den Geräuschen des Waldes lauschen.

Weiter führt uns der Rundkurs über weichen Waldboden. Am nordwestlichen Scheitelpunkt der Wanderung gelangen wir an eine **Holzhütte (4)** mit vielen Informationen. Hier biegen wir nach Süden und kommen alsbald an einen **Holzsteg (5)**. Ein kleines Abenteuer beginnt, denn nun geht es über umgestürzte und übereinandergestapelte Baumstämme hinweg. Von oben bekommen wir gute Einblicke, wie sich Gräser, Farne und Bäume zwischen den hölzernen Giganten ihren Raum zurückerobern. Natürlich führt auch ein normaler Trampelpfad durch das Areal. Am Ende des Rundkurses gelangen wir wieder auf den breiten Forstweg, der den Kermeter in zwei Teile zerschneidet. Wer noch den Abstecher zur Hirschley oder zum Vogelsang-Blick wagen will (siehe Varianten), biegt hier rechts ab und muss sich an der nächsten Waldkreuzung entscheiden, ob man links zum Vogelsang-Blick oder nach rechts zur Hirschley will. In beiden Fällen gelangt man auf dem Hinweg wieder zurück auf den Hauptweg.

Wer die Abstecher nicht machen will, biegt nach dem Erlebnispfad links in den breiten Forstweg ein und wandert gemächlich zurück zum **Rastplatz Kermeter (2)** und in Verlängerung bis zum **Parkplatz (1)**.

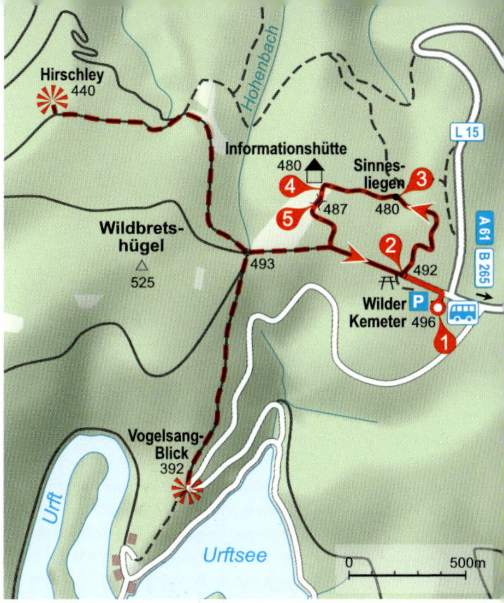

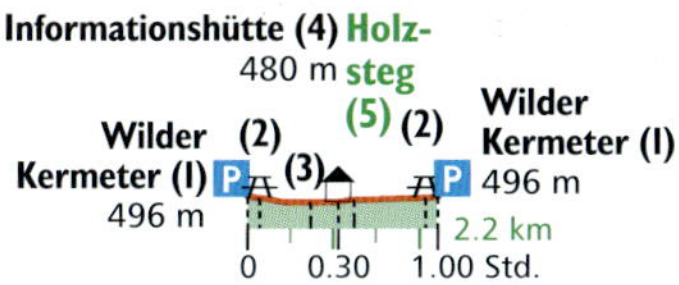

HIGHLIGHTS

★ Auf dem Erlebnispfad lernen wir viel über den Buchenwald, zum Beispiel wie lang oder dick ein Buchenstamm werden kann. Und wir gehen sogar durch einen alten Stamm hindurch (mehr Infos unter www.nationalpark-eifel.de)

★ Auf dem Holzstegpfad zum Abschluss des Rundkurses erfahren wir, wie aus einer Rodungsfläche in vielen Jahren ein Urwald entsteht.

★ Am 360-Grad-Aussichtspunkt Hirschley hat man einen tollen Blick auf den Rursee. Der Aussichtspunkt Vogelsang-Blick ist ebenfalls einen Abstecher wert. Von hier können wir hinüber zur gleichnamigen, ehemaligen nationalsozialistischen Ordensburg blicken, die heute »Vogelsang IP« heißt und ein Besucherzentrum des Nationalparks beherbergt.

18 Schöpfungspfad Erkensruhr

Durch das schönste Tal im Nationalpark Eifel ab 6 J.

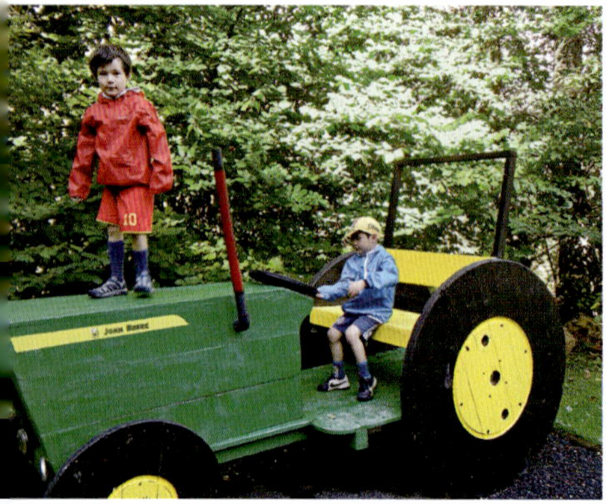

Bevor es in den Wald geht, kann man in Hirschrott noch einmal auf einem hölzernen Trecker toben.

Entlegenes Tal und windige Höhen

Heute wandern wir tief im Westen der Eifel durch eines der entlegensten Täler und streifen immer wieder den Nationalpark, der hier heute schon das Prädikat »besonders naturnah« verdient. Nur wenige Touristen verirren sich hierher. Die Wanderung führt durch das wunderbare Tal der Erkensruhr entlang des Schöpfungspfads, einem Wanderweg der christlichen Kirchen im Rheinland. Informationstafeln am Wegesrand informieren immer wieder über den christlichen Glauben oder laden ein, die Gedanken schweifen zu lassen. Aber unabhängig davon, ob man gläubig ist oder nicht, ist dieser Wanderweg sehr schön und reich an Attraktionen. Zum Beispiel warten ein kretisches Labyrinth und die Einkehr im Gasthaus »Zum Weißen Stein« auf uns. Ein Pflichtprogramm, denn hier servieren die netten Wirtsleute gute Hausmannskost, zum Beispiel Reibekuchen mit Apfelmus aus eigener Herstellung.

KURZINFO

Ausgangspunkt: Parkplatz am Sportplatz Erkensruhr, 343 m (GPS: N50.561902, E6.359025).

Anfahrt: Auf der A 1 bis Ausfahrt Wißkirchen, weiter auf der B 266 über Kommern und Gemünd nach Einruhr. Kurz vor Einruhr links ab ins Tal der Erkensruhr und der Beschilderung »Sportplatz« folgen.

Mit Bus und Bahn: Die Anreise ist zwar möglich, dauert jedoch ab Köln gut 3 Std.

Gehzeit: 3.00 Std.

Distanz: 7,1 km.

Höhenunterschied: 245 m.

Ausrüstung: Feste, knöchelhohe Wanderschuhe.

Anforderungen: Ab 6 Jahren. Aufgrund des stetigen Auf und Ab über einen schmalen Wurzelpfad im ersten Teil der Wanderung sowie des kurzen und knackigen Anstiegs hinauf zum Müsauelsberg ist die Wanderung recht anspruchsvoll. Sie ist aber dennoch schon für Sechsjährige geeignet, denn sie bietet viele Attraktionen am Wegesrand. Wechselnde Markierungen.

Einkehr: Im Tal gibt es mehrere Einkehrmöglichkeiten, die netteste liegt direkt an der Route: Gasthaus »Zum weißen Stein« mit einfachen Speisen, Getränken, einer Sonnenterrasse und einem Koch, der sich selbst als wandelnde Speisekarte bezeichnet. Freitags gibt es Reibekuchen mit selbst gemachtem Apfelmus. (Hirschrott 11, 52152 Simmerath, Tel. +49 2485 469).

Übernachtung: Siehe Tour 15.

Karte: Nationalpark Eifel (Eifelvereinskarte Nr. 50, 1:25.000).

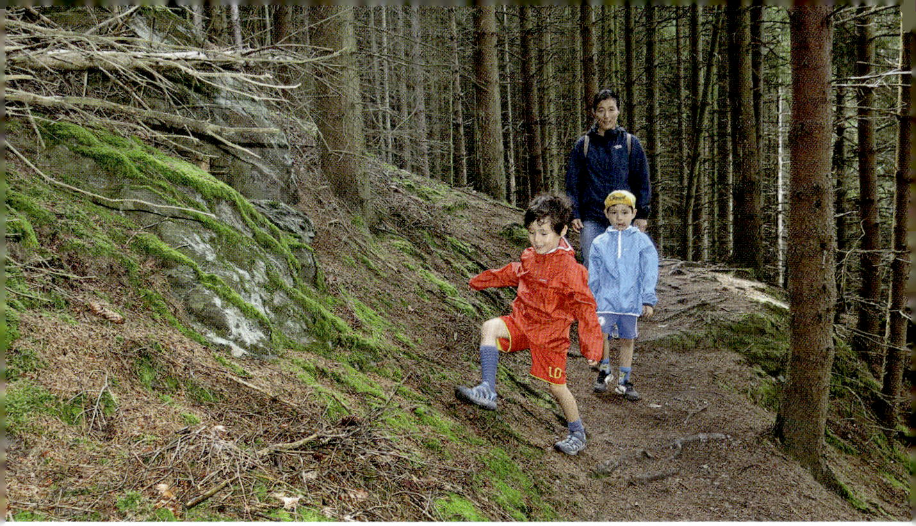

Auf einem schmalen Bergpfad geht es bis zum Gut Leykaul.

Vom Parkplatz am **Sportplatz (1)** aus wandern wir die wenig befahrene Straße entlang durch schöne Wiesen, auf denen meist Pferde weiden, nach Südwesten und gelangen über einen kurzen Anstieg zur Kreuzung in **Finkenauel (2)**. Hier wenden wir uns nach links und gehen steil bergan Richtung »Waldkapelle«. Der Weg ist ein Zubringer für den Schöpfungspfad und den Wildnis-Trail. An der nächsten Kreuzung geht es nach links zur Waldkapelle – falls wir einen Abstecher dorthin machen wollen. An der Kreuzung beginnt aber auch der Schöpfungspfad. Er führt nach rechts, ist durch zehn Themenstationen gekennzeichnet und trägt in Teilen zusätzlich die Markierung »29« bzw. folgt dem Wildnis-Trail (Markierung Wildkatze). Wir wandern nun auf einem schmalen Bergpfad am Hang oberhalb des Tals der Erkensruhr entlang. In einem wilden Auf und Ab geht es durch den Fichtenwald und um Felsvorsprünge herum. Nach gut einem Kilometer gelangen wir an eine Waldkreuzung oberhalb von Hirschrott. Rechter Hand im Tal liegt das Gasthaus »Zum Weißen Stein«, in das wir auf dem Rückweg einkehren können. Zunächst wandern wir aber mit dem Schöpfungspfad weiter geradeaus. Erneut führt uns ein schmaler Bergpfad am Hang entlang. Wir gewinnen an Höhe. Wieder geht es in einem wilden Auf und Ab durch die Felslandschaft. So wandern wir um den Kubelsberg herum. Schließlich wendet sich der Pfad unterhalb des Gut Leykaul nach Osten und wir steigen nun steil bergan, bis wir auf die Freifläche um das Gut heraustreten. Nachdem wir nun die ganze Zeit im Nationalpark gewandert sind, verlassen wir ihn

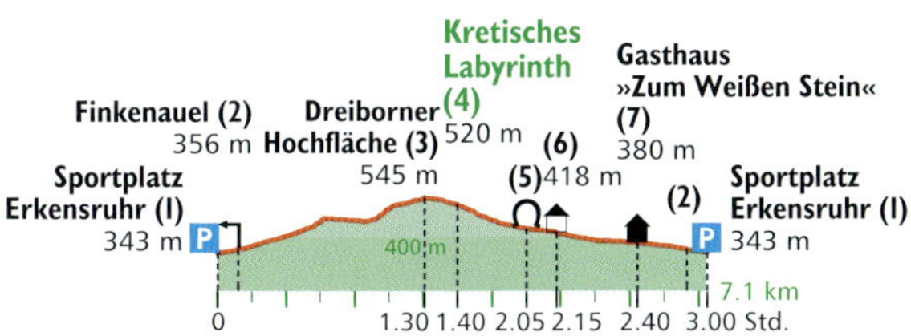

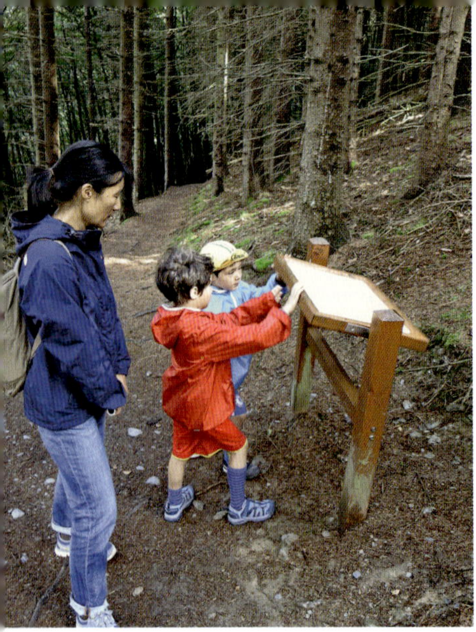

Was auf den Infotafeln des Schöpfungspfades steht, ist für die Kinder nicht immer das Interessanteste.

HIGHLIGHTS

- ★ Mit allen Sinnen die Natur auf dem Schöpfungspfad genießen.
- ★ Ein paar Extrameter im kretischen Labyrinth einlegen.
- ★ Frische Reibekuchen mit selbst gemachtem Apfelmus und einer Limo im Gasthaus »Zum Weißen Stein«.
- ★ Geführte Rangertouren (4–5 Std., jeden Freitag um 11 Uhr am Ortseingang von Erkensruhr; www.nationalpark-eifel.de).
- ★ Nach der Wanderung: Ein Bad im Naturerlebnisbad Einruhr (ca. 3 km, siehe Freizeittipp A4).

für einen Moment, denn der bewirtschaftete Bauernhof ist eine Enklave in dem Schutzgebiet. Über einen schönen Wiesenweg wandern wir im Uhrzeigersinn um das Gut herum, biegen schließlich nach links ab und treten etwas weiter bergan durch eine Fichtenschonung auf die **Dreiborner Hochfläche (3)** am Müsauelsberg hinaus. Nun stehen wir wieder im Nationalpark. Wir biegen nach rechts in den grasbewachsenen Wirtschaftsweg ein und wandern ein Stück nach Süden durch die wundervolle Offenlandfläche. Neben weiten Blicken beeindruckt sie mit ihrer Artenvielfalt. Brombeer- und Ginstersträucher säumen den

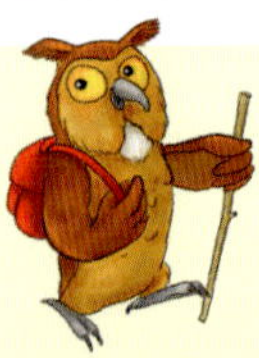

Hallo Kinder,

ein neuer Beruf hat in der Eifel Einzug gehalten: der Ranger. Das bedeutet auf Englisch Hüter der Landschaft und ist ein anerkannter Beruf, der weltweit von den meisten Menschen sehr geschätzt wird. Denn Ranger schützen nicht nur die Landschaften (meist Nationalparks), in denen sie arbeiten, sondern sind zugleich Vermittler zwischen Natur und Mensch. Ranger führen die Besucher gezielt durch die Natur und informieren sie vielfältig. So auch im Nationalpark Eifel. Die Treffpunkte erkennt ihr an den Holzpfählen mit dem typischen Rangerhut. Einer von ihnen steht am Ortseingang von Erkensruhr. Hier starten geführte vier- bis fünfstündige Rangertouren (jeden Freitag um 11 Uhr). Der erste Ranger weltweit war übrigens Harry Yount, der 1880 im berühmten Yellowstone-Nationalpark seine Arbeit aufnahm. In Deutschland ist der Naturparkwart oder Natur- und Landschaftspfleger seit 1998 ein anerkannter Beruf.

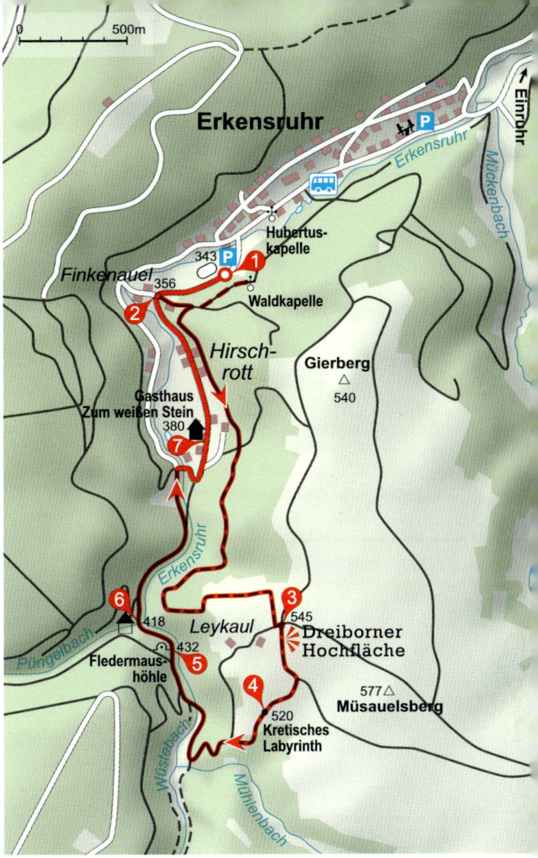

Weg. Der Schöpfungspfad und der Wildnis-Trail biegen schließlich nach rechts weg. Wir verlassen nun endgültig den Nationalpark und gehen auf einem schönen Wiesenweg bergab bis zum **kretischen Labyrinth (4)**. Eine massive Holzbank lädt zur Rast ein, die saftigen Wiesen um uns herum zum Picknick und zu Erkundungen. Hier wachsen verschiedene Wildblumen und – für Kinder besonders interessant – Parasolpilze. In dem Steinlabyrinth, das in die Wiese eingelassen ist, lassen sich noch ein paar Extrameter absolvieren. Es ist der Höhepunkt des Schöpfungspfads und symbolisiert den Weg zur Mitte.

Wir wandern anschließend den Wiesenweg weiter bergab und mit einer Kehre nach rechts, das Gefälle nimmt nun deutlich zu. Der Weg ist mit einer Mischung aus Asphalt und Schotter befestigt. Nach zwei weiteren Kehren biegt der Wildnis-Trail nach links weg, dafür gesellt sich die Markierung »T9« zu uns. Wir wandern weiter hinab ins Tal, überqueren auf einer Betonbrücke den Wüstebach und folgen seinem Bachlauf vorbei an der **Fledermaushöhle (5)** (verschlossen) bis zu einer Gabelung an einer **Schutzhütte (6)**. Hier vereinen sich der Wüste- und der Püngelbach zur Erkensruhr. Wir halten uns rechts und wandern nun auf dem breiten Forstweg an der Erkensruhr entlang bis nach Hirschrott. Der Weg mündet schließlich an Forellenteichen in eine Straße ein. Ihr folgen wir nach rechts über eine Kehre zum Gasthaus **»Zum weißen Stein« (7)**. Die Preise hier sind moderat, die Speisen, vor allem die Reibekuchen lecker und die ältere Besitzerin hatte bislang immer einen flotten Spruch für uns Wanderer übrig.

Die letzte Etappe der Wanderung führt uns die Straße weiter durch Hirschrott nach Norden. Idyllisch schmiegen sich einzelne Häuser an den Hang inmitten weitläufiger Wiesen. Hier hat die Zivilisation einen letzten Außenposten. Wir treffen etwa auf ein sehr schönes Fachwerkhaus, mit einem Traum von (privatem) Spielplatz. Um eine Biegung herum gelangen wir an die Kreuzung in **Finkenauel (2)** und in Verlängerung zum Ausgangspunkt am **Sportplatz (1)** in Erkensruhr.

19 Auf dem Wildnis-Trail

Entlang des »Amazonas der Eifel« nach Einruhr ab 6 J.

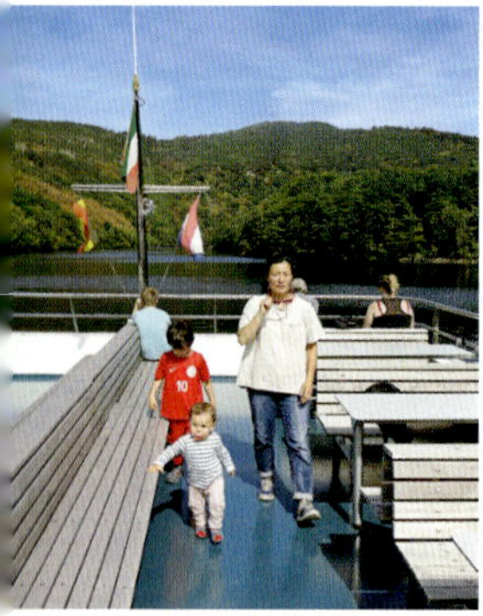

Mit Boot und Wildkatze unterwegs im Nationalpark

»Auf dem Wildnis-Trail« – das klingt nach Abenteuer, und das ist es auch! Der Wildnis-Trail ist ein besonders naturnaher Wanderweg durch den Nationalpark. Er führt in vier Tagesetappen von 18 bis 25 Kilometer Länge von Monschau-Höfen im Süden bis zur nördlichen Spitze bei Hürtgenwald-Zerkall und ist mit dem Symbol der Wildkatze markiert. Unsere Wanderung folgt einem Abschnitt der zweiten Tagesetappe. Schon die Anfahrt mit dem Schiff zum Ausgangspunkt an der Staumauer des Urftsees ist ein besonderes Erlebnis. Der Teil des Obersees, den wir durchschippern, wird auch »Amazonas der Eifel« genannt. Und ein bisschen ist tatsächlich etwas dran, denn schließlich schlängelt sich der schmale See wie ein Fluss durch den Wald, die Bäume stehen dicht gedrängt am Ufer und ihre Äste ragen bis ins Wasser. Nur die Krokodile fehlen in unseren Breitengraden! Über die Anfang des 19. Jahrhunderts höchste Staumauer Europas geht es anschließend weiter in den Nationalpark hinein und auf spannenden Wegen entlang des Urft- und des Obersees und über weitläufige Wiesen bis nach Einruhr zurück, wo uns noch ein herrlich erfrischendes Bad im Obersee erwartet.

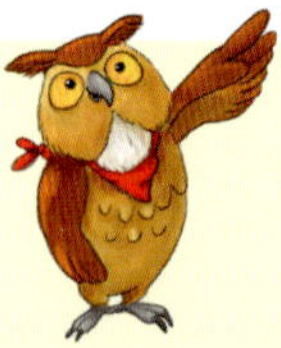

Hallo Kinder,

ein Nationalpark gehört in erster Linie den Tieren und nicht den Menschen, das ist nun einmal die Grundidee des Nationalparks. Der Nationalpark Eifel ist noch recht jung, nämlich gerade erst 14 Jahre alt. Inzwischen zieht er viele Naturliebhaber an, dennoch ist vieles noch wie zur Eröffnung – so rauscht etwa der Verkehr relativ unbeschränkt über die Straßen. Inzwischen gibt es zwar an einigen Stellen wie auf dem Bergrücken des Kermeters Geschwindigkeitsbegrenzungen und außerdem ein dichtes Busnetz sowie Haltestellen an allen wichtigen Sehenswürdigkeiten. Die meisten Menschen aber reisen lieber bequem mit dem Auto oder schnell mit leider sehr lauten Motorrädern an. An vielen Stellen ist das Geheule ihrer Motoren meilenweit zu hören. Und das ist keineswegs gut für die Tiere, die wie der Luchs, die Wildkatze oder der Feuersalamander im Nationalpark geschützt werden sollen. Sie leiden unter dem Krach und sind nicht selten Verkehrsopfer. Am besten reist ihr also mit Bus und Bahn an, und wenn eure Familie doch mit dem Auto kommt, bleibt doch gleich ein ganzes Wochenende, um die schöne Natur zu genießen.

KURZINFO

Ausgangspunkt: Schiffsanleger Einruhr, 272 m (GPS: N50.583578 E6.378172). Mit dem Schiff weiter zur Urftsee-Staumauer.

Anfahrt: Auf der A 1 bis Ausfahrt Wißkirchen und weiter auf der B 266 über Kommern und Gemünd nach Einruhr. Zahlreiche kostenpflichtige Parkplätze in Einruhr, kostenfrei Parken an der B 266.

Mit Bahn und Bus: Mit der Regionalbahn bis Kall und weiter mit Bus SB82 bis »Vogelsang IP« und anschließend mit Bus SB63 bis Einruhr.

Rurseeschifffahrt: Zum Ausgangspunkt der Wanderung an der Staumauer des Urftsees gelangt man in einer Stunde per Boot. Um die Wanderung entspannt machen zu können, nimmt man am besten eines der Schiffe, die um 10 Uhr, 11 Uhr und 12 Uhr in Einruhr ablegen. Eine Reservierung ist i. d. R. nicht nötig. Informationen unter www.rursee-schifffahrt.de.

Gehzeit: 2.50 Std.

Distanz: 8,0 km.

Höhenunterschied: 240 m.

Ausrüstung: Gut profilierte Sport- oder Wanderschuhe.

Anforderungen: Ab 6 Jahren. Eine leichte Tour, die durchgehend der Markierung des Wildnis-Trails folgt. Auf der Krone der Urftsee-Staumauer hat man bereits den ersten Anstieg gemeistert, es folgt noch ein weiterer knackiger Anstieg kurz vor Einruhr. Wer mit Kinderwagen unterwegs ist, lässt diesen Anstieg aus und folgt einfach dem Uferweg.

Einkehr: Auf den Schiffen der Rurseeschifffahrt kann man sich mit Getränken und Snacks versorgen. Auch an der Urft-Staumauer gibt es eine Gastronomie. Die nächste Einkehr ist dann Nebies Bistro am Naturerlebnisbad Einruhr (Rurstraße, 52152 Simmerath, Tel. +49 2485 912929, www.naturerlebnisbad-einruhr.de; bei Badewetter tägl. 10–22 Uhr geöffnet). Zahlreiche weitere Gasthäuser in Einruhr in der Nähe des Schiffsanlegers.

Übernachtung: Siehe Tour 15.

Karte: Nationalpark Eifel (Eifelvereinskarte Nr. 50, 1:25.000).

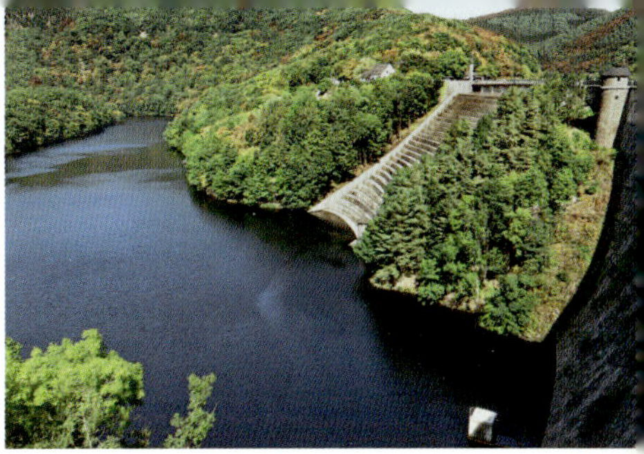

Als dunkles Band zieht sich der Amazonas der Eifel zur Staumauer.

Forscherdrang: Die von der Sonne erwärmten Felsen an der Dinkenaul bieten vielen Tieren ein Zuhause.

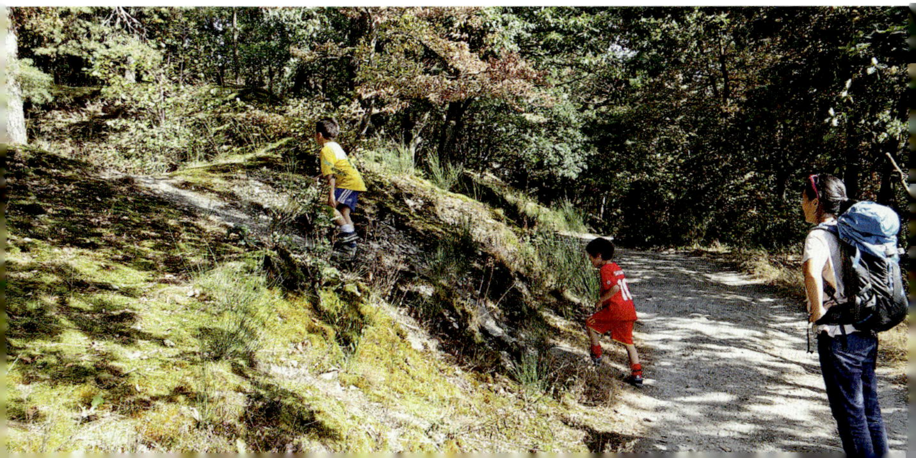

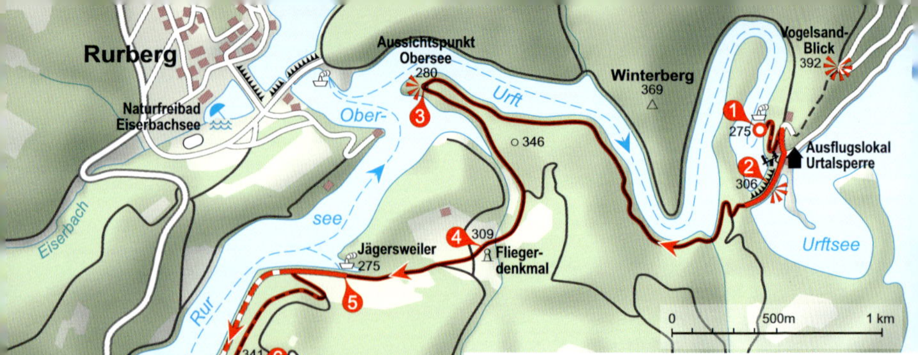

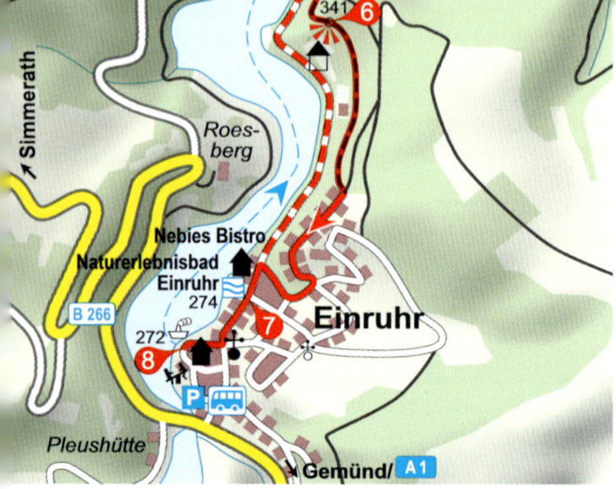

Vom **Schiffsanleger (1)** an der Urftsee-Staumauer aus gehen wir zunächst den Zuweg bergan bis auf die Krone der **Staumauer (2)**. Hier gibt es einen kleinen Spielplatz, eine Gastronomie und ein Info-Häuschen mit vielfältigen Informationen zur Staumauer. Wir überqueren diese und gelangen über eine Steintreppe auf eine kleine Aussichtsplattform. Von hieraus führt ein Zubringer durch ein Eisentor auf den eigentlichen Wildnis-Trail (Markierung Wildkatze). Wir biegen nach rechts in ihn ein und wandern nun immer am Ufer des Obersees entlang Richtung Westen. Mal ist der Weg schmal und führt am Steilufer entlang, mal ist er breiter und die Uferböschung flacher. In jedem Fall haben wir einen guten Blick durch die Buchen und Eichen auf den See. Es stellen sich uns keine wesentlichen Steigungen in den Weg. Diesen müssen wir uns lediglich mit Fahrradfahrern teilen. Aber fernab des Straßenverkehrs können wir die Landschaft hier ungestört genießen. Schließlich biegen wir um die Landzunge an der Dickenauel herum und gelangen an den **Aussichtspunkt Obersee (3)** mit einer Rastbank. Nachdem wir den Blick auf den hinteren Teil des Obersees genossen haben, wandern wir an der Rückseite der Landzunge weiter. Einige Felsen zwischen den herrlichen Krüppeleichen links des Weges laden die Kinder zum Klettern ein. Wir wandern nun in einen Wald hinein und damit etwas weg vom See. Wir passieren ein **Fliegerdenkmal (4)** mit einem orangen Känguru (wahrscheinlich das Wappentier des hier im Zweiten Weltkrieg abgeschossenen Flugzeugs) und gehen auf eine Freifläche hinaus. Die Wiesen am Wegesrand laden zu einer Rast oder einem Picknick ein. Der Wildnis-Trail führt uns anschließend an einer Rastbank und einem Informations-

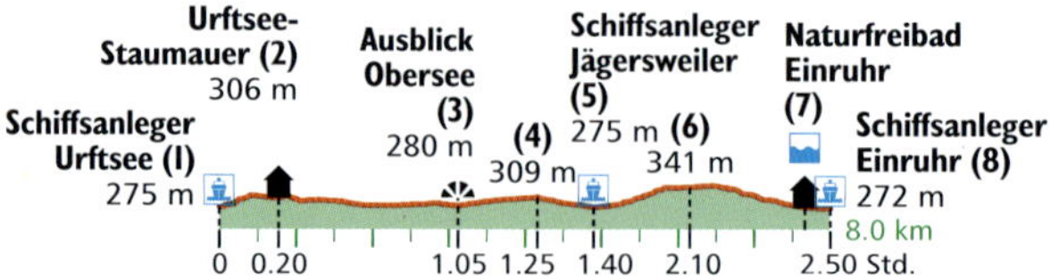

schild vorbei aus dem Nationalpark heraus. Auf einem Schotterweg gehen wir weiter bis zum **Schiffsanleger Jägersweiler (5)** und noch ein Stück am Ufer des Obersees entlang. Bald geht der Schotterweg in Asphalt über, und der Wildnis-Trail biegt nach links den Hang hinauf. Mit Kinderwagen folgen wir einfach dem Uferweg geradeaus bis zum Naturfreibad Einruhr. Alle anderen wandern auf dem zunehmend schmaler werdenden Weg ein Stück bergan und biegen unterhalb einer Schutzhütte nach rechts in den Wald. Der schmale Bergpfad führt uns nun oberhalb des Ufers durch Fichtenwälder in Richtung Einruhr. Der Wald geht alsbald in einen Eichen- und Buchenwald über. Etwa am **höchsten Punkt (6)** dieses Abschnitts wandern wir an einer Rastbank um einen Felsvorsprung herum. Der Bergpfad geht alsbald in einen Forstweg über. Nun kommen wir der Zivilisation näher, denn mit jedem Schritt nehmen die Motorengeräusche merklich zu. Wir biegen schließlich nach rechts in einen querlaufenden Weg ein und gehen mit der Straße »Am Hosterberg« durch das nördliche Wohngebiet von Einruhr. Weiter bergab biegen wir an der nächsten Kreuzung in die Wollseifener Straße, mit der wir hinab zur Uferpromenade gelangen. Mit der Rurstraße wandern wir am **Naturfreibad Einruhr (7)** vorbei, das eine sehr schöne Einkehrgelegenheit bietet und ideal ist, um sich nach der Wanderung abzukühlen, zurück ins Dorfzentrum von Einruhr. Rund um den **Schiffsanleger (8)** gibt es weitere Gasthäuser und einen Spielplatz.

HIGHLIGHTS

- ★ Vor oder nach der Wanderung auf dem weitläufigen Spielplatz am Schiffsanleger Einruhr toben.
- ★ Mit dem Schiff auf Ober- und Urftsee zum Startpunkt der Wanderung.
- ★ Die Urftsee-Staumauer war einst die höchste Staumauer Europas.
- ★ Picknicken am Ufer des Obersees oder auf einer der vielen Wiesen am Rand des Nationalparks (bitte keinen Müll liegen lassen).
- ★ Am Ende der Wanderung wartet ein kühles Bad im Naturerlebnisbad Einruhr (siehe Freizeittipp A4).
- ★ Nach der Tour bietet sich ein Abstecher zum neuen Besucherzentrum »Vogelsang IP« im Nationalpark an. In der ehemaligen NS-Ordensburg gibt es regelmäßige Veranstaltungen und eine Dauerausstellung zum Thema Natur. Auch die dunkle Vergangenheit des Ortes wird nicht ausgespart.

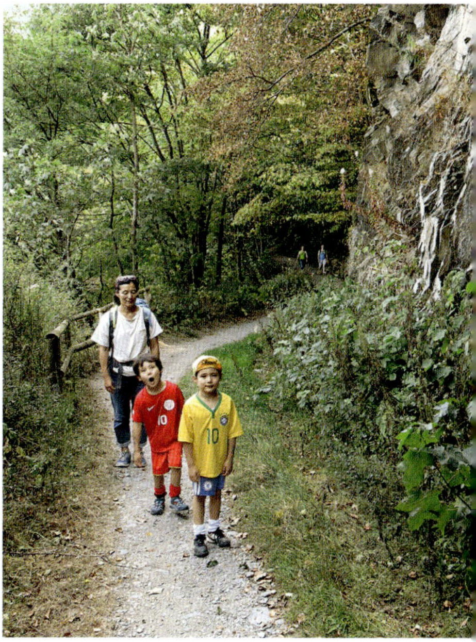

Idyllisch führt der Wildnis-Trail am Ufer des Obersees entlang.

20 Im Steffelner Vulkangarten

Von Eichholzmaar nach Steffeln

ab 6 J.

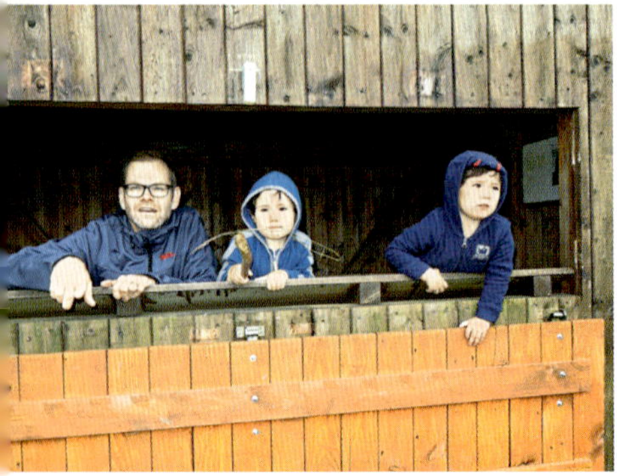

Beobachtungsstand: Nicht nur Blumen sondern auch viele Tiere gibt es im Vulkanpark zu beobachten.

Tanz auf dem Vulkan

Dass es vor Tausenden von Jahren unter der Eifel kräftig gebrodelt hat und die Region vulkanischen Ursprungs ist, ist hinlänglich bekannt. Den Laarcher See und die Dauner Maare kennen viele Rheinländer, den Vulkangarten Steffeln im Westen der sogenannten Vulkaneifel allerdings eher wenige. Für eine entspannte Wanderung mit der Familie durch eine der schönsten Eifellandschaften ist das sicherlich von Vorteil. Unsere Tour führt an dem kleinen, aber informativ beschilderten Eichholzmaar und der Naturquelle Steffelner Drees vorbei und schließlich durch den liebevoll aufbereiteten Vulkangarten. Hier kann man Zeugnisse der vulkanischen Aktivität sehen und erfährt alles über Krater, Maare, Lava und vieles mehr – nur einen echten Ausbruch, den hat es schon lange nicht mehr gegeben.

Spiel und Entspannung zur Halbzeit der Wanderung auf dem Spielplatz in der Bachstraße.

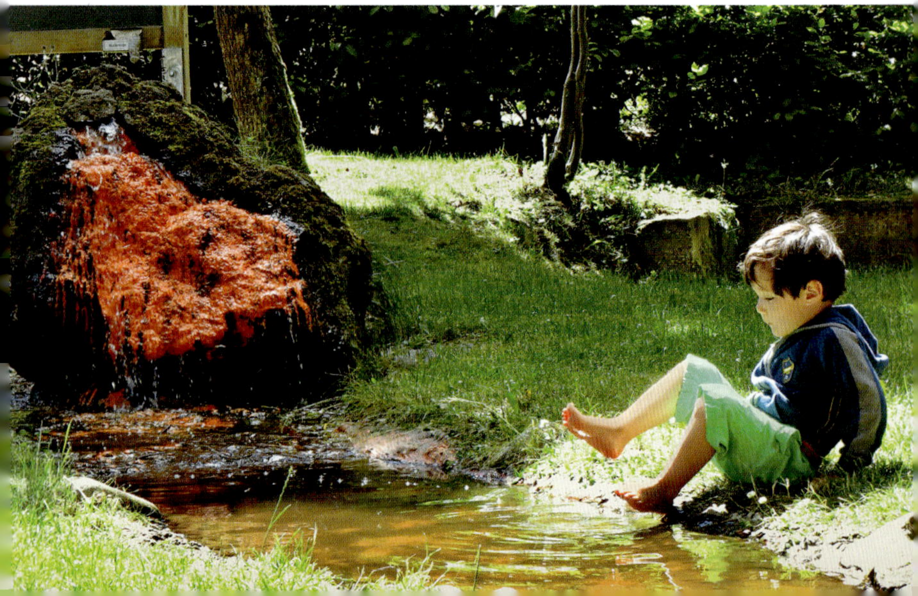

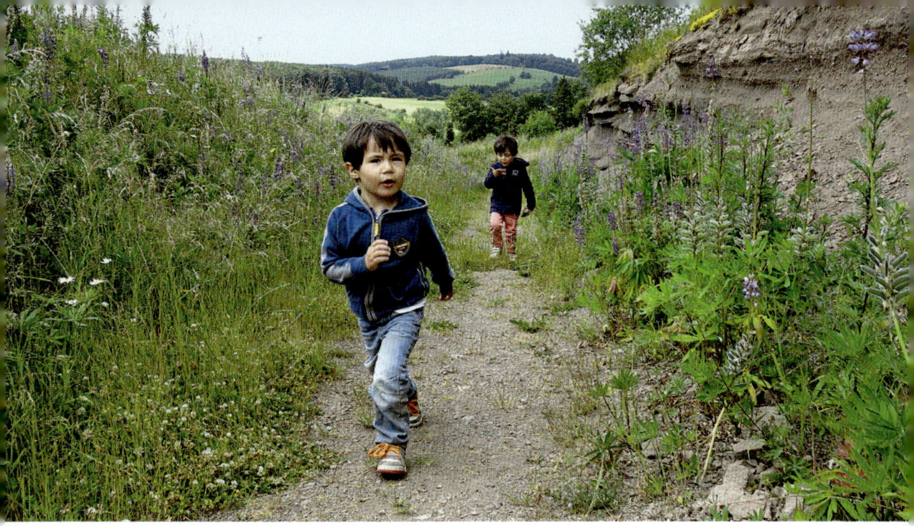

Blumenpracht im Vulkanpark Steffeln.

KURZINFO

Ausgangspunkt: Parkplatz Eichholzmaar an der L 24, 479 m (GPS: N50.271227, E6.568638).
Anfahrt: Auf der A 1 bis Blankenheim und weiter auf der B 51 und L 24 durch Steffeln durch in Richtung Duppach. Der Parkplatz liegt auf der rechten Seite ca. 1 km vor Duppach. Mit Bahn und Bus an Wochenenden nicht zu erreichen.
Gehzeit: 2.50 Std.
Distanz: 8,2 km.
Höhenunterschied: 185 m.
Ausrüstung: Feste Wanderschuhe, denn gerade nach längerem Regen kann es am Eichholzmaar und den Quellen matschig sein. Zudem ein Fernglas für Beobachtungen im Vulkangarten.
Anforderungen: Ab 6 Jahren. Eigentlich eine einfache Wanderung, aber mit einem lang gezogenen Anstieg bis zum Vulkangarten und einem etwas steileren Anstieg auf dem Rückweg von Steffeln zum Vulkangarten. Wechselnde Markierungen.
Einkehr: Mehrere Gelegenheiten in Steffeln, u.a. die Gastwirtschaft Sünnen mit eigenem Parkplatz und kleinem Spielplatz (Brunnenstraße 3, 54597 Steffeln, Tel. +49 6593 8510, www.gastwirtschaft-suennen.de).
Übernachtung: Die Anfahrt nach Steffeln ist von Köln und Bonn aus für eine Tagestour recht weit. Aber die Landschaft alleine lohnt dies, und Unterkünfte gibt es für ein verlängertes Wochenende genug. Auch Attraktionen in der Umgebung sind reichlich gesät, z.B. die Kasselburg bei Gerolstein mit Adler- und Wolfspark (siehe Freizeittipp D3), die mächtige Abtei in Prüm, in der Kaiser Lothar I., Enkel von Karl dem Großen, begraben liegt (www.pruem.de), die Burg mit historischem Ortskern in Kronenburg oder die Ahrquelle im historischen Stadtkern von Blankenheim (www.blankenheim.de).
Variante: Wer noch ein paar Extrameter einlegen will, wandert von Steffeln aus hinauf zur Kapelle Wahlhausen, von der man einen der schönsten Blicke in der Eifel hat (plus 1,7 km hin und zurück).
Geführte Touren: Ab dem Dorfgemeinschaftshaus Steffeln führt zwischen April und Oktober jeden Mittwoch ab 14 Uhr eine Gruppenführung durch den Vulkangarten. Familien zahlen 7,50 €. Anmeldung unter Tel. +49 6593 8506 oder 8508.
Karte: Prümer Land (Eifelvereinskarte Nr. 17, 1:25.000).

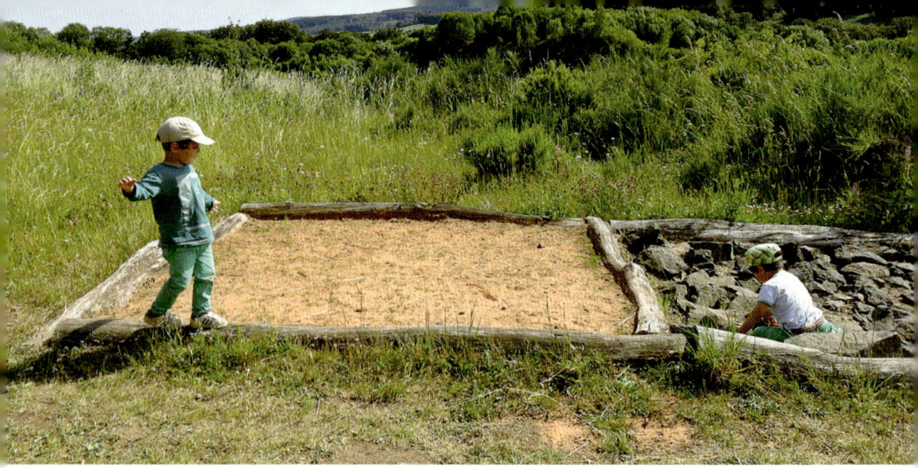

Der Barfußweg im Vulkanpark schult die Sinne.

Vom **Parkplatz am Eichholzmaar (1)** geht es schnurstracks gen Westen über die Felder zum gleichnamigen Trockenmaar. Dabei folgen wir bis zum Vulkanpark und weiter nach Steffeln den beiden Markierungen »Geo-Rundweg Steffeln« (blaue Markierung mit Maar-Symbol) und »Vulkanroute« (grüne Markierung mit Maar-Symbol). Auf der gegenüberliegenden Seite des Eichholzmaars sehen wir einen Aussichtsturm. Hierhin gelangen wir entgegen dem Uhrzeigersinn um das Maar herum. Über den Tuffsteinrand führt ein schmaler Pfad dorthin. Am **Turm (2)** vorbei wandern wir weiter nach Westen. Ein schöner Pfad führt uns einen Bachlauf entlang. Die abzweigende Holzbrücke über den Bach

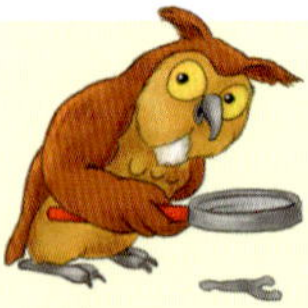

Hallo Kinder,

Erdbeben sind im Rheinland keine Seltenheit, nur sind die meisten davon so schwach, dass wir Menschen sie gar nicht wahrnehmen. Dass wir uns hier auf einer tektonischen Schwächezone bewegen, an der sich Spannungen in den Erdplatten entladen, könnt ihr auch am Vulkanismus in der Eifel sehen. Aber keine Angst, der letzte Vulkanausbruch in der Eifel liegt mindestens 10.000 Jahre zurück. Vulkanisch aktiv ist die Region dennoch. Der Vulkankegel von Steffeln wurde zum geologischen Erlebnisgebiet umgestaltet. An den 24 Stationen könnt ihr euch verschiedene geologische Phänomene rund um den Vulkanismus veranschaulichen lassen. Unsere Wanderung führt zudem am Eichholzmaar vorbei. Maare sind schüssel- oder trichterförmige Mulden, die durch vulkanische Explosionen entstanden und später mit Wasser vollgelaufen sind. Einige, wie das Eichholzmaar, sind anschließend ausgetrocknet. Das Eichholzmaar wurde im Spätsommer 2007 renaturiert und wieder mit Wasser gefüllt. Der See ist nur drei Meter tief und etwa 1½ Fußballfelder groß.

ignorieren wir. Unser nächstes Ziel, die **Steffelner Drees (3),** ist bereits mit Hinweisschildern »Mineralquelle« ausgeschildert. An der Quelle können wir uns kurz erfrischen und auf der Rastbank ausruhen, bevor wir nach rechts und damit gen Norden auf einem Feldweg weiterwandern. Alsbald sehen wir in der Ferne bereits unser nächstes Ziel, den markanten Steffelnkopf, und rechts daneben die Ortschaft Steffeln. Über die Felder geht es nun im Zickzack. Wir biegen alsbald nach rechts in einen breiten Feldweg, die nächste Gelegenheit nach links und gleich wieder nach rechts. Anschließend geht es mit zunehmender Steigung Richtung Norden bis an den Fuß des Steffelnkopfs. An einer **Abzweigung (4)** weist uns ein Holzschild den Weg nach links zum »Vulkangarten«. Nun wandern wir steiler bergan durch ein kleines Waldstück und über den wiesenbedeckten Kraterrand. Auf der Krone blicken wir hinein in den ehemaligen Vulkan. Durch den Krater führen mehrere Wege, die man individuell bestimmen kann. Ein wichtiger Orientierungspunkt ist die markante Abbruchkante. Zum Beispiel kann man zum kleinen **Beobachtungsstand (5)** am Ostrand des Kraters wandern, von da aus zum **Bohrloch (6)** auf dem Kratergrund und auf der Gegenseite wieder hinauf zur **Schutzhütte (7)** auf der Nordseite des Kraters. Hier bietet ein Rastplatz Gelegenheit zu einem Picknick in dieser tollen Umgebung. Wir wandern weiter auf einem Schotterweg in Richtung Parkplatz und Steffeln. Vor dem Parkplatz biegen der Geo-Rundweg und die Vulkanroute nach rechts ab. Über die Felder wandern wir in einem Linksbogen bis zur **K 52 (8)**, der wir ein kurzes Stück nach rechts folgen, und gleich wieder rechts in die »Waldstraße« abbie-

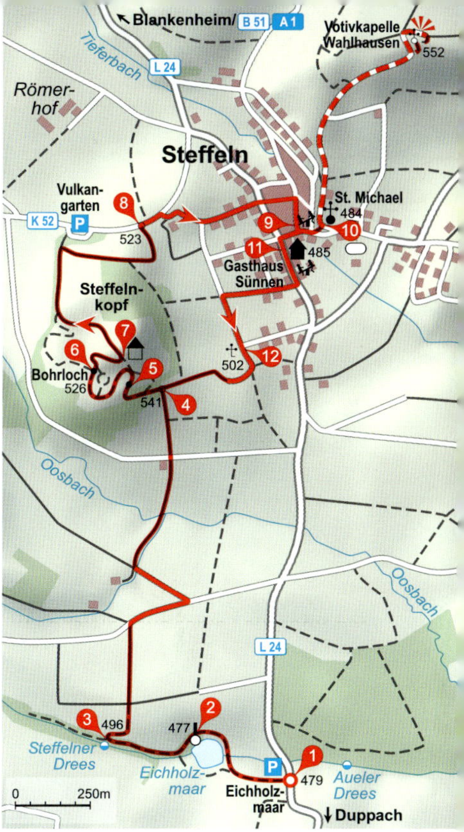

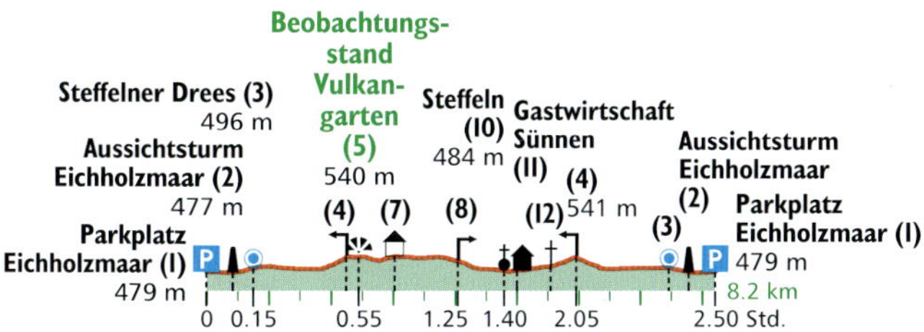

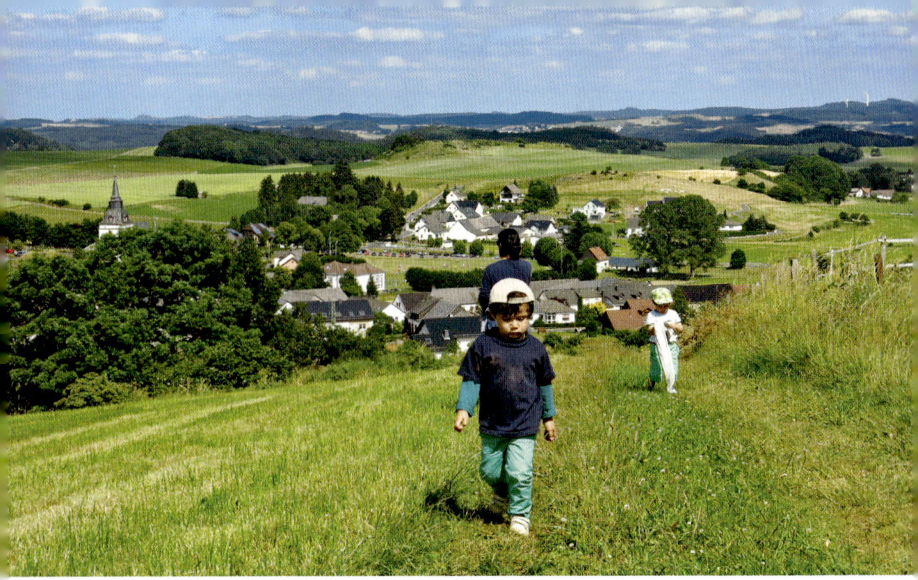

Tolle Blicke meinen die Erwachsenen, die Jugend hat anderes im Sinn.

gen. Nun gehen wir hinab nach Steffeln, überqueren die Dorfstraße (Hochstraße) und folgen weiter geradeaus der Bohnengasse und schließlich nach rechts der Bachstraße bis zu einem schön gelegenen **Kinderspielplatz (9)**. Direkt um die Ecke thront die **Dorfkirche (10)** auf einem imposanten Tuffsteinfelsen.

Wer möchte, kann von hieraus zur imposant gelegenen Kapelle Wahlhausen hoch über Steffeln wandern. Von dort aus hat man einen wunderbaren Blick (siehe Variante).

HIGHLIGHTS

- ★ Wandern in einer der schönsten Eifellandschaften überhaupt.
- ★ Abstieg in einen erloschenen Krater: Vulkanismus hautnah erleben mit vielen Informationstafeln im Vulkangarten Steffeln.
- ★ Trinken aus einer natürlichen Quelle an der Steffelner Drees.
- ★ Am Eichholzmaar können wir eines von den vielen Maaren in der Region bestaunen.

Zurück am **Spielplatz (9)** verlassen wir nun den Geo-Rundweg und die Vulkanroute und treten den Rückweg zum Eichholzmaar an. Dazu wandern wir die Lindenstraße entlang zur Dorfstraße (Brunnenstraße), biegen nach links in sie ein, vorbei am **Gasthaus Sünnen (11)**, und biegen nach rechts in die Straße »Am Seitert« ab. Nun führt uns die Markierung des Ortswanderwegs »3« zurück zum Vulkangarten. Wir wandern hinaus auf die Felder, biegen nach links in den querlaufenden Feldweg und wandern vorbei an einer Rastbank und einem **Kreuz (12)**. An der nächsten Verzweigung biegen wir rechts den Hang hinauf und gelangen am Fuß des Steffelnkopfs an die **Abzweigung (4)**, die wir schon vom Hinweg kennen. Hier weisen uns zwei Holzschilder den Rückweg zur **Steffelner Drees (3)** und zum **Eichholzmaar (2)**, und mit dem Geo-Rundweg und der Vulkanroute gelangen wir zurück zum **Parkplatz am Eichholzmaar (1)**.

Im Murbachtal

Von der Diepentalsperre zur Wietsche Mühle ab 5 J.

Wanderspaß im Herzen des Bergischen Landes
Ein spannender Tag in der Natur lässt sich auf der Wanderung im Murbachtal verbringen. Denn sie führt durch ein schönes Bachtal zur pittoresken Wietsche Mühle mit einer angenehmen Terrasse, wo das Eis für die Kleinen und ein kühles Getränk für die Großen besonders gut schmecken. Die alte Freizeitanlange am Haus Diepental, die den Charme aus Omas und Opas Zeiten versprühte, ist leider Vergangenheit. Bis 2025 soll auf dem Gelände eine neue Anlage mit einem Hotel und einem Naturfreibad entstehen. Auch der See soll hier renaturiert werden. Bis dahin heißt es für ein paar Jahre, wandern ohne den anschließenden Sprung ins kühle Nass. Aber läuft alles nach Plan, lässt es sich ab 2025 an der Diepentalsperre noch schöner baden, Minigolf spielen oder Paddelboot fahren.

KURZINFO

Ausgangspunkt: Parkplatz gegenüber dem Schwimmbad am Südufer der Diepentalsperre, 114 m (GPS: N51.095529, E7.069549).
Anfahrt: Auf der A 1 bis Ausfahrt Burscheid, weiter auf der L 58 bis Burscheid und auf der L 291 bis Romberg, rechts ab in die Diepentaler Straße bis zum Parkplatz.
Mit Bahn und Bus: Von Köln Hauptbahnhof mit der Regionalbahn bis Opladen und weiter mit Bus 240 bis zur Haltestelle Pattscheid Bahnhof. Die letzten Meter geht man zu Fuß die Diepentaler Straße bis zum Parkplatz.
Gehzeit: 2.30 Std.
Distanz: 7,7 km.
Höhenunterschied: 100 m.
Ausrüstung: Gut profilierte Sport- oder Wanderschuhe.
Anforderungen: Ab 5 Jahren. Eine leichte, aber doch recht lange Wanderung mit nur einem Anstieg und wechselnden Markierungen.
Einkehr: Empfehlenswert ist die Einkehr in der idyllisch gelegenen Wietsche Mühle (Wietsche 21, 42799 Leichlingen (Rheinland), Tel. +49 2175 2108). Getränke und Speisen gibt es bis auf Weiteres auch am Kiosk »Bei Giordini« im Areal des Haus Diepental.
Variante: Wer die Wanderung etwas abkürzen möchte, spart sich die erste Schleife um den See und geht über die Brücke direkt ans Nordufer zum Haus Diepental. Ab hier folgt man der Wanderung bis man wieder zum Ausgangspunkt kommt.
Karte: Wanderkarte Bergisches Land Blatt 2 Nordwesten (Das Bergische, 1:25.000).

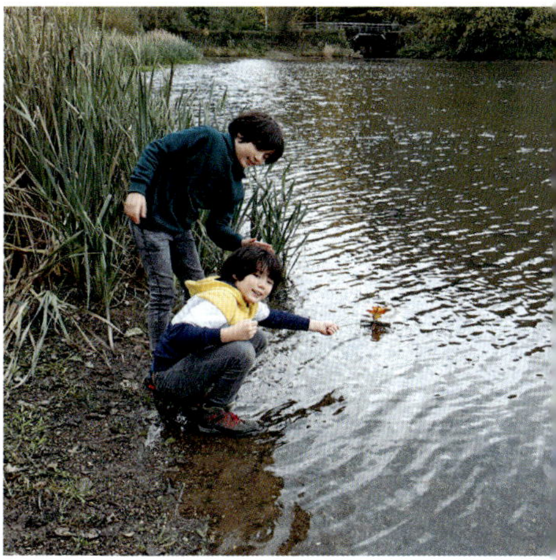

Wo jetzt keine Trettboote mehr kreuzen, haben Schilfbötchen freie Fahrt.

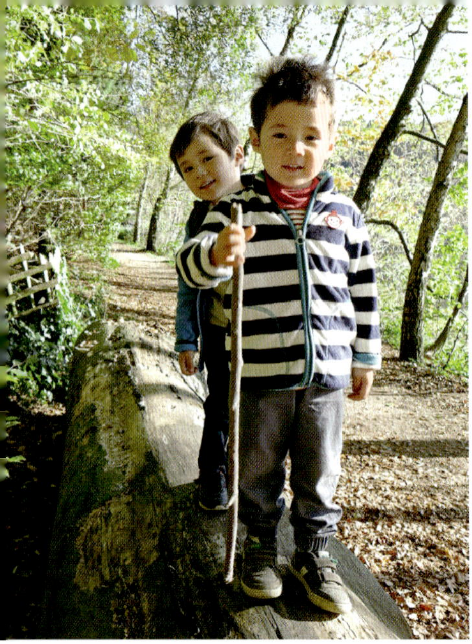

Balanceakt zwischen Talsperre und Wietsche Mühle.

HIGHLIGHTS

★ Stockangeln in den kleinen Buchten am Nordufer der Talsperre.

★ Zwischen Talsperre und Wietsche Mühle kann man schön am durch das enge Tal mäandernden Bach spielen.

Wir umrunden die Talsperre entgegen dem Uhrzeigersinn und folgen dazu vom **Parkplatz (1)** dem Uferweg in östlicher Richtung am See entlang. Wenig später gesellt sich der Wanderweg »A3« von rechts kommend dazu. Wir wandern um die Ostspitze des Sees herum auf das Nordufer, biegen am Gelände des ehemaligen **Campingplatzes (2)** nach rechts in den querlaufenden Weg und wandern das Murbachtal ein Stück talaufwärts in Richtung Grünscheider Mühle. Hinter dem Haus mit der Nummer 12 wenden wir uns mit dem Wanderweg »A3« und dem zusätzlichen Hinweis »Rundweg zu den Gaststätten« nach links. Der Weg führt uns steil den Hang hinauf und biegt an einigen Ferienhäusern vorbei nach Westen. Wir wandern nun etwas oberhalb der Talsperre am Hang entlang, haben einen schönen Blick auf den See und gelangen an die Zufahrtsstraße zum **Haus Diepenbach (3)**. Wir biegen nach links in die Straße ein und wandern hinab zum See. Gegenüber dem Eingang zum Gelände der ehemaligen Freizeitanlage führt uns rechts ein breiter Schotterweg mit unterschiedlichen Markierungen das Nordufer entlang. Bis zur Wietsche Mühle folgen

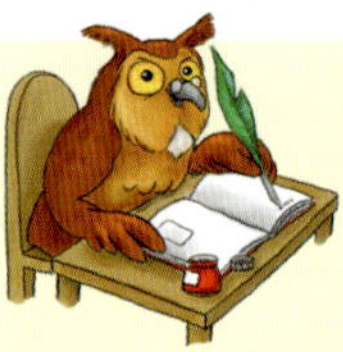

Hallo Kinder,

die Diepentalsperre birgt ein Geheimnis. Als der Stausee zwischen 1902 und 1908 durch die Stauung des Murbachs entstand, ging in den Fluten auch das Rittergut Diepenbach unter. Die Talsperre wurde damals zur Stromerzeugung gebaut, heute ist sie Teil eines Naherholungsgebietes. Mit dem Wasser ist wohl auch die Erinnerung an das Rittergeschlecht derer von Diepental untergegangen. Man findet nicht mehr viele Hinweise auf ihre Taten und die Burg. Aber vielleicht, wenn ihr lange genug auf die Wasseroberfläche schaut, seht ihr den Turm einer verwunschenen alten Ritterburg auf dem Talsperrengrund durchscheinen.

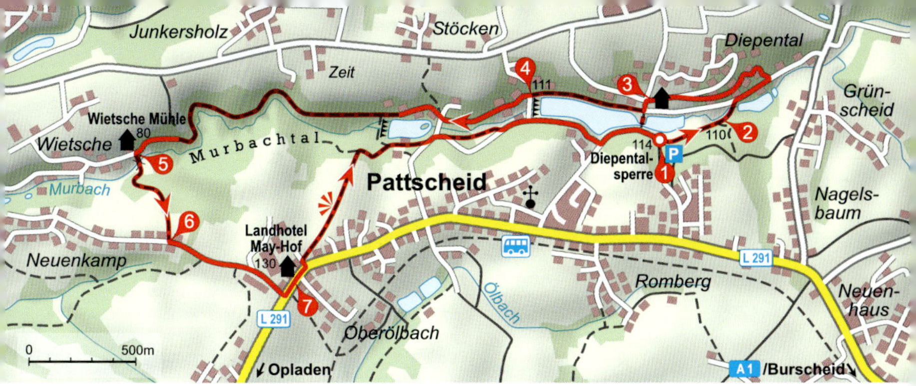

wir zunächst den Markierungen »N« und »A4«, später auch »A6«. Wir passieren die **Staumauer (4)**, gelangen durch eine Sperre und an einem Stall in Fachwerkbauweise an ihren Fuß. Wir wandern weiter das Nordufer eines Vorsees entlang, an dem Angler auf den großen Fang warten, und folgen weiter dem leicht mäandernden Murbach in Richtung Westen. Zu unserer Rechten ragt ein Steilhang gen Himmel. Ihn säumen knorrige Buchen. Der Weg durch das Murbachtal ist breit und angenehm zu wandern – teilweise ist er asphaltiert. Wir gelangen schließlich zur **Wietsche Mühle (5)**, die tief im Tal liegt. Aber auch wenn die Außenterrasse nicht gerade mit Sonne verwöhnt ist, lohnt doch eine Rast.

An der Mühle überqueren wir den Murbach über eine Betonbrücke und wandern, immer noch den Markierungen »N« und »A6« folgend, den Steilhang am Südufer auf einem schmalen Pfad hinauf. Schließlich treten wir auf eine Weide hinaus und gelangen etwas weiter bergan in **Neuenkamp (6)** an die querlaufende Dorfstraße, auf der wir uns mit der Markierung »A6« links halten. Die folgenden 600 m sind nicht sonderlich attraktiv, denn sie führen über Asphalt und schließlich in Pattscheid an einer großen Fabrik vorbei. Wir biegen nach links in die L 291 ein, passieren das **Landhotel May-Hof (7)**, das noch einmal eine Gelegenheit zur Einkehr ist, und biegen, weiterhin mit der Markierung »A6«, am Haus mit der Nummer 291 sofort wieder von der Landstraße nach links ab in einen schönen Wiesenweg. Ein Schild weist hier unmissverständlich den »Wanderweg nach Diepental«. Wir spazieren über Obstwiesen bergab ins Murbachtal, biegen links in die querlaufende Muhrgasse ein und sofort wieder rechts ab mit den Markierungen in Richtung Staumauer (Markierung »L« und »Lv«). Auf dem breiten Uferweg geht es nun am Südufer der Talsperre Richtung Osten. Wir kommen an einem Haus mit lustigen »Gartenwächtern« vorbei und erreichen wenige Meter weiter wieder unseren **Wanderparkplatz (1)**.

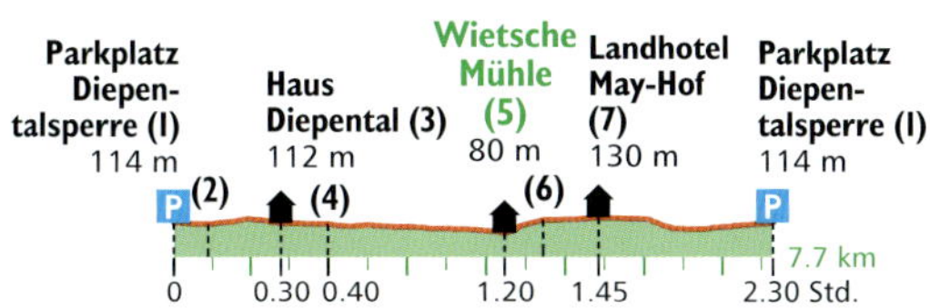

22 Altenberger Dom

Durch das Pfengstbachtal nach Scheuren ab 5 J.

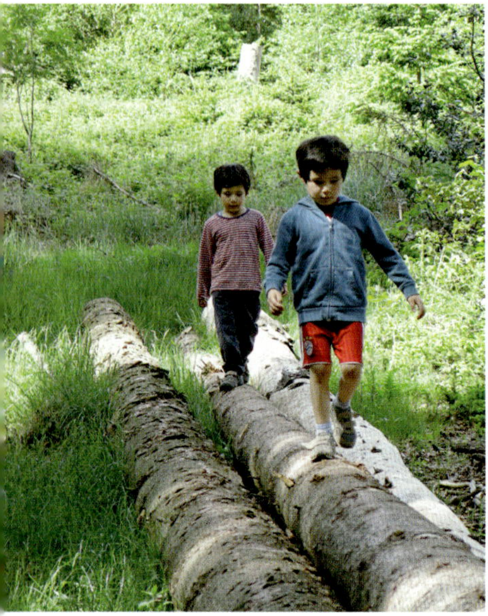

Mächtige Kirchenmauern und märchenhafter Wald

Bergischer Dom wird der imposante Dom in Altenberg gerne auch genannt. Von hieraus wandern wird durch für die Region typische Bachtäler und Wälder hinauf nach Scheuren. Der Anstieg hat es auf den letzten Metern in sich, aber oben angekommen, werden wir belohnt mit einem weiten Rundblick über die umliegende Hügellandschaft. Im beliebten Gasthaus Heuser runden wir einen perfekten bergischen Tag mit der regional typischen Kaffeetafel ab. Die Kinder werden nach der Wanderung mit dem Besuch des Altenberger Märchenwaldes belohnt.

Achtung, Baumstamm lockt! Jetzt ist volle Konzentration wichtig.

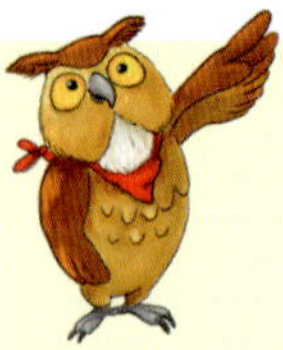

Hallo Kinder,

bergische Kaffeetafeln sind der Renner im Bergischen. Wo immer ihr in der Region hinkommt und es ein Gasthaus gibt, gibt es mit Sicherheit eine Kaffeetafel. Bestellt euch doch einmal eine mit der gesamten Familie. Euch werden die Augen übergehen, was da alles aufgetischt wird. Die Gefahr, dass ihr euch überesst, ist groß. Also legt das große »Fressen« besser ans Ende einer Wanderung, sodass ihr euch mit vollem Bauch nach Hause kutschieren lassen könnt. Und das gehört zu einer ordentlichen bergischen Kaffeetafel, wie sie auch in den Gasthäusern rund um Altenberg angeboten wird: Korinthenweißbrot, Schwarzbrot oder Pumpernickel, verschiedene süße Brotaufstriche, gesüßter Milchreis und Quark, dazu Butter, Zucker und Zimt. Je nach Tradition wird die Tafel um herzhafte Eierspeisen, Wurst- und Fleischwaren ergänzt. Teilweise werden auch Kuchen und Gebäck oder Waffeln dazu gereicht. Der Kaffee für die Eltern wird typischerweise mit einer kurios aussehenden Dröppelminna eingeschenkt. Wem das zu viel ist, der bestellt sich einfach eine bergische Waffel mit Milchreis – auch lecker!

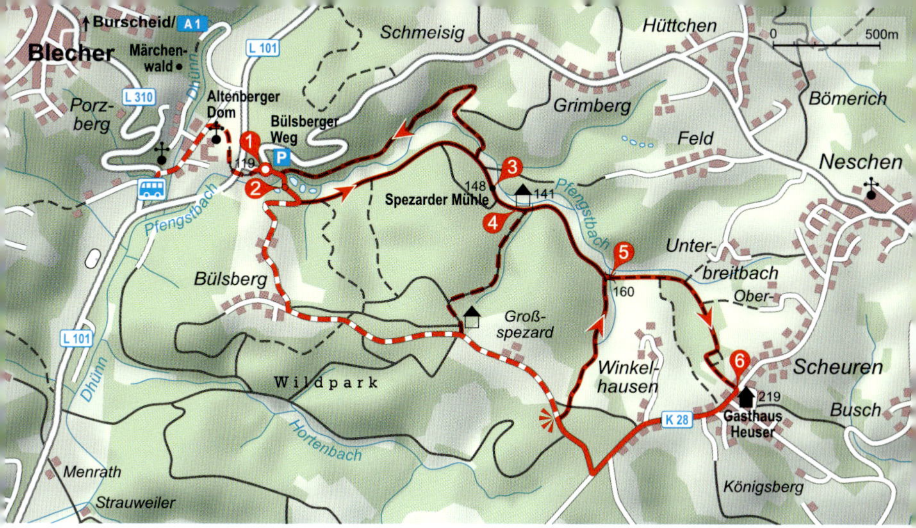

KURZINFO

Ausgangspunkt: Parkplatz Bülsberger Weg am Eingang zum Pfengstbachtal, 119 m (GPS: N51.054030 E7.136991).

Anfahrt: Von Köln aus gibt es zwar kürzere Anfahrten, recht unkompliziert gelangt man zum Altenberger Dom über die A 1 bis Ausfahrt Burscheid, weiter auf der L 51 und L 310. Statt auf den an Wochenenden häufig vollen Parkplätzen am Dom, stellen wir das Auto besser am Eingang zum Pfengstbachtal ab und gelangen dorthin links ab in die L 101 und sofort rechts in Richtung Neschen. Der Parkplatz liegt in der ersten Kurve.

Mit Bahn und Bus: Mit Bus 434 ab Köln-Mülheim Wiener Platz bis Odenthal-Herzogenfeld, weiter mit Bus 267. Zu Fuß weiter auf der Rückseite des Altenberger Doms mit dem Kultur- und Waldlehrpfad bis zu den Fischteichen.

Gehzeit: 2.30 Std.

Distanz: 7,6 km.

Höhenunterschied: 160 m.

Ausrüstung: Gut profilierte Sport- oder Wanderschuhe.

Anforderungen: Ab 5 Jahren. Eine insgesamt mittelschwere Wanderung mit wechselnden Markierungen. Der Anstieg aus dem Pfengstbachtal nach Scheuren ist steil (nur für geländegängige Kinderwagen geeignet!), die restliche Tour ist eher leicht.

Einkehr: Café-Restaurant Heuser mit Sonnenterrasse und bergischer Kaffeetafel (Scheurener Str. 77, 51519 Odenthal, Tel. +49 2207 2400, www.restaurant-heuser.de). Weitere Restaurants rund um den Altenberger Dom.

Varianten: 1) Eine Alternativroute zurück ins Pfengstbachtal führt bis zum Gehöft »Großspezard« (Markierung »A7«) und noch ca. 400 m weiter bis zu einer Schutzhütte. Hier nach rechts mit der Markierung »A10« ins Tal und vom Mühlenteich nach links auf dem Hauptweg zurück zum Ausgangspunkt.

2) Wer mit Kinderwagen unterwegs ist, folgt dem Asphaltweg an der Schutzhütte mit der Markierung »A10« nach Westen bis Bülsberg und biegt am Eingang zu der Siedlung rechts ins Tal. Über einen steilen Asphaltweg zu den Fischteichen und zum Parkplatz. Beide Varianten sind etwa genauso lang wie der Hauptweg.

Karte: Wanderkarte Bergisches Land Blatt 2 Nordwesten (Das Bergische, 1:25.000).

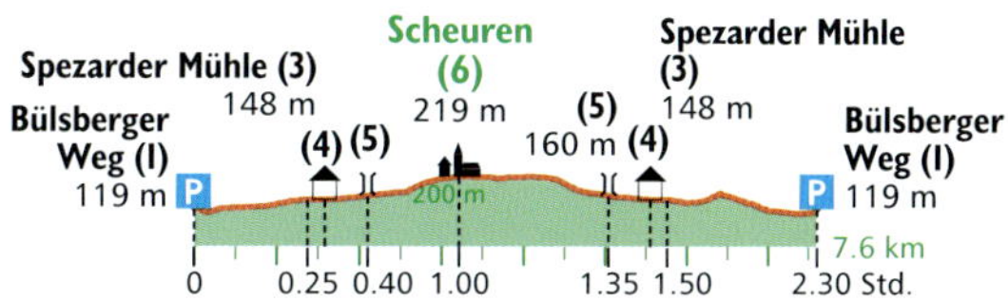

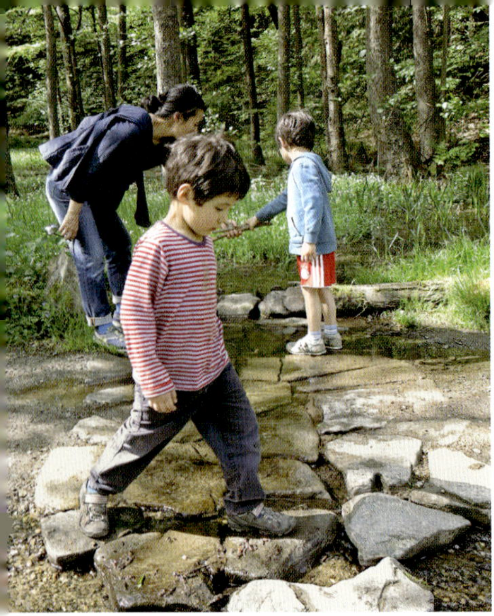

Die kleine Furt hinter der Spezarder Mühle ist kein großes Hindernis.

Vom **Parkplatz Bülsberger Weg (1)** führen uns mehrere Markierungen bis nach Scheuren: zunächst die Denkmalroute (Markierung »Fachwerkhaus«), die Markierung »X30« und im weiteren Wegverlauf auch noch der Bergische Weg. Wir wandern auf dem asphaltierten Bülsberger Weg zwischen den **Fischteichen (2)** hindurch. Die Straße biegt nach links und steigt nun an. Wenige Meter weiter biegen wir an einer Leitplanke mit den Markierungen links ab in einen Forstweg. Er führt uns auf dem Südufer des Pfengstbachs talaufwärts. Immer wieder passieren wir lesenswerte Informationstafeln eines Kultur- und Waldlehrpfads. Wir wandern alsbald aus dem Kiefernwald heraus in das offene Tal. Im Sommer blühen hier viele Orchideenarten. Wir wandern wieder in ein Waldstück hinein und treffen kurz darauf auf eine Treppe linker Hand. Hier stößt der Bergische Weg (Markierung »geschwungener Weg auf orangem Grund«) zu uns. Der Kultur- und Waldlehrpfad verlässt uns dagegen und wenig später auch die Markierung »A6«. Wir wandern einfach das Pfengstbachtal weiter talaufwärts, gewinnen langsam an Höhe, gelangen zu den Überresten der **Spezarder Mühle (3)** und wenig später zu einer **Schutzhütte (4)**, die im Sommer recht versteckt im Wald liegt. Auch an der dahinterliegenden großen Kreuzung mit einer Rastbank wandern wir weiter geradeaus das Tal bergan. An der nächsten Gabelung halten wir uns mit allen drei Markierungen links, wandern zum Bach hinunter, den wir auf einer **Brücke (5)** überqueren. Dahinter beginnt der eigentliche Anstieg nach Scheuren. Mit zunehmender Steigung wandern wir am Waldrand entlang. Der Pfad biegt schließlich nach rechts, und immer steiler geht

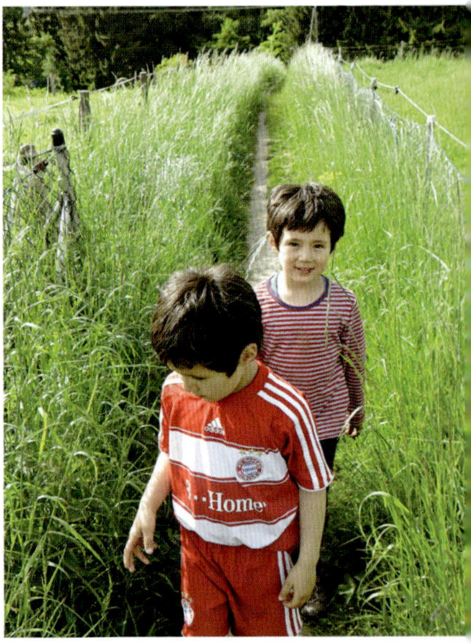

Geschafft! Gleich sind wir in Scheuren und werden mit einer leckeren bergischen Waffel belohnt.

es durch einen Kiefernwald bergan, bis wir unterhalb von Scheuren auf eine Freifläche heraustreten. Nun verflacht unser Weg wieder. Er führt nach rechts am Waldrand entlang und schließlich nach links. Über Viehweiden wandern wir nun nach **Scheuren (6)**. Wir biegen nach rechts mit den Markierungen »A2« und »A4« in die Scheurener Straße (K 20) ein und wandern auf dem Gehsteig vorbei am Gasthaus Heuser entlang der Landstraße in südwestlicher Richtung. Der Bergische Weg, der Ortswanderweg »X30« und die Denkmalroute verlassen uns nun. Hinter den letzten Häusern von Scheuren wandern wir in ein Waldstück. Nach etwa 100 m führt ein Asphaltweg nach rechts in Richtung Großspezard. Auffälligster Wegweiser ist ein Hinweisschild für eine Tischlerei. Der Weg führt aber auch die Markierung »weißer Pfeil auf schwarzem Grund«. Wir wandern in nordwestlicher Richtung und biegen noch kurz vor dem Waldende nach rechts in einen Trampelpfad ein. Wer mit Kinderwagen unterwegs ist, folgt hier dem Asphaltweg weiter geradeaus bis zum Gehöft Großspezard und hat dann die Wahl zwischen den beiden Varianten (siehe Kurzinfo), um zum Parkplatz am Bülsberger Weg zurückzukehren.

Ohne Kinderwagen folgen wir dem unmarkierten Pfad an der Waldspitze vor Großspezard direkt zurück ins Pfengstbachtal. Wir wandern zunächst durch einen Eichen-Kiefern-Mischwald bergab, bis wir an die Gabelung an der **Brücke (5)** gelangen, an der wir auf dem Hinweg in Richtung Scheuren abgebogen sind. Jetzt folgen wir dem Hinweg mit der Markierung des Bergischen Wegs durchs Pfengstbachtal in umgekehrter Richtung an der **Schutzhütte (4)** und der **Spezarder Mühle (3)** vorbei, bis wir wieder an die Holztreppe rechter Hand gelangen. Wir biegen nun mit dem Bergischen Weg nach rechts und wandern durch ein Feuchtgebiet auf das Nordufer des Pfengstbachs. Der Weg ist zusätzlich als informativer Kultur- und Waldlehrpfad angelegt. Er schlägt sich noch durch eine scharfe Kehre nach Westen, danach wandern wir auf einem breiten Waldweg, dem Steilhang folgend, zurück zum **Parkplatz am Bülsberger Weg (1)**. Wer noch zu Fuß zum Altenberger Dom will, folgt den verschiedenen Markierungen über die L 101 hinweg. Die sehenswerte Kirche liegt keine 400 m Luftlinie entfernt.

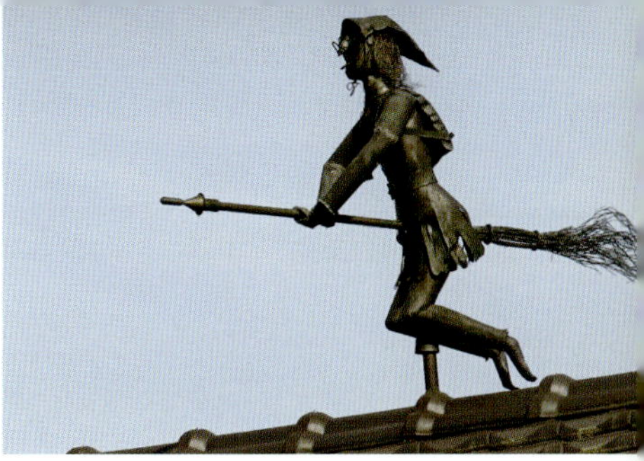

Wetterhexe gesucht. Wer findet sie zuerst auf einem der Dächer von Scheuren?

HIGHLIGHTS

- ★ Auf halbem Weg im Gasthaus Heuser einkehren und eine bergische Kaffeetafel genießen (am besten vorbestellen).
- ★ Nach der Wanderung lohnt die Besichtigung des in der Gegend sehr bekannten, gotischen Altenberger Doms (www.altenberger-dom.de).
- ★ Besuch im Märchenwald Altenberg, ca. 400 m nördlich vom Dom (www.maerchenwald-altenberg.de).

23 Eikamp

Rund um den Hochseilgarten K1

ab 6 J.

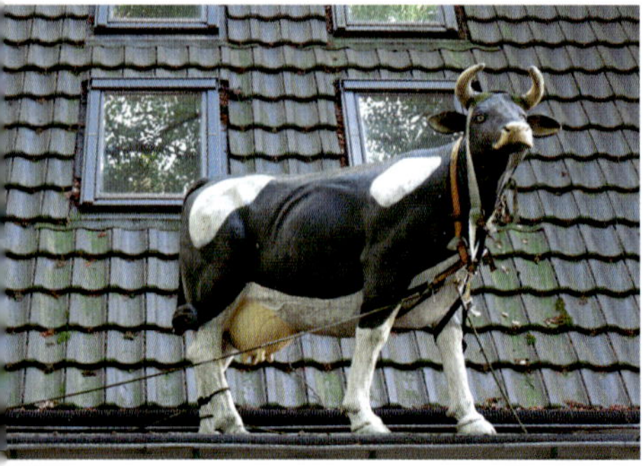

Da steht'ne Kuh auf dem Dach. Spaß im Klettergarten Eikamp.

Wandern und Klettern im Bergischen Land

Schnell einmal raus aus der Stadt und ordentlich bewegen – beides lässt sich rund um den Waldseilgarten K1 bei Eikamp auf angenehme Art und Weise verbinden. Eikamp liegt nur wenige Fahrminuten vom Stadtgebiet Köln entfernt, und die Wanderung führt durch die typische Landschaft des Bergischen Landes mit Kuhweiden, kleinen Waldstücken und tief eingeschnittenen Tälern. Für den einen oder anderen steilen Anstieg zum Aufwärmen für die anschließende Kletterpartie ist also gesorgt. Im Hochseilgarten und Kletterwald K1 klettern die großen Kinder zum krönenden Abschluss oben in den Baumwipfeln und die Kleinen ab drei Jahren können sich an zwei Parcours in Bauchhöhe versuchen.

KURZINFO

Ausgangspunkt: Wanderparkplatz in Eikamp, 233 m (GPS: N51.021284 E7.183994).

Anfahrt: Ab Köln über die B 506 (Bergisch-Gladbacher Straße). In Eikamp links ab in die K 35 bis zum Wanderparkplatz an der Schule am Ortsausgang. **Mit Bahn und Bus:** Mit der S11 ab Köln-Mülheim bis Bergisch-Gladbach und weiter mit Bus 427 bis Eikamp.

Gehzeit: 2.30 Std.

Distanz: 7,8 km.

Höhenunterschied: 225 m.

Ausrüstung: Gut profilierte Sport- oder Wanderschuhe.

Anforderungen: Ab 6 Jahren. Eine mittelschwere Wanderung, denn der Anstieg aus dem Scherfbachtal hinauf nach Eikamp hat es durchaus in sich. Wechselnde Markierungen. Alle Wege sind mit geländegängigem Kinderwagen gut zu gehen.

Einkehr: Gastronomie am **Hochseilgarten K1** sowie **Gasthof »Zur Lindenwirtin«** mit schöner Sonnenterrasse, ca. 100 m abseits des Weges (Schallemicher Str. 203, 51519 Odenthal-Scherf, Tel. +49 2202 78572).

Variante: Die Tour lässt sich nach dem Aufstieg aus dem Scherfbachtal an der K 35 um ca. 600 m abkürzen, indem man der Landstraße bergan Richtung Eikamp bis zum Parkplatz K1 und von hier dem beschilderten Zuweg zum Waldseilgarten folgt.

Karte: Wanderkarte Bergisches Land Blatt 2 Nordwesten (Das Bergische, 1:25.000).

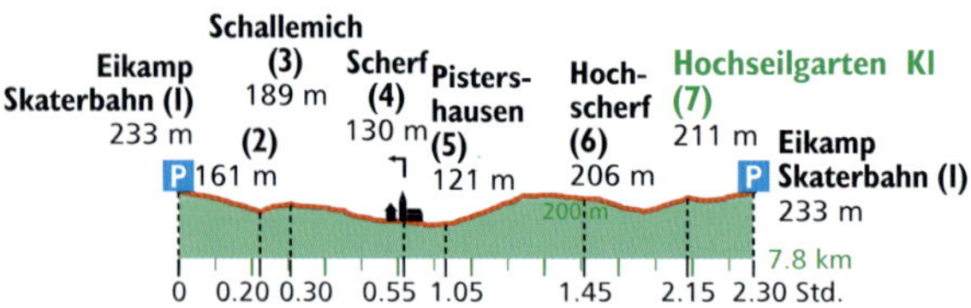

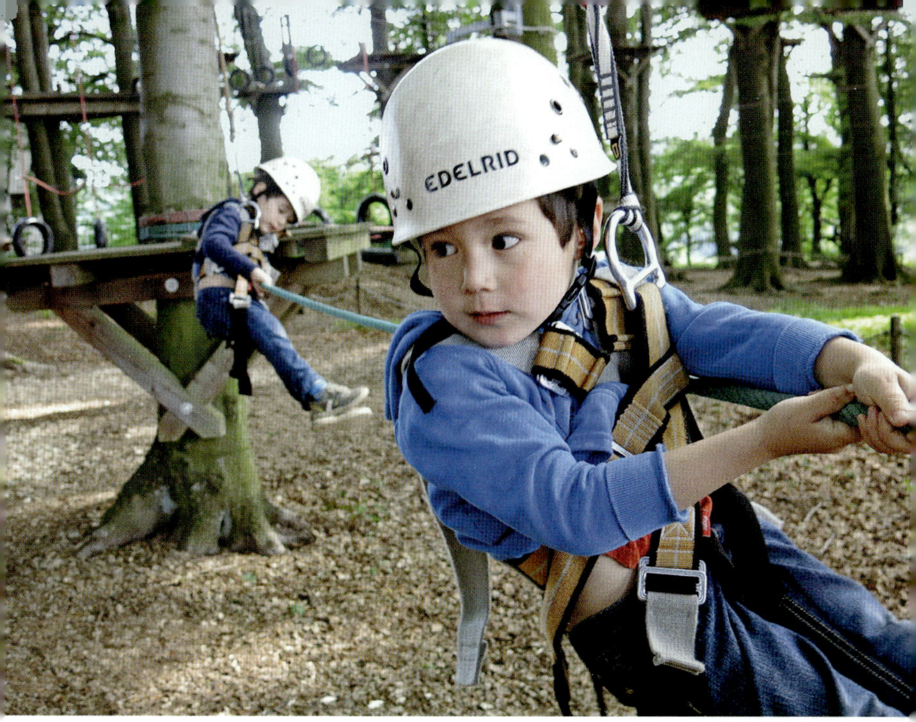

Die Kleinen schweben im Klettergarten K1 noch knapp über dem Boden. Ab 6 Jahren geht es schon hoch hinauf bis in die Baumwipfel.

Wir starten die Wanderung am **Parkplatz (1)** am nördlichen Ortsausgang von Eikamp. Hier stehen die Dorfschule und Turnhalle und neuerdings auch ein Skaterpark, für alle die ihr BMX-Rad mitnehmen und nach der Wanderung ein paar coole Tricks zeigen wollen. Von hier wandern wir zunächst in westlicher Richtung mit der Markierung »A4« auf die Felder hinaus. An der folgenden Kreuzung halten wir uns rechts und wandern in ein Waldstück hinein. Über mehrere Serpentinen geht es bergab durch den Mischwald bis zu den **Fischteichen (2)** und direkt im Anschluss zu einem querlaufenden Feldweg, dem wir nach rechts folgen. Leicht bergan gehen wir bis nach **Schallemich (3)**. An der K35 biegen wir scharf links um ein Haus mit Klinkerfassade herum und folgen der Stichstraße, die einfach den Namen Schallemich trägt, hinaus auf die Felder (Markierung »A4«).

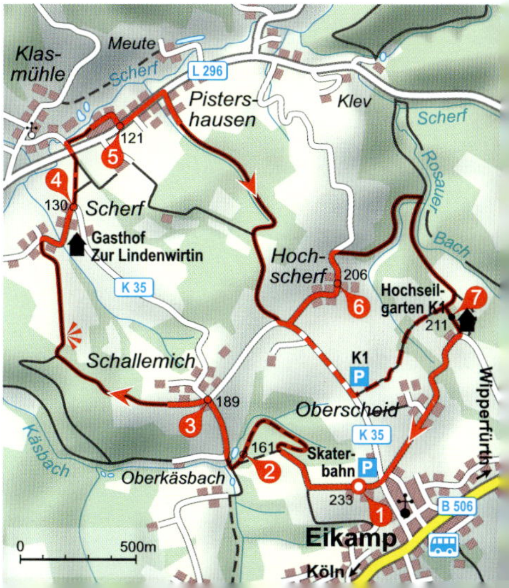

HIGHLIGHTS

★ Am Ende der Wanderung durch die Baumwipfel im Waldseilgarten K1 klettern. Acht Parcours; die Hochseilparcours dürfen Kinder ab 6 Jahren und ab 130 cm Körpergröße nutzen. Bis 12 Jahren und 140 cm Körpergröße müssen sie von Erwachsenen begleitet werden (Schallemicher Str. 40, 51519 Odenthal-Eikamp, Tel. +49 2207 8471440, www.hochseilgarten-k1.de; geöffnet zwischen Mitte März und Mitte November).

★ Skaten und BMXen auf der neuen Skaterbahn in Eikamp.

Gegenüber dem letzten Haus liegt eine Pferdekoppel mit einem Fußballtor. Wir schmunzeln, denken uns unseren Teil und wandern weiter geradeaus in den Wald hinein. Der Waldweg fällt schließlich leicht bergab. Wir gelangen an eine Kreuzung und biegen rechts hinaus auf die freien Felder. Ein sehr schöner Wiesenweg führt uns bis nach **Scherf**. Wir gelangen erneut an die K35, folgen ihr nach rechts durch eine Senke und dann ein kurzes Stück bergan bis zu einer **Haarnadelkurve (4)**. Nach rechts führt uns ein kurzer Abstecher zur typisch bergischen Gaststätte »Zur Lindenwirtin«. Auf der schönen Sonnenterrasse kann man durchaus ein Päuschen einlegen.

Zurück an der K35 biegen wir in der Haarnadelkurve mit der Markierung »A4« nach links in einen Stichweg, der uns hinab ins Scherfbachtal nach Klasmühle führt. Wir überqueren die L296. Hinter dem Bushaltehäuschen führt ein Trampelpfad nach rechts den Bach entlang. Ihm folgen wir bis **Pistershausen**. Der Weg trägt den lustigen Namen »Schmidtchen-Schleicher-Weg«. Wir gehen weiter auf dem Weg »Im Wiesengrund« durch ein Wohnviertel und gelangen erneut an die **Landstraße (5)**. Wir folgen ihr noch ca. 100 m weiter nach Nordosten und biegen mit der Markierung »A2« bzw. dem Bergischen Weg (Markierung »geschlängelter Weg

In Schallemich spielen sogar die Pferde Fußball.

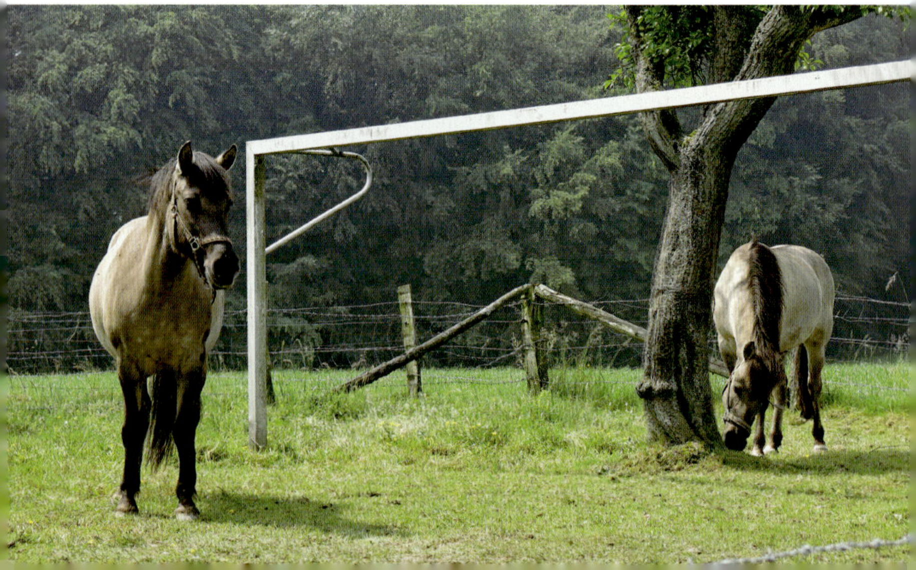

Kurz vor der Lindenwirtin wartet mit einem schönen Wiesenweg der idyllischste Teil der Wanderung.

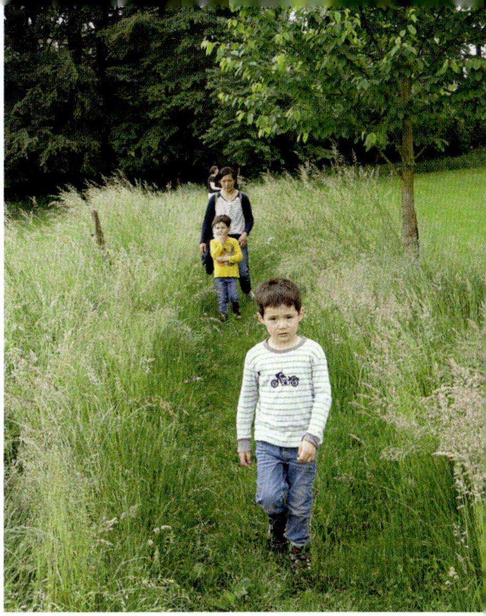

auf orangem Grund«) nach rechts in die Straße »Am Steinhauser Busch«. Nun beginnt der lange Anstieg zurück Richtung Eikamp. Wir wandern stetig bergan auf einem breiten Forstweg durch einen Mischwald. Schließlich gelangen wir ein weiteres Mal an die K35. Rechter Hand liegt Schallemilch, geradeaus Eikamp, wir aber biegen mit der Höhenroute (Markierung »Sonne über Hügeln«) nach links. Auf dem asphaltierten Weg wandern wir durch die Gehöftegruppe **Hochscherf (6)**. An der folgenden Gabelung halten wir uns rechts – die Höhenroute biegt nach links weg. Der Asphaltweg führt ins Tal des Oberscheider Bachs. Am Zusammenfluss mit dem Rosauer Bach biegen wir nach rechts und wandern, unter anderem mit der Markierung »A4«, das Tal bergan bis zum **Hochseilgarten K1 (7)**. Hier verbringen wir den Rest des Tages zwischen den Baumwipfeln, auf der Terrasse der kleinen Gaststätte oder auf der großen Sonnenwiese davor. Zurück zum Start- und Zielpunkt wandern wir mit der Markierung »A4« auf einem Asphaltweg durch die Senke des Oberscheider Bachs bis nach Oberscheid und weiter zum **Parkplatz (1)**. Wer jetzt noch Energie übrig hat, kann sich auf der Skaterbahn austoben.

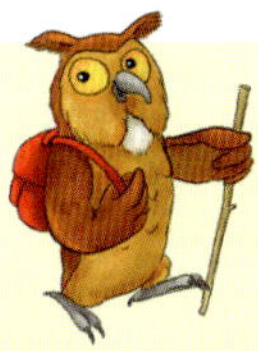

Hallo Kinder,

wollt ihr es wagen? Klettern hoch in den Baumwipfeln fordert Ausdauer, Kraft und vor allem viel Mut. Rund um Köln und Bonn gibt es viele Kletterhallen und Waldseilgärten, der K1 in Eikamp ist besonders schön. Er ist eine echte Herausforderung an eure Kraft und Kondition. Teilt euch beides gut ein, wenn ihr im Anschluss an die Wanderung noch die Parcours in bis zu 13 Meter Höhe über Leitern, Hänge- und Lianenbrücken, das Glockenspiel oder den Chaplin-Walk meistern wollt. Als Kletterer benötigt ihr hier Balance und Akrobatengeschick, und ihr müsst schwindelfrei sein und den Mut haben, euch in solche Höhen zu begeben. Die Eigensicherung mit zwei Karabinern, die stets zu nutzen ist, trainiert zudem eure Aufmerksamkeit für das eigene Handeln. Vor allem werdet ihr auf den acht Parcours aber viel Spaß mit euren Freunden haben. Es gibt zwei Parcours in Bodennähe für Kinder ab 3 Jahren und sechs hoch oben in den Wipfeln.

24 Im Königsforst

Rund um das Brücker Wildgehege ab 6 J.

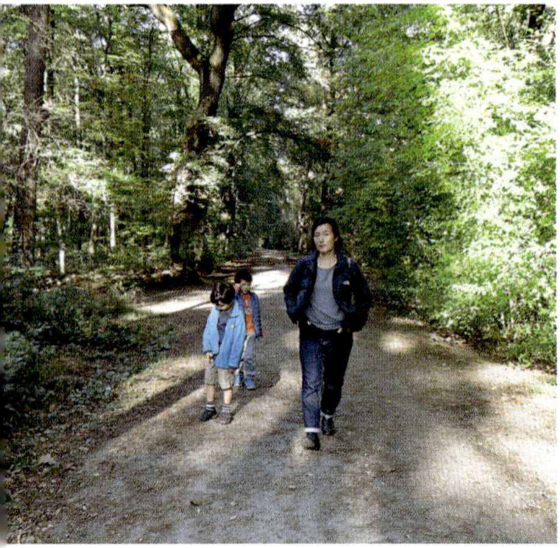

Auf breiten, angenehmen Forstwegen geht es durch den Königsforst.

Zahme Wildtiere und Kölns höchster Berg

Die grüne Lunge Kölns, der Königsforst, ist ein beliebtes Spazier- und Wanderrevier. Stadtnah ist er schnell zu erreichen, weitläufig und von einem dichten Wegenetz durchzogen. Zudem liegen in dem großen Waldgebiet viele Attraktionen am Wegesrand, zum Beispiel das Wildgehege von Brück. Hierhin führt uns eine leichte Waldwanderung, die an jedem Wochentag ideal auch für kurzentschlossene Familien ist. Auf dem Weg besuchen wir die majestätische Kaisereiche oder können uns in das Gipfelbuch am Monte Troodelöh, Kölns höchster Erhebung, eintragen.

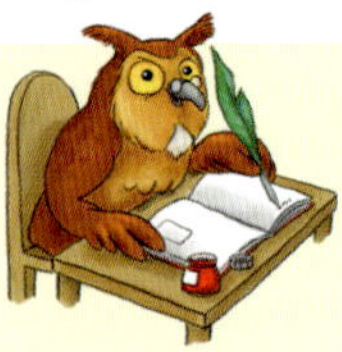

Hallo Kinder,

der Königsforst ist ein 2519 Hektar großes Waldgebiet im Osten von Köln. Es gehört zum Teil zur Stadt Köln, zum Teil zu Bergisch-Gladbach. Teile des Waldes sind Naturschutzgebiet. Am östlichen Wendepunkt unserer Wanderung könnt ihr die alte majestätische Kaisereiche bestaunen. Sie ist eine von vielen Attraktionen im Königsforst und steht ohne jegliches Hinweisschild an der Kreuzung des Brück-Forstbacher-Wegs mit dem Pionier-Hüttenweg – samt Schutzhütte. Diese Kaisereiche ist allerdings eine Mogelpackung. Zum einen wurde sie erst 20 Jahre nach dem Tod des beim Volk beliebten deutschen Kaisers Wilhelm I. (1888) gepflanzt. Sein Enkel, der letzte deutsche Kaiser Wilhelm II., wollte die Beliebtheit seines Großvaters für sich nutzen und setzte ihm verschiedene Denkmäler. 1908 pflanzten die Anwohner des Königsforstes also eine Kaisereiche. Aber die Eiche, die ihr heute hier seht, ist nicht die eigentliche Kaisereiche, die stand an der Stelle der Schutzhütte und überlebte es nicht, dass französische Soldaten sie nach dem Ersten Weltkrieg als Ziel für Schießübungen nutzten. Eine zweite Eiche auf der gegenüberliegenden Seite des Weges wird nun als Kaisereiche bezeichnet. Im 18. Jahrhundert standen im Königsforst übrigens noch viele Eichen, heute sieht man sie nur noch vereinzelt.

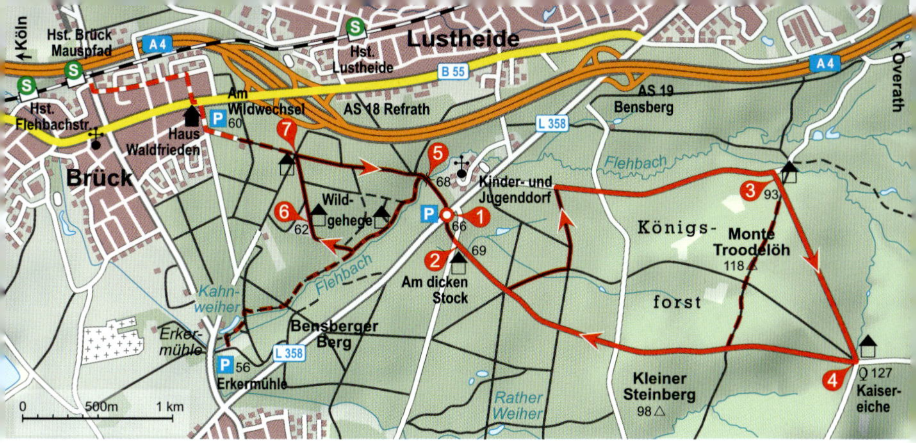

KURZINFO

Ausgangspunkt: Wanderparkplatz an der L358, 66 m (GPS: N50.941445, E7.113111).

Anfahrt: Auf der A4 bis Ausfahrt Bensberg, dem Rather Weg (L358) in Richtung Rath-Heumar 1,5 km bis zum Wanderparkplatz folgen. Für die Varianten 1 und 2: A4 bis Ausfahrt Refrath, der Olpener Straße nach Brück folgen, links ab in den Stichweg »Am Wildwechsel« (Variante 1) bzw. in den »Brücker Mauspfad« bis zur Erkermühle (Variante 2).

Mit Bahn und Bus: Ab Köln Neumarkt mit der S-Bahn Linie 1 bis Haltestelle »Brück Mauspfad«. Einstieg in die Wanderung mit der Variante 1 von Nordwesten über die Olpener Straße und »Am Wildwechsel« (plus 3,6 km hin und zurück).

Gehzeit: 2.40 Std.

Distanz: 10,6 km.

Höhenunterschied: 65 m.

Ausrüstung: Gut profilierte Sport- oder Wanderschuhe. Schutzhütten zum Unterstellen bei Regen finden sich entlang der gesamten Wegstrecke.

Anforderungen: Ab 6 Jahren. Leichte Wanderung mit einer nennenswerten Steigung hinauf zur Kaisereiche. Sie ist streckenmäßig recht lang, lässt sich aber auf dem Weg zur Kaisereiche an vielen Stellen über die querlaufenden Stellen abkürzen. Wechselnde Markierungen mit meist guter Beschilderung. Für geländegängige Kinderwagen und Laufräder geeignet.

Einkehr: Keine an der Wegstrecke. Mehrere Restaurants in Brück entlang der Olpener Straße, z. B. das Haus Waldfrieden an der Ecke zur Straße »Am Wildwechsel« unweit des gleichnamigen Parkplatzes (siehe Variante 1). Am Wanderparkplatz am Rather Weg, steht an Wochenenden ein mobiler Kiosk, an dem es Kuchen und Getränke gibt.

Varianten: Entlang der Wanderung gibt es mehrere Parkplätze, die sich für den Einstieg in die Tour eignen.

1) Hier parken wir in Brück »Am Wildwechsel« und folgen dem Zubringer für S-Bahn-Reisende über den Flehbachmühlenweg bis zur Schutzhütte (7) am nordwestlichen Zipfel der Hauptroute (plus 1,2 km hin und zurück).

2) Diese Variante startet am Parkplatz Erkermühle und führt am Kahnweiher vorbei zum Flehbachdamm. Diesen queren wir und folgen auf der gegenüberliegenden Seite der Markierung »A2« parallel zum Flehbach auf einem Asphaltweg bis zum Wildgehege (plus 2,4 km hin und zurück).

3) Wer statt zur Kaisereiche lieber zum höchsten Punkt Kölns möchte, folgt ab der Schutzhütte am Pionier-Hüttenweg der Verzweigung in Richtung Monte Troodelöh und gelangt dann auf dem Brück-Forstbacher-Weg wieder auf die Hauptroute (minus 1 km).

Karte: Köln, Brühl, Bonn, Ahrtal (Kompass Nr. 758, 1:50.000).

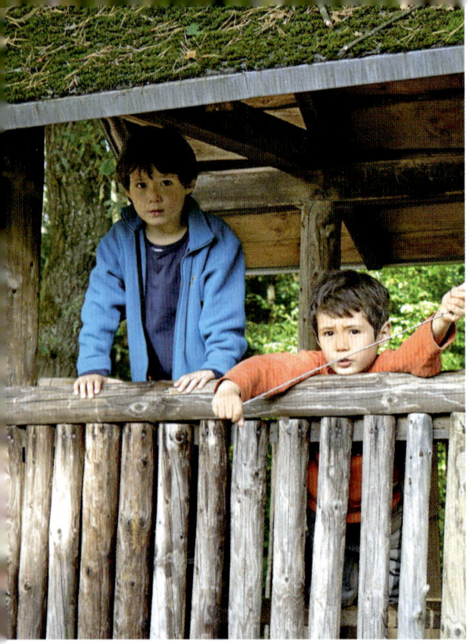

Aussichtsplattform oder Klettergerüst? Die Kinder lieben es, sich in den hölzernen Hütten an den Gehegen zu vergnügen.

HIGHLIGHTS

- ★ Schnell mal raus aus der Stadt und eine Runde durch den Wald drehen.
- ★ Im zweiten Teil der Wanderung warten Hirsche und Wildschweine im frei zugänglichen Brücker Wildgehege auf uns. Wildfutter gibt es am Futterautomaten.
- ★ Abstecher zu Kölns höchstgelegenem geografischen Punkt, dem 118 Meter hohen Monte Troodelöh (www.monte-troodeloeh.de).
- ★ Nach der Tour ins Freibad Milchborntal (siehe Freizeittipp A6).

Unsere Wanderung beginnt am **Wanderparkplatz (1)** mit der Überquerung der viel befahrenen L 358 nach Südosten. Aber schon auf der gegenüberliegenden Seite, wenn wir dem leicht ansteigenden Pfad mit den Markierungen »N« bzw. »weißer Pfeil« in den Mischwald hinein folgen, verfliegen die Fahrgeräusche der Autos. Wir gelangen nach wenigen Metern an eine große Waldkreuzung **»Am dicken Stock« (2)** mit einer massiven Holzschutzhütte. Wir wandern hier einfach mit dem Brück-Forstbacher-Weg geradeaus und gelangen an eine zweite große Waldkreuzung mit einer Parkbank zur Linken. Hier verlassen wir den »Brück-Forstbacher-Weg« und biegen in den unmarkierten, im Uhrzeigersinn zweiten Weg ein. Nun wandern wir nach Nordosten durch den von Kiefern und Lärchen dominierten Wald, gelangen an einen querlaufenden breiten Forstweg mit einer weiteren Rastbank, halten uns auf diesem links und folgen ihm, die nächste Gabelung ignorierend, immer nach Norden, bis zu einem breiten Forstweg. In diesen biegen wir nach rechts ein und wandern nun eine ganze Weile mit der Markierung »A1« immer in östlicher Richtung, über den Rennweg hinweg, bis der Weg ganz allmählich ansteigt. Wir gelangen an eine große Waldkreuzung mit recht imposanten Kiefern und einer jenseits der Kreuzung nach Osten versteckt liegenden **Schutzhütte (3)**. Hier bie-

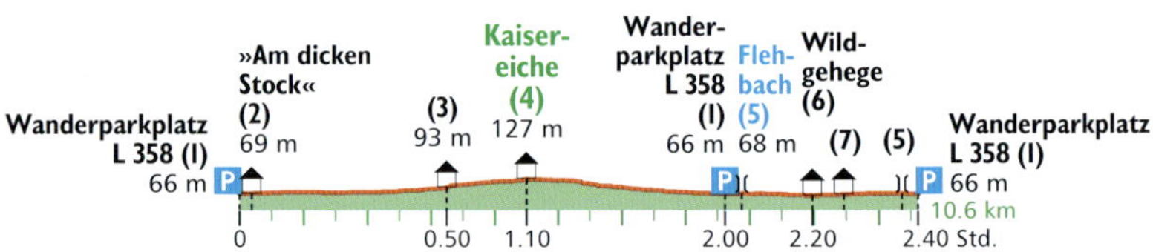

gen wir mit der Markierung »A1« in Richtung Monte Troodelöh bzw. Kaisereiche. Der sogenannte Pionier-Hüttenweg steigt zunächst recht kurz und knackig an. Schon an der nächsten Gabelung muss man sich entscheiden: Wer zu Kölns höchstgelegenem Punkt, dem Monte Troodelöh, will, hält sich mit dem entsprechenden Richtungshinweis rechts (siehe Variante 3). Wir aber wollen zur etwas höher, aber schon außerhalb des Stadtgebietes gelegenen Kaisereiche und schlagen den linken Weg ein. Der Forstweg steigt nun nur noch moderat an, bis wir schließlich an die **Kaisereiche (4)** kommen. Auch hier steht eine massive Holzschutzhütte an der großen Waldkreuzung. Wir biegen nach rechts in den Brück-Forstbacher-Weg ein und wandern mit den Markierungen »A2« bzw. »weißer Pfeil« in westlicher Richtung. Wir ignorieren alle querlaufenden Wege. Stetig bergab geht es bis zur Schutzhütte **»Am dicken Stock« (2)** und schließlich zurück zu unserem Ausgangspunkt, dem **Wanderparkplatz (1)** an der L 358. Aber hier ist erst unser Zwischenziel erreicht, denn wir wollen noch die wesentlich kürzere Schleife durch das Wildgehege Brück anschließen. Dazu überqueren wir die L 358 und spazieren auf dem breiten Forstweg in Richtung Wildgehege Brück (Markierung »N«). Wir gelangen an den Flehbach, den wir auf einer hölzernen **Brücke (5)** überqueren, und biegen auf dem gegenüberliegenden Ufer sofort nach links in das Wildgehege ein. Wir folgen auf einem schönen Waldweg dem Bachlauf – die beiden nächsten Abzweigungen ignorieren wir – die dritte nehmen wir dann, um das Wildschweingehege südlich mit der Markierung »A2« zu umrunden. Hier am südwestlichen Zipfel unserer Wanderung stoßen alle hinzu, die vom Parkplatz Erkermühle (Variante 2) gestartet sind. Wir kommen am Hirschgehege mit einer weiteren **Schutzhütte (6)** vorbei und wandern nun in nordwestlicher Richtung bis zu einer weiteren **Schutzhütte (7)**. Hier biegen wir nach rechts in den breiten Waldweg mit den Markierungen »A2« bzw. »weißer Pfeil« ein – von links gesellen sich all diejenigen zu uns hinzu, die Variante 1 gewählt haben. Gemeinsam wandern wir nun nach Osten, entweder auf dem Hauptweg oder auf dem parallel dazu verlaufenden Waldlehrpfad. Schließlich gelangen wir an die **Brücke (5)** über den Flehbach und in Verlängerung zurück zum Ziel am **Wanderparkplatz (1)** an der L 358.

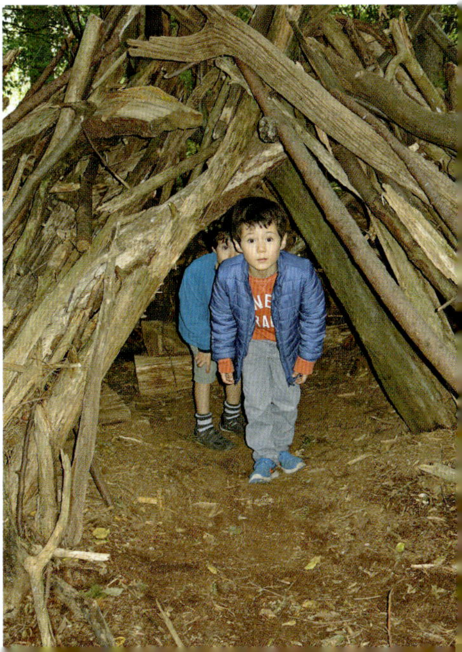

Von Kinderhand errichtet: Überall in den Wäldern des Brücker Wildgeheges findet man selbst gebaute Holzhütten.

25 Im Süden von Lindlar

Rundwanderung zum Freilichtmuseum Lindlar ab 6 J.

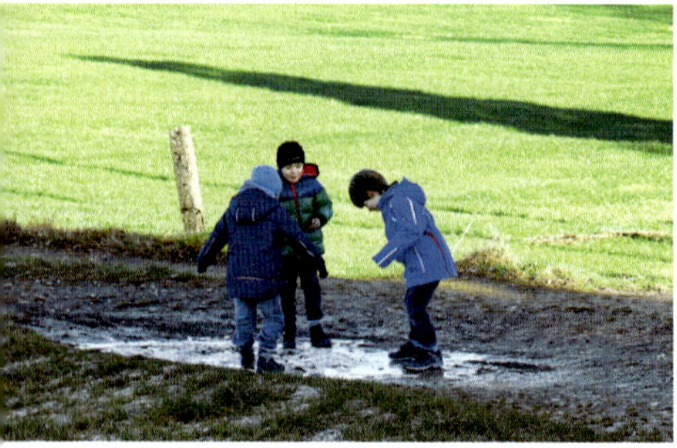

Kinderspaß: Gefrorene Eispfützen zu zertreten ist gar nicht so einfach.

Bergische Höhen, bergische Waffeln und bergische Tradition

Im Rheinisch-Bergischen Freilichtmuseum in Lindlar bekommt man einen Einblick in das Leben der Menschen im Bergischen Land im 19. und 20. Jahrhundert. Das Freilichtmuseum alleine ist schon einen Tagesausflug wert, aber auch sonst geizt Lindlar nicht mit Attraktionen für Kinder. Allen, die den Ausflug mit einer Wanderung verbinden wollen, schlagen wir eine schöne Waldwanderung im Süden des Freilichtmuseums vor. Sie startet am Segelflugplatz und führt durch die Wälder und Täler der »Bergischen Rhön« – so jedenfalls verheißt es der Name des Restaurants am Segelflugplatz.

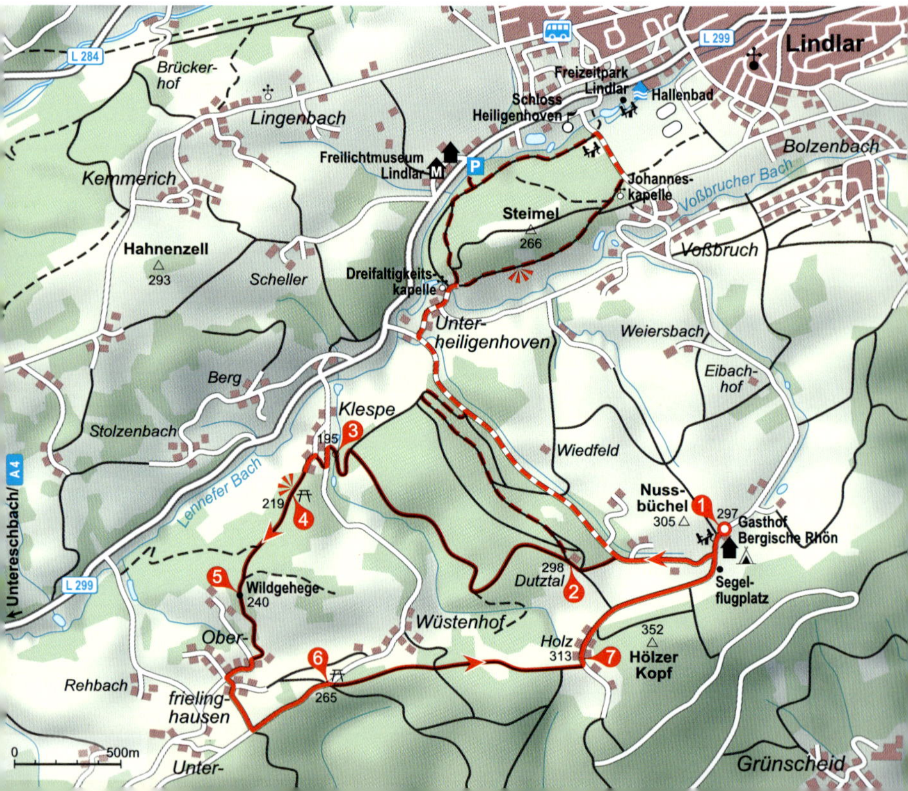

KURZINFO

Ausgangspunkt: Parkplatz am Landgasthof »Bergische Rhön«, 297 m (GPS: N50.996392, E7.371978).

Anfahrt: Auf der A4 in Richtung Olpe bis Ausfahrt Untereschbach und weiter auf der L284 und L299 in Richtung Lindlar. Kurz vor dem Ortseingang und dem Freilichtmuseum rechts ab der Beschilderung »Segelflugplatz« bergan bis zum Segelflugplatz und zum Gasthof »Bergische Rhön« folgen.

Mit Bahn und Bus: Nur für die Variante: Mit der U1 ab Köln Neumarkt oder Messe/Deutz bis Bensberg, weiter mit Bus 421 bis Lindlar Falkenhof. Ca. 10 Min. Fußweg zum Parkplatz des Freilichtmuseums und von dort aus der Variante 1 folgen (zusätzlich ca. 6 km).

Gehzeit: 2.30 Std.

Distanz: 7,2 km.

Höhenunterschied: 170 m.

Ausrüstung: Gut profilierte Sport- oder Wanderschuhe.

Anforderungen: Ab 6 Jahren. Eine mittelschwere Wanderung mit drei, zum Teil lang gezogenen Anstiegen. Durchgängige Markierung mit dem »weißen Kreis«. Mit geländegängigem Kinderwagen ist der Weg noch zu bewältigen.

Einkehr: Landgasthof »Bergische Rhön« mit Sonnenterrasse und Spielplatz (Holzer Straße 18, 51789 Lindlar, Tel. +49 2266 8359, www.bergische-rhoen.de; Di. Ruhetag, im Herbst und Winter zusätzlich am Mo.; Übernachtungsmöglichkeit). Zudem Restaurant und Kiosk im Freilichtmuseum.

Varianten: 1) Wenn man direkt vom Parkplatz des Freilichtmuseums (GPS: N51.011917, E7.356150) starten will, muss ein zusätzlicher lang gezogener, aber moderater Anstieg durch einen schönen Nadelwald bewältigt werden. Man folgt auf der Südseite des Parkplatzes der Wanderung rund um den Steimel mit der Markierung »A1« entgegen dem Uhrzeigersinn bis zur Dreifaltigkeitskapelle. Hier biegt man mit der Markierung »A3« nach rechts, wandert durch Unterheiligenhofen, biegt nach links in die Zufahrtsstraße und folgt etwa später der Markierung »A3« nach rechts in den Wald. Parallel zur Straße gewinnt man an Höhe und tritt an einem frei stehenden Ferienhaus (2) aus dem Wald heraus. Hier biegt man scharf rechts mit der Markierung »weißer Kreis« ab und folgt nun der Hauptroute. Auf dem Rückweg folgt man ab dem Segelflugplatz einfach der asphaltierten Zufahrtsstraße zurück nach Unterheiligenhofen und weiter dem Hinweg bis zum Freilichtmuseum. Mit Variante 1 verlängert sich die Tour um 6 km; Gesamtgehzeit ca. 4 Std.

2) Wer noch Energie für ein paar Extrameter hat, vollendet den Rundweg um den Steimel mit »A1« nach rechts, also entgegen dem Uhrzeigersinn. Der Weg lohnt sich durchaus wegen des tollen Blickes zurück auf die Wegstrecke und eines schönen Waldspielplatzes.

Karte: Wanderkarte Bergisches Land Blatt 2 Nordwesten (Das Bergische, 1:25.000).

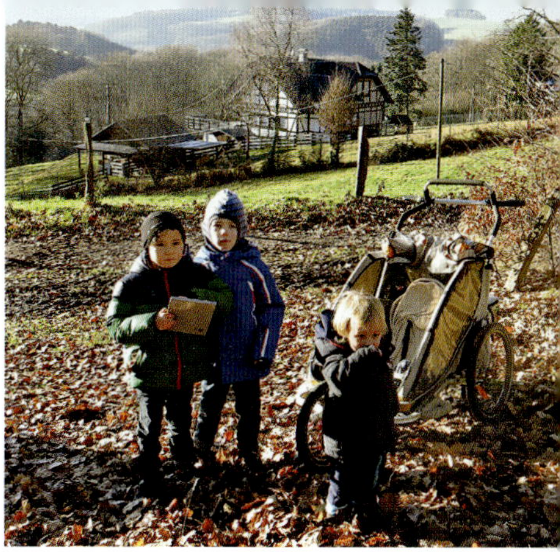

Herbstlaubgestöber.

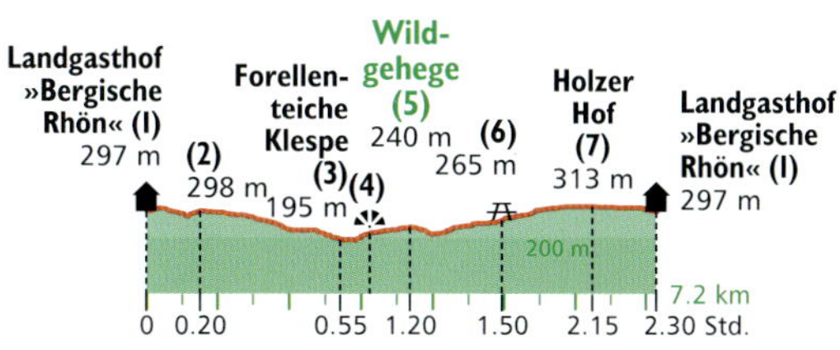

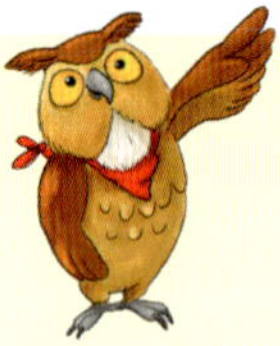

Hallo Kinder,

auf unserer Tour kommen wir am Holzer Hof vorbei, einem großen Bauernhof mit Milchwirtschaft. Dort sieht man bis ins Frühjahr hinein lange weiße Hügel, die oft mit Autoreifen bedeckt sind. Wisst ihr, was darunter verborgen ist? Das sind Freigärhaufen bzw. Flachsilos, unter denen der Landwirt Gras oder andere Futterpflanzen gelagert hat, um sie im Winter an die Kühe zu verfüttern. Bei der langen Einlagerung und dem luftdichten Verschluss werden die Pflanzen durch Gärung haltbar gemacht und können so über lange Zeit verfüttert werden. Die alten Autoreifen beschweren die Folie.

Wir starten am **Landgasthof »Bergische Rhön« (1)** und können uns jetzt schon auf Kakao, Waffeln oder ein leckeres Eis bei unserer Rückkehr freuen. Die Belohnung will aber zunächst verdient werden, und so laufen wir auf der Zufahrtsstraße nach links um den Gasthof und den Campingplatz herum und gehen dann rechts die Holzer Straße bergab, die wir vorhin mit dem Auto heraufgefahren sind. Wir halten uns an die Markierung »weißer Kreis« des Sauerländischen Gebirgsvereins. Hinter dem zweiten Wohnhaus folgen wir nach links dem steil bergan führenden Wirtschaftsweg. Oben angekommen, biegen wir nach rechts in einen querlaufenden Feldweg ein, passieren ein frei stehendes **Ferienhaus (2)** und gelangen an eine Gabelung am Waldrand. Diese unscheinbare Verzweigung ist zugleich der Punkt, an dem die Variante 1 von rechts durch den Wald kommend auf die Hauptroute stößt. Mit der Markierung »weißer Kreis« wandern wir nun weiter nach links auf einem Waldweg zunächst leicht bergan und erreichen kurze Zeit später den vorerst höchsten Punkt unserer Tour. Nach 300 m stoßen wir auf eine T-Kreuzung und gehen mit der Wegkehre nach rechts. Der Wirtschaftsweg schlängelt sich nun ein ganzes Stück angenehm den Wöstenberg hinab, wir kommen an **Forellenteichen (3)** vorbei und treten an der Siedlung Klespe auf eine schmale asphaltierte Waldstraße hinaus. Unser Weg führt uns nun links ca. 100 m die Straße entlang, dann biegen wir nach rechts ab und steigen gleich wieder nach links mit einer Wohnstraße steil bergan. Kaum passieren wir das letzte von vier Häusern, führt uns ein schmaler Wanderweg auch schon wieder in den Wald hinein. Nach rechts haben wir eine tolle Aussicht in das Tal des Lennefer Baches. Bevor wir wieder vollständig in den Wald eintauchen, lädt uns noch eine **Rastbank (4)** – sie liegt leicht versteckt hinter einer Reihe von Buchenbüschen – zu einer kurzen Pause ein. In diesem Abschnitt ist die Markierung mit dem »weißen Ring« nicht immer leicht zu erkennen, etwa an der nächsten Gabelung, an der wir uns an den linken Weg halten und noch etwa 100 m bergan wandern, nach rechts in einen querlaufenden Weg einbiegen und schließlich an einem unscheinbaren **Wildgehege (5)** vorbeikommen. Mit etwas Glück sehen wir Hirsche oder Rehe. Danach wandern wir flott bergab bis zu einem Bau-

Schnee und Matsch sind für große Kids kein Hindernis.

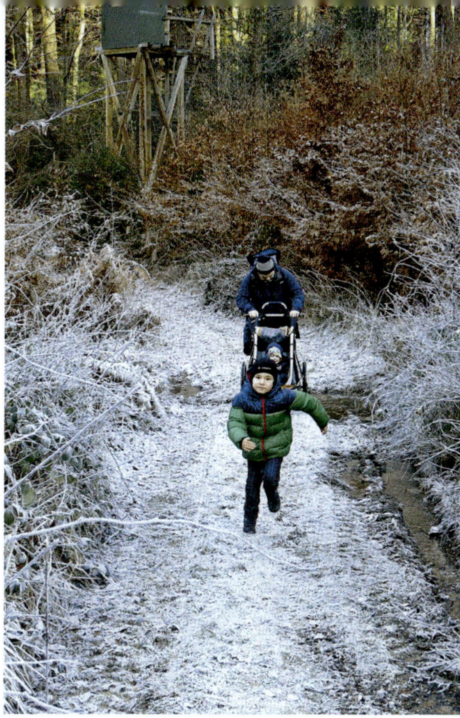

ernhof im Ort Oberfrielinghausen. Durch die Hofanlage hindurch biegen wir nach links in die Dorfstraße ein, auch hier ist unser Weg mit dem »weißen Kreis« markiert, und wandern nun durch den Ort hindurch bergan. An der nächsten Kreuzung halten wir uns links und an der dahinterliegenden Gabelung gleich wieder rechts, um nun aus dem Ort auf die Felder hinaus und auf einen Wald zuzuwandern. Nach 200 m treffen wir auf die Straße »Hohbusch« mit einem Wegkreuz. Oberfrielinghausen liegt nun hinter uns im Tal und wir haben einen schönen Blick auf das Dorf, seine Wiesen und Pferdekoppeln. Unser Weg führt nach links den asphaltierten und gelegentlich befahrenen »Hohbusch« leicht bergan. Nach etwa 600 m gehen wir an einer **Rastbank (6)** aus massiven Baumstämmen halb rechts in den Wald, der »weiße Kreis« weist uns erneut den Weg. Wir wandern eine ganze Weile durch einen Wald. Nachdem wir wieder aus ihm herausgetreten sind, sehen wir linker Hand in der Ferne den großen **Holzer Hof (7)**, auf den wir zuwandern. An der T-Kreuzung mit Wegkreuz und Wegweisern halten wir uns links Richtung Lindlar und wandern durch den Hof hindurch. Rechts und links sehen wir Ställe, Scheunen und Traktoren. Wir riechen und hören, dass hier Kühe gehalten werden, und wenn die Tore offen sind, sehen wir auch, wo unsere Milch herkommt. Wir folgen der asphaltierten Holzer Straße, bis wir von Weitem den **Segelflugplatz** und den Campingplatz mit dem **Landgasthof »Bergische Rhön« (1)** sehen, wo Kakao und bergische Waffeln auf uns warten.

HIGHLIGHTS

- ★ Von März bis September kann man auf dem Segelflugplatz bei gutem Wetter und günstiger Thermik die Segelflieger beobachten, wie sie majestätischen Vögeln gleich über unseren Köpfen durch die Luft gleiten.
- ★ Nach der Wanderung sollte man unbedingt das Freilichtmuseum Lindlar besuchen, das Groß und Klein viele Attraktionen bietet. Allerdings ist das Museum durchaus auch einen Ganztages-Ausflug wert (siehe Freizeittipp C5).
- ★ In Lindlar gibt es einen Freizeitpark mit Minigolfanlage, einem Kleinkinder- und Abenteuerspielplatz, sowie Skater-Anlage und großer Spielwiese.
- ★ Nach der Tour bei jedem Wetter ins Hallen- und Freizeitbad Lindlar (täglich geöffnet; http://parkbad.lindlar.de).

26 Zum Telegraphenberg

Von Troisdorf in die Wahner Heide

ab 5 J.

Bilderbuchlandschaft und Kinderbuchmuseum

Mit dem Telegraphenberg erklimmen wir in dieser Tour nur einen von mehreren Erhebungen der Wahner Heide. Für die Flachlandbewohner der Rheinschiene ist es einigermaßen überraschend, hier in der Heide auf eine Hügellandschaft zu treffen. Dabei bietet jeder Berg einen grandiosen Ausblick auf die Heide, insbesondere, wenn sie im Frühjahr blüht. Zu einem tollen Familienausflug wird diese Tour auch dank zweier Tierparks, des »Erfahrungsfelds der Sinne« und des Bilderbuchmuseums rund um die Burg Wissem.

»Papa, was ist das?« – Diese Skulptur »Tumbleweed« soll eine Buschkugel darstellen – für uns ist sie einfach nur groß.

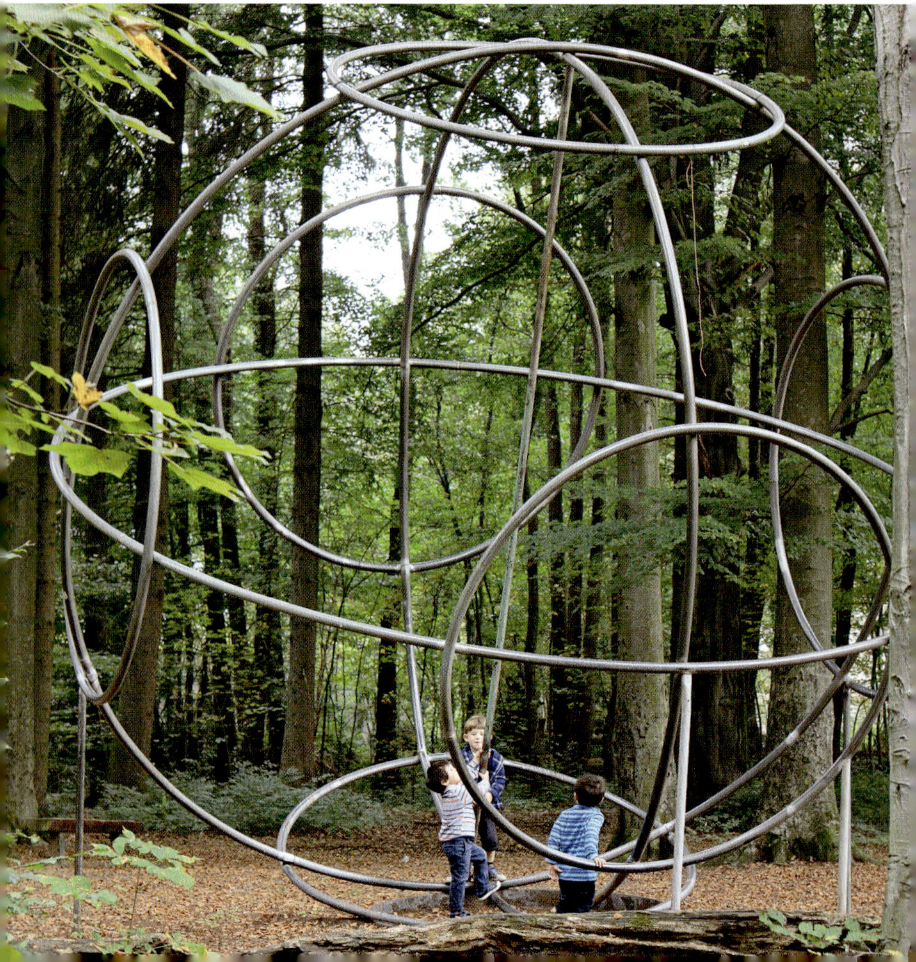

KURZINFO

Ausgangspunkt: Burg Wissem, Burgallee 1, 53840 Troisdorf, 62 m (GPS: N50.817490, E7.165148).

Anfahrt: Über die A59 bis Ausfahrt Wahn und weiter über die Heidestraße und die K20 (Mauspfad) Richtung Troisdorf. Nach ca. 7 km links in die Altenrather Straße, bis kurz nach dem Übergang in die Römerstraße auf der Höhe Jahnplatz die Anlage der Burg Wissem zur Linken erscheint.

Mit Bahn und Bus: Bahnhof Troisdorf ist mit Regionalbahnen ab Köln bzw. Koblenz (via Bonn-Beuel) erreichbar. Bitte nicht verwechseln mit dem Bahnhof »Friedrich-Wilhelmshütte« der ebenfalls in Troisdorf liegt. Die Burg Wissem ist ab Bahnhof Troisdorf in ca. 1 km via Post- und Von-Loe-Straße fußläufig zu erreichen.

Gehzeit: 2.30 Std.

Distanz: 5,9 km.

Höhenunterschied: 100 m.

Ausrüstung: Gut profilierte Sport- oder Wanderschuhe.

Anforderungen: **Ab 5 Jahren.** Größtenteils befestigte Waldwege, teilweise Trampelpfade, bei feuchtem Wetter teils matschig. Wechselnde Markierungen.

Einkehr: In der Burg Wissem befindet sich das italienische **Restaurant Quattro Passi**, dazu gehört auch das Caffé dell' Arte (www.zur-burg-wissem.de). **China-Restaurant Kaisergarten** mit Sonnenterrasse (Altenrather Straße 51, 53840 Troisdorf, Tel. +49 2241 1627892, www.kaisergartentroisdorf.de).

Ca. 500 m abseits der Wanderung liegt das Restaurant **Forsthaus Telegraph** mit uriger Sonnenterrasse und der angeschlossenen Waldwirtschaft Heidekönig (Mauspfad 3, 53842 Troisdorf, Tel. +49 224176649, www.forsthaus-telegraph.de).

Varianten: 1) Am Chinarestaurant Kaisergarten führt auf der gegenüberliegenden Straßenseite ein Abstecher zum Lehrbienenstand des Imkervereins Troisdorf (geöffnet von Mai bis Sept. jeden 1. und 3. Sonntag 10–13 Uhr).

2) Abstecher zum Forsthaus Telegraph: Wen es am Telegraphenberg nach einem Imbiss verlangt, dem sei der Abstecher zur Waldwirtschaft Heidekönig empfohlen. Für die gehobene Verpflegung sorgt das Restaurant Forsthaus Telegraph am selben Ort. Dazu gehen wir den Stellweg ca. 500 m weiter geradeaus und biegen links zum Forsthaus ab.

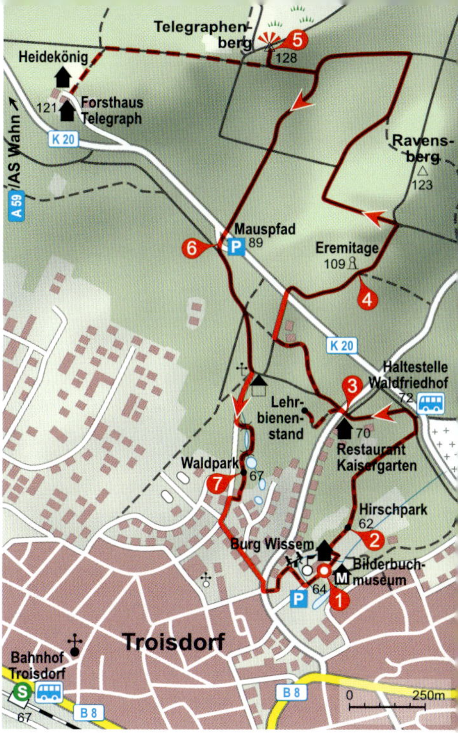

Hinweis: Die Wahner Heide ist ein ehemaliger Truppenübungsplatz. Es könnte noch Munition im Wald liegen und nicht alle Wege sind daher zugänglich. Halten Sie sich bitte an die Hinweisschilder!

Karte: Bergisch Gladbach (NRW-Wanderkarte Blatt Nr. 03, 1:25.000); Wahner Heide (Gaastland Verlag, 1:12.500).

Eine Wege-Auswahl gibt es unter www.heideterrasse.net/upload_ftp/WHK-gesamt-2017-wegeplan-klein.pdf.

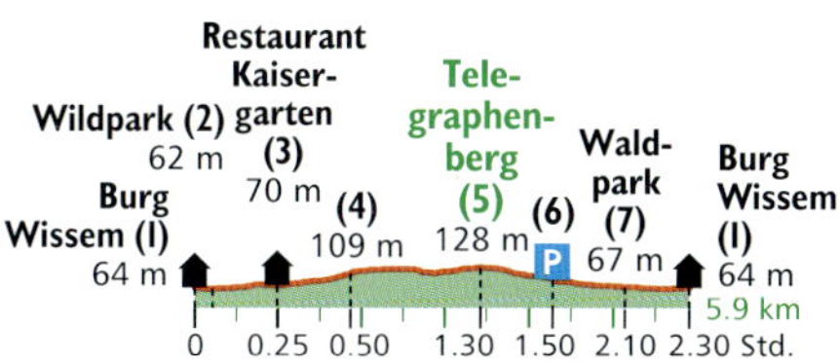

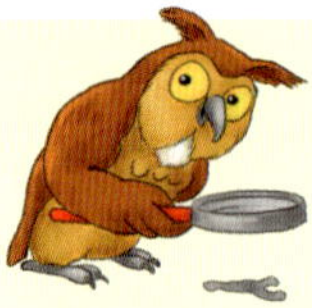

Hallo Kinder,

die Wahner Heide ist ein ehemaliger Truppenübungsplatz und heute ein Naturschutzgebiet. Auf einer relativ kleinen Fläche bietet die Heide vielen Tieren und Pflanzen sehr unterschiedliche Lebensräume. Waldgebiete und Heidelandschaften aber auch Moore und karge, sandige Flächen wechseln einander ab. Insbesondere die Sandböden haben die Gegend für die Bauern uninteressant gemacht. Durch die langjährige Nutzung als Übungsplatz für das Militär wurden zwar viele Naturräume zerstört, aber diese Nutzung hat auch zum Erhalt der Wahner Heide als zusammenhängendes Gebiet beigetragen. Seit 1931 ist sie Naturschutzgebiet. Heute gilt die Wahner Heide als einer der artenreichsten Lebensräume Deutschlands. Eine große Vielfalt an selten gewordenen Insekten, Amphibien und Vögeln hat sich hier angesiedelt.

Unsere Wanderung startet auf dem Parkplatz vor der **Burg Wissem (1)**. Über die prächtige Allee betreten wir den Burghof. Sofern wir nicht direkt einkehren oder uns im Portal Wahner Heide über unser Zielgebiet kundig machen wollen, durchqueren wir den Burghof und verlassen ihn nach Nordosten – quasi durch die Hintertür. Es schließt sich gleich das »Erfahrungsfeld der Sinne« an. Hier können wir das Lithophon ausprobieren und erfahren, wie Steine klingen. Nach dem Lithophon folgen wir links und gleich wieder rechts abbiegend dem Wilhelm-Stricker-Weg durch den **Hirschpark (2)**. Wir passieren verschiedene Klanginstallationen, die als Teil des Erfahrungsfeldes zum Ausprobieren installiert wurden. An der folgenden T-Kreuzung biegen wir nach links und verlassen den Wilhelm-Stricker-Weg. Ab diesem Punkt ist unsere Route mit »A1« markiert. Dabei gehen wir nun parallel zur Heerstraße nach Nordwesten, um nach etwa 100 m links in den Weg »Zum Son-

Lithophon – Musik mit Steinen.

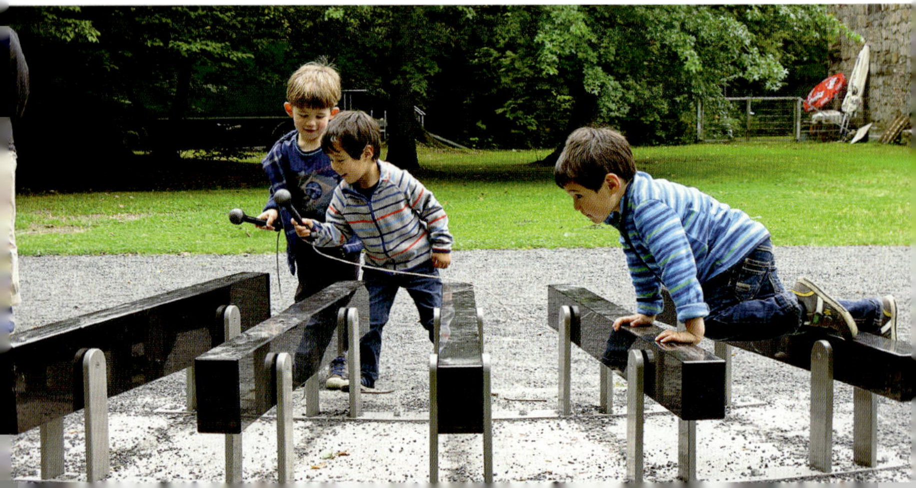

Der »Sinnbaum« – könnt ihr den Text auf den Tafeln in seinem Inneren ertasten?

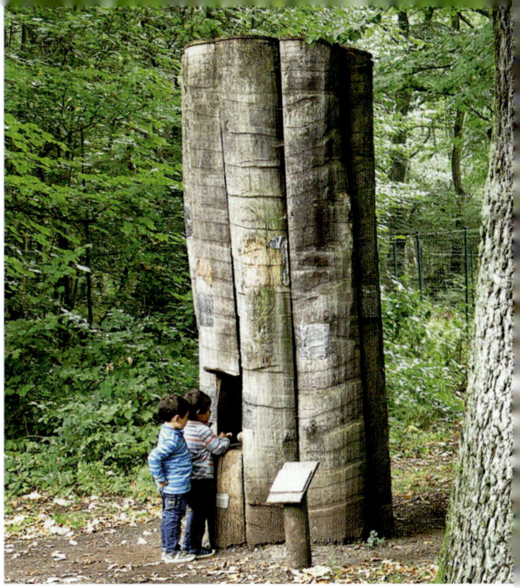

nenberg« abzubiegen. Wir passieren eine gelbgrüne Schranke. Nach gut 200 m gelangen wir an das sogenannte Haus Rosenberg, das derzeit das **Chinarestaurant Kaisergarten (3)** beherbergt. Wir überqueren die Altenrather Straße auf einem Zebrastreifen und folgen dem mit »A1« markierten Weg in den Wald hinein. Durch den Mischwald wandern wir bis zum Schützenhaus und gelangen über den Sebastianusweg an den »Mauspfad«, wie die K20 auch heißt. Wir queren diese und folgen auf der gegenüberliegenden Seite der Fliegenberg-Rundtour (Markierung »gelber Widder auf schwarzem Grund«). Wir betreten nun das ehemalige militärische Sperrgebiet – das Gebiet darf (fast) jederzeit betreten werden. Wichtig ist es jedoch, sich an die vorgegebenen Wege zu halten. Wir wandern nun auf dem Ringelsteinweg, einem schmalen Waldpfad durch einen lichten Eichenwald bis zur **Eremitage (4)** auf dem Ravensberg, die auch ausgeschildert ist. Von der ehemaligen Kapelle zeugt heute nur noch ein Gedenkstein. Wir folgen dem »gelben Widder« nur bis zur nächsten T-Kreuzung, biegen nach links in den Weg »Im Rehsprung« ein. Am Kopfende rot markierte, zwei Meter hohe Viertelhölzer begleiten uns nun ein Stück weit. Sie zeigen uns munitionsbelastetes Gelände an. Nach 200 m beschreibt der Weg eine 90-Grad-Rechtskurve. Den folgenden Abzweigungen schenken wir keine Beachtung und folgen stattdessen dem leicht geschotterten »Rehsprung« weitere 600 m, bis wir

HIGHLIGHTS

- ★ Achtung Tigerente: Das Bilderbuchmuseum im Hauptgebäude der Burg Wissem beherbergt eine große Sammlung von originalen Bildern aus Bilderbüchern, z. B. von Janosch (geöffnet Di. bis Fr. 11–17 Uhr, Sa., So. und feiertags 10–18 Uhr, www.troisdorf.de/bilderbuchmuseum).
- ★ Das »Erfahrungsfeld der Sinne« mit 14 Stationen rund um Burg Wissem lädt zum Anschauen und Ausprobieren ein.
- ★ Mit dem Hirschpark (Rot- und Sikahirsche; bitte nicht füttern) hinter der Burg und dem Waldpark mit seinen Vogelvolieren gegen Ende unserer Tour kommen die Tierfreunde unter den Kindern voll auf ihre Kosten.
- ★ Das kinderfreundliche, interaktive Museum »Portal Wahner Heide« informiert über das Wegenetz, die Natur und Geschichte der Wahner Heide (www.troisdorf.de/Portal_Burg_Wissem).
- ★ Im Nordwest-Teil der Burganlage befindet sich zudem ein schöner, großer Spielplatz, der nicht übersehen werden sollte.

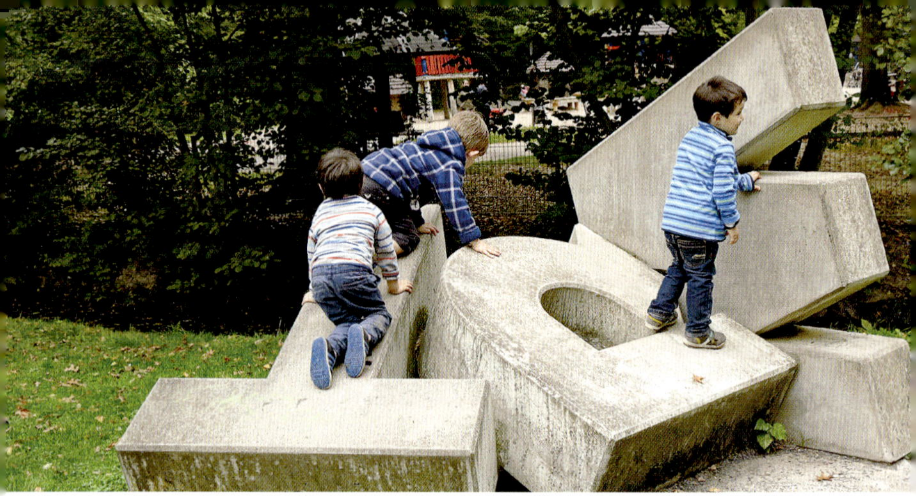

Kunst und Klettern.

an eine T-Kreuzung gelangen. Hier biegen wir nach links in den Stellweg ein und bleiben auf diesem. Er folgt nach 200 m einer Linkskurve und biegt dann nach 100 m rechts ab. Ab hier ist der Stellweg auch wieder mit dem »gelben Widder« markiert. Schon nach 100 m führt uns ein Pfad rechts steil bergan auf den **Telegraphenberg (5)**. Wir stehen hier auf dem höchsten Punkt unserer Tour und steigen nun wieder hinab, um auf dem Hinweg zurück zum Stellweg und links weiter zurück zur Kreuzung mit dem Eichelhäherweg zu gehen. In ihn biegen wir nach rechts ein, dem »gelben Widder« folgend, und wandern immer geradeaus bis zur K 20. Eine große Infotafel informiert hier über das Naturschutzgebiet Wahner Heide. Wir verlassen nun das militärische Sperrgebiet, überqueren die Straße zum **Parkplatz Mauspfad (6)** auf der gegenüberliegenden Straßenseite. Hier folgen wir geradeaus nach Süden dem weiter mit dem »gelben Widder« und zusätzlich mit »A1« markierten Weg. Er führt uns durch einen Kiefernwald und alsbald an einem Maschendrahtzaun entlang. Wir erreichen eine große Waldlichtung und Kreuzung mit Schutzhütte und Gedenkkreuz. Hier ist der eigentliche Startpunkt der mit dem »gelben Widder« markierten Fliegenbergtour. An der Kreuzung gehen gleich fünf Wege ab. Wir folgen weiter dem Weg »A1« nach rechts. Nach kurzer Zeit treffen wir auf eine Brücke, die wir überqueren. Wir folgen dem Lauf des Manzebachs und stehen an einem Weiher unvermittelt in der Anlage des **Waldparks (7)**. Etwa 50 Hühnerarten, aber auch Sittiche und Fasane sind hier in mehreren Volieren einquartiert. Das Areal ist frei zugänglich. Vom Weiher weg und zwischen den Volieren hindurch gelangen wir, weiter der Markierung »A1« folgend, auf die Straße »Am Waldpark«. An der nächsten Kreuzung biegen wir links in die Straße »Am Prinzenwäldchen« ab. Ihr folgen wir bis zur Altenrather Straße. Auf der gegenüberliegenden Straßenseite spazieren wir mit der Römerstraße zurück zur **Burg Wissem (1)**. Das Bilderbuchmuseum sollten wir uns nicht entgehen lassen!

Zur Gammersbacher Mühle

Vom Aggerbogen hinauf ins Bergische

ab 5 J.

Ponyreiten, Bogenschießen, Trampolinspringen und Brotbacken

Eine Tagestour, zentral erreichbar und doch mitten in der Natur. Die Wanderung zur Gammersbacher Mühle bietet praktisch alles fürs Wanderherz: Berg und Tal, Wiesen und Wälder, ein Fluss zum Baden und eine idyllische Einkehr im Hof der alten Mühle mit Gelegenheit zum Toben für die Kinder.

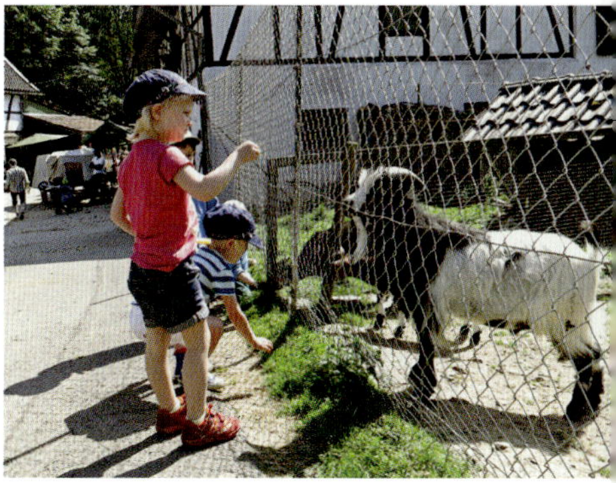

Schauen, staunen, streicheln.

KURZINFO

Ausgangspunkt: Parkplatz am Forum Wahlscheid, 77 m (GPS: N50.886959 E7.250127).

Anfahrt: Auf der A 3 von Norden kommend bis zur Ausfahrt Rösrath (30a) und weiter auf der L 84 und L 288 Richtung Lohmar. Von Süden kommend bis zur Abfahrt Lohmar (30b) und weiter via B 484 Richtung Wahlscheid.

Mit Bahn und Bus: Aus dem Norden ab Overath mit der Buslinie 557. Aus dem Süden ab Siegburg mit der Buslinie 557 Richtung Overath, jeweils bis Haltestelle Wahlscheid Kirche.

Gehzeit: 3.40 Std.

Distanz: 9,9 km.

Höhenunterschied: 220 m.

Ausrüstung: Gut profilierte Sport- oder Wanderschuhe.

Anforderungen: Ab 5 Jahren. Eine mittelschwere Wanderung, die allerdings sehr lang ist und zu Beginn der Tour recht steil bergan führt. Sie ist daher auch nur für geländegängige Kinderwagen geeignet. Wechselnde Markierungen.

Einkehr: Gammersbacher Mühle (Gammersbacher Mühle 1, 53797 Lohmar, Tel. +49 2205 84197, www.gammersbacher-muehle.de; geöffnet samstags, sonn- und feiertags), Restaurant/Pizzeria »Don Caruso« im »Aggerschlößchen« (Schiffarther Str. 25, 53797 Lohmar, Tel. +49 2206 9509190, www.doncaruso.de; geöffnet So.–Fr. 12–21.30 Uhr, Sa. 16–22 Uhr.

Karte: Bergisch Gladbach (NRW-Wanderkarte Blatt Nr. 03, 1:25.000).

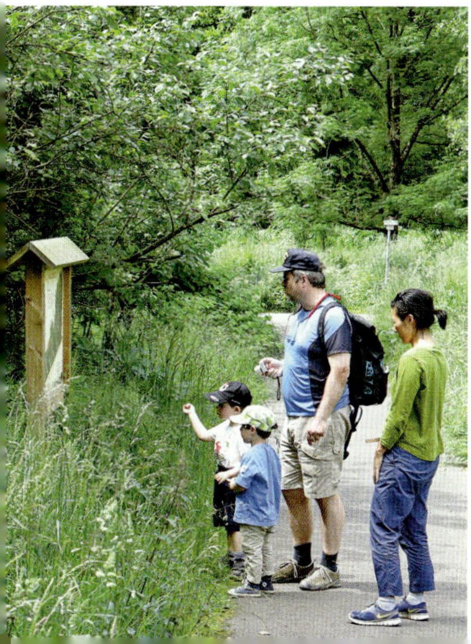

Interessante Schautafel zum Lebenszyklus des Waldes.

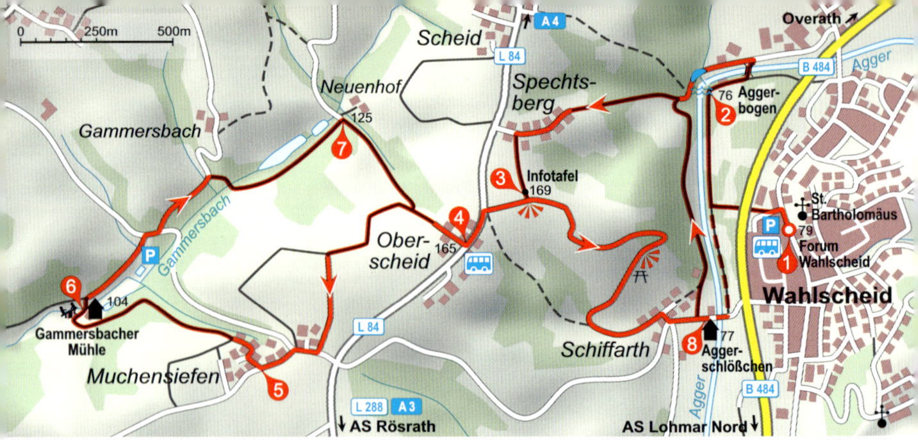

Wir starten auf einem der Parkplätze zwischen dem **Forum Wahlscheid (1)** und der Kirche St. Bartholomäus. Neben dem Forum beginnt ein Rad- und Fußweg Richtung Agger, dem wir folgen. Wir unterqueren die B 484 und halten uns, am Fluss angekommen, rechts. Bald erreichen wir den **Aggerbogen (2)**; an dieser Stelle vollzieht das Gewässer einen überraschenden Knick nach Osten, an dem wir einen kleinen, aber feinen Strand vorfinden. Im Sommer heißt es nach der Wanderung: baden in der Agger. Ein paar Meter weiter finden wir das Gebäude der Naturschule. Doch erst einmal gehen wir weiter mit dem Flussbogen bis zur geschwungenen Holzbrücke und mit ihr hinüber ans andere Ufer. Hier biegen wir links ab und folgen dem Aggerbogen in entgegengesetzter Richtung entlang der Straße »Hammerwerk« (Markie-

Moderne Schautafel des Bergischen Bauernhofwegs.

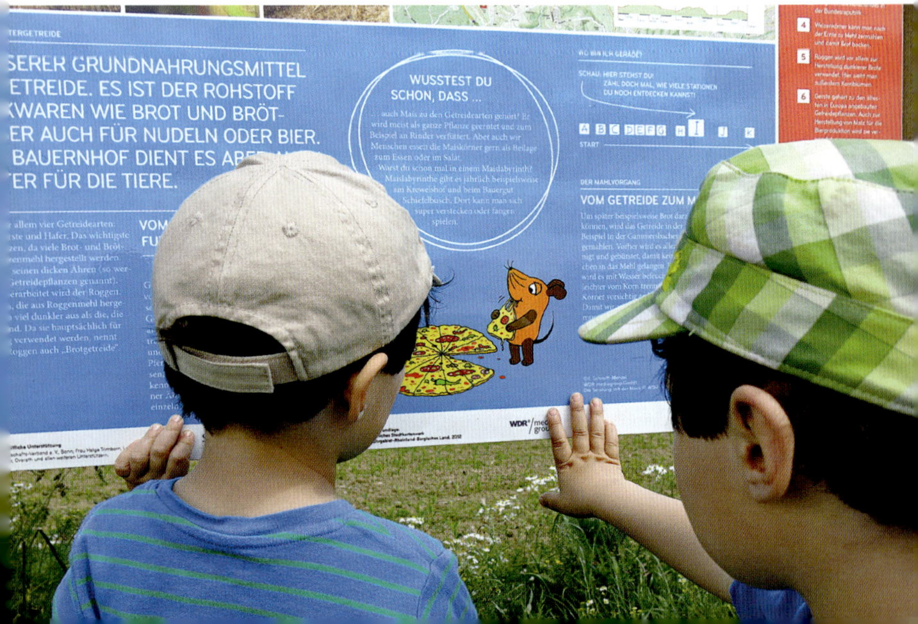

HIGHLIGHTS

★ Gammersbacher Mühle mit Streicheltieren, Ponyreiten, Kutsch- und Planwagenfahrten und großen Trampolinen. Auf Voranmeldung werden für Gruppen Kinder-Bogenschießen und Brotbacken angeboten.

★ Baden in der Agger.

★ Agger zu kalt? Dann empfiehlt sich ein Besuch im ca. 7 km entfernten Freibad Rösrath Hoffnungsthal (siehe Freizeittipp A7).

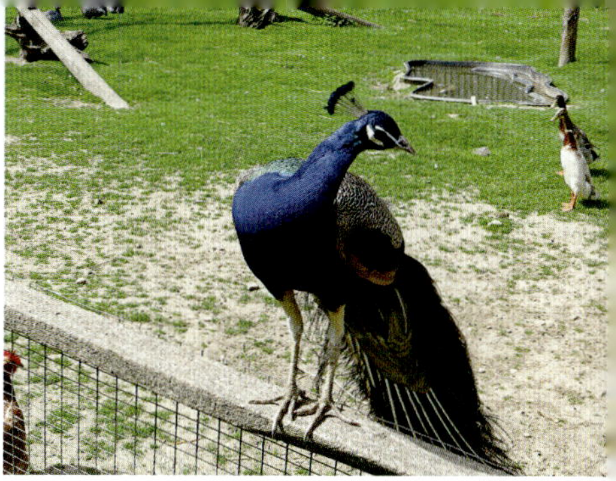

In der Mühle treffen wir auch einige Exoten.

rung »A2«). Der Weg führt auf Höhe der Flussbiegung nach rechts vom Fluss weg. Wenige Meter begleitet uns die Markierung »A3«. An der Wegkreuzung vor der Pferdekoppel halten wir uns rechts und gehen an der Schranke vorbei den Berg hinauf Richtung Spechtsberg. Damit folgen wir dem rot markierten »Bergischen Bauernhofweg« mit der Nummer 18, der uns eine Weile begleiten wird. Geradeaus und steil bergan führt der Weg uns durch einen dichten Wald, bis wir nach etwa 400 m einen guten Teil des Anstiegs geschafft haben. In Spechtsberg folgen wir der asphaltierten Straße durch ein Wohngebiet, bis uns der Bauernhofweg kurz vor der Landstraße L 84 nach links wieder auf einen Feldweg führt. An dessen Ende erläutert uns eine **Infotafel (3)** die Tradition des Brotbackens. Wir folgen nun wieder einem asphaltierten Weg nach rechts und der Landstraße nach links, bis wir **Oberscheid** erreichen. 150 m weiter biegen wir kurz vor der Bushaltestelle (4) rechts ab und wandern schon wieder aus dem Ort hinaus auf die Felder. An der kommenden Gabelung folgen wir dem Feldweg nach links. Der selten befahrene Weg führt uns durch eine wunderbar ruhige, leicht geschwungene Hügellandschaft und endet an einem Bauernhof. Über die Straße »Schönau« wandern wir in den Ort **Muchensiefen**, halten uns nach 100 m (5) rechts in den Weg »Am Schlagbaum«. Danach führt uns der Bauernhofweg (und der Wanderweg »K«) durch einen kleinen Wald etwa 600 m bergab zur **Gammersbacher Mühle (6)**, deren Gelände wir durch die Hintertür betreten. Die Gastronomie versorgt Wanderer und Ausflügler rustikal mit Essen und Getränken.

Für den Rückweg verlassen wir das Hofgelände über den Vordereingang. Auf der Hauptzufahrt wandern wir Richtung Schiefelbusch,

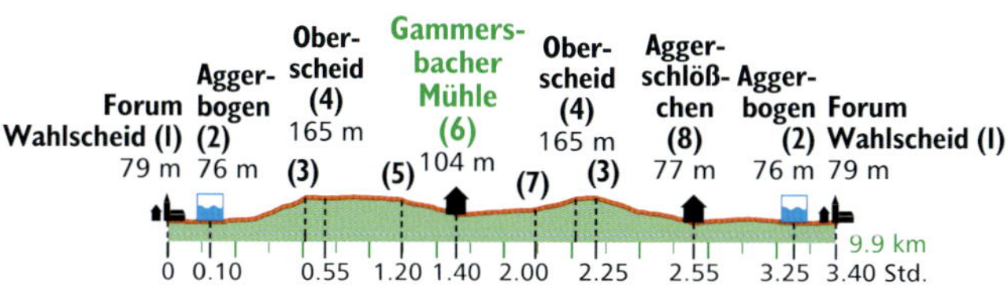

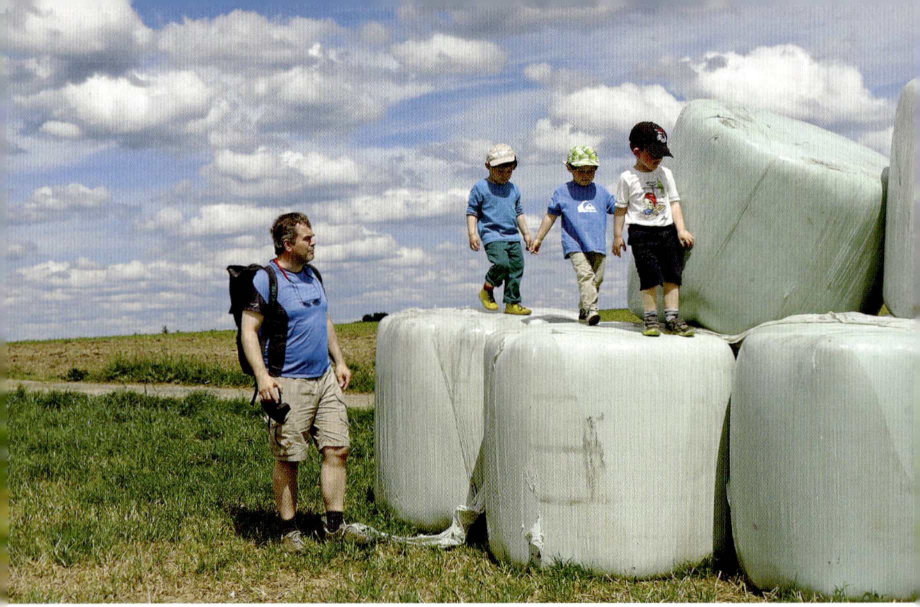

Nur geradeaus ist total langweilig.

passieren den gut genutzten Waldparkplatz und folgen wieder der Markierung »18«, dem Bergischen Bauernhofweg. Hinter dem Parkplatz biegen wir nach rechts in eine Straße ein und gleich wieder links ab in einen Waldweg. Nach 300 m gelangen wir an eine erste T-Kreuzung, an der wir nach rechts gehen. Nach etwa 900 m erreichen wir die kleine Ortschaft **Neuenhof (7)**, wo wir uns an der zweiten T-Kreuzung ebenfalls rechts halten. Hier verlassen wir den Bergischen Bauernhofweg und folgen nun dem Wanderweg »A3« bergan in Richtung **Oberscheid**. Hier passieren wir die vom Hinweg bekannte Gabelung

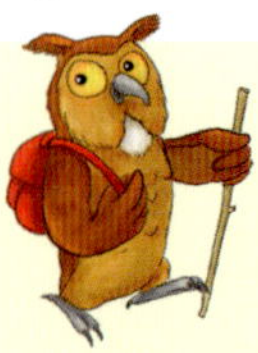

Hallo Kinder,

das alte Hofgut der Gammersbacher Mühle wurde als Wassermühle erstmalig im Jahre 1613 in alten Dokumenten erwähnt. Früher wurde hier natürlich Korn zu Mehl gemahlen, doch allein davon kann kein Müller mehr leben. Die Mühle ist heute vor allem ein viel besuchtes Ausflugsziel. An den Wochenenden ist einiges los. Nach Voranmeldung können Gruppen im alten Steinofen ihr eigenes Brot backen. Es werden aber auch Kutschfahrten und Ponyreiten angeboten. Die Pferde des Hofes treten bei großen Festen auf und ziehen zum Beispiel bei Karnevalszügen einen Festwagen im »Zoch«. Jetzt aber erst mal etwas essen und trinken und dann den Hof mit seinen vielen Tieren erkunden. Streicheln und Füttern (mit hofeigenem Futter) ist erlaubt. Erkennt ihr das Tier mit dem flauschigen Fell und den großen Hinterpfoten?

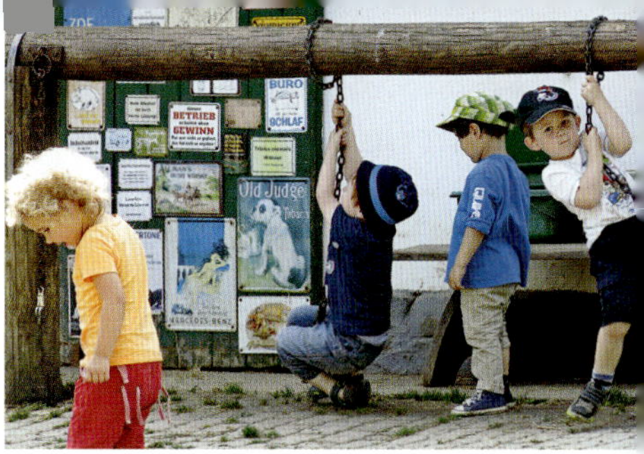

Nach dieser Tour ist »Abhängen« angesagt.

und folgen diesem zurück zur L 84 **(4)**, biegen nach links und 100 m weiter nach rechts ab in den uns bereits bekannten Feldweg. Um zu unserem nächsten Ziel, dem Ort Schiffarth an der Agger, zu gelangen, könnte man weiter dem Weg »A3« folgen, er ist aber schlecht gepflegt und führt recht steil bergab. Unser Weg führt uns ab der **Infotafel (3)** nach rechts über eine zunächst unmarkierte, asphaltierte Straße bergab. Diese mäandert über drei Kehren Schiffarth und Wahlscheid im Tal der Agger entgegen und wird in ihrer letzten Kurve an einer unscheinbaren Wegeinmündung wieder zum Weg »A3«. Bereits von Weitem erkennen wir eine schmale Autobrücke über die Agger mit dem Restaurant im **Aggerschlößchen (8)**. Jenseits des Flusses führt ein viel befahrener Geh- und Radweg zum Aggerbogen zurück. Diesen, etwas langweiligen Weg nutzt, wer eilig zum Parkplatz oder nach Wahlscheid möchte. Gemütlicher geht es diesseits des Flusses zurück. Wir folgen noch vor der Brücke dem Waldweg »A3« zurück zum **Aggerbogen (2)** und treffen dort auf unsere Badestelle vom Hinweg. Der Aggerbogen ist eine offizielle Badestelle des Rhein-Sieg-Kreises. Trotzdem ist die Agger ein natürliches Fließgewässer. Man sollte daher gut schwimmen können und sich rücksichtsvoll und aufmerksam verhalten.

Kutschfahrt gefällig?

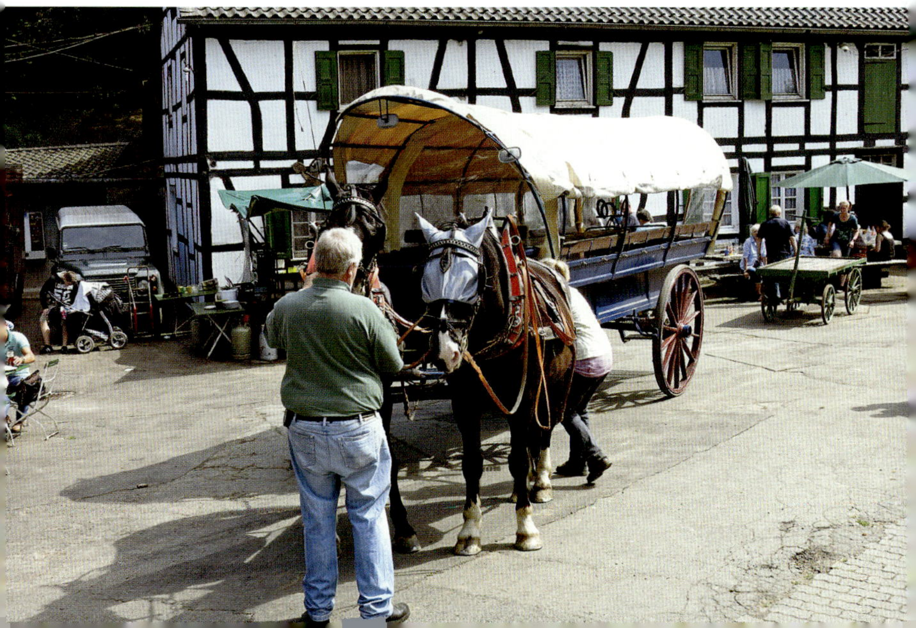

28 Kindererlebnisweg Stadt Blankenberg

Hoch über dem Siegtal — ab 6 J.

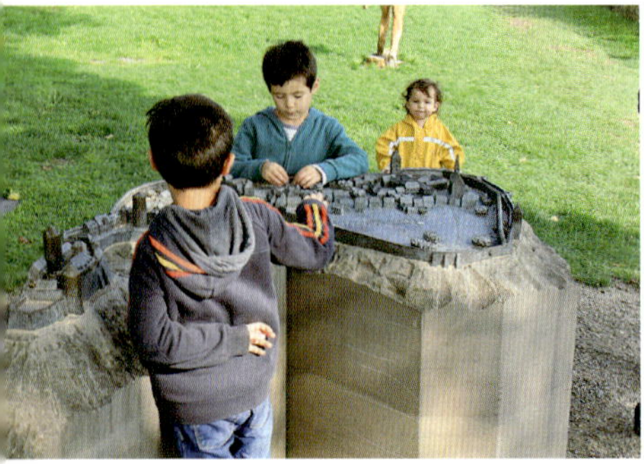

Große Burg ganz klein.

Auf den Spuren von alten Rittern und bösen Alchemisten

Unsere Wanderung hoch über dem Siegtal ist eigentlich nur der Zubringer für einen Abenteuerspaziergang durch die ehrwürdige Ritterstadt aus dem 12. Jahrhundert. Nachdem wir durch die Täler rund um die Stadt und Burganlage gewandert und am Katharinenturm angelangt sind, nehmen uns die beiden Kinder Amelie und Anton mit auf eine Zeitreise durch Blankenberg. Nur wenn wir sechs Rätsel lösen, retten wir die Stadt vor dem Untergang. Auf dem Rückweg erkunden wir schließlich die spannende Burgruine mit dem imposanten Burgfried und dem Kräutergarten.

KURZINFO

Ausgangspunkt: Parkplatz an der Mühle Blankenberg, 83 m (GPS: N50.764844, E7.355446).
Anfahrt: Mit dem Auto auf der A 560 bis zum Autobahnende in Hennef, links ab in die L 333 bis Blankenberg (kleiner kostenfreier Parkplatz an der Mühle).
Mit Bahn und Bus: Ideale Tour für den Start mit der S-Bahn. Mit der S12 bis Bahnhof Blankenberg (Achtung, stets Hin- und Rückfahrt buchen, da es am Bhf. Blankenberg keinen Fahrscheinautomaten gibt!), und zu Fuß weiter entlang der Sieg und unter der Bahntrasse hindurch bis zur Mühle (zusätzlich 2,5 km hin und zurück).

Gehzeit: 2.10 Std.
Distanz: 6,0 km.
Höhenunterschied: 180 m.
Ausrüstung: Gut profilierte Sport- oder Wanderschuhe.
Anforderungen: Ab 6 Jahren. Überwiegend leichte Tour, der Einstieg in die Wanderung hat es mit einem steilen Anstieg hinauf zum »Thron« in den Wiesen (2) allerdings in sich. Dennoch ist sie für geländegängige Kinderwagen geeignet. Durchgehend als Burgweg markiert.
Einkehr: Mühle zu Blankenberg mit Biergarten (53773 Hennef – Stadt Blankenberg, Tel. +49 2242 9697111, www.muehlezublankenberg.de), Restaurant »Zum Alten Turm« mit eigener Eismanufaktur (Katharinastr. 6, 53773 Hennef – Stadt Blankenberg, Tel. +49 2248 2102, www.zumaltenturm.de) sowie viele weitere Restaurants und Cafés in Blankenberg.
Karte: Wanderkarte Naturregion Sieg (1:25.000), Herausgeber Rhein-Sieg-Kreis.

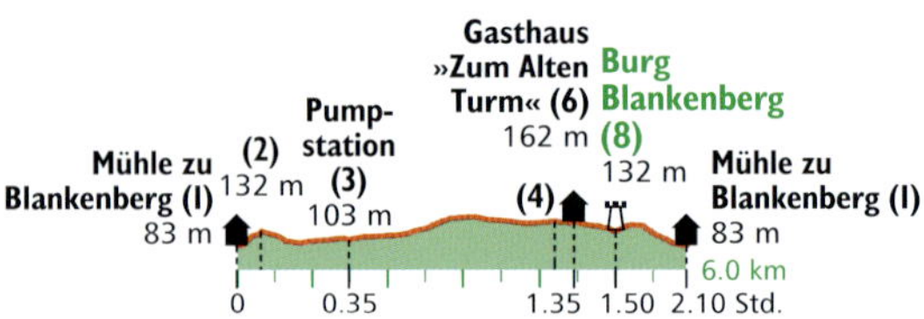

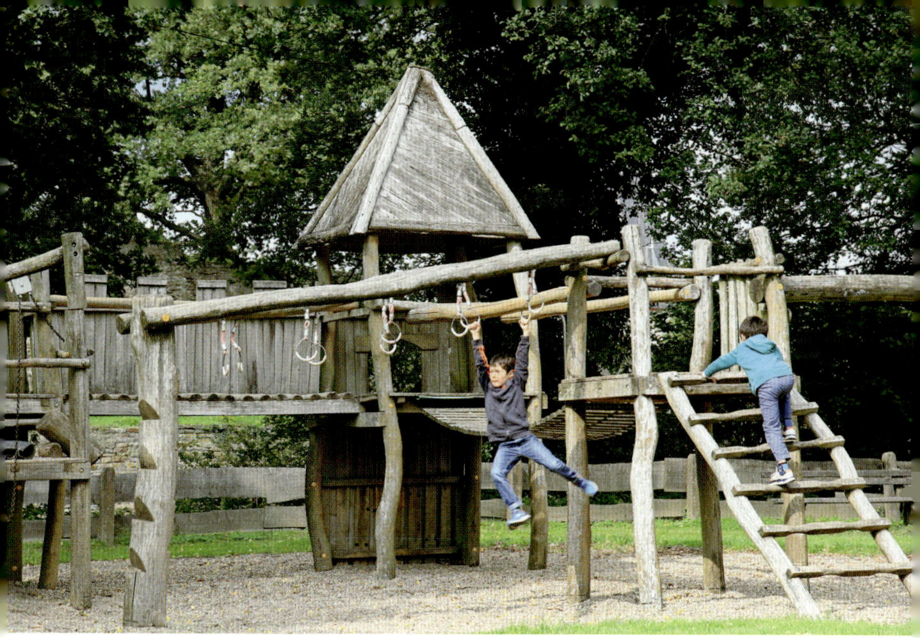

Auf dem Erlebnisweg muss man nicht nur denken, man darf auch spielen.

Bevor ihr die Stadt Blankenberg rettet, müsst ihr erst einmal den Weg über die umliegenden Felder und durch dunkle Täler dorthin finden. Wir starten unsere Wanderung an der **Mühle zu Blankenberg (1)** im Siegtal. Hier wenden wir uns mit dem Burgenweg (Markierung »roter geschlängelter Weg«) nach Westen, überqueren die Straße »Am Ahrenbach« und folgen »Auf der Eichenbitze« steil bergan. An einigen Häusern vorbei führt der Asphaltweg bergan und geht dann in einen Wiesenweg über. Trotz des heftigen Anstiegs zum Auftakt der Wanderung sollten wir aber nicht den Blick nach links vergessen. Denn jenseits des Tals erblicken wir die Burg und Stadt Blankenberg in voller Pracht.

Wir gehen weiter bis zum Kamm, biegen nach links in einen querlaufenden Feldweg.

Hier an der Kreuzung steht plötzlich ein stattlicher **Thron (2)** aus Stahl mit einer Art Harfe. Wir wandern nun auf dem Wiesenweg nach Südosten, die Burg im Panorama immer noch zu unserer Linken, und biegen schließlich nach links in einen Asphaltweg ein. 100 m weiter steigen wir schon wieder nach rechts den

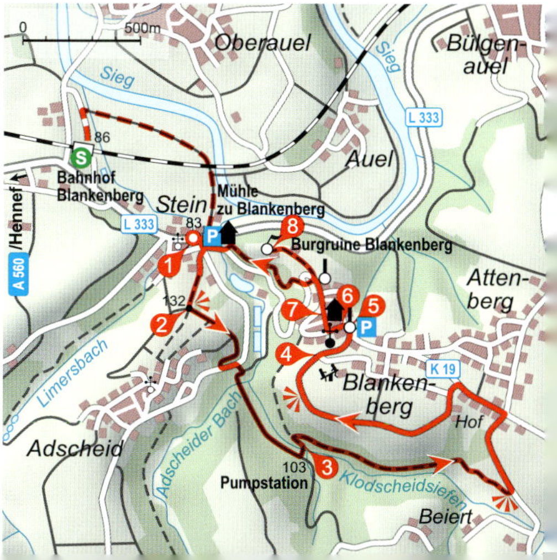

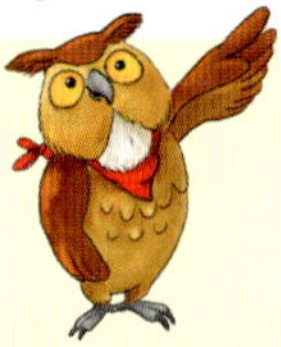

Hallo Kinder,

rettet Stadt Blankenberg! Das Schicksal der altehrwürdigen Stadt liegt in euren Händen. Die Stadt wird vom fiesen Alchemisten Malus Sinistrius bedroht. Ihr könnt mit Hilfe eines magischen Pergaments an sechs wichtigen Orten Rätsel lösen, um schließlich an einem geheimen Ort den Kater Remus samt Schatztruhe zu finden. Gelingt es euch, durchkreuzt ihr den miesen Plan des Alchemisten. Er beabsichtigt, dass sich der Nebel des Vergessens über diesen schönen Ort mit all seinen interessanten Geschichten legt. Blankenberg hat sich für Kinder eine spannende Stadtwanderung ausgedacht. In jedem Gasthaus erhaltet ihr kostenlos das magische Pergament und das Büchlein »Rettet Stadt Blankenberg«. Damit könnt ihr das Rätsel lösen und erfahrt spannende Geschichten aus der Vergangenheit des Ortes. Ihr wandert an mächtigen Wehrtürmen vorbei, klettert über die Stadtmauer und erkundet die imposante Burg. Plant dafür mindestens eine gute Stunde Zeit ein. Mehr Infos findet ihr unter www.tourismus-hennef.de/index.php?id=163

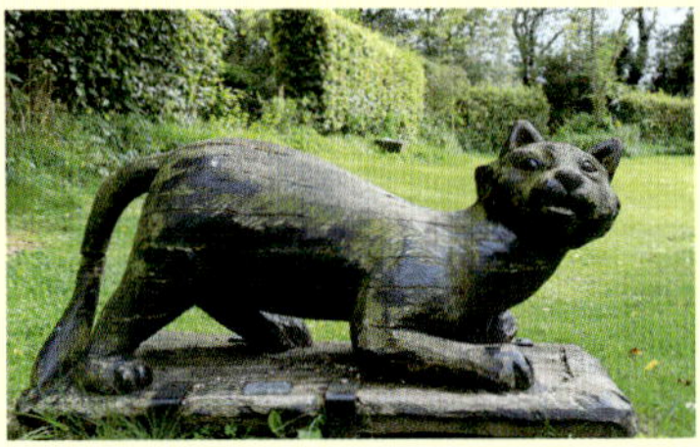

Hang hinab und gelangen über ein paar Serpentinen auf einem schmalen Trampelpfad an eine Holzbank und Sperre. Diese Passage ist etwas kniffelig für Kinderwagen. Im Tal biegen wir nach rechts in einen Forstweg, überqueren den Adscheider Bach und gehen, dem linken der beiden Forstwege folgend, durch einen Nadelwald in südöstlicher Richtung am Klodscheidsiefen-Bach entlang. An der folgenden T-Kreuzung biegen wir nach links über den Klodscheidsiefen-Bach ab, wandern einige Meter an ihm zurück bis zur **Pumpstation (3)** und steigen an der folgenden Kreuzung scharf rechts den Hang hinauf. Wir wandern auf einem schönen Waldweg moderat bergan und folgen dabei wieder dem Ahrenbach – nunmehr nach Osten, bis wir an einen querlaufenden Asphaltweg gelangen. Ihm folgen wir nach links und wandern leicht bergan bis zur K 19 und den ersten Häusern von Blankenberg. Nun haben wir über die Hälfte des Weges geschafft. Wir halten uns mit der K 19 nach links und biegen anschließend in die Straße mit dem einfachen Namen »Hof« ein. In einem weiten Rechtsbogen wandern wir auf einem Schotterweg über die Fel-

HIGHLIGHTS

- ★ Zum Abschluss der Wanderung mit einem geheimen Pergament durch die Stadt Blankenberg streifen und magische Rätsel lösen.
- ★ Auf der Burg 150 Meter über dem Siegtal können wir von alten Ritterzeiten träumen und einen Ritter-Kräutergarten bestaunen.
- ★ Im Gasthaus »Zum Alten Turm« wartet leckeres Eis aus eigener Produktion auf uns.

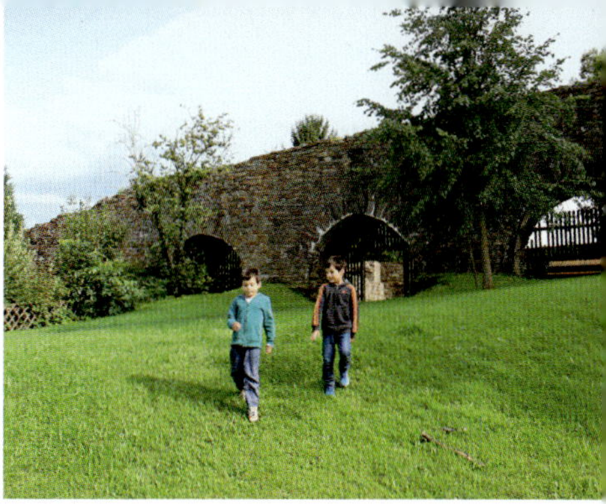

Der Erlebnisweg führt uns auch die Stadtmauer entlang.

der und schließlich auf einen **Sportplatz (4)** zu. Den kleinen Spielplatz ignorieren wir fürs Erste, denn jetzt gilt es erst einmal, die Stadt Blankenberg zu retten. Weiter geht es an der Burgmauer entlang an einer Statue des Alchimisten Malus Sinistrius vorbei zum Parkplatz vor dem **Katharinenturm (5)**. Wir gehen durch den Katharinenturm hindurch in die Stadt, spazieren am **Gasthaus »Zum Alten Turm« (6)** vorbei, in dem es leckeres Eis gibt, die Katharinenstraße hinauf bis zur **Stadtkirche St. Katharina**. Sie ist der erste von sechs wichtigen Orten der Stadt, an denen ihr Hinweise findet, um das Pergament zu vervollständigen. Nachdem ihr das Rätsel in der Nähe des **Sportplatzes (4)** gelöst habt und Stadt Blankenberg vor dem Alchimisten gerettet habt, kehren wir zum **Katharinenturm (5)** zurück, von wo aus wir den Rückweg zur Mühle im Tal starten. Entlang der Katharinenstraße, nach rechts in den »Markt« mit einem schmiedeeisernen **Brunnen (7)** und weiter geradeaus entlang der Mechthildisstraße gehen wir durch Blankenberg bis zu einer Kurve. Hier geht es für alle, die sie beim Spiel noch nicht erkundet haben, nach rechts zur **Burg (8)**. Zurück zur Mühle Blankenberg biegt man schon am Ortsausgang nach links den Hang hinab, um die scharfe Kurve abzukürzen, überquert die Straße und wandert weiter auf einem teils asphaltierten Pfad ins Tal bis zurück zur **Mühle zu Blankenberg (1)**.

Wenn ihr die Stadt vor dem Alchemisten gerettet habt, dürft ihr rasten – am besten an der Burg.

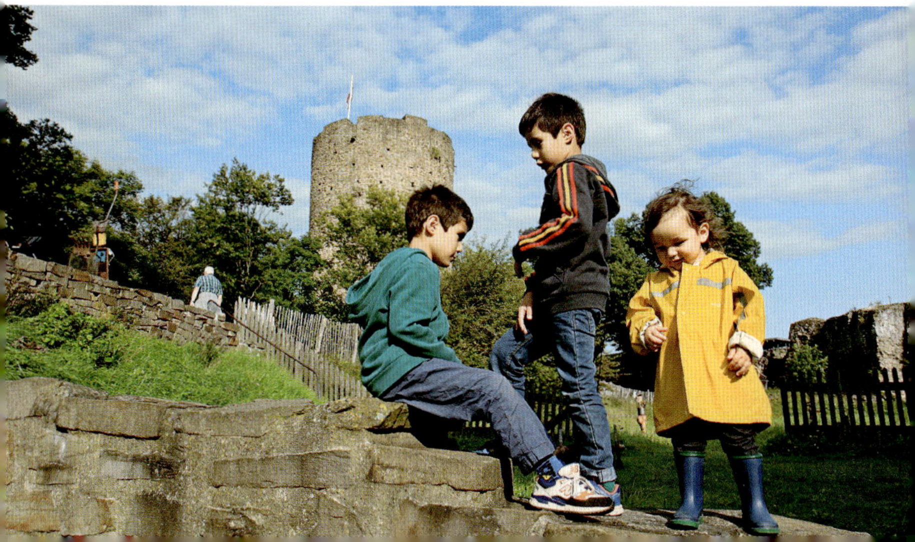

29 Dollendorfer Hardt

Vom Kloster Heisterbach in die Weinberge — ab 5 J.

Schnell mal raus und die Sonne küssen
Die Dollendorfer Hardt ist das, was man als eine 1A-Stadtflucht bezeichnen kann. Dabei verlässt man gefühlt noch nicht einmal das Bonner Stadtgebiet. Aber auch wenn Oberdollendorf schon zu Königswinter gehört, ist dies doch eine der stadtnahesten Wanderungen, und eine der schönsten obendrein. Denn wir wandern durch herrliche Weinberge und genießen vom Aussichtspunkt Rheinblick eine tolle Sicht auf das Rheintal und das Siebengebirge. Grüne Wälder und eine imposante Klosterruine machen die Wanderung zu einem tollen Erlebnis mit hohem Erholungswert.

KURZINFO

Ausgangspunkt: Parkplatz am Kloster Heisterbach, 142 m (GPS: N50.696479, E7.212398).
Anfahrt: Auf der A59 und B42 bis Ausfahrt Oberdollendorf, weiter auf der L268 Richtung Thomasberg.
Mit Bahn und Bus: Ab Köln mit der Regionalbahn bis Niederdollendorf und weiter mit Bus 520 bis zum Kloster; ab Bonn Hbf. mit der S66 bis Oberdollendorf und dort in Bus 520 umsteigen.

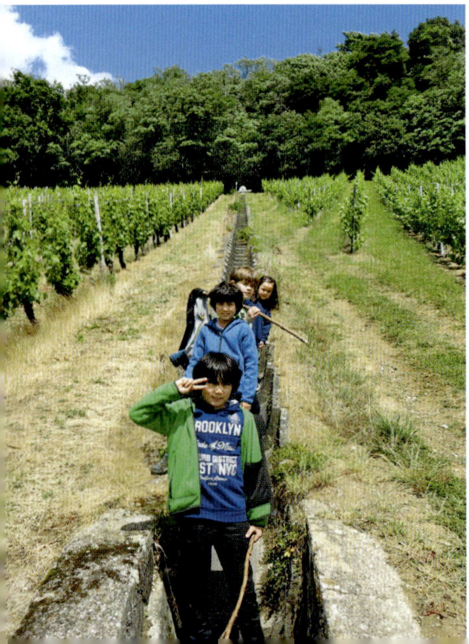

Gehzeit: 2.00 Std.
Distanz: 6,3 km.
Höhenunterschied: 160 m.
Ausrüstung: Gut profilierte Sport- oder Wanderschuhe.
Anforderungen: Ab 5 Jahren. Eine in weiten Teilen leichte Wanderung, nur ein längerer Anstieg mit moderater Steigung zum Aussichtspunkt Hülle. Daher ideal auch für Wanderungen mit Kinderwagen geeignet. Wechselnde, aber gute Markierungen.
Einkehr: Weinhaus Gut Sülz mit weitläufiger Außengastronomie, Spielplatz und kleinem Streichelzoo (Bachstraße 157, 53639 Königswinter, Tel. +49 2223 3010, www.weinhaus-gutsuelz.de; täglich geöffnet) und Klosterstube Heisterbach (Heisterbacher Straße, 53639 Königswinter, Tel. +49 2223 702175, www.klosterstube-heisterbach.de; täglich 11.30–17 Uhr geöffnet).
Hinweis: Picknick-Wiesen hat diese Tour reichlich. Vor allem in den Weinbergen und am Aussichtspunkt Hülle sieht man im Sommer zahlreiche Familien und Pärchen auf Decken die Natur und die Aussichten genießen. Ebenso auf den Wiesen im letzten Streckenviertel auf dem Rückweg zum Kloster.
Karte: Drachenfelser Ländchen und Siebengebirge (Eifelvereinskarte Nr. 38, 1:25.000).

Die Cleversten kürzen durch die Wasserkanäle in den Weinbergen ab.

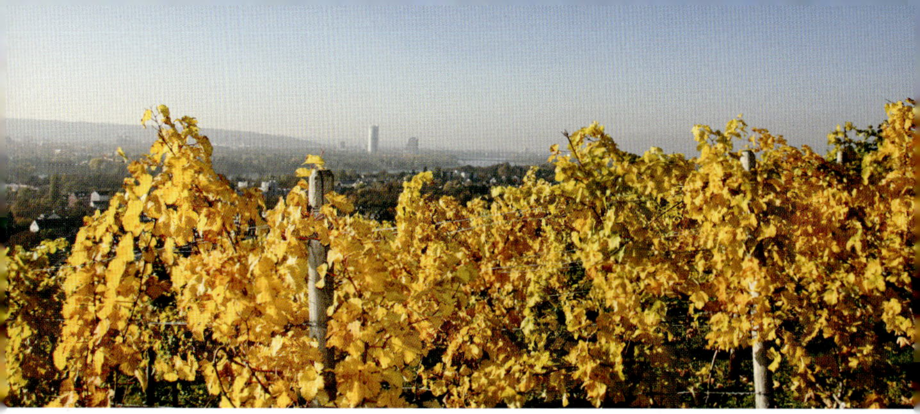

Herbstfarben und weiter Blick über Bonn hinweg vom Aussichtspunkt Hülle.

Wir beginnen unsere Wanderung am **Parkplatz (1)** rechter Hand vom Hauptportal des Klosters und wandern ein Stück an der Klostermauer entlang nach Westen. Die Mauer biegt schließlich nach links weg und wir wandern mit den Markierungen des Eifelverein-Hauptwanderwegs Rösrath – Königswinter (»weißes >-Zeichen«) bzw. mit der blauen Markierung des Rheinsteigs nach rechts. In einem Rechtsbogen geht es nun am Waldrand entlang, mit Blick nach rechts über die Felder zurück auf die Klosteranlage und den dahinter liegenden Weinberg, bis wir an die L 268 gelangen. Hier biegen wir links ab, folgen der Landstraße ein kurzes Stück nun mit dem Zuweg für den Hauptwanderweg Rösrath – Königswinter (Markierung »rotes >-Zeichen«) über eine Brücke hinweg und biegen die nächste Gelegenheit links ab in die Zufahrtsstraße zum **Waldfriedhof (2)**. Auf der asphaltierten Zufahrt gelangen

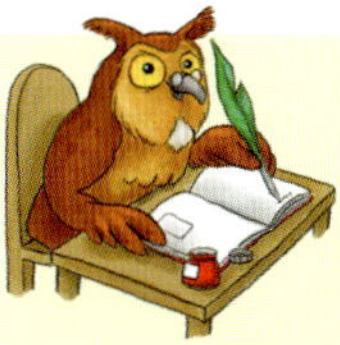

Hallo Kinder,

Klöster gibt es in Deutschland viele – so auch im Rheinland. Aber das Kloster Heisterbach ist wirklich ein besonderes. Es ist nur noch eine Ruine, aber seine Anlage ist besonders schön hergerichtet und einen Spaziergang vor oder nach der Wanderung wert. Hier könnt ihr viel über die Geschichte des Klosters und das Klosterleben lernen. Besonders viel Spaß macht es, seine ehemaligen Grundmauern abzugehen, die mit Steinen im Rasen nachgezeichnet sind. Die romanische Kirche war eine der größten im Rheinland, übertroffen nur noch vom Kölner Dom. Imposant ist auch der Chor der Kirche, der noch steht. Er zeugt von dem 800 Jahre langen Wirken der Zisterzienserabtei. Gegründet wurde sie im 12. Jahrhundert, 1803 fiel sie dann der Armee der französischen Revolution in die Hände. Die von den Franzosen kontrollierte Regierung der Rheinlande verkaufte die Abtei zum Abriss. Diesen stoppte sie erst 1818 wieder. Zwei Jahre später kaufte ein Graf die Anlage und ließ den romantischen Landschaftspark anlegen.

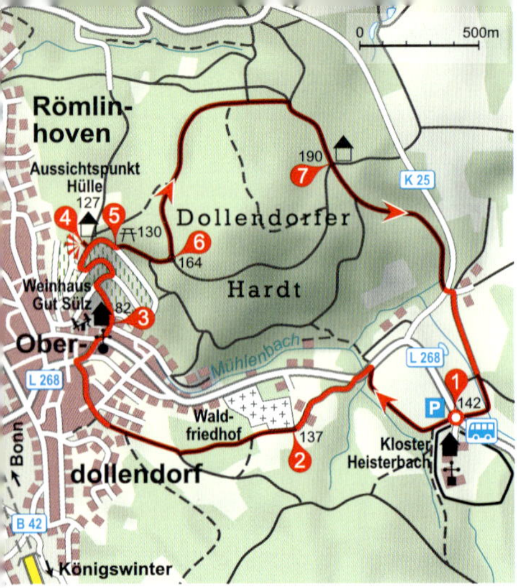

wir zum Friedhof, wandern am ihm vorbei in einen Buchenwald hinein. Durch diesen, besonders im Herbst schönen Wald wandern wir, alle Abzweigungen ignorierend, geradeaus nach Westen. Schließlich treten wir auf eine Streuobstwiese hinaus, haben einen schönen Blick auf Oberdollendorf und das Rheintal. Hier biegen wir nach rechts in den querlaufenden Bittweg ein – immer noch der Markierung des Zuwegs folgend. Durch eine Hohlgasse gelangen wir an die ersten Häuser von Oberdollendorf und folgen der Straße mit dem Namen »An der Luhs« durch ein Wohngebiet bis zur Hauptstraße (Heisterbacher Straße). In diese biegen wir nach rechts ein, folgen ihr ein kurzes Stück bergan bis zur St.-Laurentius-Kirche. Hier biegen wir nach links mit der Markierung »RV« in das Sträßchen »Cahn's Berg« ein und gelangen durch eine kleine Senke hindurch zum **Weinhaus Gut Sülz (3)**, in dessen weitläufigem und schattigem Biergarten sich eine Rast durchaus lohnt. Eine ebenso schöne Gelegenheit, zu rasten oder ein Picknick zu veranstalten, ist der Aussichtspunkt Hülle mit der Schutzhütte Rheinblick, die wir in grob südlicher Richtung oberhalb der Weinberge schon erblicken können. Dorthin gelangen wir am Weingut vorbei auf dem Asphaltweg, der in die Weinberge führt. An der nächsten Kreuzung halten wir uns rechts und an einem kleinen Denkmal sofort wieder links und wandern durch den schönen Weinberg hinauf bis unterhalb des **Aussichtspunktes Hülle (4)**, den wir über eine Treppe erreichen. Das Areal ist weitläufig, die Schutzhütte und mehrere Parkbänke laden zum Verweilen ein. Ein Steinkreis regt die

HIGHLIGHTS

- ★ Picknick am Aussichtspunkt Rheinblick.
- ★ Naturrutsche am Aussichtspunkt.
- ★ Durch die Weinberge tollen und den Trauben beim Wachsen zuschauen – aber bitte nicht naschen!
- ★ Den mächtigen Chor der Ruine Kloster Heisterbach bestaunen und im Rasen nach den Resten der Klostermauern suchen.

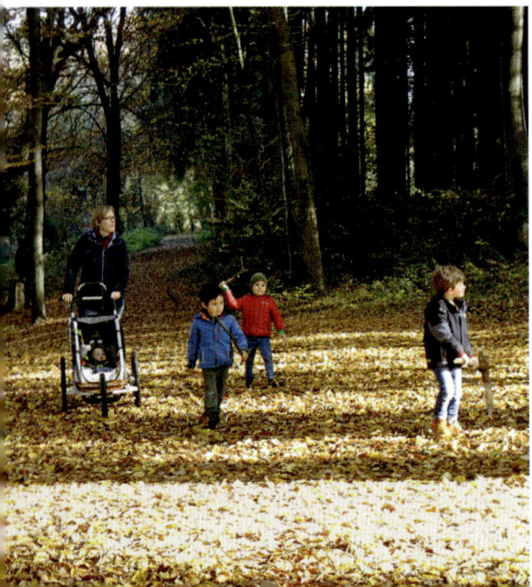

Goldgelb leuchtet der Weg am Waldfriedhof im Herbst.

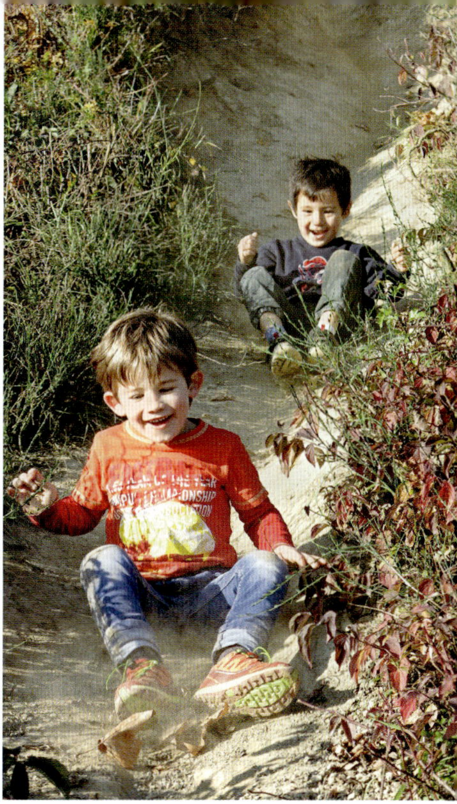

Mit Karacho geht es die Naturrutsche am Aussichtspunkt Hülle hinab.

Fantasie an. An dem Platz verweilt man vor allem wegen des tollen Blicks über das Rheintal und die Dollendorfer Weinberge. Vom Siebengebirge über Bad Godesberg blicken wir bis hin zu den nördlichen Stadtteilen Bonns, den Rhein immer direkt unter uns. An der Spitze des Aussichtspunkts haben Regenwasser und der Bewegungsdrang vieler Kinder eine Sandrille in den Hang gefräst, die sich ideal als Naturrutsche eignet.

Nach einer Pause setzen wir die Wanderung auf dem Hauptweg hinter der Schutzhütte fort. Wir folgen hier dem Asphaltweg oberhalb der Weinlagen mit dem Rheinsteig nach Südosten bis zu einer **Rastbank (5)**. Hier weist uns der Hinweis auf einem Stein den Weg nach links in den Wald zum Rundweg um die Dollendorfer Hardt. Nach rund 200 m gelangen wir an den querlaufenden **Rundweg (6)** und biegen nach links in ihn ein. Er trägt die Markierung »2«. Nun wandern wir auf einem breiten Forstweg durch den Mischwald und im Uhrzeigersinn um die Kuppe der Dollendorfer Hardt herum. Es geht zunächst leicht bergan. Nach gut einem Kilometer gelangen wir an eine große Waldkreuzung, an der wir nach rechts abbiegen. Ab hier ist das Kloster Heisterbach bereits ausgeschildert. Dorthin begleitet uns nun das »schwarze R« des Rheinhöhenwegs. Wir gelangen an eine weitere Kreuzung mit einer **Blockhütte (7)**. Hier verlassen wir den Rundweg und biegen mit dem Rheinhöhenweg nach links, auch an der folgenden Gabelung halten wir uns links. So gelangen wir an die K 25, die wir überqueren, und folgen auf der gegenüberliegenden Seite einem Schotterweg, der uns noch ein kurzes Stück durch herrliche Wiesen in einem Rechtsbogen bis an die L 268 führt. Damit stehen wir wieder am **Kloster Heisterbach (1).** Ein Rundgang durch den romantischen Landschaftspark des ehemaligen Klosters lohnt, bevor wir den Heimweg antreten (siehe »Hallo Kinder«).

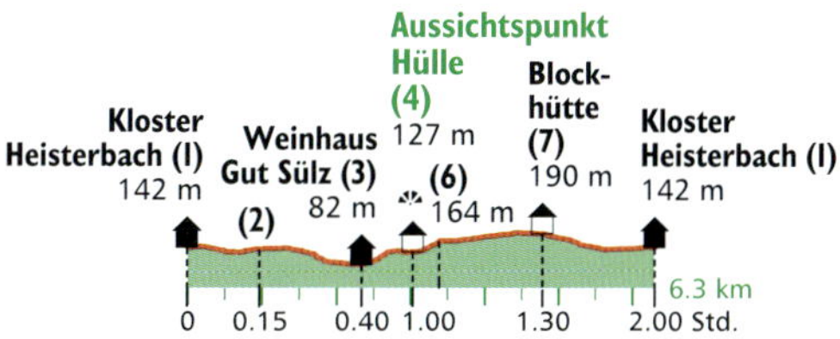

30 Zum Drachenfels

Über Deutschlands meist bestiegenen Berg ab 6 J.

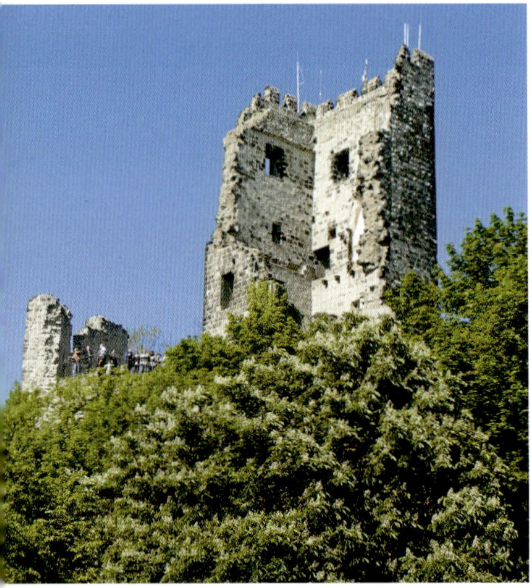

Burgruine Drachenfels.

Rheinromantik und idyllische Täler

Den Drachenfels haben die meisten schon einmal besucht. Doch wenn sich hier am Wochenende Touristenmassen tummeln, kann man den Berg gar nicht recht erleben. Mit dieser Tour wollen wir uns den Drachenfels neu erschließen. An seinen steilen Hängen wandern wir auf einem schönen Bergpfad hinauf, schauen mal kurz beim Drachen auf der Burg vorbei, machen vielleicht noch einen Abstecher zum legendären Milchhäuschen und gehen durchs schöne Nachtigallental nach Königswinter. Zurück zum Ausgangspunkt Rhöndorf fahren wir mit der Bahn. Da ist für alle etwas dabei.

KURZINFO

Ausgangspunkt: Parkplatz Drachenfelsstraße, 67 m (GPS: N50.659603, E7.213176) in Rhöndorf.
Anfahrt: Über die B 42 bis zur Abfahrt Rhöndorf. Von der Rhöndorfer Straße direkt links in die Löwenburgstraße bis zum Parkplatz Drachenfelsstraße.
Mit der Bahn: Von Köln oder Koblenz mit Regionalbahnen, von Bonn mit der S-Bahn-Linie 66 bis Rhöndorf Bahnhof, weiter zu Fuß unter der B 42 durch, links in die Löwenburgstraße bis zum Parkplatz.
Endpunkt: Bahnhof Königswinter, 60 m. Rückfahrt mit dem Regionalexpress bis Bahnhof Rhöndorf.
Gehzeit: 2.30 Std.
Distanz: 5,1 km.
Höhenunterschied: 280 m.
Ausrüstung: Feste Wanderschuhe.
Anforderungen: **Ab 6 Jahren.** Wegen der langen Steigung zu Beginn über 1,2 km eine mittelschwere Wanderung mit wechselnden Markierungen. Hier ist festes Schuhwerk und Trittsicherheit erforderlich. Der Abstieg ist angenehm leicht.
Einkehr: **Café Profittlich** (Drachenfelsstraße 21, 53604 Rhöndorf, Tel. +49 2224 2796, www.cafe-profittlich.de; Mo. Ruhetag), **Restaurant Drachenfels** (Auf dem Drachenfels, 53639 Königswinter, Tel. +49 2223 296990, www.der-drachenfels.de; saisonal unterschiedliche Öffnungszeiten), **Gaststätte Milchhäuschen** (Elsigerfeld 1, 53639 Königswinter, Tel. +49 2223 909000, www.milchhaeuschen.de; Mo. Ruhetag, saisonal unterschiedliche Öffnungszeiten).
Variante: Auf halbem Weg zwischen Drachenfels und Drachenburg führt ein beschilderter Weg zum Milchhäuschen (2,5 km, zusätzlich 50 Min. Gehzeit). An der Infotafel (5) verlassen wir die asphaltierte Straße und folgen dem Weg mit der Markierung »K« (Kölner Weg) nach

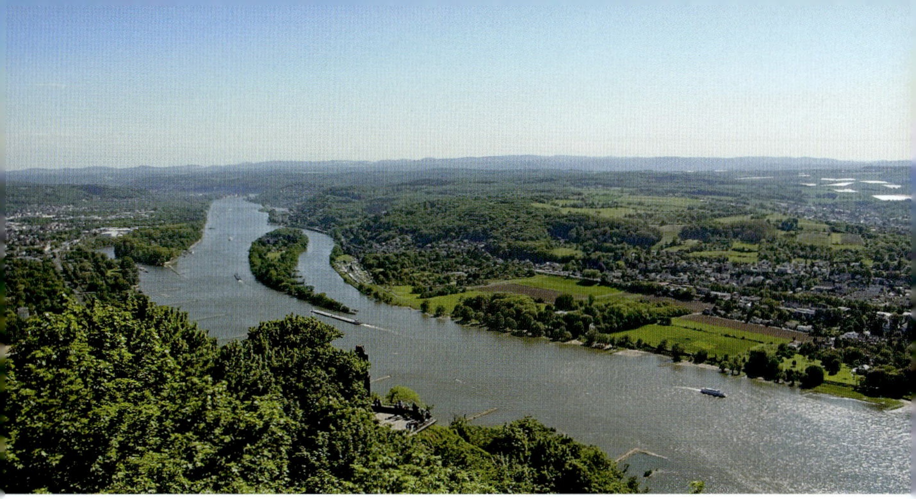

Blick vom Drachenfels nach Süden auf die Insel Nonnenwerth.

rechts und halb um den Berg Wolkenburg herum. Der breite Wirtschaftsweg führt uns direkt zum Milchhäuschen. Hier wird es den Eltern gerne schnell gemütlich und den Kindern bei Tisch langweilig. Doch hinter dem Milchhäuschen gibt es eine Kletterschlucht. Nach der Rast nehmen wir, das Milchhäuschen im Rücken, an der Infotafel vor der Gaststätte vorbei geradeaus den Weg mit der Markierung Rheinsteig (»stilisiertes weißes R auf blauem Grund«). Wir passieren zweimal zwei Poller, die Autos von der Durchfahrt abhalten sollen, wandern leicht bergab durch Wald und später über Wiesen zur Hirschberghütte. Wir überqueren dahinter die querlaufende Drachenfelsstraße und wandern geradeaus durch einen von Buchen gesäumten Hohlweg in Richtung Drachenburg. An der nächsten Wegkreuzung treffen wir wieder auf die Hauptwanderung, eine Wiese und die Drachenburg zur Linken und wenige Meter weiter geradeaus rechter Hand auf den Einstieg ins Nachtigallental (7).

Hinweis: Wer sich die Zugfahrt von Königswinter zurück nach Rhöndorf sparen will, kann stattdessen mit der Drachenfelsbahn (www.drachenfelsbahn-koenigswinter.de) wieder auf den Drachenfels fahren und dann auf dem Hinweg zurück zum Parkplatz Drachenfelsstraße hinunterwandern.

Karte: Drachenfelser Ländchen und Siebengebirge (Eifelvereinskarte Nr. 38, 1:25.000).

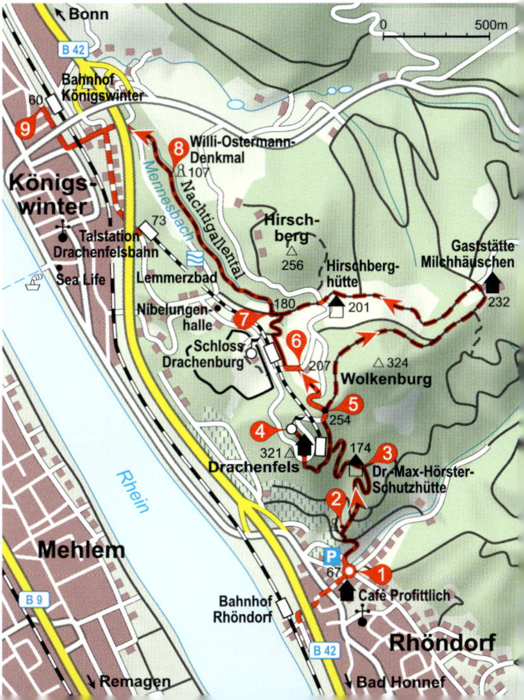

HIGHLIGHTS

- ★ Sportlicher Aufstieg am Südhang des Drachenfelses.
- ★ Besuch der Burgruine Drachenfels mit fantastischem Ausblick auf Bonn und das Rheintal. Bei gutem Wetter kann man den Kölner Dom am Horizont sehen.
- ★ Wer will, kann am Rückweg der Wanderung mit der Drachenfelsbahn fahren (siehe Kurzinfo).
- ★ An der Variante: Kletterschlucht hinterm Milchhäuschen.
- ★ Nibelungenhalle, Drachenhöhle und Reptilienzoo (www.nibelungenhalle.de).
- ★ Das familienfreundliche Freibad Lemmerzbad nahe der Drachenburg und dem Einstieg ins Nachtigallental hat eine tolle Aussicht auf das Rheintal (s. Freizeittipp A8).
- ★ In Königswinter: Bei schlechtem Wetter Besuch im Meeresaquarium Sea Life (www.visitsealife.com/konigswinter).

Vom **Parkplatz Drachenfelsstraße (1)** gehen wir die Löwenburgstraße bergan und biegen schon nach wenigen Metern links in den Pfad zwischen den Häusern Nr. 25 und Nr. 27 ein. Der Weg führt nun recht steil hinauf bis zu einer Querstraße, an der wir uns links halten. Bis zum Drachenfels folgen wir nun dem Rheinsteig (Markierung »stilisiertes weißes R auf blauem Grund«). Nach wenigen Metern erreichen wir das **Ulanen-Denkmal (2)** mit dem terrassierten Gelände. Auf Höhe des Denkmals führt, wenige Meter rechts von diesem, unser Weg als schmaler Schotterpfad wieder in den Wald hinein. Immer wieder müssen wir nun sehr steile Abschnitte bewältigen. Wir queren alsbald eine asphaltierte Straße, halten uns geradeaus steil bergan und gelangen nach 100 m auf einen breit geschotterten Waldweg. Wir folgen ihm nach links leicht bergan und

In der Kletterschlucht hinter dem Milchhäuschen.

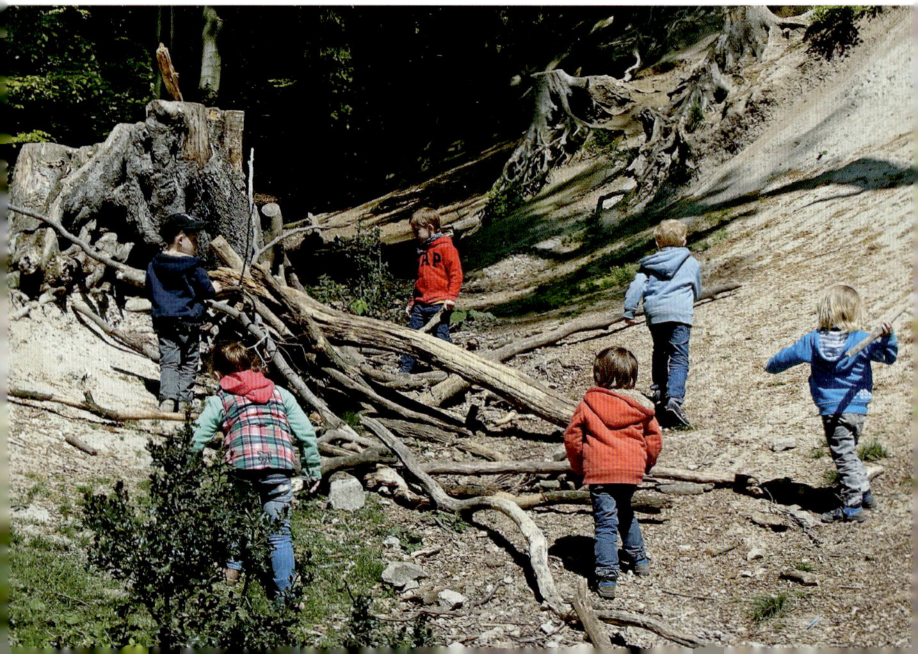

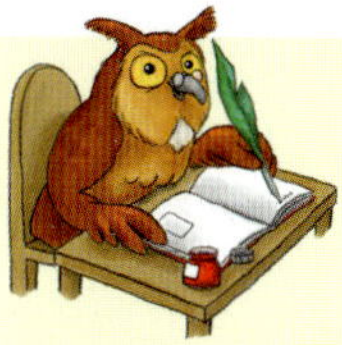

Hallo Kinder,

die Burg Drachenfels wurde 1138 als Grenzbefestigung im Auftrag des Kölner Erzbischofs erbaut und hatte während ihrer 500-jährigen Existenz bis zur Zerstörung im Dreißigjährigen Krieg keine große Bedeutung in der Geschichte. Sie wurde erst 1816, als der Berg und die Burgruine längst als Steinbruch dienten, durch ein Gedicht des vorbeireisenden berühmten englischen Dichters Lord Bryon international berühmt. Immer mehr Menschen wollten nun die Burgen entlang des Rheins und auch den Drachenfels besuchen. Der Rhein war »in« und die »Rheinromantik« machte das Rheintal schon vor 200 Jahren zum Inbegriff der »guten alten Zeit«. Der Tourismus und die Begeisterung der Menschen für die Schönheit der Landschaft führten schließlich zum Erhalt der Burgruine und zum Ausbau des Drachenfelses als Ausflugsziel. Wahrscheinlich ist der Drachenfels nur so berühmt geworden, weil seine Burg eine so schöne Ruine ist.

erreichen nach zwei Spitzkehren die **Dr.-Max-Hörster-Schutzhütte (3)**. An der Gabelung halten wir uns links und wandern nun über mehrere Spitzkehren und vorbei an drei Aussichtspunkten zur Aussichtsplattform am Drachenfels. Neben den Markierungen des Rheinsteigs weisen uns immer wieder die für das Siebengebirge typischen steinernen Wegweiser den Weg zum Drachenfels. Die kurzen Abstecher zu den Aussichtspunkten unterhalb des Gipfels lohnen wegen der tollen Sicht auf den Rhein. Die Spitze des Berges mit seiner Ruine erreichen wir von der Aussichtsplattform über den Zuweg hinter dem Restaurant vorbei an der Miniausgabe der Drachenhöhle. Gegen den Einwurf von einem Euro erzählt uns der Drache seine Geschichte. Nach kurzem, erneut steilem Anstieg erreichen wir schließlich die **Burgruine Drachenfels (4)**.

Der Weg vom Drachenfels hinab ins Tal nach Königswinter ist recht einfach. Die für Fußgänger, Eselreiter und Fahrräder freie Drachenfelsstraße führt ab der Bergstation Drachenfelsbahn zunächst parallel zu Bahntrasse talwärts. Nach kurzer Zeit überqueren wir die Trasse und gelangen an eine im Wald gelegene Kreuzung mit einer **Infotafel (5)**. Hier können wir den Abstecher zum Milchhäuschen starten (siehe Variante). Auf der Hauptroute wandern wir – nun mit der Markierung des Rheinsteigs – die Drachenfelsstraße noch eine weitere Kehre talwärts. Nach der Rechtskurve biegen wir links über eine kurze Treppe in einen schmalen Pfad ab und wandern bergab auf das verlassene Haus, den **Burghof (6)** zu. In verschiedenen Karten führt der Rheinsteig weiter geradeaus über die Streuobstwiese, doch dieser Weg ist aktuell nicht mehr erkennbar. Deshalb gehen wir auf

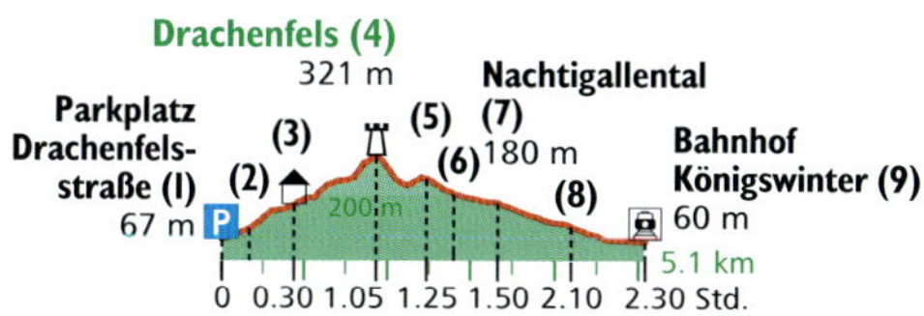

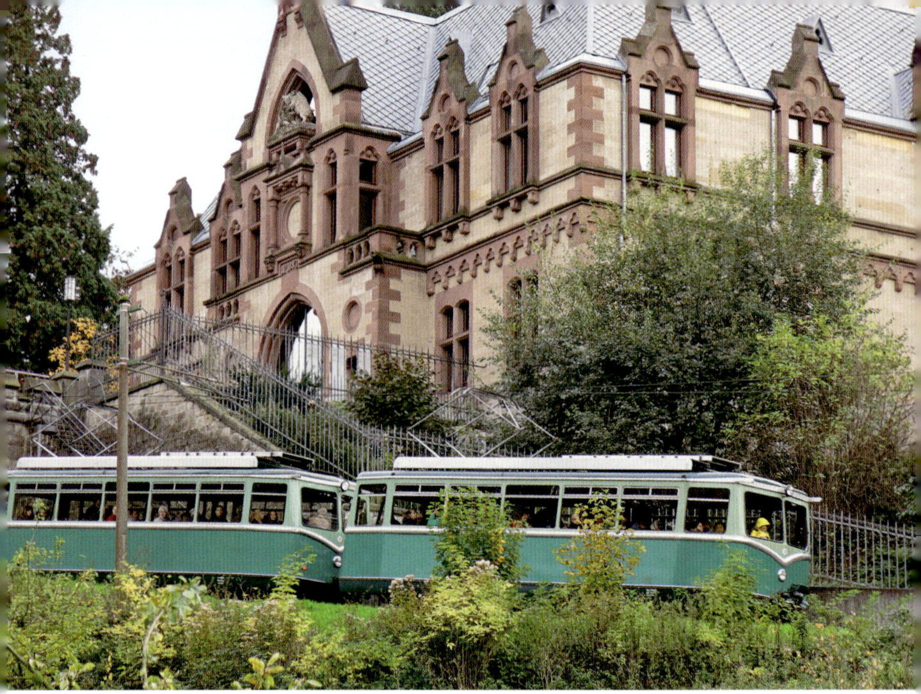

Drachenfelsbahn vor Schloss Drachenburg.

dem querlaufenden Schotterweg nach links und vor der Bahntrasse rechts am Bahnhof und am Schloss Drachenburg vorbei. In dem neoklassizistischen Schloss gibt es ein kleines Bistro und eine interessante Ausstellung über die Ursprünge der Naturschutzbewegung.

Nach dem Bahnhof gelangen wir an das Tor des Schlosses, an dem wir aber nach rechts bergab gehen. Über die nachfolgende Brücke erreichen wir die Kreuzung, an der unser Weg mit der beschriebenen, von rechts kommenden Variante zusammentrifft. Wir biegen nach links ab und treffen nach wenigen Metern auf den Einstieg in das **Nachtigallental (7)**. Über eine Böschung nach rechts wandern wir mit den Markierungen »K« des Kölner Wegs und des Zuwegs zum Rheinsteig in das Tal hinein, das abseits der großen Touristenströme liegt. Auf einem schmalen Pfad geht es immer am plätschernden Mennesbach entlang durch das von hoch aufgeschossenen Buchen bewachsene Tal. Unterwegs passieren wir das **Willi-Ostermann-Denkmal (8)** vor einer kleinen Höhle. Es erinnert daran, dass der Kölner Liedermacher das Nachtigallental in seinem Siebengebirgs-Lied verewigt hat. Am Ende des Nachtigallentals biegen wir nach links und unterqueren die B 42. Wer mit der Drachenfelsbahn zurück zum Drachenfels fahren möchte, erreicht auf der Winzerstraße nach links die Talstation (siehe Hinweis in der Kurzinfo).

Für die Rückfahrt mit dem Regionalexpress nach Rhöndorf gehen wir auf der Bahnhofstraße geradeaus und rechts entlang der Bahnhofsallee zum **Bahnhof Königswinter (9)**.

Von der Margarethenhöhe zur Löwenburg

Auf einen der schönsten Gipfel des Siebengebirges ab 5 J.

Durch idyllische Wälder zur romantischen Burgruine

Unser Weg führt uns auf Räuberpfaden und durch wildromantische Wälder zur bekanntesten Burgruine im Köln-Bonner Raum. Oft abseits breiter Wege wandern wir zur Löwenburg, einem der schönsten Plätze im Siebengebirge. Auf seinem zweithöchsten Gipfel haben wir den besten Ausblick auf den Rhein. Mit dem steilen Aufstieg zur Ruine vollbringen wir eine »Höchstleistung« und belohnen uns mit einem Picknick in der Burg. Ein kleines Abenteuer erwartet Jung und Alt.

KURZINFO

Ausgangspunkt: Parkplätze Margarethenhöhe (gebührenpflichtig), 314 m (GPS: N50.676562, E7.24887).
Anfahrt: Auf der A 59 bis Königswinter, weiter auf der L 331 bis zur Margarethenhöhe in Ittenbach. Weitere Parkplätze hinter dem Restaurant Margarethenkreuz und am Naturparkhaus.
Mit Bahn und Bus: Mit der Regionalbahn von Köln oder Koblenz oder mit der S-Bahn-Linie 66 bis Königswinter, weiter mit Bus 521 zur Margarethenhöhe.
Gehzeit: 2.00 Std.
Distanz: 5,5 km.
Höhenunterschied: 260 m.
Ausrüstung: Gut profilierte Sport- oder Wanderschuhe.
Anforderungen: Ab 5 Jahren. Wegen des steilen Aufstiegs zur Löwenburg eine mittelschwere Tour, die sonst aber keine Schwierigkeiten aufweist. Wechselnde Markierungen. Für geländegängige Kinderwagen geeignet; eventuell den Kinderwagen am Löwenburger Hof vor dem Aufstieg zur Ruine abstellen.
Einkehr: Waldwirtschaft **Löwenburger Hof** mit Sonnenterrasse (Löwenburger Straße 30, 53639 Königswinter, Tel. +49 2223 24446, www.loewenburger-hof.de; täglich außer Di. 10–18.30 Uhr geöffnet, im Winter bis zur Dämmerung) und **Restaurant und Café Margarethenkreuz** mit Bierterrasse direkt an der L 331 (Königswinterer Str. 430, 53639 Königswinter, Tel. +49 2223 22221, www.margarethenkreuz.de; Mo. Ruhetag).
Karte: Drachenfelser Ländchen und Siebengebirge (Eifelvereinskarte Nr. 38, 1:25.000).

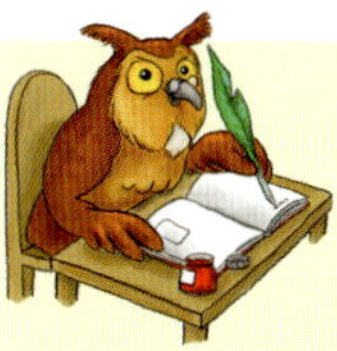

Hallo Kinder,

interessanterweise heißen sowohl der Berg als auch die ehemalige Burg und jetzige Ruine Löwenburg. Diese war eine mittelalterliche Höhenburg und wurde vom Westerwälder Grafen Sayn gegen die beiden Grenzfestungen des Kölner Erzbischofs Wolkenburg und Drachenfels errichtet. Im 12. und 13. Jahrhundert wurde die Burg zu einem großen Teil aus dem Gestein des Berges selbst errichtet. Schon im 16. Jahrhundert wurde sie durch zahlreiche Kriege zerstört. Wie die meisten Berge des Siebengebirges ist auch der Berg Löwenburg ein erloschener Vulkan. Doch die letzten Aktivitäten liegen etwa 15 bis 20 Millionen Jahre zurück, sodass ein erneuter Ausbruch nicht zu erwarten ist.

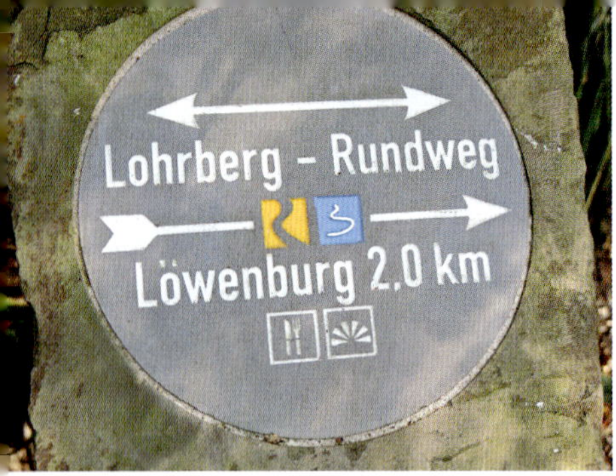

Verlaufen unmöglich – typische Wegweiser im Siebengebirge.

Unsere Wanderung startet am **Parkplatz Margarethenhöhe (1)**, dem höchsten Punkt der L 331. Nach erfolgreicher Parkplatzsuche gehen wir nach Süden entlang der Löwenburger Straße bis zum Haus des Naturparks Siebengebirge – **Forsthaus Lohrberg (2)**. Da wir hier auf dem Rückweg in jedem Fall noch einmal vorbeikommen, können wir den Besuch der interessanten Ausstellung je nach Motivation der großen und kleinen Wanderer auch an den Schluss der Wanderung stellen. Vor dem Naturparkhaus biegen wir nach rechts in einen zunächst unmarkierten Wanderweg, aber schon ab der nächsten Kreuzung folgen wir den Markierungen »R« und »X9«. Wir wandern am **Nasseplatz (3)** und Nasse-Denkmal vorbei und biegen kurz dahinter schräg links mit einem schmalen Pfad (Markierungen »R« und »X9«) den Hang hinauf in Richtung Dreiseenblick und Löwenburg. Wir steigen nun durch den lichten Wald allmählich bergan, folgen einer leichten Linkskurve und halten uns an der nächsten Kreuzung mit der Markierung »R« und dem gelb markierten Rheinsteigzuweg nach links. Wir wandern nun zunehmend steiler auf kurvigem Weg bergan. Wer mit Kinderwagen unterwegs ist, muss hier ein kurzes Stück kräftig schieben. Nach 600 m kommen wir auf einen breiten geschotterten Waldweg, dem wir nach rechts folgen (Markierung »R«). Nun wandern wir auch auf dem Lohrberg-

Modell des Siebengebirges im Forsthaus Lohrberg.

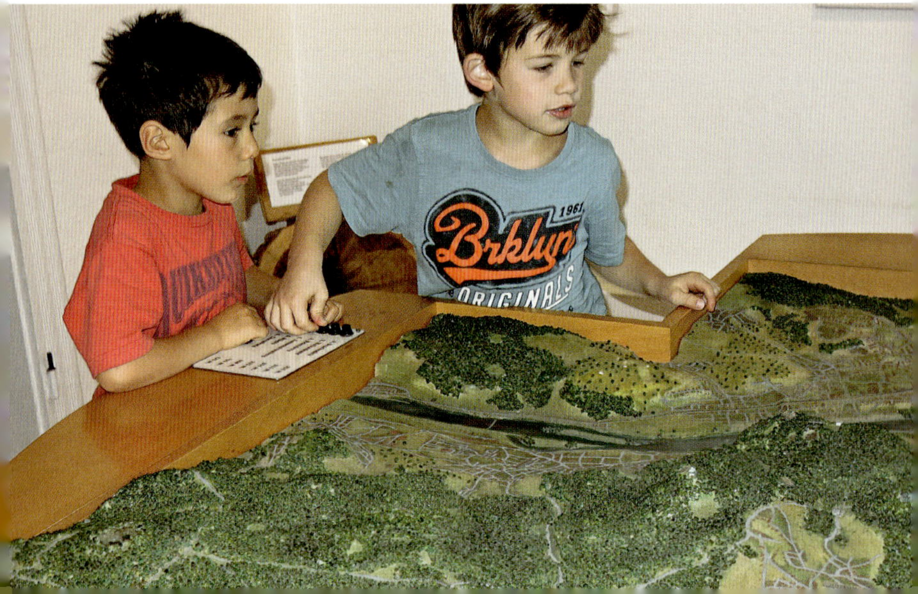

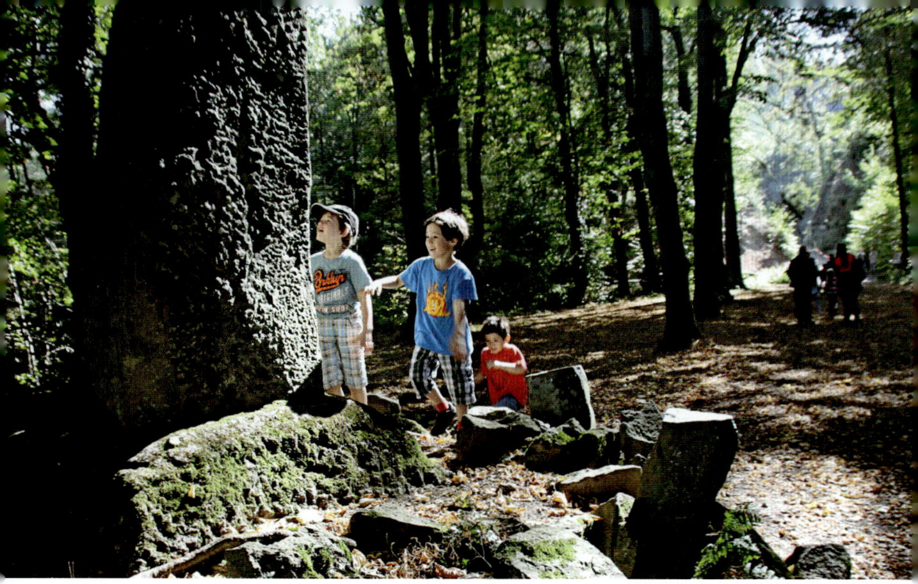

Am Nasse-Denkmal.

rundweg, der uns bis zum Löwenburger Hof führen wird. Vorher treffen wir noch auf die Wilhelm-Spiritus-Schutzhütte am **Drei-Seen-Blick (4)**. Hier haben wir eine wunderbare Aussicht auf drei Abschnitte des Rheins, die zwischen den Gipfeln des Siebengebirges hindurch zu sehen sind. Der Aussichtspunkt lädt mit seiner Schutzhütte zu einer Pause ein.

Wir setzen unseren Weg nach rechts um den Lohr- und Trenkeberg herum fort und wandern nun Richtung Löwenburger Hof. Wir gelangen an eine asphaltierte Wegkreuzung. Von hier aus geht es in fast alle Richtungen im Siebengebirge weiter, die große Infotafel und die Wegweiser geben uns einen Überblick. Wir biegen nach rechts in Richtung Löwenburg. Unser Aufstieg führt an der Waldwirtschaft **Löwenburger Hof (5)** vorbei, die auf einem Sattel zwi-

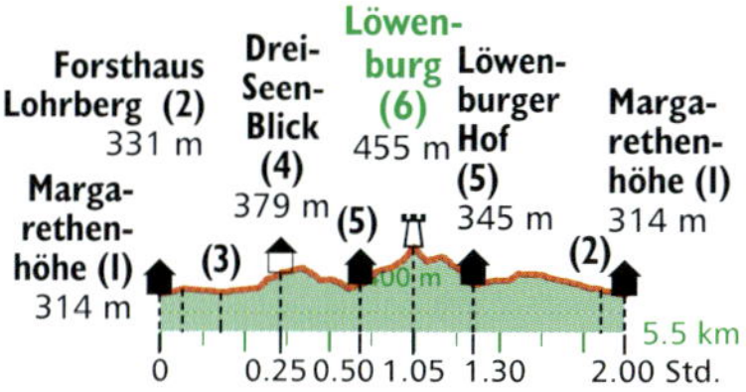

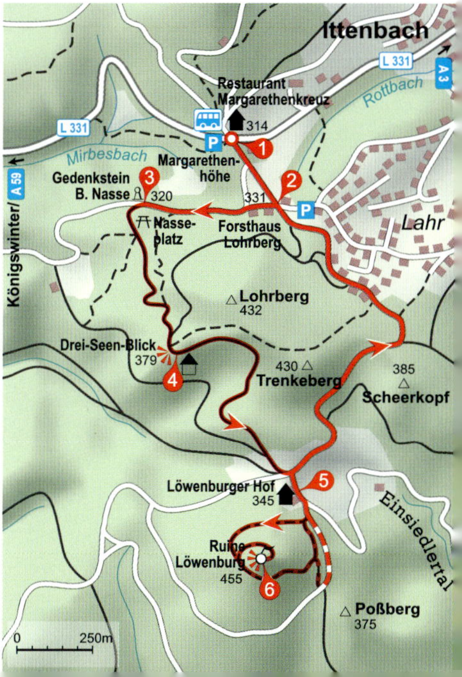

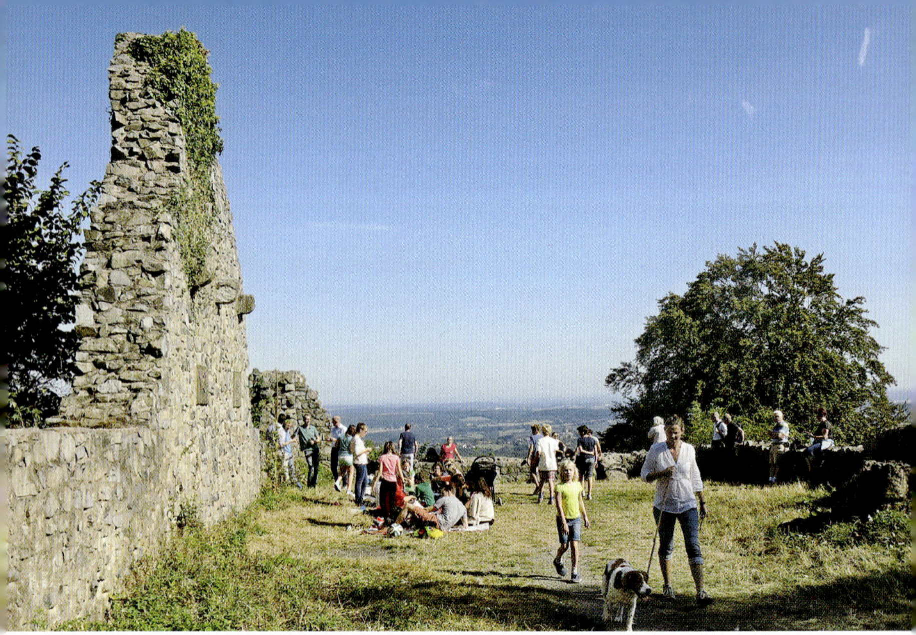

Herrlicher Blick vom Burghof nach Osten ins Pleiser Ländchen.

schen Lohrberg und Löwenburg inmitten von einer Streuobstwiese steht. Hier blickt man nach Osten weit ins Pleiser Ländchen. Für den Aufstieg zur Löwenburg wenden wir uns vom Löwenburger Hof nach rechts. Am Waldrand gabelt sich der Weg, wir halten uns an den rechten Weg und biegen direkt wieder nach rechts ab, um ein kurzes Stück einen Steilhang hinaufzusteigen. Der Weg zur Löwenburg ist nicht markiert und verläuft ein Stück hinter der Gaststätte entlang. Dazu biegen wir abermals nach rechts in einen schmalen Trampelpfad, der uns abenteuerlich den Berg hinauf in Richtung Ruine führt. Für junge Wanderer ist dies ein spannender Weg. (Der etwas einfachere und für Kinderwagen geeignete Weg führt links um den Berg herum auf dessen Spitze, dafür geht man an der ersten Gabelung nach dem Löwenburger Hof einfach geradeaus und folgt den steinernen Wegweisern.)
Unser Weg kann bei schlechtem Wetter matschig und rutschig sein. Spätestens hier wissen wir, warum festes Schuhwerk für diese Tour zu empfehlen ist. Das Ziel nun fest vor

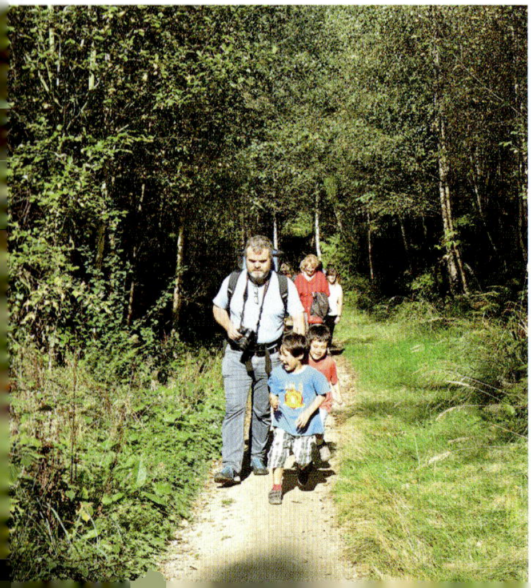

Abwechslungsreiche Wege um die Löwenburg herum.

Massive Burgmauern laden zum Klettern ein – Vorsicht bleibt geboten!

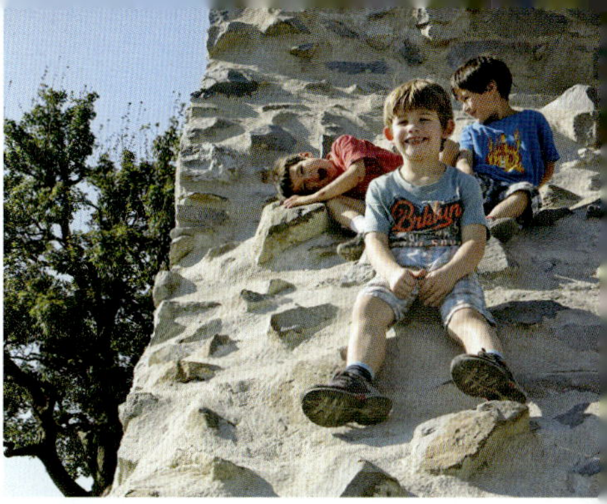

Augen wird unsere Kondition an dieser Steigung erneut auf die Probe gestellt. Noch gut 300 m geht es auf dem schmalen Pfad steil bergan, bis wir auf den eigentlichen Zuweg zur Löwenburg stoßen. Wir biegen nach links auf den Zuweg und wandern weiter bergan. Oberhalb von unserm Standpunkt erkennen wir schon die Burgruine. Den Gipfel der **Löwenburg (6)** erreichen wir nach weiteren 200 m Aufstieg. Kletterer aufgepasst: An manchen Stellen auf der Burg geht es steil in die Tiefe!

Nachdem wir den Ausblick und die Pausenbrote genossen und die Ruine vorsichtig (!) erkundet haben, gehen wir den Zuweg wieder zurück und folgen ihm auch weiter bergab, vorbei an der Abzweigung des schmalen Pfads vom Hinweg. Wir wandern in einer lang gezogenen Linkskurve den breit geschotterten Wirtschaftsweg bergab und gelangen an eine T-Kreuzung. Wir halten uns links und sehen schon nach wenigen Metern den Löwenburger Hof durch die Bäume schimmern. Wer sich nicht selbst mit Proviant versorgt hat, kann in der Waldwirtschaft mit seiner schönen Sonnenterrasse Hunger und Durst stillen.

Ob mit oder ohne Einkehr, wir setzen den Rückweg fort und gelangen erneut an die große Kreuzung mit der Infotafel. Ab hier ist der Rückweg zur Magarethenhöhe denkbar einfach, denn wir folgen der Löwenburger Straße nach rechts (Markierungen »2« und »4«). Wir wandern durch den wunderschönen alten Buchenwald am Lohrberg zurück bis zum **Forsthaus Lohrberg (2)** und den Parkplätzen an der **Margarethenhöhe (1)**.

HIGHLIGHTS

- ★ Das Forsthaus Lohrberg auf der Margarethenhöhe beherbergt das Naturparkhaus mit einer kleinen, aber sehr interessanten Dauerausstellung zu Natur, Geologie, Fauna und Flora im Naturpark Siebengebirge. Im Shop kann man sich mit Infos und Karten zum Siebengebirge versorgen. Zu beachten ist auch das Jahresprogramm des Verschönerungsvereins Siebengebirge mit seinem spannenden Familienangebot. Hinter dem Gebäude befindet sich zudem ein geologischer Lehrpfad (Öffnungszeiten unter www.vv-siebengebirge.de/naturparkhaus).
- ★ Burgruine Löwenburg, erst 2016 frisch restauriert, mit tollem Blick auf den Rhein. Auf der Ruine ist reichlich Platz. Viele Besucher nutzen das Gelände für ein gemütliches Familienpicknick. Allerdings herrscht bei gutem Wetter an Wochenenden reges Treiben.
- ★ Nach der Tour bietet sich bei gutem Wetter ein Besuch im familienfreundlichen Freibad Lemmerzbad (siehe Freizeittipp A8) an, bei schlechtem Wetter im Meeresaquarium Sea Life in Königswinter (www.visitsealife.com/koenigswinter).
- ★ Im Löwenburger Hof kann man den Tag aber auch schön ausklingen lassen.

32 Über den Breiberg zur Löwenburg

Im südlichen Siebengebirge

ab 6 J.

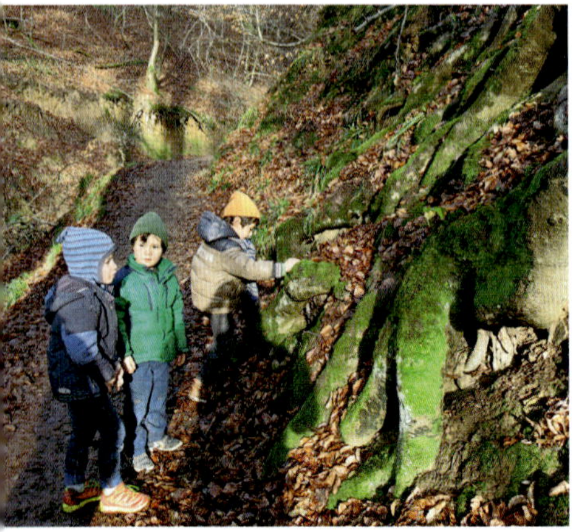

Im urigen Annatal.

Sportliche Tour mit wildem Anstieg

Der Weg ist das Ziel, müsste diese Tour eigentlich heißen. Wie bei Tour 31 wandern wir hinauf zur Löwenburg, doch auf dieser Wanderung ist nicht die Burgruine das Highlight, sondern die Wege, die dorthin führen. Teils sportlich herausfordernd, teils »natürlich« interessant präsentiert sich das Siebengebirge hier von seiner schönsten Seite. Knackige Anstiege, tolle Aussichten, eine schöne Einkehr und ein Abstieg durch das idyllische Tretschbach- und Annatal machen diese Wanderung unvergesslich.

KURZINFO

Ausgangspunkt: Torbogen Zehntscheune am Frankenweg Ecke Schaaffhausenstraße, 79 m, in Rhöndorf (GPS: N50.652446 E7.223025).

Anfahrt: Auf der B 42 Richtung Bad Honnef bis zur Ausfahrt Rhöndorf und weiter über die Rhöndorfer Straße und die Wilhelmstraße bis zum Frankenweg. Dort im Wohngebiet parken.

Mit Bahn und Bus: Mit Regionalbahnen aus Köln oder Koblenz oder aus Bonn mit der S-Bahn-Linie 66 im Halbstundentakt nach Rhöndorf Bahnhof, weiter mit Buslinie 566 zum Physikzentrum und die letzten 400 m zu Fuß über die Straße »Meßbeuel« und den Frankenweg zur Schaaffhausenstraße.

Gehzeit: 4.00 Std.

Distanz: 9,4 km.

Höhenunterschied: 400 m.

Ausrüstung: Gut profilierte Sport- oder Wanderschuhe.

Anforderungen: **Ab 6 Jahren.** Sportliche Wanderung mit drei anspruchsvollen Steigungen und wechselnden Markierungen. Teile des Rheinsteigs erfordern Trittsicherheit.

Einkehr: **Weinhaus Steinbach** (Spießgasse 2, 53604 Bad Honnef, Tel. +49 2224 2466; geöffnet 17–22 Uhr, Sa. ab 15 Uhr, So. ab 12 Uhr, Di. Ruhetag). Waldwirtschaft **Löwenburger Hof** mit Sonnenterrasse (Löwenburger Straße 30, 53639 Königswinter, Tel. +49 2223 24446, www.loewenburger-hof.de; täglich außer Di. 10–18.30 Uhr geöffnet, im Winter bis zur Dämmerung).

Variante: Wer auf einen Aufstieg zur Löwenburg – einschließlich Aussicht genießen und Burg entdecken – verzichten möchte, spart etwa 1 Std. und rund 80 Höhenmeter.

Hinweis: Die Markierung mit roten Pfeilen kennzeichnet im Naturpark Siebengebirge alle grundsätzlich begehbaren Wege, aber keine spezifische Route. So halten wir uns an die großen Findlinge, an denen Wegmarkierungen und Richtungsanzeigen angebracht sind. Gelbe Pfeile markieren für Radfahrer erlaubte Wege.

Karte: Drachenfelser Ländchen und Siebengebirge (Eifelvereinskarte Nr. 38, 1:25.000).

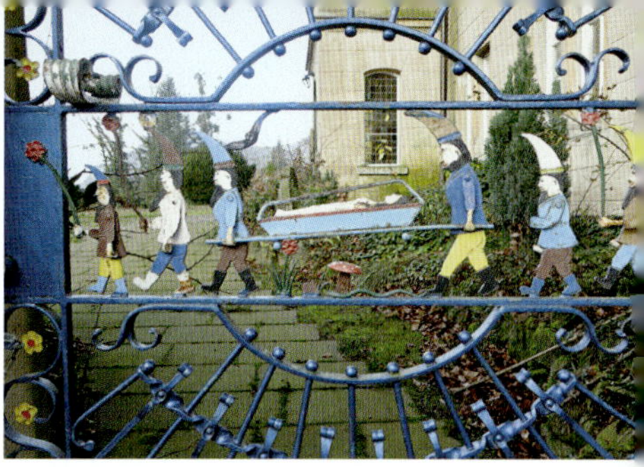

Gartentor der Villa Schaaffhausen.

Von dem alten römischen **Torbogen Zehntscheune (1)** an der Ecke Frankenweg / Schaaffhausenstraße wandern wir bergan nach Osten an der alten Villa Schaaffhausen vorbei, in der schon eine echte Königin genächtigt hat, bis der Möschbach unter der Straße verschwindet. Hier gehen wir nach links und auf dem Finkenpfad zwischen teils bebauten, teils verwilderten Grundstücken hindurch, bis wir an ein Drehkreuz am Brieberichweg gelangen. Hier geht es nach rechts bergan, an einem Backsteinhaus vorbei, dann noch einmal nach rechts den Wanderweg hinauf bis zum Aussichtspunkt **Schaaffhausen Kanzel (2)**. Die Kanzel im Rücken wandern wir weiter bergan und folgen dem Weg nach links. Wir passieren bald den ersten für das Siebengebirge so typischen steinernen Wegweiser und folgen der Markierung »Breiberg«. An der Kreuzung bei der **Heisemicher Hütte (3)** halten wir uns links und an der folgenden Gabelung ebenfalls links. Der Weg beschreibt eine lang gezogene Rechtskurve um den Breiberg herum, bis sich von links unten kommend der Rheinsteig zu uns gesellt. Wir folgen ihm nach rechts bergan (Markierung »stilisiertes weißes R auf blauem Grund«) und um den Breiberg herum. Jetzt wird es wieder interessant, denn der Weg verjüngt sich zu einem schmalen Wurzelpfad den Berg hinauf. Am besten laufen wir hier im Gänsemarsch und achten gut auf Steine und Gehölz. Nach 300 m erreichen wir die **Breiberghütte (4)**. Nach rechts hinauf machen wir einen kurzen Abstecher zur Spitze des Großen Breibergs, wo wir uns bei herrlicher Aussicht auf den Drachenfels, den Petersberg und auf Bonn eine erste Pause verdient haben. Wir gehen denselben Weg hinunter zur **Breiberghütte (4)** und folgen nun rechts wieder dem Rheinsteig durch einen lichten alten Buchenwald. Einen Kilometer weiter stoßen wir auf einen breiten Hauptwanderweg mit Wegweiser. Nach links führt er uns zum **Löwenburger Hof (5)**. Mit

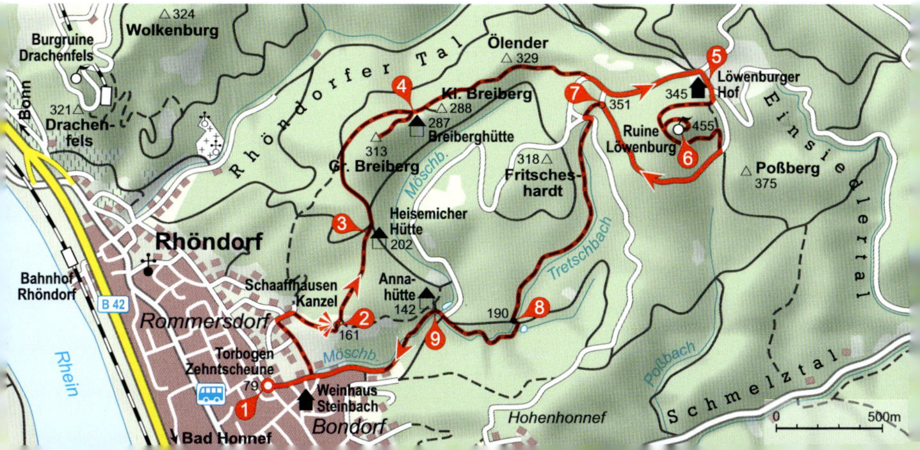

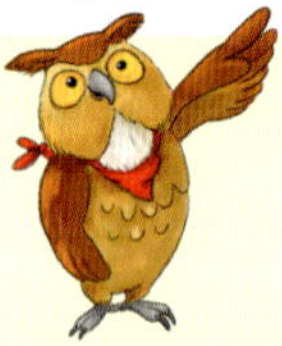

Hallo Kinder,

die Menschen haben sich die Landschaft in Hunderten von Jahren nach ihren Vorstellungen und ihrem Nutzen gestaltet. So ist auch das Siebengebirge kein unberührter Urwald mehr, sondern ein Kulturwald, in dem alte Bäume geschlagen und neue Bäume gepflanzt werden, um sie später wieder zu fällen. Auch der Bergbau hat den ursprünglichen Wald verändert. Doch seit einigen Jahren denken die Menschen um. Sie wollen einen Teil des Waldes sich selbst überlassen und schaffen sogenannte Wildnisgebiete. Das sind Bereiche, in denen sich der Wald frei entwickeln kann und nur die Wege für Besucher frei gehalten werden. Oft seht ihr umgestürzte Bäume oder große Haufen von vermoderndem Holz und Gestrüpp. Was für uns unordentlich aussieht, ist für viele Kleintiere, Insekten und Vögel ein wichtiger Lebensraum. Leider sind die meisten Wälder viel zu aufgeräumt – im Gegensatz zu vielen Kinderzimmern. Aber gerade das Totholz ist die Grundlage für Artenvielfalt und einen gesunden Wald. Schaut im Internet mal unter dem Begriff »Biodiversität« nach und beeindruckt eure Lehrer.

dem Gasthaus im Rücken gehen wir nach rechts und nehmen direkt hinter dem Gebäude den Anstieg zur Löwenburg in Angriff. Nach wenigen Metern bergan über eine Steilstelle stoßen wir auf den Weg hinauf zum Gipfel, der nach rechts als schmaler und steiler Pfad zur Burg führt. Nach 300 m später gelangen wir an den querlaufenden Zuweg zur Burg, in den wir nach links einbiegen. Die **Löwenburg (6)** ist durch die Bäume schon zu erkennen und nicht mehr weit. Auf der Burg können wir eine grandiose Aussicht in alle Himmelsrichtungen genießen. Wie beschwerlich muss es für die Ritter gewesen sein, die Güter des täglichen Bedarfs auf die Burg zu schleppen?

Nach einer Rast wandern wir auf dem Hauptweg den Südhang des Burgbergs bis zu einer T-Kreuzung hinab. Nach links geht es zurück zum Löwenburger Hof. Unser Weiterweg bringt uns rechts an eine größere Kreuzung. Hier ist das Tretschbachtal nach rechts ausgeschildert. Wir folgen dem Hinweis und wandern in einer lang gezogenen Rechtskurve um den Berg Löwenburg herum, bis wir fast zurück auf den Hauptweg gelangen, der uns am Hinweg zum Löwenburger Hof geführt hat. Doch etwa 15 m davor biegen wir nach links in einen

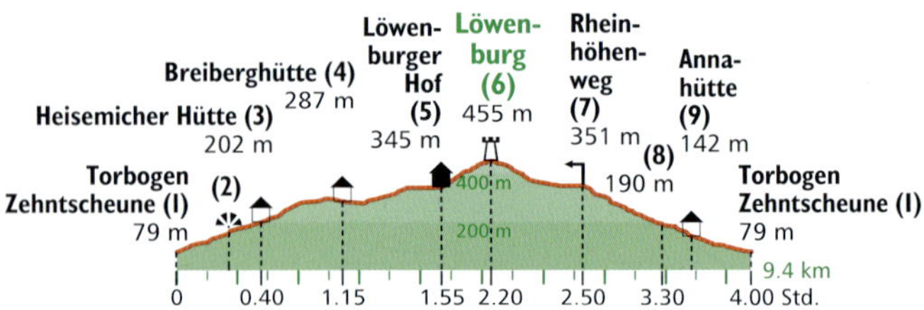

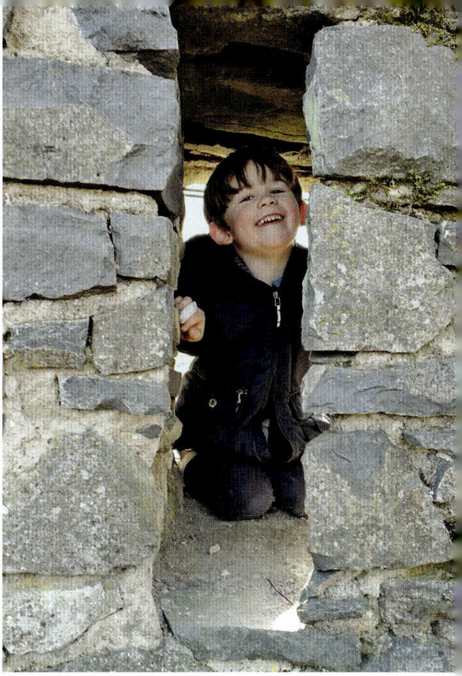

Schießscharte neben dem Burgtor der Löwenburg.

schmalen Pfad, der als **Rheinhöhenweg (7)** markiert ist (»weißes R«). Gut 100 m weiter erreichen wir eine Kreuzung mit einem breiten Weg, biegen nach links und gleich wieder nach rechts in das schon gut erkennbare Tretschbachtal ab. Der Weg durch das Tal ist ebenfalls als Rheinsteigzuweg markiert (»stilisiertes weißes R auf gelbem Grund«). Wir wandern durch das wunderschöne, wilde Tal bergab. Der Bach ist hier kaum mehr als ein Rinnsal, bedeckt vom Laub der Buchen und vielen umgestürzten Bäume. Sie zeigen uns an, dass der Wald an dieser Stelle nicht mehr bewirtschaftet wird. Der Weg ist aber gepflegt, Brücken und Stege wurden kürzlich erneuert. Bald verbreitert sich das Tal und endet an einer Kreuzung mit einem dicken **Markierungsstein (8)** und einem kleinen Teich. Hier halten wir uns links und vor dem Teich wieder rechts weiter das Tretschbachtal hinunter. Über Stock und Stein wandern wir nun, den Bach entlang talwärts durch einen weiteren urigen Abschnitt des Tals. An einigen Stellen kommt man gut an den Bach heran. Einige Staudammexperten haben ihre Werke hinterlassen, die sich aber gegen die Kraft der Natur nicht halten konnten. Nach 400 m erreichen wir den großen Hauptwanderweg im Annatal mit der **Annahütte (9)** auf der gegenüberliegenden Seite. Wir überqueren den Möschbach und biegen vor der Hütte nach links, um auf der rechten Seite des Möschbaches das Annatal weiter bergab zu wandern. Am Ende treffen wir auf eine Kreuzung. Der Bach verläuft nach rechts in ein begradigtes Bachbett. Wir folgen ihm entlang der Schaaffhausenstraße zurück, und gelangen, vorbei an der Villa Schaaffhausen, zum **Torbogen Zehntscheune (1)**.

HIGHLIGHTS

- ★ Spannende Bergpfade durch Urwaldgebiet.
- ★ Wildnis als begehbarer Erlebnisraum. Das Tretschbachtal wurde der Natur überlassen, verwildert zusehends und wird zum Lebensraum für Insekten, Vögel und Kleintiere.
- ★ Burgruine Löwenburg, erst 2016 frisch restauriert, mit tollem Blick auf den Rhein. Auf der Ruine ist reichlich Platz. Viele Besucher nutzen das Gelände für ein Familienpicknick. Bei gutem Wetter an Wochenenden herrscht reges Treiben.
- ★ Zwischenstation auf der Sonnenterrasse des Löwenburger Hofs mit Aussicht auf das Pleiser Ländchen.
- ★ Nach der Tour: Besuch im Freibad Lemmerzbad (siehe Freizeittipp A8).

33 Durch das Kasbachtal

Von Kalenborn zur Alten Brauerei

ab 5 J.

Mit dem roten Brummer nach Kalenborn und zu Fuß retour

Das fängt ja gut an! Nach der Ankunft am Bahnhof Linz setzen wir uns in den »roten Brummer« und lassen uns bequem den Berg hinauffahren. Die Fahrt mit dem Schienenbus der Kasbachtalbahn hat es in sich, ist die Strecke doch eine der steilsten Bahnstrecken Deutschlands. So werden die sieben Kilometer bergab auch für Wandermuffel zu einem angenehmen Spaziergang durch einen urigen Wald immer an den Schienen oder dem Kasbach entlang. Aber ganz ohne Anstrengung wandert es sich selbst bergab nicht, wie wir merken werden.

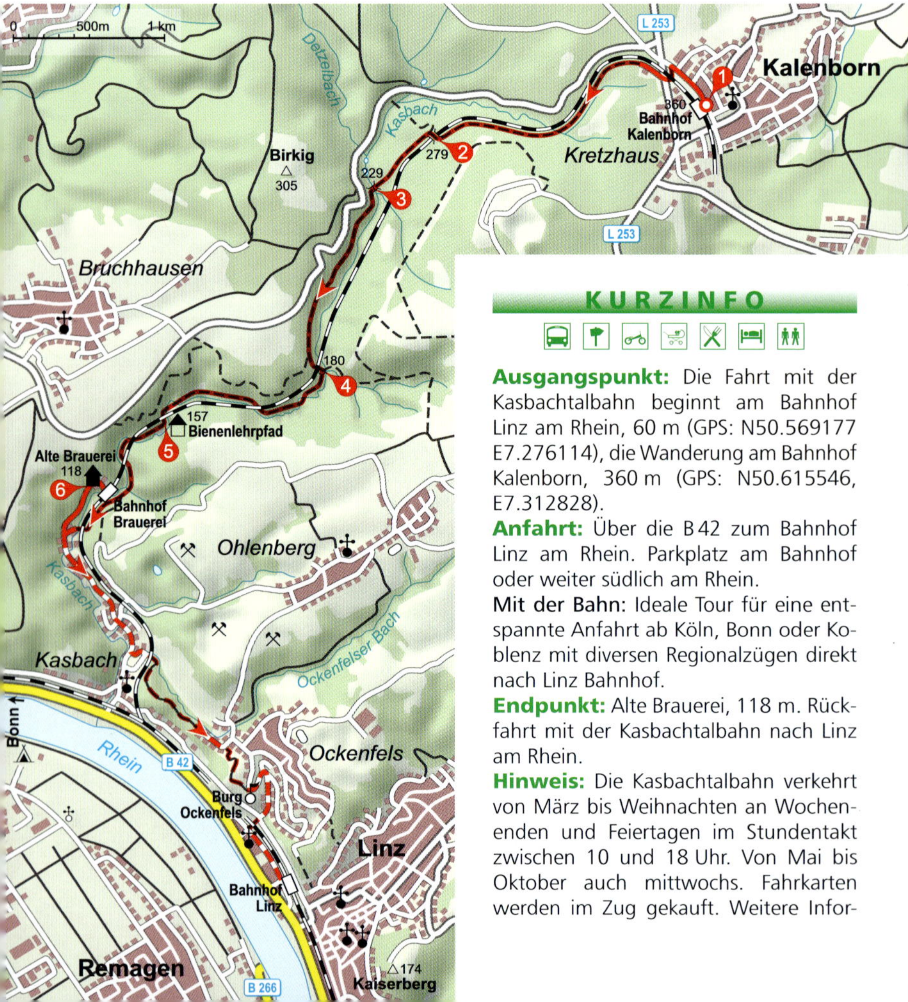

KURZINFO

Ausgangspunkt: Die Fahrt mit der Kasbachtalbahn beginnt am Bahnhof Linz am Rhein, 60 m (GPS: N50.569177 E7.276114), die Wanderung am Bahnhof Kalenborn, 360 m (GPS: N50.615546, E7.312828).

Anfahrt: Über die B 42 zum Bahnhof Linz am Rhein. Parkplatz am Bahnhof oder weiter südlich am Rhein.

Mit der Bahn: Ideale Tour für eine entspannte Anfahrt ab Köln, Bonn oder Koblenz mit diversen Regionalzügen direkt nach Linz Bahnhof.

Endpunkt: Alte Brauerei, 118 m. Rückfahrt mit der Kasbachtalbahn nach Linz am Rhein.

Hinweis: Die Kasbachtalbahn verkehrt von März bis Weihnachten an Wochenenden und Feiertagen im Stundentakt zwischen 10 und 18 Uhr. Von Mai bis Oktober auch mittwochs. Fahrkarten werden im Zug gekauft. Weitere Infor-

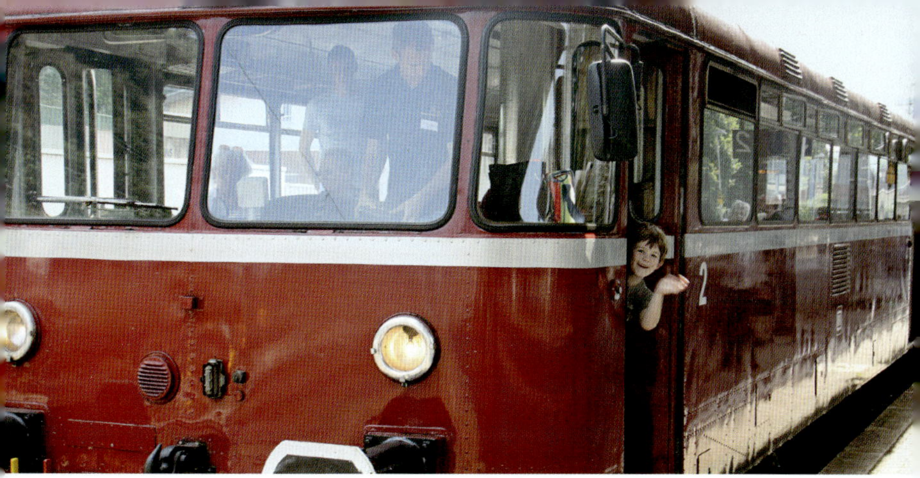

Der »Rote Brummer«.

mationen unter www.zugtouren.de/Kasbachtalbahn/Fahrplan.

Gehzeit: 2.30 Std.

Distanz: 7,0 km.

Höhenunterschied: 270 m im Abstieg.

Ausrüstung: Gut profilierte Sport- oder Wanderschuhe.

Anforderungen: Ab 5 Jahren. Der Hauptweg ist einfach begehbar und auch für geländegängige Kinderwagen geeignet. Die Variante erfordert gutes Schuhwerk und Trittsicherheit. Markierung Rheinsteigzuweg (»stilisiertes weißes R auf gelbem Grund«).

Einkehr: Alte Brauerei, Restaurant, Brauerei, Biergarten und Hotel (St. Severinsberg 1, 53547 Kasbach-Ohlenberg, Tel. +49 2644 980780, www.alte-brauerei-kasbachtal.de; ganztägig geöffnet, Mo. Ruhetag). Weitere Gaststätten im Zentrum von Linz am Rhein, an der B 42, 500 m südöstlich des Bahnhofs.

Variante: Die Wanderung lässt sich mit dem Rheinsteig von der Alten Brauerei zum Bahnhof Linz um 3,9 km verlängern. Dazu wandern wir von der Brauerei die Franz-Steffens-Straße und später die Kasbachtalstraße entlang. Nach etwa 1,2 km treffen wir auf Höhe der Straße »Kromeswiese« auf den Rheinsteig und folgen ihm, um nach knapp 100 m in den Hödenbuschweg einzubiegen. Immer noch mit dem Rheinsteig wandern wir an der Linzer Rheinhanglage an der Burg Ockenfels vorbei und biegen nach rechts in die Burgstraße. An der großen Kreuzung in Linz-Ockenfels nehmen wir scharf rechts die Straße »Im Denet« und gehen auf der nachfolgenden Brücke über die Gleise zurück zum Linzer Bahnhof.

Karte: Drachenfelser Ländchen und Siebengebirge (Eifelvereinskarte Nr. 38, 1:25.000).

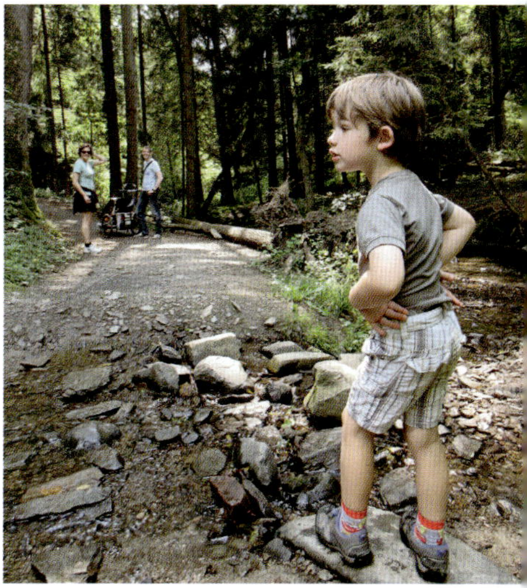

Der Weg ist gut ausgebaut, aber ab und zu geht es über Stock und Stein.

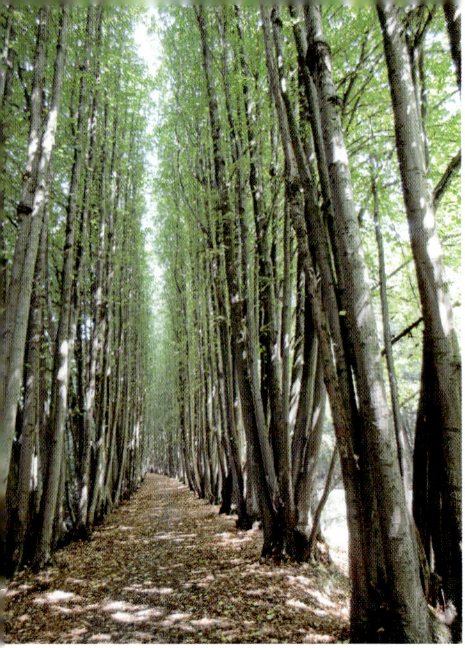

Die schnurgerade Allee hinter der alten Steinbrücke – eine mächtige Kathedrale aus Bäumen.

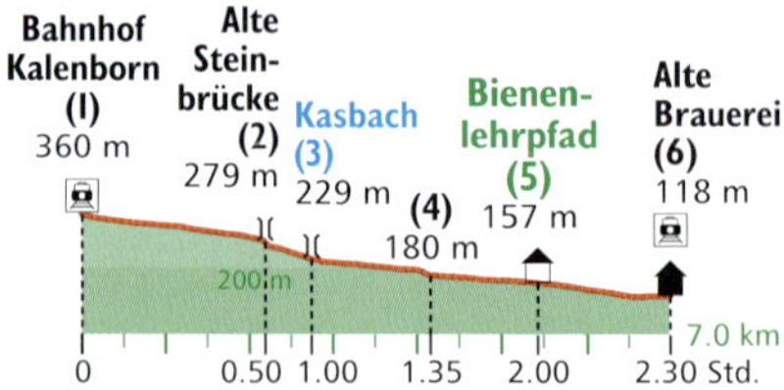

Die Kasbachtalbahn fährt uns vom Bahnhof Linz zum **Bahnhof Kalenborn (1)**. Wir folgen von hier dem Rheinsteig (Markierung »stilisiertes weißes R auf gelbem Grund«). Er führt uns zunächst auf der Bahnhofstraße nach links. Wir unterqueren die Bahnlinie zur Linken und überqueren anschließend nach rechts die L 253 (Asbacher Straße). Hier ist die Wanderung durch das Kasbachtal noch einmal deutlich ausgeschildert. Auch ein dicker roter Pfeil weist zusätzlich den Weg. Wir wandern an einem Baumpflegedienst vorbei in eine Sackgasse hinein. Für uns beginnt an deren Ende der eigentliche Wanderweg mit dem Einstieg in den Wald. Leicht bergab wandern wir, die Bahnlinie stets zu unserer Rechten. Gelegentlich fährt der rote Brummer an uns vorbei und bietet eine gute Gelegenheit für ein schönes Erinnerungsfoto. Nach ca. 1,5 km führt uns eine **alte Steinbrücke (2)** über die Gleise. Wir halten uns direkt wieder links und wandern nun durch eine Allee hoch aufragender Buchen. Man hat das Gefühl in einer alten Kathedrale zu stehen. Auf den nächsten rund 2 km wandern wir, die Bahnlinie nun zu unserer Linken, talwärts. Wir überqueren den Kasbach auf einer weiteren **Brücke (3)**. Nun verlaufen Bach und

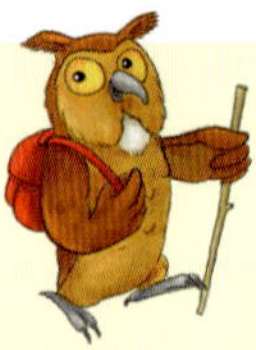

Hallo Kinder,

die Kasbachtalbahn war einst eine Strecke für Güterzüge und verlief bis tief in den Westerwald. Dort wurde Basalt abgebaut, der über diese Schmalspurstrecke an die Rheinschiene zum Weitertransport gelangte. Aufgrund der großen Steigung von 5,7 Prozent zwischen Kasbach und Kalenborn wird diese Teilstrecke mit Zahnradantrieb überwunden. Bis 1995 wurden über diese Strecke noch Güter transportiert, seit 1999 pendelt der rote Uerdinger Schienenbus, der »rote Brummer«, aus den 1950er-Jahren im Stundentakt und transportiert Passagiere zwischen Linz am Rhein und Kalenborn.

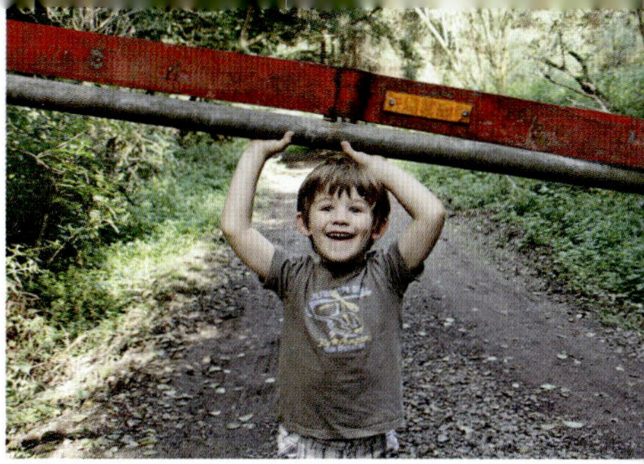

Schranken? Nicht für uns!

Bahn zu unserer Linken. Immer wieder kommen wir an Lichtungen vorbei, die zum Verweilen, Entdecken oder Picknicken einladen. Auch der Bach ist oft gut zugänglich und lädt zum Spielen am Wasser ein (Kinder hier nicht unbeaufsichtigt lassen!). Schließlich wird das Tal schmaler und die Hänge zum Bach hin steiler. Gelegentlich lockt ein Weg uns nach rechts bergan oder vom Bach weg. Wir lassen uns nicht verführen, obgleich die Markierung in diesem Streckenabschnitt teilweise spärlich ist und halten uns an den Verlauf von Bach und Bahn. Wir gehen dem Weg nach links folgend erst leicht, dann steil bergab. An einigen Stellen weist uns ein Graffiti den Weg zur Brauerei. Bald macht unser Weg zur Talsohle erst einen Schlenker nach links und dann unterqueren wir nach rechts erneut die Bahnlinie. Hier treffen wir sogleich auf einen **Wegweiser (4)**, der uns die Richtung Kasbach (2,6 km) anzeigt. Nun die Bahntrasse wieder zur Rechten wandern wir durch ein schattiges Tal und queren hin und wieder den Bach, bis nach etwa 500 m Weg und Bach erneut die Bahntrasse unterqueren. Nach weiteren 500 m unterqueren wir sie abermals und gelangen dabei an eine **Schutzhütte (5)**. Hier beginnt der erst 2015 eröffnete **Bienenlehrpfad**, der uns anhand mehrerer Schautafeln die spannende Welt der Bienen und ihren Nutzen für Mensch und Natur näherbringt. Bald erkennen wir rechter Hand durch den Wald schon die Alte Brauerei und den dazugehörigen Brauereibahnhof. Doch der Weg macht noch einen Schlenker. Bis zur letzten Bahnunterquerung sind es weitere 500 m – hier streifen wir kurz den Ort Kasbach. Wir verlassen die Sackgasse »Am Kuckstein« nach rechts in die Franz-Steffens-Straße, die uns zu unserem Ziel, der **Alten Brauerei (6)** mit Brauereischänke führt. Nach einer Einkehr fahren wir mit der Kasbachtalbahn zurück zum Bahnhof Linz oder folgen der beschriebenen Verlängerung (siehe Variante).

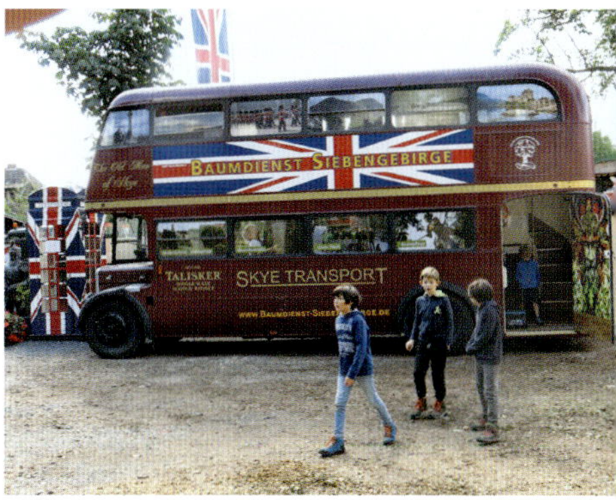

»Very British« wird es kurz nach dem Einstieg ins Kasbachtal.

HIGHLIGHTS

- ★ Zugfahrt mit dem Schienenbus der Kasbachtalbahn.
- ★ Ein Teil unserer Wanderung folgt einem informativen Bienenlehrpfad.
- ★ Barfuß durch den Kasbach waten.
- ★ Nostalgiemuseum in der Alten Brauerei.

34 Zu den Fledermäusen im Laubachtal

Zwischen Rengsdorf und Ehlscheid

ab 5 J.

Wandern, spielen und erkunden auf dem Zwergenweg

Der Westerwald ist genau so schön wie die Eifel – nur weniger bekannt. Im Süden dieses Wandergebietes bemüht sich der Kurort Rengsdorf bei Neuwied um Wanderfreunde von nah und fern. Mit seinen drei Zwergenwegen hat die Verbandsgemeinde drei sehr unterschiedliche, gleichsam interessante Wege für Kinder geschaffen, jeweils mit mehreren Höhepunkten. Wir sind mit dem blauen Zwergenweg den Fledermäusen im Laubachtal auf der Spur.

KURZINFO

Ausgangspunkt: Parkplatz am Monte Mare (geschlossen) in Rengsdorf, 330 m (GPS: N50.508637, E7.483809).

Anfahrt: Auf der A 3 bis zur Ausfahrt Neuwied, weiter auf der B 256 in Richtung Neuwied bis zur Ausfahrt Rengsdorf-Nord. Ab hier der Westerwaldstraße und der Ausschilderung »Monte Mare« folgen.

Mit Bahn und Bus: Mit der Bahn bis Neuwied, weiter mit Bus 101 Richtung Horhausen (Westerwald) bis zur Haltestelle »Rengsdorf Post«. In Fahrtrichtung der Westerwaldstraße ca. 500 m folgen, dann links in den Römergraben abbiegen und weitere 500 m bis zum Waldfestplatz (3).

Gehzeit: 2.00 Std.

Distanz: 5,9 km.

Höhenunterschied: 150 m.

Ausrüstung: Gut profilierte Sport- oder Wanderschuhe.

Anforderungen: **Ab 5 Jahren.** Eine leichte Wanderung, der steile Abstieg ins Laubachtal erfordert allerdings etwas

Info-Tafel am Kinderspielplatz.

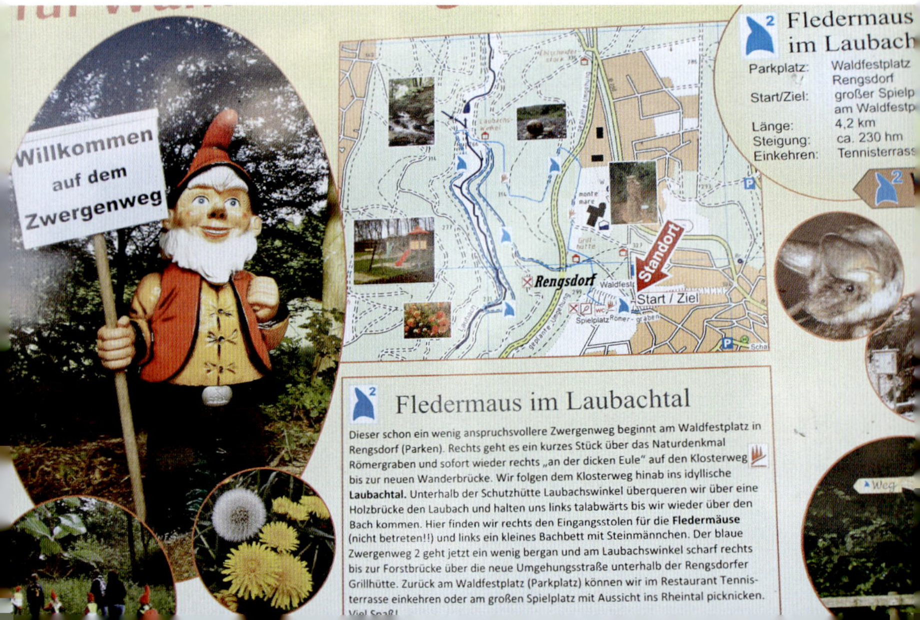

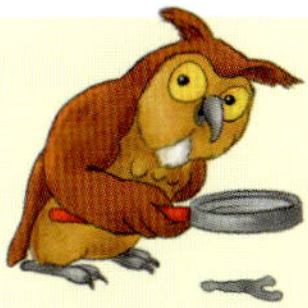

Hallo Kinder,

wusstet ihr, dass eine Fledermaus jede Nacht mehrere Tausend Insekten frisst? Freut euch, wenn ihr in eurem Garten in der Abenddämmerung kleine Schatten zwischen den Bäumen flattern seht, denn Fledermäuse fressen auch Mücken. Zum Beutefang stoßen sie mehrmals in der Sekunde Ultraschallwellen aus, die von den Insekten reflektiert werden. So können sie sie orten und mit beeindruckender Wendigkeit schnappen. Leider stehen alle Fledermausarten in Deutschland auf der Roten Liste der vor dem Aussterben bedrohten Tiere. Durch die intensive Nutzung der Umwelt durch den Menschen wird ihr Lebensraum immer weiter eingeengt. Umso wichtiger ist der Schutz der Fledermäuse und ihrer Unterkünfte. Zum Schlafen und Überwintern brauchen sie ein sicheres Zuhause, in dem sie sich kopfüber an der Decke festkrallen können. Sie wohnen in Höhlen, Felsspalten oder Bäumen, aber auch in Dachböden und in von Menschen aufgehängten Fledermauskästen. Damit die Fledermäuse im Schlaf nicht gestört werden, sind alle ehemaligen Schieferstollen im Laubachtal verschlossen. Bitte respektiert den Lebensraum der Fledermäuse! Übrigens: Von 900 Fledermausarten auf der Welt gibt es nur drei Arten, die sich vom Blut anderer Tiere ernähren. Sie leben ausschließlich in den warmen Regionen Amerikas. Die Fledermäuse in Mitteleuropa werden oft nur bis zu fünf Zentimeter groß und fressen ausschließlich Insekten.

Trittsicherheit. Wechselnde Markierungen, in weiten Teilen folgt die Tour dem blauen Zwergenpfad (Weg 2). Für geländegängige Kinderwagen geeignet.

Einkehr: Café Restaurant **Clubhouse Tennis-Terrasse** (Auf der Luft 8, 56579 Rengsdorf, Tel. +49 2634 8983, www.gastro-glueck.de/gaststaetten/tennisterrassen-rengsdorf/, Mi. bis Sa. ab 16 Uhr, So. ab 10.30 Uhr geöffnet) und **Café Puderbach** (Parkstraße 9, 56581 Ehlscheid, Tel. +49 2634 1592, www.cafe-puderbach.de; Mi. Ruhetag).

Variante: Die Tour verkürzt sich um ca. 1,3 km, wenn wir an der Fledermaushöhle (7) mit Erläuterungstafel weiter dem Zwergenpfad 2 folgen. An der Hütte Laubachtalwinkel (6) gehen wir in einer Spitzkehre rechts einen flacheren aber steten Anstieg den Berg wieder hinauf, bis wir eine Autobrücke über die B 256 und danach die bekannte Grillhütte (5) erreichen, um nach rechts zum Waldfestplatz (3) zurückzukehren.

Hinweis: Der blaue ist der anspruchsvollste der drei Zwergenpfade. Der rote (Weg 1) und der grüne (Weg 3) sind eher einfach, aber nicht minder interessant. Der rote Weg führt über 4 km ab Wanderparkplatz Obere Mühle am Freibad und am Wildgehege vorbei. Der grüne Weg geht über 2 km. Er startet am Schalltorplatz und geht über den Apfelweg an einer Streuobstwiese und einem Kinder-Kräutergarten vorbei. Infos unter www.wiedtal.de/wandern/zwergenwege.

Karte: Naturpark Rhein-Westerwald, Blatt 3 Neuwied (Süd) RW 3 (Landesvermessungsamt Rheinland-Pfalz, 1:25.000).

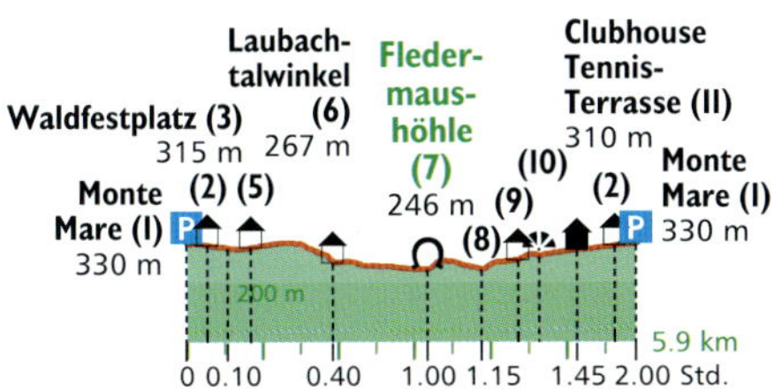

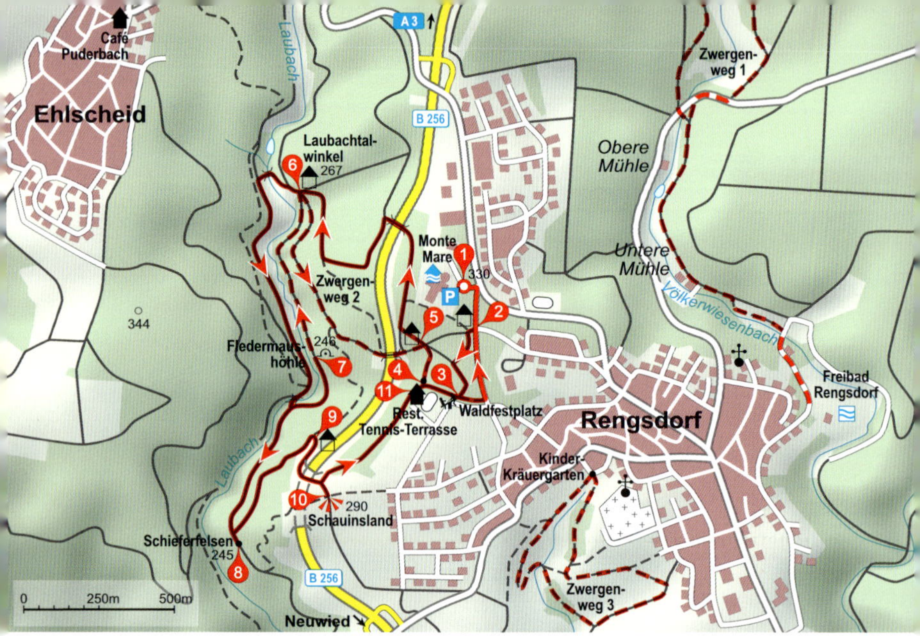
Café
Puderbach
Ehlscheid
Laubach
A 3
B 256
Zwergen-
weg 1
Obere
Mühle
Laubachtal-
winkel
267
Monte
Mare
330
Untere
Mühle
Völkerwiesenbach
Zwergen-
weg 2
344
Fledermaus-
höhle
246
Waldfestplatz
Rest.
Tennis-Terrasse
Freibad
Rengsdorf
Rengsdorf
Laubach
Kinder-
Kräuergarten
290
Schauinsland
Schieferfelsen
245
B 256
Zwergen-
weg 3
0
250m
500m
Neuwied

Am Laubach.

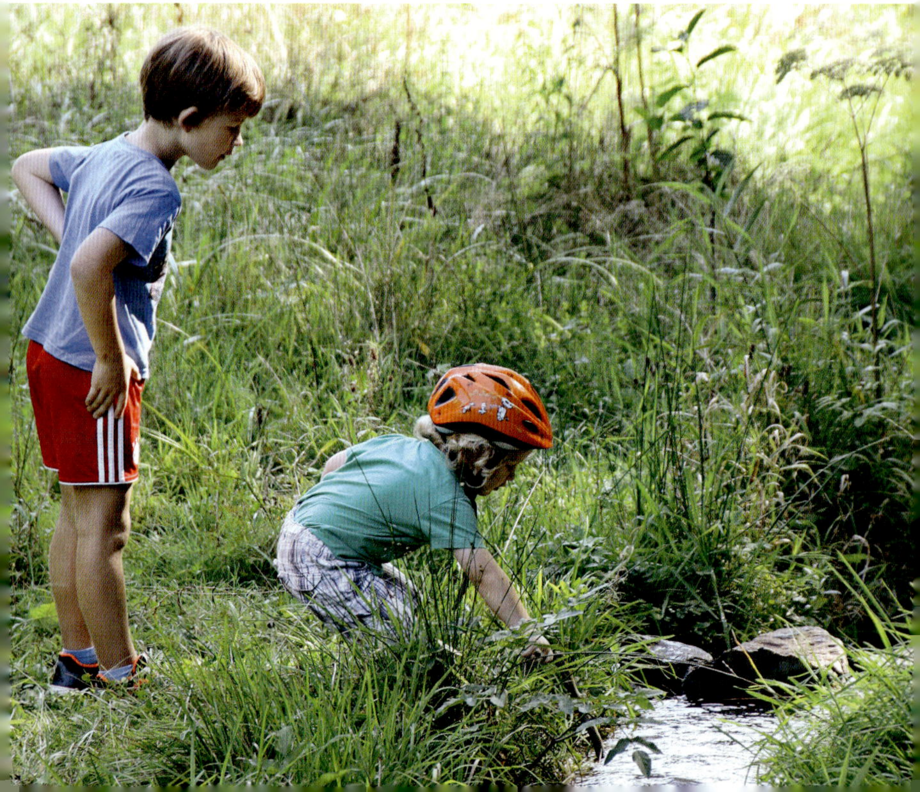

Wir starten die Wanderung am **Parkplatz des Monte Mare (1)**. Die ersten Meter sind ein unmarkierter Zubringer zum Spielplatz am Waldfestplatz, wo der blaue Zwergenpfad eigentlich beginnt. Das Schwimmbad im Rücken gehen wir über den breiten Wirtschaftsweg direkt in den Wald hinein und erreichen nach wenigen Metern eine weitere Straße. Hinter der **Schutzhütte (2)** biegen wir leicht rechts ab und halten uns an der nächsten Kreuzung links. Nach Süden wandernd erreichen wir schnell den **Waldfestplatz (3)**. Hinter dem weißen Toilettenhäuschen finden wir unseren Weg und den Kinderspielplatz, an dem der Zwergenpfad 2 mit der Markierung »blaue Zipfelmütze« beginnt. Den Spielplatz heben wir uns für später auf und wandern rechts an den Tennisplätzen vorbei. Am **hölzernen Uhu (4)** biegen wir rechts in einen querlaufenden Weg, dem wir bis zur Kreuzung an der **Grillhütte Rengsdorf (5)** folgen. Wir laufen hinter der Hütte zur nächsten Kreuzung, an der wir noch einmal nach rechts abbiegen. Wir wandern nun zwischen dem Monte Mare und der Bundesstraße hindurch bis zu einer Fußgängerbrücke über die B 256. Auf der gegenüberliegenden Seite halten wir uns links. Wenig später biegt der Weg nach rechts bergab in den Wald hinein. Wir folgen dem steilen Abstieg bis zur **Hütte Laubachtalwinkel (6)** oberhalb des schönen Laubachs, der sehr idyllisch durch sein Tal mäandert. An der Hütte zweigen viele Wege ab, wobei unsere Tour geradeaus an der Hütte vorbei nach Westen führt, immer noch der Markierung des blauen Zwergenpfades folgend. Kurz hinter der Hütte biegen wir noch einmal nach links ab

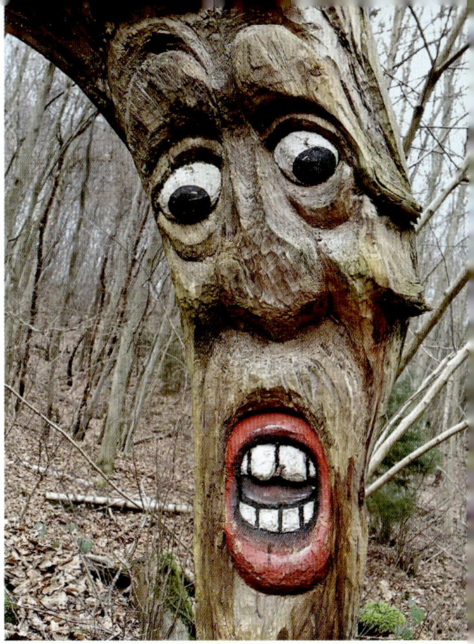

Waldgeist am Wegesrand.

und wandern über eine Fußgängerbrücke auf das Westufer des Laubachs. Hier gehen wir den steilen, aber kurzen Anstieg bis zu einer Anhöhe hinauf und folgen dem Querweg nach links. Es ist ein breiter Wirtschaftsweg, auf dem wir nun eine ganze Weile dem Bachlauf talwärts folgen. Die Räuber und Indianer unter uns können den oberhalb, parallel verlaufenden Pfad einschlagen und nach einer langen Rechtskurve vor der Brücke eines weiteren Bachlaufes wieder auf den Hauptweg unterhalb zurückkehren. Nach 500 m quert der Hauptweg den Bach. An der folgenden Spitzkehre biegt der Zwergenpfad nach links ab und folgt dem Bachlauf nun wieder talaufwärts. Auf dem Hauptweg folgen wir ihm noch für einen Abstecher bis zu einem alten Schiefersteinbruch mit der **Fledermaushöhle (7)**. An der Fledermaushöhle gibt uns eine Infotafel Aufschluss über

HIGHLIGHTS

- ★ Großer Spielplatz am Start und Ende der Wanderung.
- ★ Die große Fledermaushöhle im Laubachtal lässt erahnen, wie Fledermäuse bei uns leben. Das Betreten ist natürlich aus Gründen der Sicherheit verboten. Aber einen Blick von außen kann man schon riskieren.
- ★ An den geschwungenen Linien in den Schieferfelsen am Wegpunkt 8 kann man sehen, dass selbst mächtige Berge im Laufe der Jahrmillionen in Bewegung sind und durch Tektonik verformt werden. Hier können wir auch ein Stück Schiefer in die Hand nehmen und versuchen, mit einem anderen Stück etwas hineinzukratzen – so wie früher, als die Kinder in der Schule noch auf Schiefertafeln geschrieben haben.
- ★ Nach der Wanderung: Besuch im Freibad Rengsdorf am anderen Ende der Stadt (www.kurortrengsdorf.de/freibad-rengsdorf.html). Das »Monte Mare« am Ausgangspunkt wurde im Oktober 2017 dauerhaft geschlossen.
- ★ In Rheinbrohl wird im Erlebnismuseum »Römerwelt am Caput Limitis« römische Geschichte in Germanien wieder lebendig (www.roemer-welt.de).
- ★ Für ältere Kinder und Jugendliche ist ein Besuch im Schloss Monrepos in Neuwied interessant. Hier gibt es im Archäologischen Forschungszentrum und Museum für menschliche Verhaltensevolution eine Dauerausstellung zum Thema »Menschliches Verstehen« (monrepos.rgzm.de).
- ★ Zoo Neuwied: Klein aber sehr fein und täglich geöffnet (siehe Freizeittipp D12).
- ★ Besuch im Wasserpark Feldkirchen (siehe Freizeittipp B7).

ihre Gestalt und Nutzung damals wie heute. (Wer es eilig hat, folgt hier dem ausgeschilderten Zwergenpfad; siehe Variante.)

Auf der Hauptroute verlassen wir die Markierung »blaue Zipfelmütze«, gehen zurück bis zur Spitzkehre an der Bachquerung, bleiben nun aber auf dieser Seite des Laubachs und wandern geradeaus bergan. Der Weg führt durch einen alten Nadelwald, vorbei an einer weiteren, für uns verschlossenen Fledermaushöhle, bis wir nach einer Biegung einer Spitzkehre nach links folgen. Zuvor eröffnet sich uns noch ein interessanter geologischer Einblick: Linker Hand liegt eine Sackgasse, hier sieht man sehr schön, wie der **Schieferfelsen (8)** mit seiner Plattenstruktur aus dem Berg herausragt.

Zurück an der Spitzkehre gehen wir weiter bergan, bis sich rechter Hand ein kahler Hang eröffnet, hinter dem sich die Bundesstraße verbirgt. An der **Schutzhütte (9)** gehen wir scharf rechts, überqueren die Bundesstraße, die hier unter uns durch einen Tunnel führt und gelangen an den Aussichtspunkt **Schauinsland (10)**. Hier haben wir nach Süden einen wunderbaren Ausblick, bei gutem Wetter sogar bis nach Koblenz. Wir halten uns schräg links durch den kleinen Wald und befinden uns nun auf dem Rheinsteig. Der Weg führt zum Restaurant **Clubhouse Tennis-Terrasse (11)** und zum **hölzernen Uhu (4)**. Damit sind wir nun wieder in der Nähe des **Waldfestplatzes (3)** mit dem Spielplatz, dem wir jetzt unbedingt einen Besuch abstatten müssen. Der Rückweg führt über den Festplatz und nach links entlang der »Bayerstraße« zum **Parkplatz am Monte Mare (1)**.

Der riesige hölzerne Uhu.

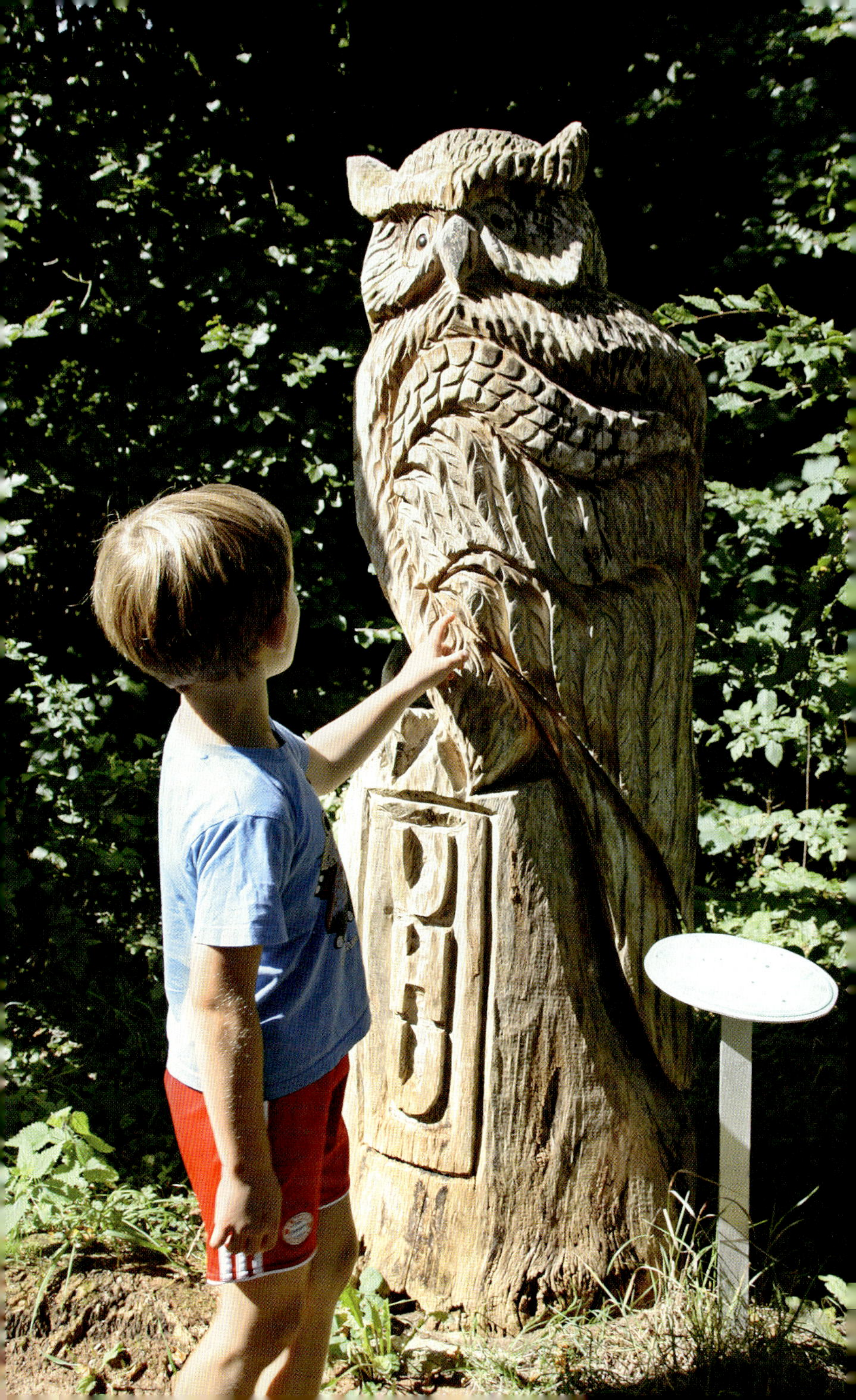
UHU

35 Die Bonner Waldau

Wanderung durch das Melbbachtal — ab 5 J.

Wandern in der Großstadt
Mitten durch Bonn führt ein Weg an einem naturbelassenen Bach zum grünen Herzen der Stadt. Mit seinem riesigen Spielplatz, dem Wildgehege, einem Naturlehrpfad und einem Gespensterwald birgt der Kottenforst rund um die Waldau zahlreiche Höhepunkte für Jung und Alt. Frisch renoviert sind die Waldau und das Haus der Natur ab dem Sommer 2017 ein perfektes Ausflugsziel für jede Jahreszeit.

KURZINFO

Ausgangspunkt: Parkplatz Melbbad an der Trierer Straße, 85 m, in Bonn (GPS: N50.716324, E7.087496).
Anfahrt: Auf der A 565 bis zur Ausfahrt Poppelsdorf, über die Reuterstraße auf Höhe Botanischer Garten rechts in den Jagdweg, dann rechts in die Sternenburgstraße und links in die Clemens-August-Allee, die in die Trierer Straße übergeht.
Mit Bahn und Bus: Ab Bonn Hauptbahnhof mit den Buslinien 602 oder 603 bis Bonn-Poppelsdorf, Melbbad.
Gehzeit: 2.30 Std.
Distanz: 7,3 km.
Höhenunterschied: 90 m.
Ausrüstung: Gut profilierte Sport- oder Wanderschuhe.
Anforderungen: Ab 5 Jahren. Leichte Wanderung mit sanftem Anstieg, teilweise ohne Markierungen. Für geländegängige Kinderwagen geeignet.
Einkehr: Ausflugslokal Waldau (An der Waldau 50, 53127 Bonn; Öffnungszeiten Mi.–Sa. ab 11 Uhr, So. ab 10 Uhr). Café und Imbiss im Blockhaus gegenüber dem Spielplatz.
Karte: Drachenfelser Ländchen und Siebengebirge (Eifelvereinskarte Nr. 38, 1:25.000).

Der Bauerngarten am Haus der Natur.

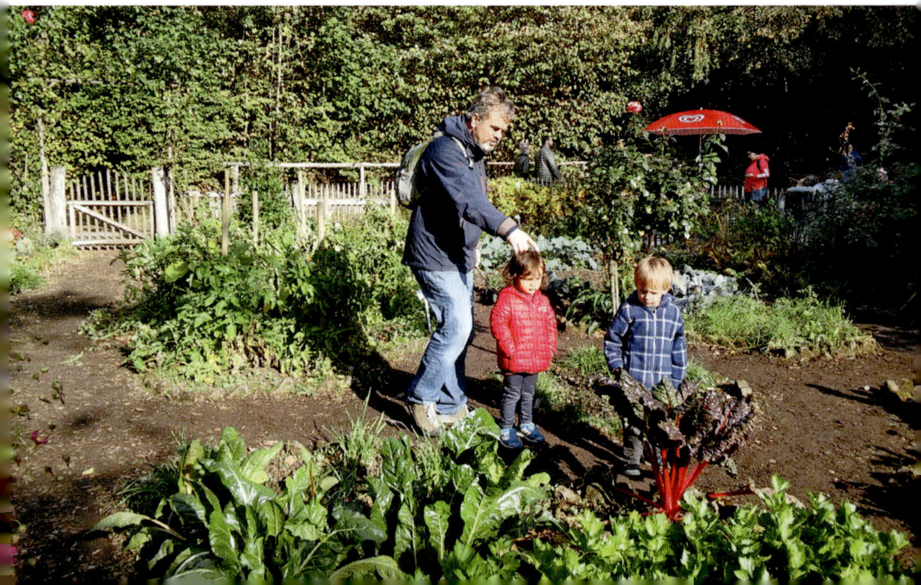

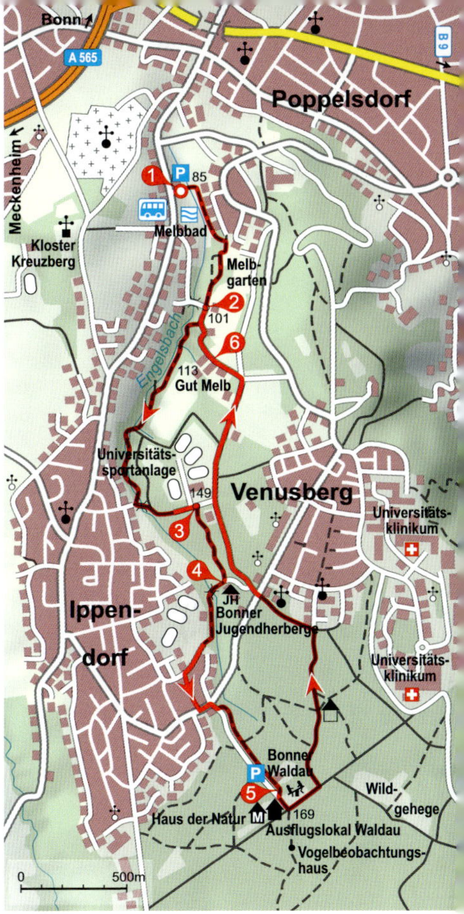

Im hinteren Bereich des **Parkplatzes am Melbbad (1)** beginnt der Wanderweg durchs Melbtal. Nach rechts führt der Weg hinter dem Schwimmbad entlang, ein kurzes Stück parallel zu einer Straße, bis das eingezäunte Gelände des Melbgartens vor uns liegt. Wir biegen nach rechts ab und gehen zunächst ein Stück am Zaun entlang, bis unser Weg wieder einen eigenen Verlauf nimmt und in den asphaltierten Melbweg einmündet. Wir lassen die alte **Steinbrücke (2)** rechts liegen und gehen den Melbweg ein Stück geradeaus – parallel zum Bach. Nach gut 50 m biegen wir schon wieder nach rechts in den Wald. Der Wanderweg schlängelt sich nun wunderschön am Engelsbach entlang durch das urige Tal. Wir queren zwei kleine Brücken und verbleiben vorerst auf der linken Bachseite. An einer Gabelung halten wir uns rechts, bleiben aber auf dem Ostufer des Bachs, um weiter talaufwärts zu wandern, bis wir an eine Treppe gelangen. Diese lassen wir links liegen und folgen an der kommenden T-Kreuzung nach links weiter dem Bachlauf. Unser Waldweg quert des Öfteren kleine Brücken und verläuft mal rechts mal links des Bachs. Das Tal ist nun recht schmal, und trotz der Nähe zu Wohngebieten, bleibt es sehr idyllisch. Das eingezäunte Gelände zu unserer Linken ist die **Sportanlage der Universität**. Nach einiger Zeit gabelt sich der Weg und führt uns nach links mit einer Steinbrücke zum vorletzten Mal über den Engelsbach. Nach Osten wandern wir nun weiter bergan aus dem Tal heraus an der Südseite des Sportgeländes entlang. Auf Höhe des Parkplatzes biegen wir wieder nach rechts **(3)** in den Wald und wandern nun 400 m wieder parallel zum Engelsbach, bis das Gelände der **Bonner Jugendherberge (4)** vor uns liegt. Wir umgehen es nach rechts und überqueren auf einer Holzbrücke zum letzten Mal den Engelsbach, um seinem Lauf nach links zu folgen und an der darauffolgenden Gabelung ein zweites Mal nach links abzubiegen. Nun wan-

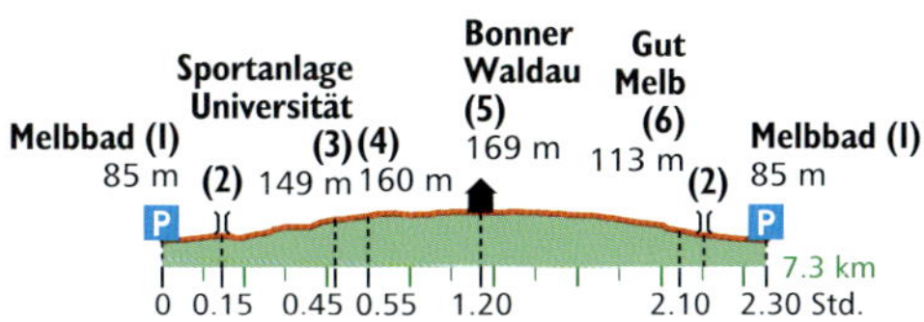

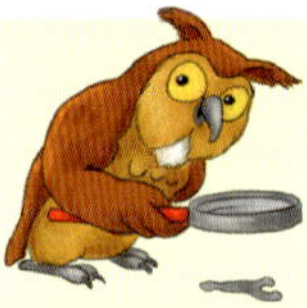

Hallo Kinder,

Hase Felix führt euch auf dem Bonner Weg der Artenvielfalt durch die Natur. Gut zwei Kilometer lang ist der Weg, der hinter dem Haus der Natur startet und endet. An mehreren Erlebnisstationen und Tafeln könnt ihr die Natur auf ganz besondere Weise erleben. Hier lernt ihr, dass es im Waldboden mehr Leben gibt als oben drauf, und wie man die Bäume an ihrem Holz erkennt. Ihr erfahrt, wie sich der Wald anhört, wie und was Insekten sehen und wie sich der Wald unter euren nackten Füßen anfühlt. Ausprobieren heißt die Devise. Ob im Gespensterwald tatsächlich Spukgestalten ihr Unwesen treiben? Findet es heraus.

dern wir etwa 200 m zwischen Bach und Tennisanlage weiter bergan. Der Waldweg endet plötzlich an einem Wohngebiet. Obwohl der Bach weiter durch ein Waldgebiet nach Süden führt, endet hier der Wanderweg und wir setzen unsere Wanderung nach rechts entlang der Saalestraße durch das Wohngebiet fort. Die Straße macht einen Linksbogen und mündet in den Haager Weg. Dort halten wir uns kurz links und gleich wieder rechts und laufen in die Straße »An der Waldau«. Gerade am Wochenende suchen hier viele Autofahrer einen Parkplatz, sodass es angenehmer ist, auf dem parallel dazu verlaufenden Waldweg zu gehen. Am Ende der Straße liegt die **Waldau (5)**, die aus dem Ausflugslokal, dem Haus der Natur mit Bauerngarten und dem riesigen Spielplatz besteht. Kein Wunder also, dass sich bei gutem Wetter halb Bonn ein Stelldichein gibt. Mit dem Weg der Artenvielfalt, dem Wildgehege und dem riesigen Kottenforst ist die Gegend aber so weitläufig, dass man es gut aushalten kann.

Nach Spiel, Pause, Einkehr und einer Wald-Lehrstunde machen wir uns auf den Rückweg. Dazu folgen wir

Der große Waldspielplatz an der Waldau.

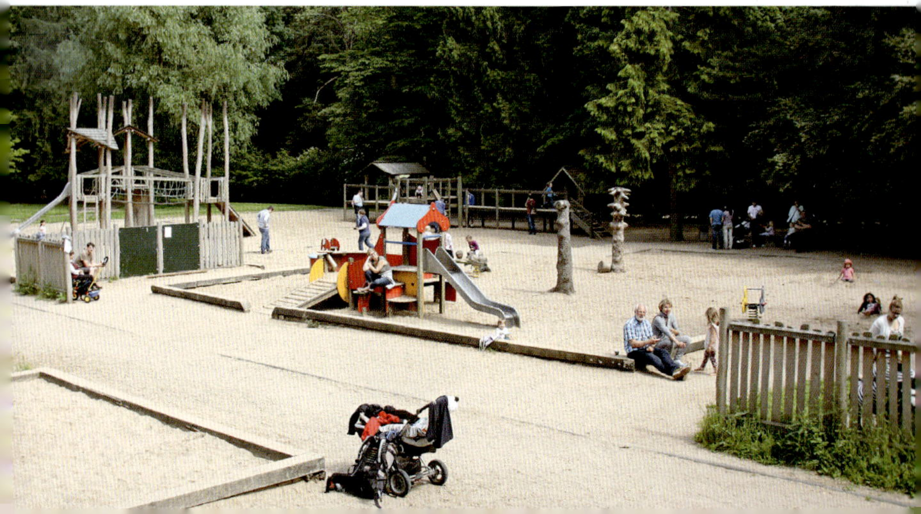

Hase Felix führt uns durch den Bonner Weg der Artenvielfalt.

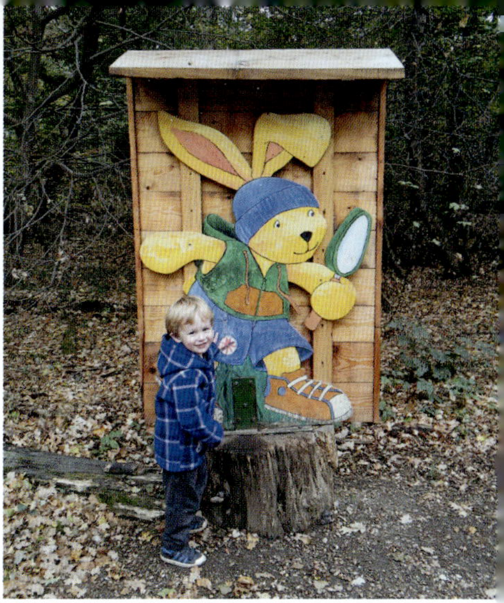

der Zufahrtsstraße noch, bis sie in die querlaufende Dottendorfer Allee mündet. Rechter Hand beginnt der Bonner Weg der Artenvielfalt, wir aber biegen nach links in den breiten Hauptweg, bis wir kurz hinter dem Spielplatz linker Hand in den Eifelvereinsweg mit der Markierung »10« abbiegen. Wir wandern an einer Schutzhütte vorbei geradeaus, der Weg trägt nun die Markierung »A19«, die uns fortan begleitet. Wir gehen durch einen Teil des Gespensterwaldes, der seinen Namen von den unheimlich aussehenden Kopfbuchen erhalten hat. Früher haben die Menschen hier Brennholz gesammelt und den Buchen alle 15 bis 20 Jahre die Äste abgeschnitten. Die Bäume haben dann an denselben Stellen immer wieder neu ausgetrieben und über viele Jahrzehnte kopfartige Verdickungen ausgebildet, die uns heute – mit etwas Fantasie – gruseln lassen.
Alsbald erreichen wir das dahinterliegende Siedlungsgebiet, biegen nach links und passieren die so gar nicht nach einer Kirche aussehende evangelische Auferstehungskirche. Wir überqueren den Haager Weg und wandern nun nach Norden auf dem Nachtigallenweg an der Jugendherberge vorbei (weiter mit Markierung »A19«). Auf dieser Straße geht es nun gut 1 km geradeaus, vorbei an der Universitätssportanlage und vorbei an Wiesen und Wäldern, bis wir auf den Melbweg treffen. Hier biegen wir nach links ab und passieren nach wenigen Metern **Gut Melb (6)** mit seiner Imkerei und gut 200 m dahinter die alte **Steinbrücke (2)**, die wir schon auf dem Hinweg ignoriert haben. So auch dieses Mal, denn wir bleiben auf dieser Seite des Engelsbachs, gehen weiter nach Norden und folgen damit dem Weg, den wir schon auf dem Hinweg gekommen sind. Erneut passieren wir das Melbbad und erreichen nach 600 m den **Parkplatz (1)**. Nun steht dem Sprung ins kühle Nass dieses schönen Schwimmbades nichts mehr im Weg.

HIGHLIGHTS

- ★ Der riesige Kinderspielplatz an der Waldau.
- ★ »Haus der Natur« – kleines Naturkundemuseum mit Exponaten zum Sehen, Hören und Fühlen, Eintritt frei (www.bonn.de/microsite/haus-der-natur).
- ★ Wildgehege mit Rot, Schwarz- und Damwild. Bitte nur das Futter aus den Automaten verfüttern.
- ★ Gut Melb (heute ein Institut der Uni Bonn) verfügt u. a. über eine Imkerei. Honigverkauf mittwochs 15–16.30 Uhr.
- ★ Nach der Tour ins Melbbad. Das Bad hat während der Saison auch bei schlechtem Wetter geöffnet (www.melbbad.net).

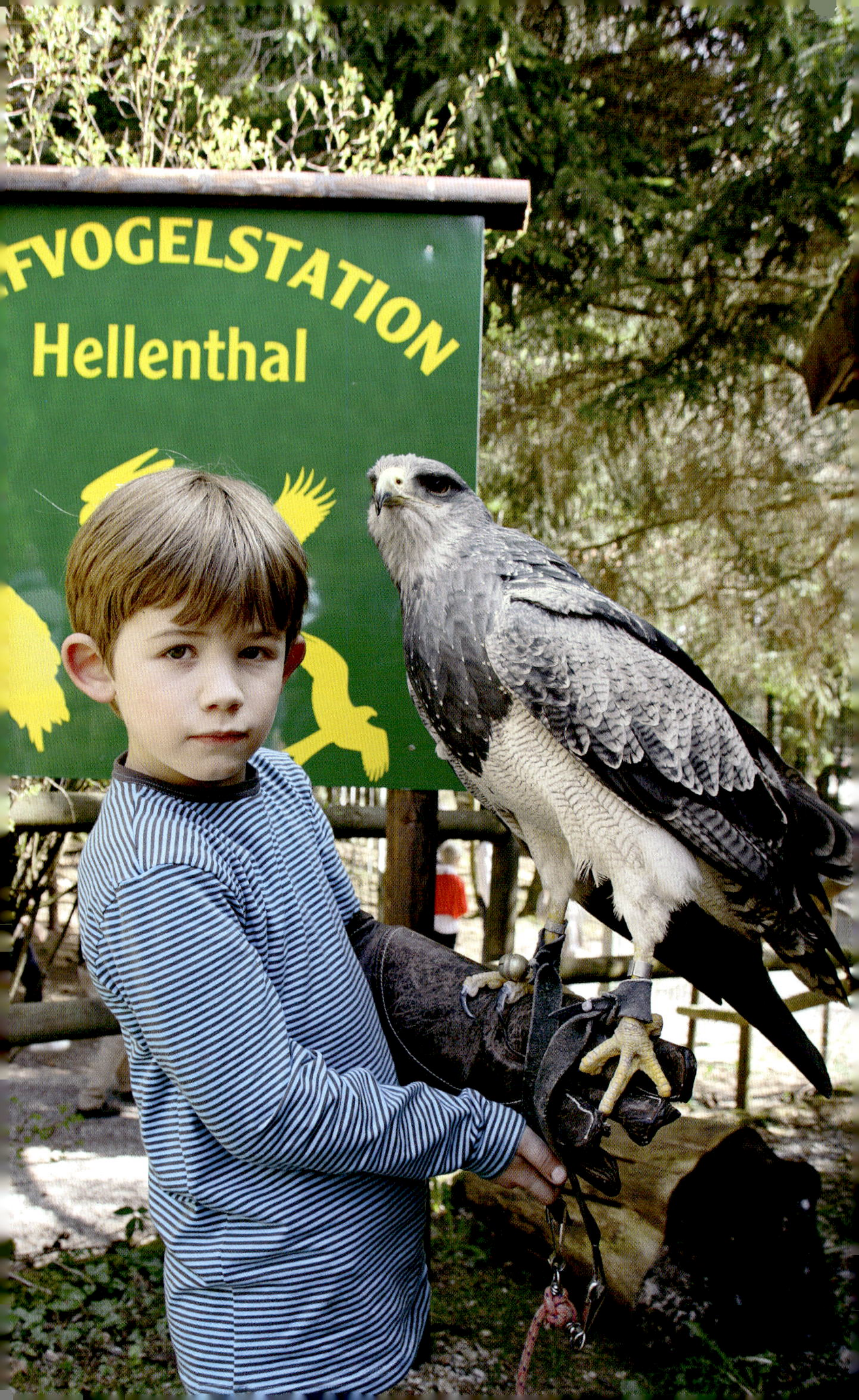

FVOGELSTATION
Hellenthal

Freizeit- und Schlechtwettertipps

Wegen der oft saisonal bedingten Öffnungszeiten haben wir auf konkrete Angaben verzichtet. Informieren Sie sich bitte vor Ihrem Besuch auf den Homepages unserer Tipps über Öffnungszeiten (ggf. den Vorführzeiten) und Anfahrtsmöglichkeiten. In Tierparks ist das Mitbringen von Hunden unterschiedlich geregelt. In Hochseilgärten gelten unterschiedliche Mindestalter und teilweise ist eine Voranmeldung erforderlich.

Baden

- Heider Bergsee (s. Tour 3)
- Thermalbad Bad Bodendorf (s. Tour 5)
- Freizeitbad Monte Mare (s. Tour 10)
- Freibad Heimbach (s. Tour 15)
- Hallen- und Freizeitbad Lindlar (s. Tour 25)
- Freibad Rengsdorf (s. Tour 34)
- Melbbad (s. Tour 35)

A1 Freizeitbad Grafenwerth in Bad Honnef (s. Tour 4)

Auf der Rheininsel Grafenwerth ist das gleichnamige Freizeitbad idyllisch in einem Park am Rhein gelegen. Der Eltern-Kind-Bereich verfügt über zahlreiche Spiel- und Planschmöglichkeiten sowie eine kleine Rutsche. Im Bereich für die Großen sind ein 25-m-Sportbecken mit 3-m-Sprungturm sowie ein Spaßbereich mit großer 52-m-Wasserrutsche und zahlreichen Wasserspielen zu finden. Das großzügige Areal bietet nicht nur allerhand Platz für Ballspiele, sondern auch viele familienfreundliche Liegeplätze im Schatten alter Bäume und einen Kinderspielplatz. Ganz neu: Eine Minigolfanlage. Das gepflegte Freizeitbad ist in der Regel von Mai bis September geöffnet.

Adresse: Insel Grafenwerth, 53604 Bad Honnef, Tel. +49 2224 9013717
Info: www.bad-honnefer-baeder.de

A2 Freizeitbad Brohltal (s. Tour 9)

In den Sommermonaten ist das zwischen den Gemeinden Kempenich und Weibern gelegene Freibad ein oft und gern besuchter Ort. Vor allem junge Familien mit Kindern fühlen sich hier wohl. Die durch eine Solaranlage umweltfreundlich beheizte Anlage verfügt über ein Planschbecken für Kinder, ein Becken mit Durchströmungskanal, Breitrutsche, Pilz mit Massagebank u. v. m. sowie ein Schwimmerbecken. Hinzu kommen ein Sprungturm mit Tauchbecken und eine von Wald umringte sonnige Liegewiese. Der Kiosk des angeschlossenen Hüttendorfes grenzt unmittelbar an das Schwimmbad an; Besucher können ihn mitbenutzen (Getränke, Eis, kalter und warmer Imbiss).

Adresse: Freizeitbad Brohltal, Hommersbergstraße 95, 56745 Weibern.
Info: Tel. +49 2655 3223, https://freizeitbad-brohltal.de

A3 Freilinger See

Im Süden von Nordrhein-Westfalen wird der Weilerbach aus Gründen des Hochwasserschutzes zum Freilinger See aufgestaut. Der See ist kalt und sauber. Bei gutem Wetter

In der Greifvogelstation Hellenthal (Freizeittipp D4): Ganz schön groß der Wanderfalke!

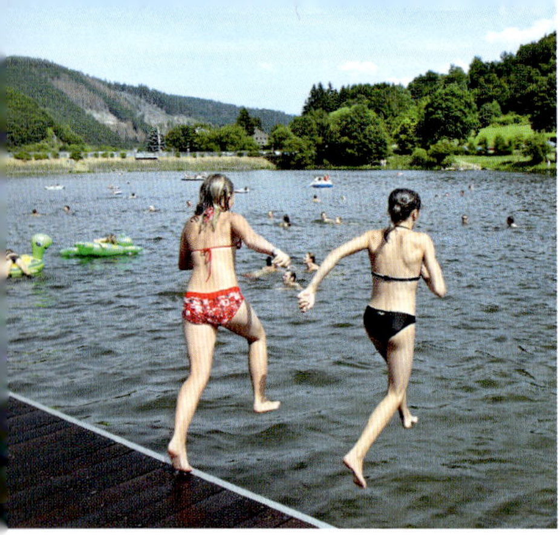

Baden am Rande des Nationalparks, wie hier im Naturfreibad Rurberg.

ist die große, offene Liegewiese in Hanglage gut besucht und dennoch nicht mit überfüllten Freibädern vergleichbar. Die große Seefläche lässt Schwimmern, Paddlern, Surfern, Tauchern oder Anglern genug Freiraum. Das Baden im naturgeschützten Teil des Sees ist nicht erlaubt. Am See finden sich auch ein Kiosk mit Sanitäranlage sowie eine Grillanlage und ein Minigolfplatz. Für Entdecker ist natürlich der Rundweg (2,1 km) um den See mit seinem Waldlehrpfad Pflicht. Der Pfad ist Teil des Ahrsteiges und bringt Kindern wie Erwachsenen selten gewordene Baumarten näher. Der Zutritt zu Wiese und See ist frei. Parken ist kostenpflichtig.
Adresse: 53945 Blankenheim-Freilingen (Eifel).

A4 Naturerlebnisbad Einruhr (s. Touren 18 und 19)

Das Naturerlebnisbad Einruhr ist ein schönes Freibad direkt am Obersee des Rursees gelegen. Naturschutz wird hier sehr ernst genommen. Statt Chemie wird hier auf rein biologische Weise – nämlich durch Schilfteiche – die hohe Wasserqualität garantiert. Klein und gemütlich ist es hier. Mit separatem Kleinkindbecken, Rutsche, Wasserspiel und Spielplatz ist es auch für Kinder super ausgestattet. Das Bistro ist auch bei schlechtem Wetter geöffnet und Tretbootfahren ist ja immer ein Erlebnis.
Adresse: Naturerlebnisbad Einruhr e.V., Rurstraße, 52152 Simmerath.
Info: Tel. +49 2485 912929, www.naturerlebnisbad-einruhr.de

A5 Naturfreibad Rurberg (s. Touren 18 und 19)

Ganz in der Nähe von Einruhr finden wir in Rurberg ein weiteres Naturbad. Offiziell ist das Bad lediglich eine Badestelle am Eiserbachsee, einem durch einen Damm abgetrennten kleinen Teil des Rursees. Das Bad ist ganzjährig geöffnet und glänzt mit einer riesigen Liegewiese und einem netten Bistro. Der Besuch ist kostenlos, das Parken allerdings nicht.
Adresse: Seeufer 3, 52152 Simmerath/Rurberg.

In Woffelsbach und Eschauel findet man am Rursee weitere Bademöglichkeiten.

A6 Freibad Milchborntal (s. Tour 24)

Großzügiges, idyllisch mitten im Wald gelegenes Freibad. Für unsere Kleinsten ist es sehr gut geeignet, da das Kinderbecken und der Spielbereich vom Erwachsenenbereich etwas abgetrennt sind. Das Kinderbecken ist mit vielen Wasserspielgeräten ausgestattet, mit denen die Kinder das Element Wasser kennen lernen. Attraktion des Spielplatzes ist der Seilzirkus. Für die Großen ist alles dabei: 50-m-Becken, Spaßbecken, Sprunganlage und Whirlpool.

Adresse: Milchborntalweg 69, 51429 Bergisch Gladbach.
Info: Tel. +49 2204 53955, www.baeder-gl.de/milchborntal

A7 Freibad Rösrath Hoffnungsthal (s. Tour 27)

Feines Freibad im Südosten von Köln. Schöner Kleinkindbereich mit beschattetem Planschbecken, Kinderrutsche und natürlich einem Spielplatz. Für die Größeren gibt es eine extra breite Spaßrutsche und zwei Sprungtürme. Erwachsene ohne Aufsichtspflichten können in Strandkörben oder auf Mietliegen chillen oder im 50-m-Sportbecken richtig Gas geben. Auf unsere Kleinsten müssen wir trotz der angenehmen und übersichtlichen Anlage ein wachsames Auge haben.
Adresse: Hover Weg 4, 51503 Rösrath.
Info: Tel. +49 2205 85827, www.stadtwerke-roesrath.de/de/Freibad/

A8 Lemmerzbad in Königswinter (s. Touren 30, 31, 32)

Das Freibad Lemmerzbad – nicht zu verwechseln mit dem gleichnamigen Hallenbad – ist am Nordhang des Drachenfelses, unterhalb von Schloss Drachenburg östlich der Bundesstraße B 42, gelegen. Schwimmer finden hier ein 50-m-Sportbecken, aber auch bei Familien ist das Freibad beliebt. Es verfügt über ein Nichtschwimmerbecken mit Spielgeräten und ein Kinderbecken sowie über einen separaten, schattigen Matschbereich und einen kleinen Spielplatz. Die Liegewiese befindet sich in Hanglage. Einfaches Bad, kleine Preise – die Menschen lieben »ihr Lemmerz«. Toller Ausblick auf das Siebengebirge.
Adresse: Freibad Königswinter »Lemmerzbad«, Oberweingartenweg, 53639 Königswinter, .
Info: Tel. +49 2223 21296, www.schwimmtreff-koenigswinter.de

Freibad Rösrath Hoffnungsthal.

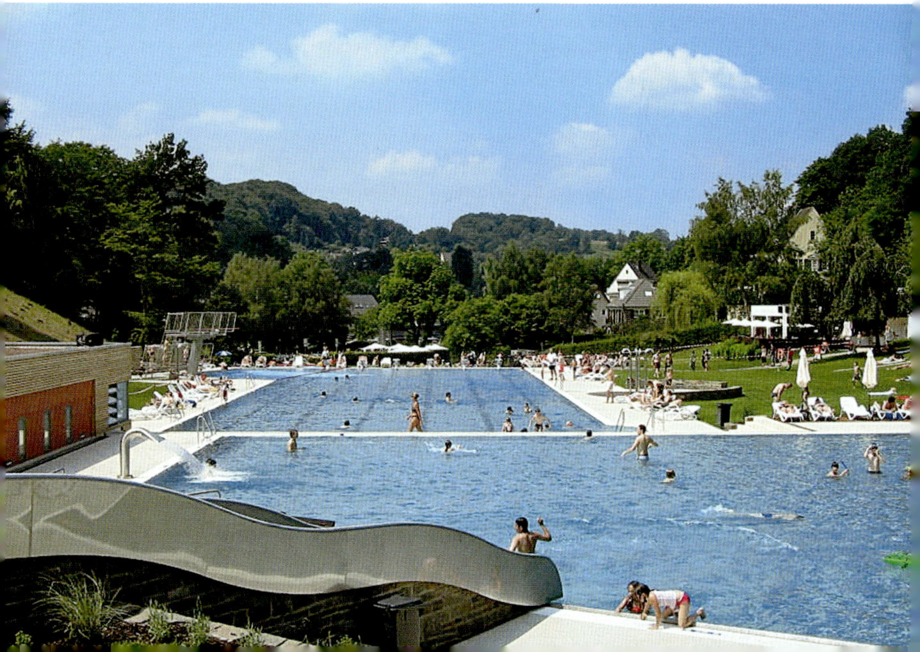

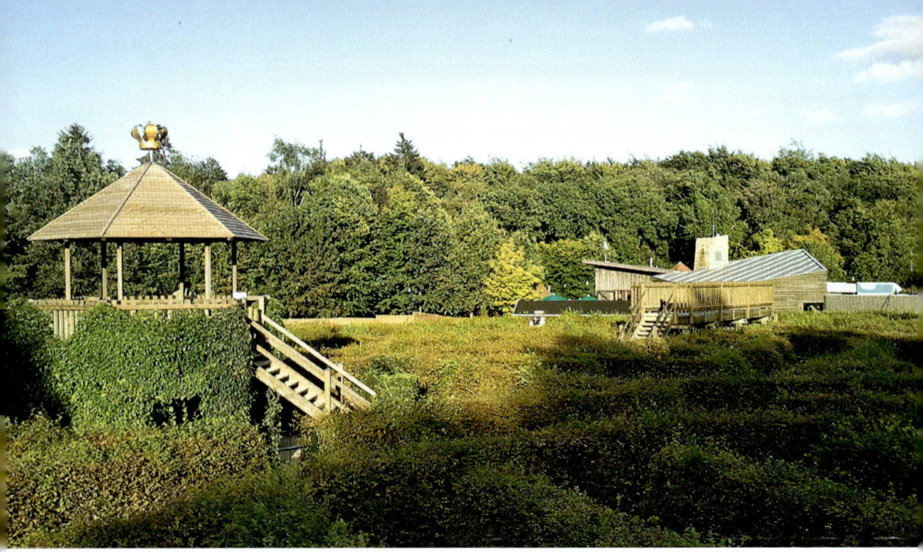

Das Riesenlabyrinth am Drielandenpunt liegt übrigens auf niederländischer Seite.

Spiel, Spaß, Toben

▶ Vergnügungspark Phantasialand (s. Tour 3)

B1 Waldabenteuer Bad Neuenahr

Im Hochseilgarten im Wald von Bad Neuenahr können schon die Kleinsten in schwindelerregende Höhen klettern. Doppelt und gut gesichert führt der Discovery-Parcours Kinder ab 4 Jahren bis in die Wipfel der Bäume. Highlights für die Mutigsten sind die Todesschleuder und die Megaseilbahn. Der Hochseilgarten ist sehr gut von Bonn aus zu erreichen und kann auch im Anschluss an die Touren 5–7 besucht werden. Danach bietet sich ein Besuch im Frei- und Hallenbad Twin in Bad Neuenahr an (www.bad-neuenahr-ahrweiler.de/twin/).

Adresse: Königsfelder Straße 2; 53474 Bad Neuenahr-Ahrweiler.

Info: Tel. +49 221 9825 6000; waldabenteuer.de/park/bad-neuenahr

B2 Sommerrodelbahn Altenahr (s. Touren 5–7)

Die Anlage ist schon ein wenig in die Jahre gekommen, das Rodeln ist trotzdem ein Spaß für Jung und Alt. Auf 200 m wird man per Schlepplift bergan gezogen, dann geht es 500 m auf dem Schlitten abwärts. Experten unter den Besuchern kaufen gleich eine Mehrfachkarte und bleiben nach der ersten Fahrt einfach sitzen. Bei gutem Wetter ist es oft sehr voll und die Schlange vor der Abfahrt lang. Wer erstmal im Schlitten sitzt, sollte seine Karte auch »abfahren«, ein zweites Mal mag man nicht Schlange stehen. Kinder ab 8 Jahren dürfen alleine fahren, Kinder ab 3 Jahren fahren bei den Erwachsenen mit. Für die Kleinsten ist das Ponyreiten sicher ein Spaß, das Angebot ist aber tages- und wetterabhängig.

Adresse: Roßberg 143, 53505 Altenahr.

Info: Tel. +49 2643 2321, www.sommerrodelbahn-altenahr.de

B3 Sommerrodelbahn und Erlebniswelt Eifeltor

Die Erlebniswelt in Mechernich bietet eine Rodelbahn, aber auch noch vieles mehr in einer gepflegten Anlage: Spielplatz, Minigolf, Indoor-Spielarena mit Schlittschuhbahn und Trampolinen sind für Kinder im Angebot. Für kleine Motorradfreaks gibt es einen Quad-Parcours. Mit speziellen Fahrzeugen geht es schon für Kinder ab 8 Jahren los.
Adresse: Zur Sommerrodelbahn, 53894 Mechernich-Kommern.
Info: Tel. +49 2443 981351, www.erlebniswelt-eifeltor.de

B4 Dreiländereck Aachen – Drielandenpunt

Das Dreiländereck zwischen Belgien, den Niederlanden und Deutschland ist eigentlich nur der Grenzpunkt zwischen den drei Staaten und auch außerhalb unseres Wandergebietes. Aber die Niederländer und Belgier haben sich mit »ihrem« Drielandenpunt viel Mühe gegeben und ein Ausflug dorthin lohnt. Neben dem Labyrinth gehören ein großer Spielplatz und eine große Außengastronomie zur Anlage – für Eltern wie für Kinder ist also etwas geboten, landestypische Gastronomie inklusive. Auf belgischer Seite wird der Punkt durch den etwa 50 m hohen Balduin-Turm aufgewertet. Er bietet eine wunderbare Aussicht auf die Region. Pflicht ist der Besuch des Labyrinths, das auch für die Erwachsenen nicht einfach zu knacken ist. Schulkinder trauen sich sicher schon alleine hinein und machen ein Wettrennen mit den Eltern um den (kleinen) Turm in der Mitte des Irrgartens.
Besuchen sollte man unbedingt den Dreiländerpunkt selbst. Er ist mit einem großen Stein markiert und, wenn die Kinder um ihn herumrennen, besuchen sie im Sekundentakt Belgien Deutschland und die Niederlande – drei auf einen Streich – wer schafft das sonst an einem Tag. Übrigens befindet man sich hier auch noch auf dem höchsten Berg der Niederlande, dem Vaalserberg (322 m).
Adresse: Labyrinth Drielandenpunt B.V., Viergrenzenweg 97, 6291 BM Vaals.
Anreisetipp: Grenzüberquerung an der B 1 von Vaalserquartier (Aachen) nach Vaals (Niederlande). Direkt hinter der Grenze links in die Kerkstraat einbiegen. Diese geht in den Viergrenzenweg über und führt direkt zu einem Großparkplatz (kostenpflichtig) auf niederländischer Seite.
Info: Tel. +31 43 3065200, www.drielandenpunt.nl

B5 Brückenkopf-Park Jülich

Was die Jülicher aus einer alten Festungsanlage gemacht haben, kann sich wirklich sehen lassen: Ein riesiger Freizeitpark für Jung und Alt ist 1998 im Rahmen einer Landesgartenschau entstanden. Heute gibt es hier mehrere Spielplätze, einen Floßteich, einen großen Spielturm, ein Zwergenland für die Kleinsten, Kanufahren im Festungsgraben, einen Energie-Erlebnis-Pavillon mit Röhrenrutsche, eine Minigolf-Anlage, einen Kletterpark, eine Skaterbahn, einen Hochseilgarten und einen Zoo mit vielen heimischen Tieren aber auch einigen Exoten. Hier kann man einen wunderbaren Tag mit der ganzen Familie verbringen.
Adresse: Rurauenstr. 11, 52428 Jülich.
Info: Tel. +49 2461 97950, www.brueckenkopf-park.de

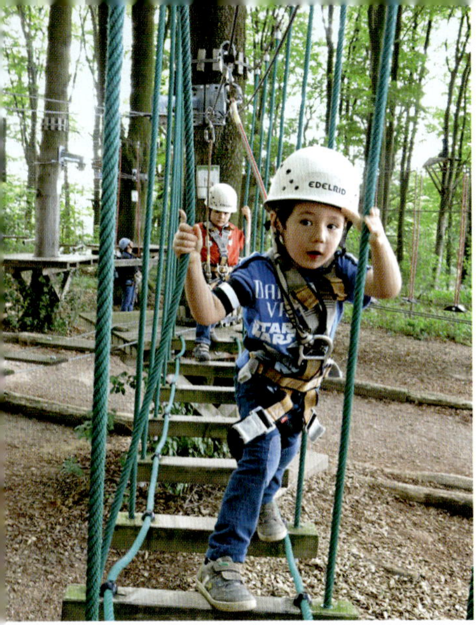

Im Hochseilgarten K1 bei Eikamp sind auch die Kleinen ganz groß.

B6 Hochseilgarten und Kletterwald K1 (s. Tour 23)

Acht Kletterparcours warten auf Mutige aller Altersstufen. Vor dem Besuch sollte man sich auf der Internetseite des Hochseilgartens über die Teilnahme-Voraussetzungen informieren. Schon für Dreijährige ist das Klettern auf zwei Parcours möglich. Hier können die Kinder zeigen, was in ihnen steckt und dabei ihr Selbstvertrauen stärken. Natürlich sind sie dabei stets gesichert. Ein großer Spaß für die ganze Familie!
Der Hochseilgarten im Wald ist sehr gut von Köln zu erreichen. Der Parkplatz liegt nördlich außerhalb von Eikamp auf der grünen Wiese. Von dort geht es zu Fuß weiter zum Hochseilgarten. Rund um Eikamp findet man auch einige schöne und einfache Strecken zum Wandern (beschildert, eher einfache Wanderungen).
Adresse: Schallemicher Straße 40, 51519 Odenthal.
Info: Tel. +49 2207 8471440, www.hochseilgarten-k1.de

B7 Wasserpark Feldkirchen (s. Tour 34)

In einem kleinen Waldstück am Rand von Neuwied findet sich der Wasserpark Feldkirchen. Ein altes Schwimmbad wurde 2009 in eine Wasserspiel- und Erlebnislandschaft umgewandelt und im besten Sinne farbenfroh und erlebnisintensiv mit Stein, Beton und Kacheln von einem Künstler für Kinder gestaltet. Das Ergebnis kann sich sehen lassen. Hier wird geplanscht, gespritzt und gematscht. Da wird Wasser gestaut oder umgelenkt. Ob in Badehose bei Sonnenschein oder in Matschklamotten bei Schmuddelwetter. Kinder bis 10 Jahre kommen hier hervorragend auf ihre Kosten, Eltern und Großeltern haben – bei wachsamem Auge – einen entspannten und kostengünstigen Tag (Gastronomie vorhanden).
Adresse: Kehlbachstraße 65, 56567 Neuwied.
Info: Tel. +49 2631 71526, www.wasserpark-feldkirchen.de

Lernen, Entdecken, Staunen

- Max-Ernst-Museum (s. Tour 3)
- Arp-Museum Bahnhof Rolandseck (s. Tour 4)
- Monrepos: Archäologisches Forschungszentrum und Museum für menschliche Verhaltensevolution (s. Tour 34)

C1 Dokumentationsstätte Regierungsbunker

Nein, hier wird nicht Politik im Geheimen gemacht! Der ehemalige Regierungsbunker, der auch den Tarnnamen »Dienststelle Marienthal«

hatte und streng geheim war, sollte in den 1970er- und 1980er-Jahren in Kriegs- und Krisenfällen der Zufluchtsort der Bundesregierung und anderer Verfassungsorgane sein. Damit sollte selbst im Falle eines Atomkrieges der Staat handlungsfähig bleiben. Bis zu 3000 Personen hatten Platz. Nach dem Ende des Kalten Krieges wurde in den 1990er-Jahren beschlossen, die 17 km lange Bunkeranlage stillzulegen und sie bis auf die 200 m der Dokumentationsstätte Regierungsbunker zurückzubauen. Beeindruckend und beklemmend zugleich ist der Bunker ein spannender Einblick in die Zeit der Bonner Republik.

Warm anziehen! Im Bunker herrschen auch im Sommer nur 12 °C. Hunde sind nicht erlaubt. Bei hohem Besucheraufkommen ist mit Wartezeiten zu rechnen.

Adresse: Am Silberberg 0, 53474 Bad Neuenahr-Ahrweiler

Info: Tel. +49 2641 9117053, www.regbu.de

C2 Erlebniswald Steinrausch (s. Tour 9)

Etwas abseits der Wanderung von Engeln nach Weibern (ca. 2,5 km und 30 Min. zu Fuß) liegt der Naturerlebnispfad auf der Steinrausch. In dem idyllischen Waldgebiet können Kinder ebenso wie Erwachsene an acht Spiel- und neun Infostationen eine Menge über den Wald erfahren und sich vergnügen. Bei dem Gelände handelt es sich um ein verwunschen wirkendes Buchenwaldstück, das in großen Teilen mit Immergrün bewachsen ist und in dem sich riesige moosüberwachsene Steinblöcke vulkanischen Ursprungs befinden. Auf einem Waldspielplatz kann man toben. Oder wer den Wald einfach nur genießen und die Seele baumeln lassen möchte, kann sich unter dem imposanten Buchenblätterdach auf die Liege legen und die Baumkronen betrachten. Den Besuch des Naturerlebnispfads in die Tour 9 einzubinden, ist sicherlich wegen der zusätzlichen 5 km Wan-

In der offenen Kinderwerkstatt des Max-Ernst-Museums in Brühl können sich Kinder richtig kreativ austoben (siehe Tour 3).

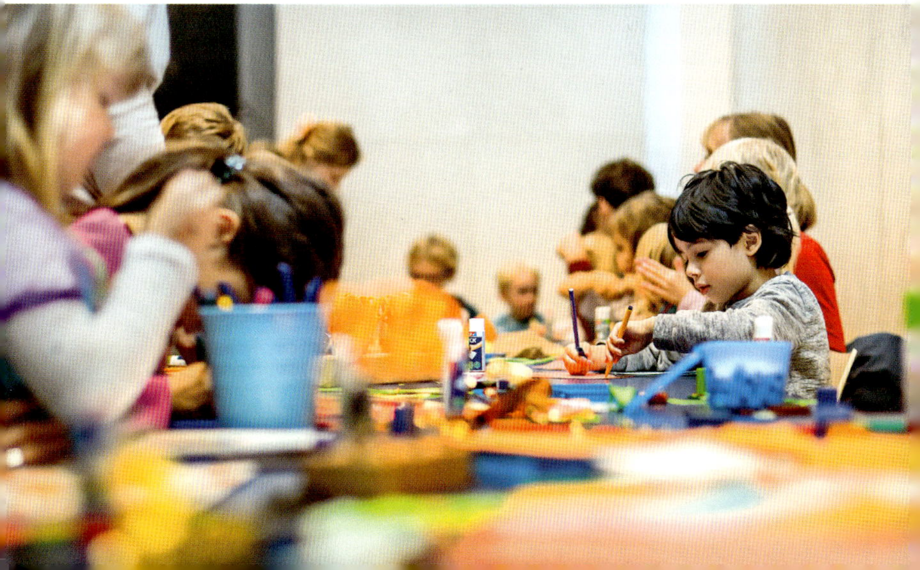

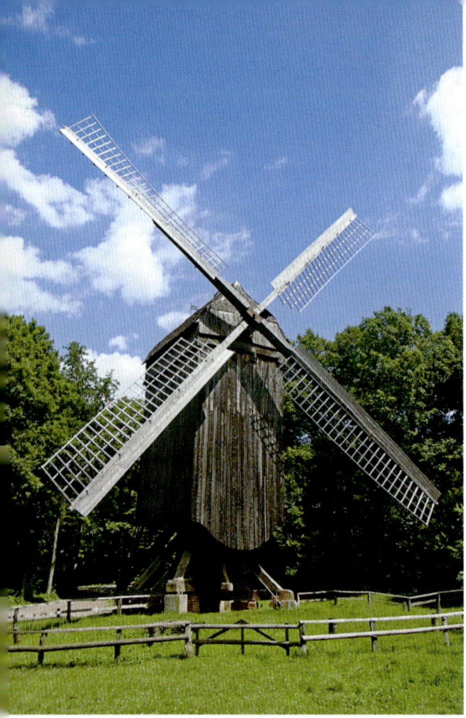

Die Bockwindmühle in Kommern steht nur auf einem »Bein«.

derung ambitioniert, zumal wenn man pünktlich wieder am Bahnhof Engeln sein muss. Mit dem Auto lohnt der Abstecher aber unbedingt.

Adresse: An der K56 gelegen, 56746 Kempenich. Anfahrt mit dem Auto auf der A61 bis Ausfahrt Wehr und weiter auf der B412 bis Kempenich, rechts ab in Richtung Heckenbach und sofort wieder links zum Waldfestplatz.

Info: www.kempenich.de/steinrausch

C3 LVR Freilichtmuseum Kommern

Wie mit einer Zeitmaschine erkunden wir in Kommern das bäuerliche Leben vor zwei- oder dreihundert Jahren. Das Freilichtmuseum ist ein kleines Dorf, das alles zu bieten hat, was die Menschen auf dem Lande früher zum Leben brauchten. Bauern und Handwerkern schauen wir bei der Arbeit zu. Wir sehen, wie eine Mühle funktioniert. Beim Bäcker backen wir Brot. Mama lernt etwas über den Kräutergarten und Papa darf mal mit dem Langbogen schießen. Das Freilichtmuseum ist ganzjährig geöffnet. Ein reichhaltiges Programm, viele Veranstaltungen und Mitmachaktionen machen das Museum zu einem lebendigen Besuch in der Vergangenheit. Anschauen, Anfassen, Mitmachen, Probieren und Lernen für Kinder wie Erwachsene. Besucher mit speziellen Interessengebieten sollten ihren Besuch mit den Informationen der Homepage vorbereiten, ein spontaner Tagesbesuch ist ein Fest für Entdecker. Unbedingt besuchen!

Adresse: Auf dem Kahlenbusch Eickser Straße, 53894 Mechernich-Kommern.

Info: Tel. +49 2443 99800, kommern.lvr.de

C4 Odysseum – Das Abenteuermuseum

Erlebnishaus des Wissens nennt sich das Abenteuermuseum im rechtsrheinischen Köln auch. Fürwahr: Hier wird das Wissen der Menschheit für Kinder (fast) jeden Alters erlebbar gemacht. An 150 Stationen können die Kinder Erfindungen ausprobieren und Naturphänomene erkunden, auf Wissens-Rallyes ihr Wissen testen. Schon mal im Flugsimulator gesessen oder an einem Astronautentraining teilgenommen? Auch einen riesigen Tyrannosaurus-Rex findet man im Odysseum.

Adresse: Corintostraße 1, 51103 Köln.

Info: Tel. +49 221 69068111, www.odysseum.de

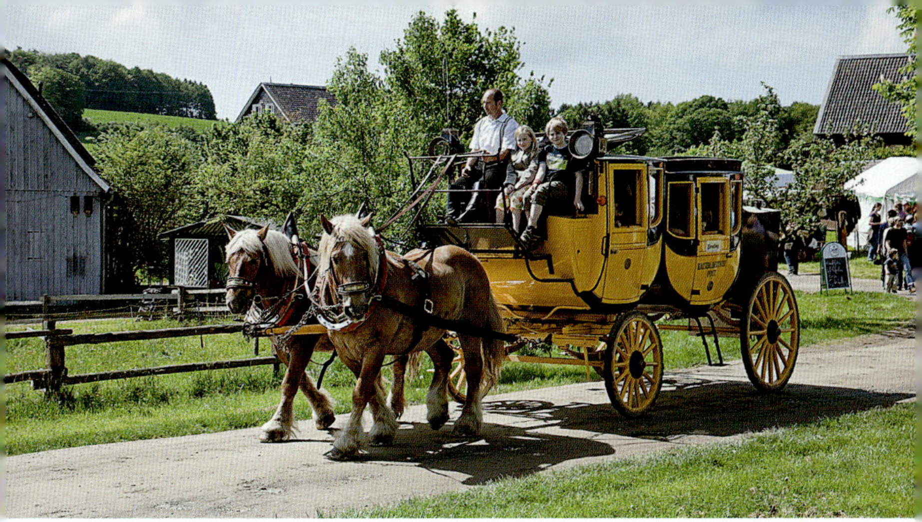

Bei großen Veranstaltungen ist die Kaiserlich Deutsche Postkutsche im Gelände des LVR-Freilichtmuseums Lindlar im Einsatz.

C5 LVR-Freilichtmuseum Lindlar (Tour 25)

Der Besuch im Freilichtmuseum ist ein Muss für alle, die das »Bergische« wirklich kennenlernen wollen. Handwerk und bäuerliches Leben vor über 100 Jahren werden in Höfen, Werkstätten und Wohnhäusern lebensecht dargestellt. Vieles darf angefasst und so manches Handwerk ausprobiert werden. Der Themenpfad Wasserwege zeigt uns, wie beschwerlich es früher war, Wasser nutzbar zu machen. Ein Streichelzoo, Tiere an jeder Baugruppe und mehrere Spielplätze lassen alle Kinderherzen höherschlagen. Und wer traut sich, seinen Kopf in den Summstein zu stecken? Insbesondere an den Wochenenden werden Thementage, Führungen und Workshops angeboten. Auch auf das Ferienprogramm sollte man einen Blick werfen.

Adresse: Schloss Heiligenhoven, 51789 Lindlar.

Info: Tel. +49 2266 90100, freilichtmuseum-lindlar.lvr.de

C6 Aggertalhöhle Ründeroth

Vor 350 Millionen Jahren war hier im Oberbergischen ein Meer mit Korallenriffen. Die Sedimente des Meeres und die Plattentektonik haben zur Entstehung der Oberbergischen Landschaft beigetragen. Im Laufe der Zeit hat sich in dem abgelagerten Gestein durch Jahrtausende währende Auswaschungen die Aggertalhöhle gebildet. Die Höhle hat heute eine Länge von 1071 m und einen Höhenunterschied von 31 m. Es herrscht über das ganze Jahr eine Temperatur von 6 bis 8 °C. Bei der Führung wird eine Strecke von etwa 270 m mit einem geringen Höhenunterschied von 10 m begangen. Mit ein wenig Fantasie kann man dabei in den teils bizarr anmutenden Kalksteinformationen der Höhle einen Berggeist, einen Drachenkopf, einen Elefantenfuß oder einen Adler entdecken.

Adresse: Im Krümmel 39, 51766 Engelskirchen.

Info: Tel. +49 2263 70702, www.aggertalhoehle.de

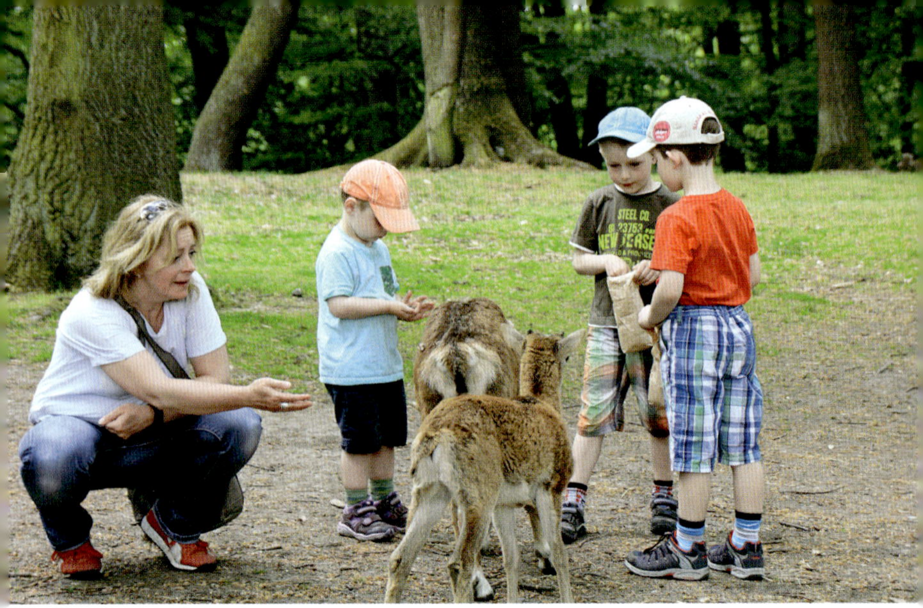

Zutrauliche Mufflons im Wildpark Rolandseck.

C7 Tropfsteinhöhle Wiehl

Zufällig wurde die Tropfsteinhöhle in Wiehl bei Sprengarbeiten entdeckt. Bis heute sind gut 800 m der Höhle erschlossen. Bei der Führung geht man gut 40 m ins Erdinnere und entdeckt dort versteinerte Korallen und Muscheln. Vor gut 350 Millionen Jahren war an dieser Stelle tatsächlich ein Meer und ein Teil des heutigen Gesteins ein Korallenriff. Etwas jünger, aber auch sehr alt sind die Tropfsteine, die sich durch Kalkablagerungen gebildet haben. Sie wachsen in 100 Jahren nur etwa einen Zentimeter. Kaskaden, Pfeiler, Säulen oder die bekannten Stalagmiten und Stalagtiten haben sich über Tausende von Jahren gebildet. Unbedingt warm anziehen, die Temperatur in der Höhle beträgt nur 8 °C, auch im Sommer.

Adresse: Pfaffenberg 1, 51674 Wiehl.

Info: Tel. +49 2262 7920, waldhotel-wiehl.de/tropfsteinhoehle

C8 Bonner Planetenweg

Vor dem »Langen Eugen« unterhalb des Alten Wasserwerks finden wir direkt am Stresemannufer am Rhein die Sonne – natürlich nur als Modell mit einem Durchmesser von 1,5 m. Sie ist der Startpunkt des Bonner Planetenweges, dessen Länge genau 5946 m beträgt und damit das Verhältnis der Sonne zu den sie umkreisenden Planeten im Maßstab 1:1.000.000.000 zeigt. Der Lehrpfad zeigt uns nicht nur die Größenordnung unseres Universums auf, er lädt auch zu einem Spaziergang am Bonner Rheinufer ein. Der Weg verläuft vom alten Regierungsviertel Richtung Norden und endet im Hafengebiet von Graurheindorf.

Adresse: Stresemannufer Ecke Herrmann-Ehlers-Straße, 53175 Bonn.

Rückweg mit Bus/U-Bahn: Ab Graurheindorfer Straße führen alle Busse zum Bertha-von-Suttner-Platz, die U-Bahn-Linie 66 zur Haltestelle Heussallee im ehemaligen Regierungsviertel.

Tierisches

▶ Wildpark Tannenbusch (s. Tour 1)

D1 Wald- und Wildpark Rolandseck

10 km südlich von Bonn findet sich der Wildpark Rolandseck. Hier kommt der Besucher dem Wild im Freigehege sehr nahe. Nur Schwarzwild und Hochlandrinder sind eingezäunt. Mufflons und Großwild sind teilweise zutraulich, die Ziegen frech und zudringlich, sobald sie das Futter in Kinderhänden bemerken. Der großzügig angelegte Park mit Hügeln und Schluchten, teilweise altem Baumbestand, Wiesen und Lichtungen bietet dem Wild aber auch abgelegene Ruhezonen. Die Wanderwege sind meist unbefestigt, z. T. holprig oder abschüssig. Von der Damwildwiese bietet sich den Besuchern ein wunderbarer Blick auf den Rhein, das Siebengebirge und Bad Honnef. Im Eingangsbereich befinden sich ein Grillplatz und ein schattiger Waldspielplatz. Ein Besuch eignet sich als Halbtagsausflug.

Adresse: Am Kasselbach 4, 53424 Remagen – Rolandseck.

Info: Tel. +49 2228 911639, http://wildpark-rolandseck.de

D2 Hochwildpark Rheinland

Der Hochwildpark Rheinland unterscheidet sich von vielen Wildparks durch sein für die Besucher zugängliches Freigehege. Die hautnahe Begegnung mit Keilern, Bachen und Frischlingen ist ungewohnt und nicht jedermanns Sache. Dabei interessieren sich die Schwarzröcke recht wenig für die Besucher – denn Menschen sind diese Tiere gewohnt. Streicheln, Füttern oder Ärgern ist allerdings verboten. Der Ignoranz der Wildschweine steht die Neugierde des Großwildes gegenüber. In Erwartung des üblichen Trockenfutters kommen einige Tiere auf enge Tuchfühlung mit den Besuchern. Das Füttern aus Händen sind sie offenbar gewohnt, obwohl gerade

Viele neugierige Tiere im Hochwildpark Rheinland.

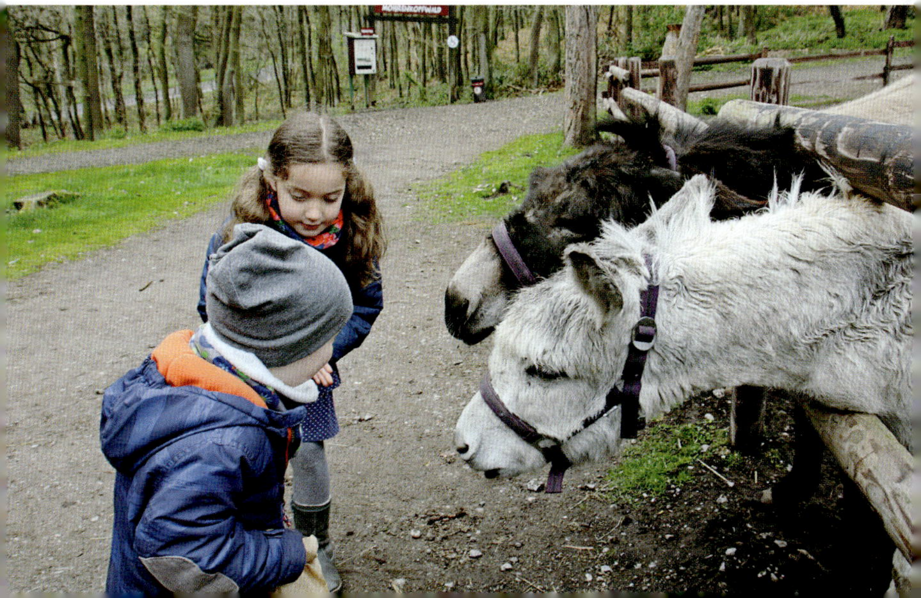

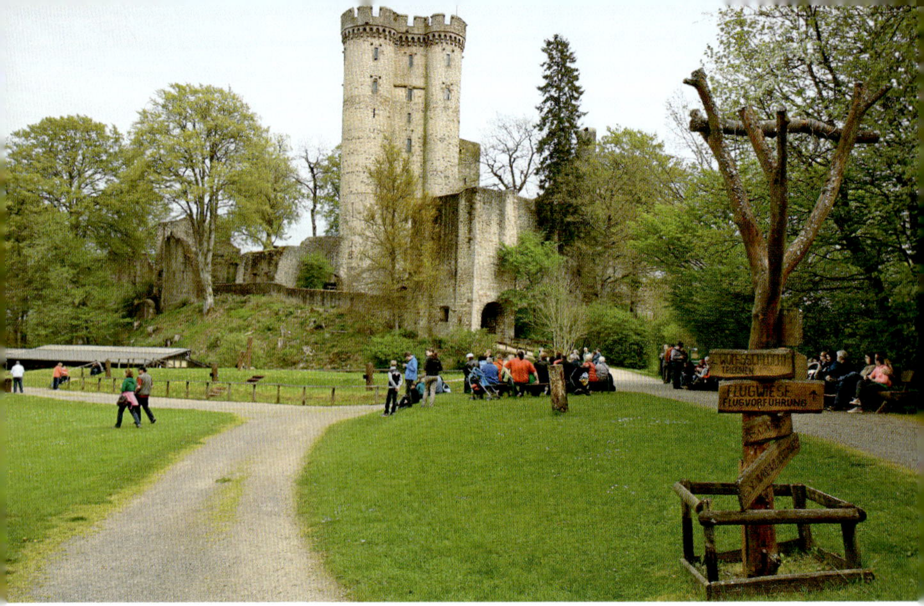

Flugshow, Wolfsgehege, Spielplatz und Burg: Der Ausflug zur Gerolsteiner Kasselburg lohnt sich.

das verboten und durchaus gefährlich ist. Ein »Rechtsausleger« vom Hirschgeweih birgt gerade für die Kinder große Verletzungsgefahr. Neben allerlei Groß- und Schwarzwild sind auch diverse Haus- und Nutztierarten vertreten, insbesondere aufdringliche, gierige Ziegen. Ein großer, etwas in die Jahre gekommener Spielplatz und eine rustikale Restauration runden das Angebot ab. Hunde sind willkommen (Anleinpflicht), aber im Wildschweingehege streng verboten!
Adresse: Becherhofer Weg 71, 53894 Mechernich-Kommern
Info: Tel. +49 2443 6532, www.hochwildpark-rheinland.de

D3 Adler und Wolfspark Kasselburg

Ein kleiner und feiner Tierpark in dem sich alles um Greifvögel und Wölfe dreht. An der Burgruine Kasselburg befindet sich das 10 ha große Wolfsgehege, das das größte Rudel Europas beherbergt. Die Flugschauen und Wolfsfütterungen sind sehr beeindruckend. Die Falkner und die Tierpfleger liefern dazu tolle Erläuterungen. Über das Jahr werden an Wochenenden regelmäßig Sonderaktionen, Ritterspiele oder Wolfsnächte angeboten. Neben der Gaststätte befindet sich ein großer Abenteuerspielplatz.
Adresse: 54570 Pelm in der Eifel.
Info: Tel. +49 6591 4213, www.adler-wolfspark.de

D4 Greifvogelstation Hellenthal

Adler, Geier, Falken, Bussarde, und Eulen sind die fliegenden Stars in der Greifvogelstation, doch mit dem Federvieh ist es nicht getan. Die Station ist einen Tagesausflug wert, denn sie verfügt auch über ein großes Wildfreigehege. Dort warten allerlei Hirscharten aber auch Luchs, Fuchs und Wildkatze, Marderhund,

Waschbär und Wildschweine auf uns. Im Kinderland runden verschiedene Haustierarten den Bestand der Anlage ab – hier darf auch gefüttert werden. Mit dem Adlerexpress können wir den Park auf Rädern erleben. Zu Fuß führen uns Wege durch ein stark hügeliges aber gepflegtes Gelände. Bei ganzjährig stattfindenden Greifvogelvorführungen zeigen Alder, Eulen und Falken ihr Können. Da zieht der Besucher schon mal den Kopf vor den Tieffliegern ein. An den Wochenenden finden regelmäßig zusätzliche Veranstaltungen statt. Vom Nistkastenbau und Kasperle-Theater für Kinder über Honigschleudern und Schafschur bis hin zu Schnitzerei-Vorführungen mit der Motorsäge wird ein breites Programm geboten.

Adresse: Wildfreigehege 1, 53940 Hellenthal.

Info: Tel. +49 2482 7240, www.greifvogelstation-hellenthal.de

D5 Zoo Aachen

Kleiner, aber feiner Zoo im schönen Aachen. Die »Big Five« finden wir hier nicht, dafür viele einheimische und einige exotische Tiere. Die Ziegen fallen uns zuerst auf. Sie wollen zuerst gefüttert werden und sind dabei ganz schön frech. Auf dem Kinderbauernhof warten Ponys, Schafe, Kaninchen, Meerschweinchen und Hühner auf uns. Besonders schön: Nach Anmeldung können Kinder ab 8 Jahren einen Tag lang bei der Betreuung der Tiere helfen, also füttern, ausmisten, verarzten und ausführen. Für Besucher mit weniger Zeit empfiehlt sich die Tierpark-Rallye. Infos dazu findet man auf der Homepage. Klar, dass man sich im Zoo wunderbar den ganzen Tag aufhalten kann. Zwei Spielplätze, Pony-Reiten und ein Streichelspielplatz runden das Angebot ab. Bei kleinem Eintritt muss man auch nicht alles auf einmal se-

Köpfe einziehen – Bussard im Tiefflug bei einer Vorführung in Hellenthal.

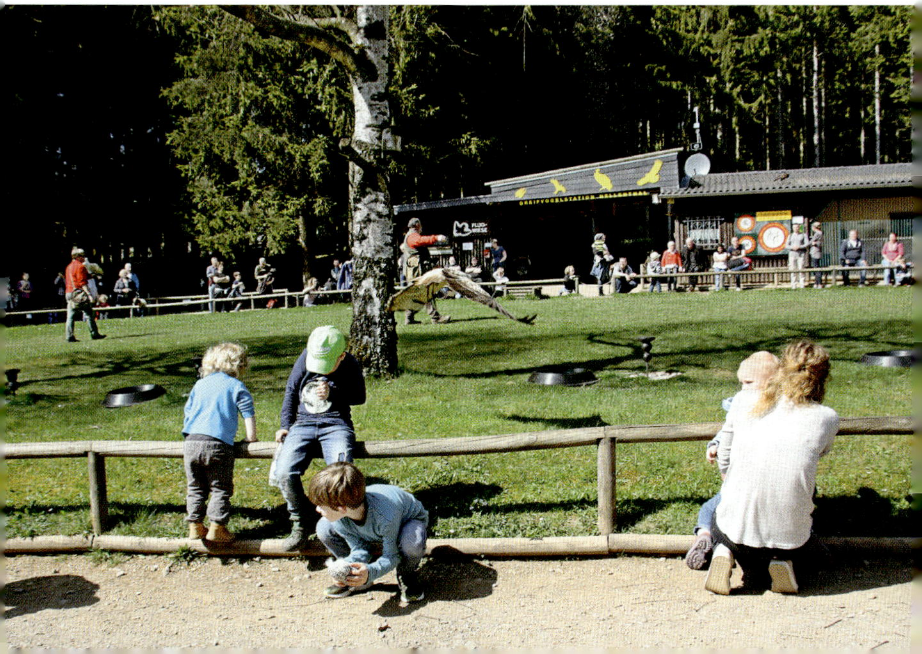

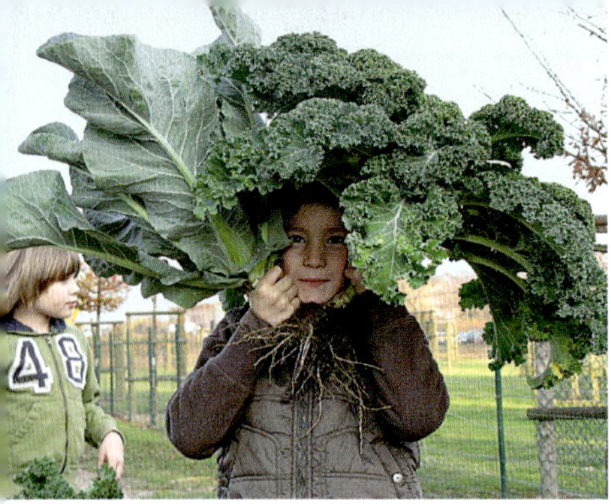

Reiche Ernte am Gertrudenhof.

hen, man kann ja wiederkommen. Hunde sind nicht zugelassen.
Adresse: Obere Drimbornstraße 44, 52066 Aachen.
Info: Tel. +49 241 59385, www.euregiozoo.de

D6 Erlebnisbauernhof Gertrudenhof

Der Gertrudenhof ist »der« Ausflugsbauernhof der linksrheinischen Kölner. Bei gutem Wetter und am Wochenende ist hier richtig was los. Es wird aber auch einiges geboten. Allerlei Nutztiere dürfen gefüttert und gestreichelt werden. Spielplatz und Strohscheune laden zum Spielen und Toben ein. Der Besuch des Hofes ist kostenlos. An den Wochenenden werden regelmäßig Hoffeste und Puppentheater zu kleinen Eintrittspreisen angeboten (siehe Veranstaltungskalender auf der Homepage). Lehrreiches bieten zudem die vielen Thementage, die zu Festtagen oder dem landwirtschaftlichen Lauf des Jahres veranstaltet werden. Die Selbstverpflegung ist auf dem Hof nicht gestattet, dafür sorgt ein reichhaltiges gastronomisches Angebot für das leibliche Wohl. Mütter und Väter dürfen sich auf den Bauernmarkt und das Pflanzenparadies freuen.
Adresse: Lortzingstraße 160, 50354 Hürth-Hermülheim.
Info: Tel. +49 2233 72816, http://erlebnisbauernhof-gertrudenhof.de/

Ob mit oder ohne Führung ist der Kölner Zoo ein tolles Erlebnis für alle Kinder.

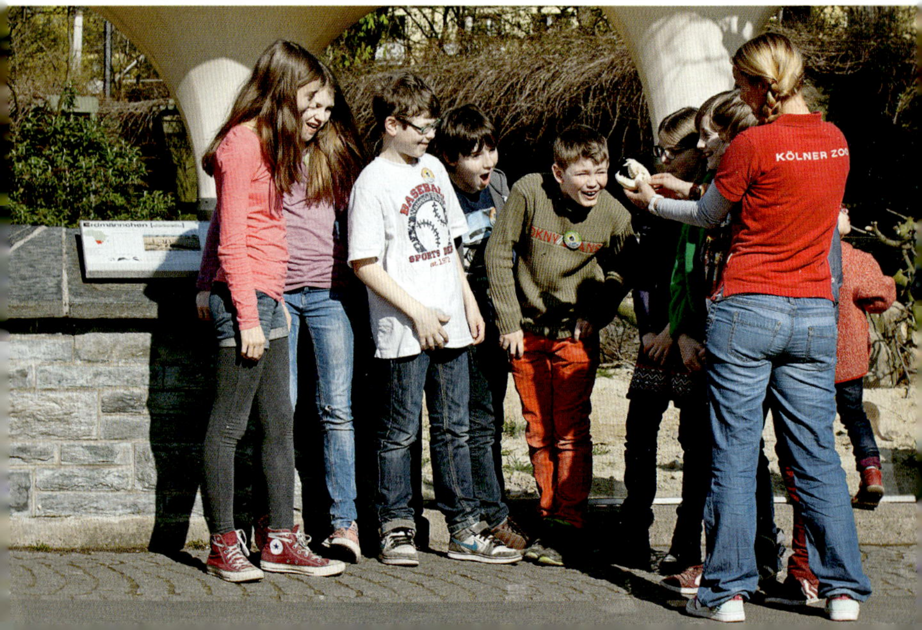

D7 Kölner Zoo

Rheinländern muss man diese Institution nicht vorstellen. Vielen Kölnern gehört ihr Zoo zum erweiterten Wohnzimmer, denn er liegt recht zentral in der Stadt und ist gut erreichbar. Der Kölner hat eine Dauerkarte und fährt auch mal auf einen Sprung in einen der schönsten Zoos Deutschlands. Der Zoo ist sehr kompakt und auch für die Kleinsten toll zu entdecken. Neben einer riesigen Vielfalt an Tieren gibt es seit Kurzem einen richtigen bergischen Bauernhof mit Streichelzoo zu bestaunen. Nebenan ist der schönste Spielplatz Kölns. Highlight sind das riesige Elefantengehege und der Hippodom. Aber Vorsicht! Wenn die Flusspferde mit den Schwänzen flattern, geht man am besten in Deckung. Warum? Findet es heraus.

Ein Besuch im Zoo lässt sich wunderbar mit einer Fahrt in der Kölner Seilbahn verbinden. Wenige Meter vom Zooeingang schweben die Gondeln über den Rhein zum Rheinpark am Ostufer mit seinem ebenfalls sehr schönen Spielplatz. Eine Kleinbahn führt einmal rund durch den Park.

Adresse: Riehler Str. 173, 50735 Köln.
Info: Tel. +49 221 56799100, www.koelnerzoo.de

D8 Fähre Weiß-Zündorf – de Groov und Rolfs Streichelzoo

Vater Rhein kann an vielen Orten mit der Fähre überquert werden, aber nirgends so schön wie von Köln-Zündorf op dr schäl Sick nach Köln-Weiß. Dort kann man mit Krokodil und Krokolino die Seite wechseln. Beide haben eine große Klappe und »fressen« nur Menschen und Fahrräder. Es sind natürlich eine kleine und eine große Fähre, die hier den Rhein queren und in der Regel nur Personen und Fahrräder transportieren. Alles ganz gemütlich und nicht so flott wie bei den großen Fähren. Auf beiden Rheinseiten sind wunderschöne Spaziergänge möglich, am Rhein oder über die Felder.

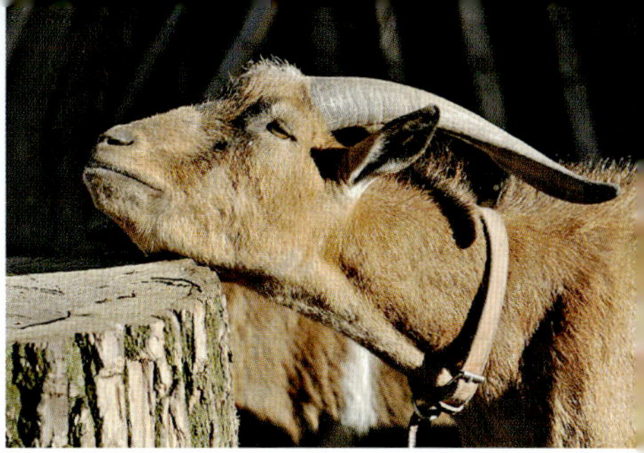

FC Maskottchen Hennes VII. im Kölner Zoo.

Zündorf auf der rechten Rheinseite hat mit der »Freizeitinsel« Groov eine Halbinsel mit einem großzügigen Park zu bieten. Am Festland finden wir mehrere Gaststätten zur Einkehr, einen vielseitigen Spielplatz und eine Minigolf-Anlage. Nur einen Kilometer entfernt, im Norden von Zündorf, finden wir auch noch Rolfs Streichelzoo, in dem viele abgegebene Tiere ein neues Zuhause gefunden haben. Neben einheimischen Arten gibt es hier auch Papageien, Lamas und Kängurus.

Fähre: Weißer Leinpfad, 50999 Köln bzw. de Groov, 51143 Köln.
Info: Tel. +49 2236 68334,
www.faehre-koelnkrokodil.de
Streichelzoo: Tulpenweg 25–27,
51143 Köln-Zündorf.
Info: Tel. +49 2203 84992,
www.streichelzoo-koeln.de

D9 Naturgut Ophoven

Das Naturgut Ophoven ist ein Umweltbildungszentrum am Rand von Leverkusen und ist ganz auf den Wissensdurst und den Entdeckerdrang unserer Kinder abgestellt. Auf dem Naturerlebnispfad werden die

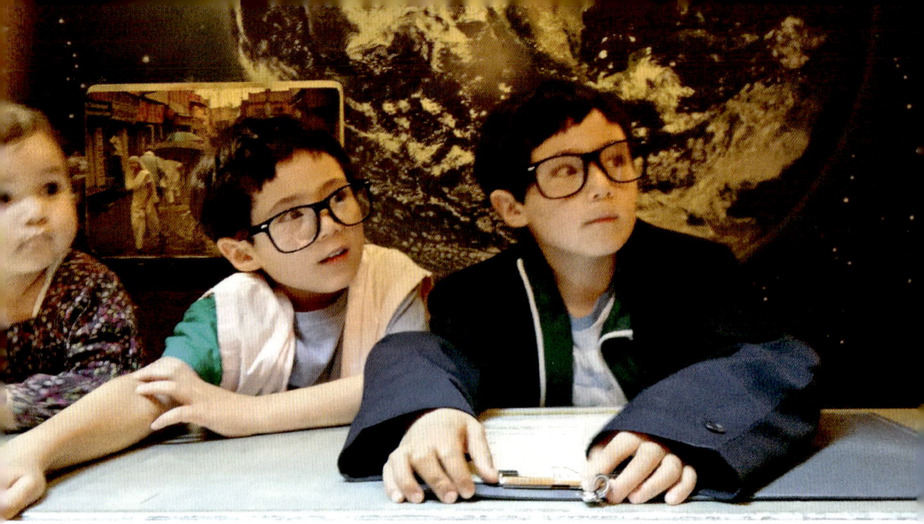

Im Naturgut Ophoven könnt ihr euch als Sprecher für Klimanachrichten versuchen.

Sinne geschärft. Der Klimaerlebnispark erläutert den Klimawandel und wie wir unser Klima schützen können. Im Kinder- und Jugendmuseum EnergieStadt wird zum Thema Umweltschutz experimentiert. Auf dem 6 ha großen Gelände finden aber auch Erwachsene viel Interessantes: Wiesen, Gärten, Bienenstöcke, Kräuterspiralen, ein Amphibienbiotop und vieles mehr. Man kann aber auch einfach Vögel, Bienen oder Libellen beobachten. Abschließend lassen wir uns für kleine Preise im Bistro verköstigen.
Adresse: Talstraße 4, 51379 Leverkusen-Opladen.
Info: Tel. +49 2171 734990, www.naturgut-ophoven.de

D10 Balsamhof – Lamatrekking Oberberg

Der Balsamhof ist die Heimat von etwa 20 Lamas und Alpakas und bietet Wanderungen mit den Tieren an. Auf ihnen wird aber nicht geritten, vielmehr werden sie als Begleiter der Wandernden eingesetzt. Wenn die Kinder mal nicht wandern wollen, ist das Wandern mit Lamas eine echte Abwechslung. Gleichzeitig hat das Wandern mit den Tieren auch pädagogische Effekte. Kenner schwören auf die motivierende Wirkung, gewecktes Verantwortungsgefühl und den Entspannungseffekt.
Adresse: Familie Ost, Oberstraße 23, 51766 Engelskirchen – Hollenberg.
Info: Tel. +49 2263 9038160, www.lamatrekking-oberberg.de

Weitere Anbieter finden sich insbesondere in der Eifel:
Venn-Lamas: Familie Dicketmüller, Paustenbacher Straße 66, 52152 Simmerath, Tel. +49 2473 689495, www.venn-lamas.de
Hilberather Wanderlamas: Familie Lenders, Hilberather Straße 29, 53359 Rheinbach – Hilberath, Tel. +49 176 45877912, www.hilberather-wanderlamas.de
Alternativ Eseltrekking: Die Tierwerkstatt Altenberg, Hauptstraße 7, 51519 Odenthal, Tel. +49 177 5794 889, www.tierwerkstatt-altenberg.de

Die Totenkopfaffen in Eckenhagen sind nicht zutraulich, aber sehr gefräßig.

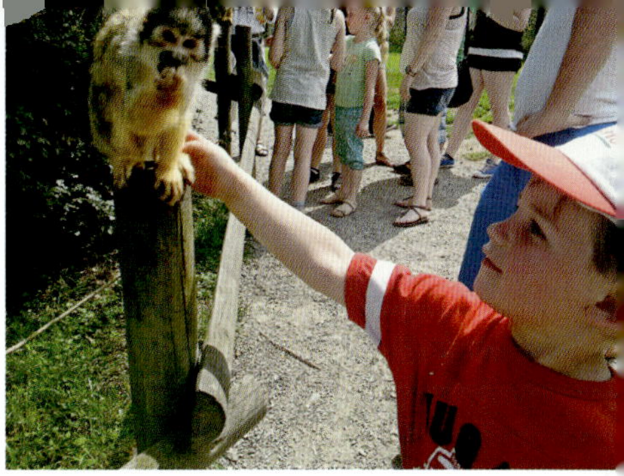

D11 Affen- und Vogelpark Eckenhagen

Privater Zoo und Freizeitpark mit vielen Vögeln und Kleintieren sowie mit vielen einfachen Fahrgeschäften. Die Meinungen gehen auseinander, für die einen ist der Park nostalgisch, für die anderen in die Jahre gekommen. Uns hat es Spaß gemacht! Höher, schneller, schöner geht anders, aber dafür kann man hier einen »Herrn Nilsson« auf der Schulter tragen. Die zugänglichen Affengehege der Berber- und Totenkopfaffen sind das tierische Highlight des Parks. Neben den Fahr- und Spielgeräten bietet die Indoorhalle Action auch bei schlechtem Wetter. Die Gastronomie erfüllt alle Kinderwünsche, Speisen und Getränke können aber auch selbst mitgebracht werden. Interessant ist auch die Möglichkeit, eine Hütte für ein kleines Grillfest zu mieten.

Adresse: Am Bromberg 6, 51580 Reichshof Eckenhagen.

Info: Tel. +49 2265 8786, www.affen-und-vogelpark.de

D12 Zoo Neuwied

Kleiner aber feiner, lokaler Zoo. Elefanten oder Giraffen sucht man hier vergebens. Highlight sind das Affenhaus und die große Känguruwiese. Ergänzt wird das Angebot durch einen großen Kinderspielplatz sowie einen Streichelzoo. Das Restaurant im Zoo rundet den Besuch kulinarisch ab. Toller Blick ins Rheintal.

Adresse: Waldstraße 160, 56566 Neuwied.

Info: Tel. +49 2622 90460, www.zooneuwied.de

Unterwegs mit den Lamas vom Balsamhof.

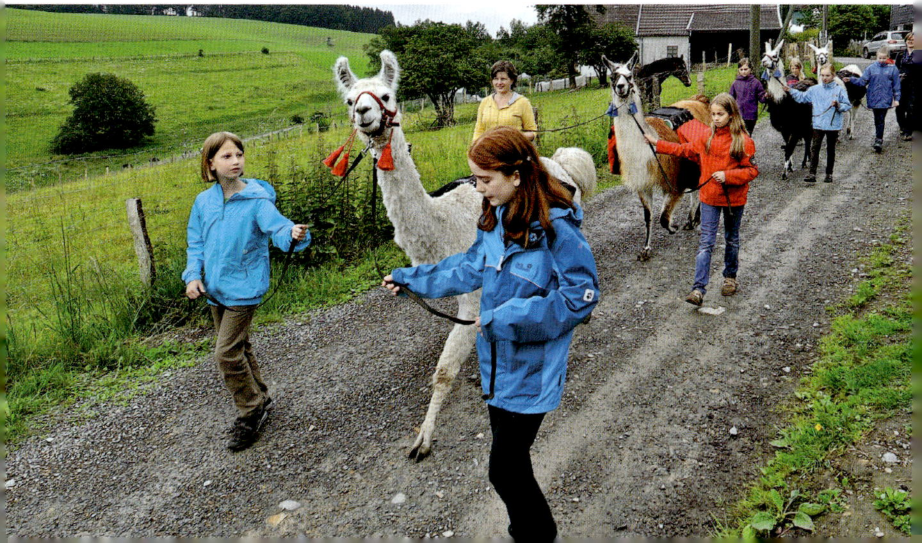

Stichwortverzeichnis

A
Aachen 183, 191
Abenteuermuseum Odysseum 186
Abenteuerspielplatz Nettersheim 81
Abtei Brauweiler 33
Adler und Wolfspark Kasselburg 190
Affen- und Vogelpark Eckenhagen 195
Aggerbogen 137
Aggerschlößchen 137
Aggertalhöhle 187
Ahrtal 10, 16, 43, 48, 53
Alte Brauerei 164
Altenahr 54, 182
Altenberger Dom 116
Altenberger Märchenwald 116
Annatal 160
Ausflugslokal Waldau 174
B
Bad Bodendorf 43
Bad Honnef 179
Bad Neuenahr-Ahrweiler 182, 185
Balsamhof 194
Bergisches Land 16, 113, 116, 120
Bergisch Gladbach 181
Bernhardus-Kapelle 67
Bildchesberg 13, 93
Bilderbuchmuseum 132
Blankenheim-Freilingen 180
Bonn 174, 188
Bonner Planetenweg 188
Bonner Waldau 174
Bonner Weg der Artenvielfalt 176
Breiberg 160
Breiberghütte 161
Brohl-Lützing 59, 63
Brohltal 16, 58, 63
Brohltalbahn 61, 66
Broichhof 38
Broichhofkapelle 38
Brückenkopf-Park Jülich 183
Brücker Wildgehege 124
Brühl 34
Bülsberg 117
Burgruine Drachenfels 152
Burgruine Löwenburg 155, 160
Burgruine Olbrück 58, 63
Burg Wissem 132
C
Café Profittlich 150
Café Puderbach 169
Café zur Kakushöhle 72
Campingplatz Kohl 89
Clubhouse Tennis-Terrasse 169
D
Dächelsberg 38
Dernau 48
Diefenbach 79
Diepentalsperre 113
Dokumentationsstätte Regierungsbunker 184
Dollendorfer Hardt 146
Drachenfels 17, 150
Drachenfelsbahn 151
Dreiländereck Aachen 183
Dreimühlen 73
E
Eckenhagen 195
Ehlscheid 168
Eichholzmaar 108, 110
Eifel 16
Eifelblick Luna 10, 92
Eikamp 120
Einruhr 104
Engeln 59, 63
Engelskirchen 194
Erkensruhr 100
Erlebnisbauernhof Gertrudenhof 192
Erlebnismuseum »Römerwelt am Caput Limitis« 172
Erlebnispfad Nettersheim 18
Erlebnispfad Wilder Kermeter 96
Erlebniswald Steinrausch 67, 185
Eseltrekking 194
F
Fähre Weiß-Zündorf/de Groov 193
Feltenturm 43
Feuerroute 38
Forsthaus Lohrberg 159
Forsthaus Telegraph 133
Fossilienacker Nettersheim 84
Freibad Heimbach 90, 95
Freibad Lemmerzbad 163
Freibad Milchborntal 126, 180
Freibad Rengsdorf 172
Freibad Rösrath Hoffnungsthal 139, 181
Freilichtmuseum Kommern 186
Freilichtmuseum Lindlar 128, 187
Freilinger See 179

Freizeitanlage Franz Pütz 89
Freizeitbad Brohltal 67, 179
Freizeitbad Grafenwerth 42, 179
Freizeitbad Monte Mare 68
Freizeitpark Lindlar 131
Freizeitpark Rheinbach 70

G

Gammersbacher Mühle 137
Gasthaus Heuser 116
Gasthaus »Zum weißen Stein« 100
Gasthaus »Zur alten Abtei« 76
Gasthof »Zur Lindenwirtin« 120
Gastwirtschaft Sünnen 109
Geogarten Engeln 60, 67
Geyen 31
Glasmuseum Rheinbach 70
Glessen 30
Glessener Höhe 30
Görresburg 81, 84
Grafenwerth 179
Greifvogelstation Hellenthal 190
Großspezard 117
Grüner Pütz 80

H

Hain 61
Hallen- und Freizeitbad Lindlar 131
Haus der Natur 177
Haus Diepental 113
Haus Hubertus 27
Haus Krohnenberg 72
Heckenbachtal 48
Heider Bergsee 34
Heimbach 9, 10, 88, 92
Hellenthal 191
Hexenturm Rheinbach 70
Hilberather Wanderlamas 194
Hirschley 99
Hochscherf 123
Hochseilgarten K1 120, 184
Hochwildpark Rheinland 189
Hürth-Hermülheim 192

I

Ittenbach 155

J

Jülich 183

K
Kaiserbahnhof Brühl-Kierberg 35
Kaisereiche 124
Kakushöhle 72
Kalenborn 164
Kapelle Wahlhausen 109
Kasbachtal 164
Kasbachtalbahn 164
Kastellaney 59
Kempenich 179, 186
Kermeter 96
Kloster Heisterbach 146
Klosterhof Knechtsteden 27
Kloster Knechtsteden 26
Kloster Mariawald 7, 92
Kloster Steinfeld 76
Klosterstube Heisterbach 146
Knechtstedener Busch 26
Köln 124, 186, 193
Kölner Zoo 193
Kommern 186
Königsforst 17, 124
Königswinter 150, 181
Kottenforst 17, 174
Krausberg 16, 24, 48
Krausberghütte 48

L
Lamatrekking Oberberg 194
Landgasthof »Bergische Rhön« 129
Laubachtal 168
Lemmerzbad 152, 159, 181
Leverkusen 193
Lindlar 128, 187
Linz am Rhein 164
Löwenburg 10, 17, 155, 160
Löwenburger Hof 155, 160
Löwenzahn-Erlebnispfad 84
Lutter & Wegner am Rolandsbogen 38

M
Maarhof, Neuer 59
Margarethenhöhe 155
Marienkopf 59
Max-Ernst-Museum 37
Mayschoß 54
Mechernich 183, 190
Melbbachtal 174
Melbbad 174, 177
Meuchelberg 88
Milchhäuschen 17, 150
Milchweg Eifel 76
Minigolf Bad Bodendorf 47
Monte Mare Rengsdorf 168
Monte Troodelöh 124
Muchensiefen 139
Mühle Blankenberg 142
Murbachtal 113

N
Nachtigallental 150
Nationalpark-Besucherzentrum »Vogelsang IP« 99, 107
Nationalpark Eifel 96, 100, 104
Nationalparktor Heimbach 90, 95
Naturerlebnisbad Einruhr 102, 107, 180
Naturfreibad Rurberg 180
Naturgut Ophoven 193
Naturzentrum Eifel 82, 84
Nettersheim 80, 84
Neuenhof 140
Neuwied 184, 195
Nibelungenhalle 152
Niederbachem 38
Niederdürenbach 59
Nostalgiemuseum Alte Brauerei 167

O
Oberbachem 38
Oberdollendorf 146
Oberscheid 139
Obersee 104
Oberzissen 59
Obst-Wanderweg Knechtsteden 26
Odenthal 184, 194

P
Pattscheid 113
Pelm in der Eifel 190
Pfengstbachtal 116
Phantasialand 37
Pistershausen 122
Pizzeria »Don Caruso« 137
Pulheimer Bach 30

R
Rengsdorf 168
Restaurant Drachenfels 150
Restaurant Kaisergarten 133
Restaurant Margarethenkreuz 155
Restaurant Quattro Passi 133
Restaurant »Zum Alten Turm« 142
Restaurant »Zur Grünen Gans« 38
Rheinbach 68
Rhöndorf 150
Rodderberg 38
Rodder Maar 60
Rolandsbogen 38, 40
Rolandseck 189
Rolfs Streichelzoo 193
Romberg 113
Römerkanalwanderweg 80

Römervilla 52
Rösrath 181
Ründeroth 187
Rurseeschifffahrt 105
S
Schallemich 121
Scherf 122
Scheuren 10, 116
Schloss Augustusburg 37
Schloss Falkenlust 37
Schloss Monrepos 172
Schöpfungspfad Erkensruhr 100
Schrock 55
Sea Life Meeresaquarium 152
Siebengebirge 17, 155, 160
Siegtal 142
Simmerath 194
Skaterbahn Eikamp 122
Sommerrodelbahn Altenahr 182
Sommerrodelbahn und Erlebniswelt Eifeltor 183
Spezarder Mühle 118
Stadt Blankenberg 142
Steffeln 17, 108
Steffelner Drees 108
Steffelner Vulkangarten 108
Steinerberghaus 10, 53
Steinfelderheistert 78
Straberg 28
Strandhaus Brühl 34
T
Technikmuseum Bad Bodendorf 47
Telegraphenberg 132
Thermalfreibad Bad Bodendorf 43, 47, 51
Tierwerkstatt Altenberg 194
Tretschbachtal 160
Troisdorf 132
Tropfsteinhöhle Wiehl 188
Tuffsteinweg Engeln 63
Tuffsteinzentrum Weibern 64
U
Urft 14, 80
Urftsee 104
V
Venn-Lamas 194
Ville 17, 34
Vogelsang-Blick 99
Vollem 75
Vulkaneifel 16
Vulkan-Express 11, 58, 63
Vussem 75
W
Wahlscheid 137
Wahner Heide 6, 8, 17, 20, 132
Waldabenteuer Bad Neuenahr 182
Waldhotel Rheinbach 68
Waldschenke »Zum Ännchen« 44
Wald- und Wildpark Rolandseck 189
Walporzheim 48
Wasserkraftwerk Heimbach 88
Wasserpark Feldkirchen 172, 184
Weibern 179
Weinhaus Gut Sülz 146
Weinhaus Steinbach 160
Westerwald 168
Weyer 72
Wiehl 188
Wietsche Mühle 113
Wildgehege und Geopark Tannenbusch 29
Wildnis-Trail 12, 101, 104
Wildpark Rolandseck 10
Winzerhäuschen 44
Wischeter Turm 68
Z
Zoo Aachen 191
Zoo Neuwied 172, 195
Zwergenweg 168

Impressum

Titelbilder: Oben: Im Erfahrungsfeld der Sinne bei Burg Wissem (Tour 26) und beim Kloster Mariawald (Tour 16). Unten: Beim Naturerlebniszentrum Nettersheim (Tour 14).
Bild Seite 1: Am Nordufer des Stausees Heimbach (Tour 15).

Alle Fotos von den Autoren, außer: S. 58, 61 (Tourist-Info Vulkanregion Laacher See), S. 180 (Rurseezentrum-Eiserbachsee, Peter Stollenwerk), 181 (StadtWerke Rösrath), S. 185 (LVR/ZMB Dominik Schmitz), S. 187 (Sabine König, Freilichtmuseum Lindlar) S. 192 u., 193 (Kölner Zoo), S.195 u. (Lamatrekking Oberberg).

Die Autoren:

Mathieu Klos ist als Wirtschaftsjournalist in Köln tätig. Wenn er nicht mit dem Rennrad das Rheinland erkundet, ist er mit Familie und Freunden zu Fuß in der Region unterwegs. So zum Beispiel für den Rother Wanderführer »Ardennen Hohes Venn« und das Rother Wanderbuch »Wandern mit dem Kinderwagen Köln und Bonn«.
Oliver Welte ist in der Erwachsenenbildung tätig und leitet als Geschäftsführer eine gewerkschaftliche Bildungseinrichtung. Privat wandert er gerne ohne Karte und Wanderführer durch Wald und Flur.

Kartografie:

Wanderkarten im Maßstab 1:25.000 bis 1:50.000 © Bergverlag Rother GmbH, München (gezeichnet von Barbara Häring / Martina Rieger, Gröbenzell); Übersichtskarten © Freytag & Berndt, Wien

Illustrationen:

Alle Illustrationen von Stephanie Stickel (www.stephanie-stickel.de).

2., aktualisierte Auflage 2021

ISBN 978-3-7633-3179-6

MIX
Papier aus verantwortungsvollen Quellen
FSC® C021956
www.fsc.org

Wir freuen uns über jeden Korrekturhinweis zu diesem Wanderbuch!
Bitte per E-Mail an: **leserzuschrift@rother.de**

ROTHER BERGVERLAG · Keltenring 17 · D-82041 Oberhaching
Tel. +49 89 608669-0 · www.rother.de